国际贸易与政体变迁：
民主与威权的贸易起源

International Trade and Regime Change:
Trade Origins of Democracy and Authoritarianism

田 野 等著

中国社会科学出版社

图书在版编目（CIP）数据

国际贸易与政体变迁：民主与威权的贸易起源 / 田野等著.
—北京：中国社会科学出版社，2019.8
ISBN 978 - 7 - 5203 - 4451 - 7

Ⅰ.①国⋯　Ⅱ.①田⋯　Ⅲ.①国际贸易—影响—政治体制改革—研究　Ⅳ.①F74②D521

中国版本图书馆 CIP 数据核字（2019）第 094466 号

出 版 人	赵剑英
责任编辑	赵　丽
责任校对	王佳玉
责任印制	王　超

出　　版	中国社会科学出版社
社　　址	北京鼓楼西大街甲 158 号
邮　　编	100720
网　　址	http://www.csspw.cn
发 行 部	010 - 84083685
门 市 部	010 - 84029450
经　　销	新华书店及其他书店
印　　刷	北京君升印刷有限公司
装　　订	廊坊市广阳区广增装订厂
版　　次	2019 年 8 月第 1 版
印　　次	2019 年 8 月第 1 次印刷
开　　本	710×1000　1/16
印　　张	25.5
插　　页	2
字　　数	458 千字
定　　价	99.00 元

凡购买中国社会科学出版社图书，如有质量问题请与本社营销中心联系调换
电话：010 - 84083683
版权所有　侵权必究

国家社科基金后期资助项目
出 版 说 明

后期资助项目是国家社科基金设立的一类重要项目，旨在鼓励广大社科研究者潜心治学，支持基础研究多出优秀成果。它是经过严格评审，从接近完成的科研成果中遴选立项的。为扩大后期资助项目的影响，更好地推动学术发展，促进成果转化，全国哲学社会科学工作办公室按照"统一设计、统一标识、统一版式、形成系列"的总体要求，组织出版国家社科基金后期资助项目成果。

全国哲学社会科学工作办公室

目　　录

第一章　导论 …………………………………………………… (1)
　　第一节　一个流行的民主化命题及其现实挑战 …………… (1)
　　第二节　既有的文献及其不足 ……………………………… (7)
　　第三节　政体类型及其变迁：概念界定 …………………… (18)
　　第四节　本书的研究方法 …………………………………… (23)

第二章　国际贸易与政体变迁：理论框架 …………………… (29)
　　第一节　回到马克思与摩尔 ………………………………… (29)
　　第二节　国际贸易与国内政治分化 ………………………… (33)
　　第三节　要素禀赋、国际贸易与政体变迁 ………………… (39)
　　第四节　初始威权类型、国际贸易与政体变迁 …………… (59)

第三章　不同要素禀赋下的国际贸易与政体变迁：
　　　　　对 19 世纪末和 20 世纪 70 年代巴西的
　　　　　比较研究 ……………………………………………… (69)
　　第一节　导言 ………………………………………………… (70)
　　第二节　巴西在 19 世纪末和 20 世纪 70 年代的
　　　　　　要素禀赋 …………………………………………… (81)
　　第三节　巴西在 19 世纪末和 20 世纪 70 年代对
　　　　　　国际贸易的参与 …………………………………… (99)
　　第四节　国际贸易与 19 世纪末巴西的威权巩固 ………… (109)
　　第五节　国际贸易与 20 世纪 70 年代巴西的民主转型 …… (120)

第四章　不同初始威权类型下的国际贸易与政体变迁：
对韩国和新加坡的比较研究 …………………………（132）
　　第一节　导言 ……………………………………………（133）
　　第二节　韩国和新加坡的初始威权类型 ………………（145）
　　第三节　两国的要素禀赋、参与国际贸易的情况及
　　　　　　劳工群体的发展 ………………………………（150）
　　第四节　韩国军人威权政府应对劳工的战略 …………（173）
　　第五节　新加坡一党制威权政府应对劳工的战略 ……（182）

第五章　劳动力要素充裕条件下的国际贸易与民主转型：
对土耳其和泰国的比较研究 ……………………………（196）
　　第一节　导言 ……………………………………………（197）
　　第二节　土耳其和泰国的要素禀赋 ……………………（206）
　　第三节　土耳其和泰国对国际贸易的参与 ……………（210）
　　第四节　国际贸易与土耳其的民主转型 ………………（216）
　　第五节　国际贸易与泰国的民主转型 …………………（236）

第六章　自然资源要素充裕条件下的国际贸易与威权
巩固：对委内瑞拉和哈萨克斯坦的比较研究 …………（256）
　　第一节　导言 ……………………………………………（258）
　　第二节　委内瑞拉和哈萨克斯坦的要素禀赋 …………（270）
　　第三节　委内瑞拉和哈萨克斯坦对国际贸易的参与 …（276）
　　第四节　国际贸易与委内瑞拉的威权巩固 ……………（283）
　　第五节　国际贸易与哈萨克斯坦的威权巩固 …………（295）

第七章　国际贸易与政体变迁：计量检验 ………………（314）
　　第一节　描述性统计 ……………………………………（315）
　　第二节　不同要素禀赋下国际贸易对政体变迁的影响：
　　　　　　数据、模型与发现 ……………………………（322）

第三节 不同威权类型下国际贸易对政体变迁的影响：
　　　　数据、模型与发现 ………………………………（329）

第八章　结论 ……………………………………………（336）

附录 ………………………………………………………（346）

参考文献 …………………………………………………（365）

后记 ………………………………………………………（398）

第一章　导论

第一节　一个流行的民主化命题及其现实挑战

第二次世界大战之后，特别是20世纪70年代以来，经济全球化与政治民主化成为全球政治经济中最引人注目的两大现象，也成为这一时期极具标志性的两个符号。

在经济领域，以自由贸易、跨国资本流动为代表的经济全球化这一时期席卷世界，将世界各国家、各地区更加紧密地联系在一起。第二次世界大战的结束为新一轮的经济全球化创造了有利的和平环境。作为全球化的最初形态和全球化中最主要的构成部分之一，国际贸易在战后以来迅速扩张。世界各国、各地区更为积极地融入国际贸易，也更为重视对外贸易对经济发展的作用。这一时期的贸易增长远远超过了历史上的任何时期，并且大大超过了生产的增长，商品出口占国内生产总值（GDP）的百分比显著增加。1960—1980年，在绝大多数经济合作与发展组织（OECD）国家中，贸易在GDP中所占的比例几乎翻了一倍，从最开始时的22.8%增长到41.4%。即使对于落后经济体而言，它们在那些年间贸易也更加开放。[①] 20世纪80年代以后，随着新一轮贸易自由化的发展，国际贸易的增速进一步加快。1980—2011年，世界贸易以每年7%的速度增长，在2011年世界贸易总额超过18万亿美元。为了广泛地开展贸易合作，国家与国家之间订立了一系列全球性、地区性的贸

---

① ［英］安格斯·麦迪森：《世界经济千年史》，伍晓鹰、许宪春、叶燕斐、施发启译，北京大学出版社2003年版，第115页。

易制度安排。关税与贸易总协定（GATT）与其后的世界贸易组织（WTO）作为全球性的贸易制度，为广大成员提供了贸易合作的总体框架。地区性的贸易合作也迅速兴起，世界各国建立起形式多样的区域性贸易合作组织。欧洲联盟、北美自由贸易区成为全球最具影响力以及区域内部关系最紧密的贸易合作组织，亚洲、拉丁美洲等地区也建立起大量的贸易制度安排。

在政治领域，这一时期大规模的民主转型吸引了人们足够的注意力。20世纪70年代，民主转型不再是发生在单个国家或单个地区内的范围有限的现象，而是成为世界范围内的一个普遍现象，塞缪尔·亨廷顿（Samuel Huntington）将这次大范围的民主转型称为民主化的"第三波"。这是一次全球性的民主转型运动，拉丁美洲、东亚、东欧等地区都受到这一波民主化潮流的影响。这次民主化的潮流首先出现在南欧；到70年代末，民主化的浪潮涌入拉丁美洲；同时，民主化的运动也开始在亚洲出现；80年代末，民主化的浪潮开始席卷东欧。在葡萄牙于1974年结束独裁统治后的15年间，民主政权在欧洲、亚洲和拉丁美洲30个国家取代了威权统治。这些国家中，有一些国家是此前从未有过民主经历的，也有一些国家是此前有过民主经历，而又在这波民主化中重新回归了民主的。这一波民主化涉及的地区之广、国家之多、影响之深远，都是此前的民主化所不及的。20世纪最后30年，"第三波"民主化的浪潮席卷了全球，向民主的转型成为许多非民主政权在这个世纪末面临的首要压力。① 这次影响深远的大范围民主转型被不少西方人视为西方自由民主模式的最终胜利，民主观念转化为民主实践，并在全球范围内得到推广与实现。许多西方学者认为，大范围的民主转型证明了自由民主制度的优越性，甚至曾得出这是"历史的终结"的结论，然而民主转型并没有给所有国家带来预期的结果，甚至在很多国家引起了社会失序和混乱。② 民主转型后的民主巩固和国家治理问题，对很多新转型国家而言，依然是一个严峻的

---

① 陈尧：《新权威主义政权的民主转型》，上海人民出版社2006年版，第189页。
② 参见［美］弗朗西斯·福山《历史的终结及最后之人》，黄胜强、许铭原译，中国社会科学出版社2003年版；［美］弗朗西斯·福山《国家构建：21世纪的国家治理与世界秩序》，黄胜强、许铭原译，中国社会科学出版社2007年版。

挑战。

　　经济全球化与政治民主化相伴而生，让人们很容易地将二者联系起来，用经济全球化来解释政治民主化的发展。特别是冷战后，"经济全球化促进民主化"成为一个相当流行的观念。很多人认为，国际贸易是促进民主转型的重要因素之一，国际贸易的扩张可以在一定程度上解释民主转型的发生。人们对贸易开放与民主政治之间的这种因果关系的认知甚至成为不少国家制定对外政策的重要依据，它们据此在全球层面和区域层面加深贸易自由化。[1] 比如，美国的政策制定者们就把民主作为推行自由贸易的动力和理由，他们希望通过自由贸易在全球范围内推进自由民主。

　　1992年8月，老布什政府签署了《北美自由贸易协定》（NAFTA），它在商务人员的短期进出、能源、反倾销和反补贴的争端解决机制、原产地规则、汽车贸易、环境、劳工等规定方面超出了WTO的范围，"《北美自由贸易协定》在实质涵盖范围上比WTO的一体化程度高"[2]。这是美国贸易政策的一个突出成就，但它在国内依然存在很大争议。即使在NAFTA达成之后，关于NAFTA的争议也没有平息。NAFTA引起了美国劳工组织的极大忧虑和反对，劳联—产联为此进行了全面的政治动员。一些非贸易问题如环保、劳工标准等也首次成为公众关注的焦点话题，环保组织第一次干预国际贸易事务。这使得国会大多数民主党议员对这项贸易协定十分不满。[3] 面对国内不断涌现的贸易保护主义压力，接替老布什出任美国总统的民主党人克林顿最终仍选择了自由贸易，继续坚持《北美自由贸易协定》。克林顿强烈地表示，虽然民主党的多数成员有可能反对他，但他仍将义无反顾地寻找各种途径以推广并履行自由贸易协定。

　　除了发展经济的考虑之外，推动民主转型也是克林顿政府支持自由贸易政策的一个观念性因素。克林顿政府把提高美国安全、发展美国经济与在国外促进民主作为国家安全的三大目标，从而进一步明确

---

[1] J. Ernesto López-Córdova and Christopher M. Meissner, "The Impact of International Trade on Democracy: A Long-Run Perspective", *World Politics*, Vol. 60, No. 4, 2008, p. 540.
[2] 何永江：《美国贸易政策》，南开大学出版社2008年版，第429页。
[3] Steven Globerman and Michael Walker, eds., *Assessing NAFTA: A Trinational Analysis*, Toronto: The Fraser Institute Press, 1993, pp. 25–29.

把在国外促进民主上升到了国家安全战略的高度。① 贸易对民主的促进作用,也由此成为克林顿政府坚持自由贸易政策的动力之一。克林顿曾说:

> 就像民主为贸易创造了安全的世界环境一样,贸易同样也为民主创造了安全的世界环境。②

克林顿的继任者小布什也在总体上支持自由贸易政策。布什政府上台后面临着美国经济下滑的压力,2001 年的"9·11"事件使衰退的美国经济雪上加霜。虽然布什政府不时采取贸易保护政策,但总体上依然积极推行自由贸易。布什政府在共和党在国会中的领导层的协助下得到了快行道谈判权。③ 在重新获得谈判权的基础上,布什政府缔结了好几个双边和区域性自由贸易协议,其中四个顺利地得到了国会的批准。④ 克林顿政府及其前美国政府贸易政策的重点,是推动以 GATT/WTO 为代表的多边贸易自由化,布什政府则将多边、区域、双边贸易自由化同时并举。⑤

贸易政策是美国全球战略的重要组成部分,布什政府的调整不仅是出于经济方面的战略考虑,而且与美国的政治、安全地位及其战略和利益密切相关。"9·11"事件后,布什政府大力推行双边贸易自由化,一方面是为了易于推动区域和多边贸易自由化,另一方面则有利于巩固反恐伙伴关系的双边基础,从而最大限度地实现美国在全球的经济、政治和安全利益。⑥ 在全球范围内推行民主,维护美国国家安全和利益,也是布什政府推行自由贸易的重要原因。小布什曾有如下言论:

---

① 肖黎朔:《美国民主、自由、人权战略的来龙去脉》,《红旗文稿》2009 年第 3 期。
② www. issues2000. org/Celeb/BillClintonFreeTrade. htm(accessed November 27, 2004)。转引自 J. Ernesto López-Córdova and Christopher M. Meissner, "The Impact of International Trade on Democracy: A Long-Run Perspective", *World Politics*, Vol. 60, No. 4, 2008, p. 540。
③ 快行道谈判权后更名为贸易促进授权(Trade Promotion Authority, TPA)。
④ [美] I. M. 戴斯勒:《美国贸易政治》,王恩冕、于少蔚译,中国市场出版社 2005 年版,第 280 页。
⑤ 邝梅:《布什政府贸易政策调整分析》,《国际问题研究》2004 年第 2 期。
⑥ 同上书,第 46—47 页。

当我们推进开放贸易的时候，我们事实上是在推进政治自由。那些将边境开放以接纳自由贸易的国家，同样也会在国内接纳民主。虽然它们可能并不会立即接受民主，民主的推行也并非会一帆风顺，但是它们总会在一个适当的时机推行民主。①

国际贸易推动民主转型，似乎也得到了不少经验证据的支持。韩国的民主化进程就是一个重要的例子。朴正熙上台后大力发展经济，确立了出口导向的发展战略。在这一发展战略的指导下，韩国积极参与国际贸易，实现了经济飞跃，成为"东亚四小龙"之一。国际贸易所带来的市场经济的发展、中产阶级规模的扩大、民众受教育水平的提高，都促进了韩国的民主转型。经济起飞之后，日渐成熟的公民社会与威权统治之间的矛盾不断激化，民主化进程由此在韩国展开，军人政权最终退出历史舞台。② 墨西哥的民主化过程也体现了国际贸易的作用。对外贸易与经济开放为国内政治改革提供了动力，对原有政治体制构成了冲击。同时，为了创造良好的国际经济环境、获取更为有利的对外贸易条件，墨西哥不断调整国内的政治制度，实施民主化改革。加入北美自由贸易区成为墨西哥民主改革的重要激励因素。③

然而，现实世界中的一些反例说明，二者的关系并不像人们所认为的那样简单。一些威权国家同样积极参与国际贸易，但是国际贸易并没有给它们带来民主转型的迹象。中东君主国就是很好的例子。20世纪60年代开始，沙特阿拉伯、阿拉伯联合酋长国、卡塔尔、科威特

---

① Office of the Press Secretary, The White House, Remarks, by the President to the Council of the Americas, May 7, 2001; http://www.whitehouse.eov/news (accessed May 8, 2001). 转引自 J. Ernesto López-Córdova and Christopher M. Meissner, "The Impact of International Trade on Democracy: A Long-Run Perspective", World Politics, Vol. 60, No. 4, 2008, p. 540。

② 郭定平：《韩国政治转型研究》，中国社会科学出版社 2000 年版；杨景明：《韩国政治转型的背景与 21 世纪东亚民主化变动的趋势》，《东北亚研究》2002 年第 2 期；王菲易：《经济全球化与韩国民主化：以发展战略转型为视角》，《当代韩国》2010 年第 3 期。

③ Jorge Alberto Huerta-Goldman, Mexico in the WTO and NAFTA: Litigating International Trade Disputes, Netherlands: Kluwer Law International Press, 2010; Karen Roberts and Mark I. Wilson, eds., Policy Choices: Free Trade among NAFTA Nations, East Lansing: Michigan State University Press, 1996；孙若彦：《经济全球化与墨西哥对外战略的转变》，中国社会科学出版社 2004 年版；刘新民：《浅论墨西哥政治改革的动力》，《拉丁美洲研究》1996 年第 1 期。

的石油出口迅速兴起。丰富的石油资源使中东产油国向世界大部分国家和地区出口石油，同时从国外进口大量的农产品（特别是粮食）、生活消费品、工业产品等商品。然而，大规模参与国际贸易并没有改变这些国家的政治体制。作为该地区石油储存量最大的国家，沙特阿拉伯石油日出口量远超过世界其他石油出口国，位居世界第一。但在政治上，沙特阿拉伯保持了君主专制政体，国内没有宪法，国王行使最高行政权和司法权，同时禁止政党活动。即使自"阿拉伯之春"发生以来一些阿拉伯国家因民众街头运动而导致政权变更，沙特政府仍然有能力化解对王权统治的各种挑战，有效地维护了其威权统治的稳定。①

追溯历史，我们发现贸易开放与民主转型之间的不一致更是普遍存在。在1828—1926年的第一次民主化长波中，事实上只有数量有限的国家发生了民主化。第一波民主化的周期相对于后两波民主化而言较长，然而在这近100年的时间内，总共也只有30多个国家建立了至少是最低限度的全国性民主制度。事实上，这一时期，也有大量国家参与国际贸易。殖民地及半殖民地国家与殖民国家之间保持了密切的贸易联系，19世纪中叶到20世纪初全球化第一个黄金时代的到来更是让世界大部分地区融入国际贸易体系中。然而，在国际贸易大幅度扩张的这一时期，只有少数国家发生了民主转型，主要集中在美国和西欧地区。在世界其他地区，大部分国家的政治体制并没有发生相应的变化。拉丁美洲、亚洲等地区内的绝大部分国家的威权统治依然得到了维持甚至是强化。巴西就是其中的典型案例。作为重要的咖啡出口国，巴西在19世纪末积极参与国际贸易，然而，国际贸易没有给巴西带来民主转型，反而在事实上巩固了巴西的威权统治。

在现实世界中，不同的国家同样积极参与国际贸易、受到国际贸易的影响，但却收获了不同的国内政治结果。一些国家发生了民主转型，而另一些国家则继续维持了威权统治。我们看到，国际贸易并不

---

① 参见胡雨《"阿拉伯之春"与中东君主制国家政治稳定》，《国际论坛》2014年第2期；丁隆：《阿拉伯君主制政权相对稳定的原因探析》，《现代国际关系》2013年第5期；Simon Mabon, "Kingdom in Crisis? The Arab Spring and Instability in Saudi Arabia", *Contemporary Security Policy*, Vol. 33, No. 3, 2012。

必然带来民主转型。国际贸易可能促进民主转型，也可能导致威权主义统治的巩固。那么，在一国的政体变迁中，国际贸易到底发挥了什么作用？

第二节 既有的文献及其不足

民主转型，即由非民主政体向民主政体的转型，早已不是新鲜事物。19世纪20年代至1914年以及第二次世界大战之后，就出现了两次大规模的民主转型。第二次世界大战后，民主转型成为比较政治学的一个重要研究领域。20世纪70年代大规模的民主转型运动增强了学者探究这一问题的热情和动力。特别是20世纪90年代以来，涌现出大量关于民主转型的研究成果。学者们纷纷探讨，是什么原因导致了20世纪70年代以来的"第三波"民主化浪潮。当代学者关于民主转型的研究，通常可分为以下三类：①

第一类路径强调有利于民主发展的社会经济条件。至少从柏拉图和亚里士多德以来，社会分析者就主张，一个社会的社会—经济结构对它可能拥有的政治体制的类型具有重要影响。② 该范式的第一个定量的、具有最广泛影响的表述，是由西摩·马丁·李普塞特（Seymour Martin Lipset）给出的，即社会—经济发展程度越高，政治民主越可能出现。③ 其基本假定是，经济增长和普遍富裕会自动地、必然地促进民主转型。自从李普塞特的开创性努力以来，许多研究循着这一路径，把经济增长水平作为民主的关键自变量，并且对社会—经济条件进行了细化，加上了诸如识字率、通信、预期寿命以及其他所有被看作是社会—经济发展的组成部分或相关变量的因素。这些学者在那些实现民主转型的国家中发现促进民主转型的因素，从而得出一般结论，认为其他国家只要具备这些结构因素，也会

---

① 参见［美］詹姆斯·F. 霍利菲尔德、加尔文·吉尔森主编《通往民主之路：民主转型的政治经济学》，何志平、马卫红译，社会科学文献出版社2012年版，第32—44页。
② ［美］吉列尔莫·奥唐奈：《现代化和官僚威权主义：南美政治研究》，王欢、申明民译，北京大学出版社2008年版，第1页。
③ 同上书，第3—4页。

发生民主转型。① 然而，经济发展水平与民主转型之间的关系比上述假设的情况要复杂得多。虽然现代世界中富裕的国家和地区大多是民主政体，但是很容易就能找到一些显著的例外来证伪经济增长决定民主的实现这个命题。"经济发展本身并不能解释民主化转型的动力以及它们为何会实实在在地发生"。② 从社会经济条件直接推导出民主转型的结构研究方法，在20世纪90年代受到政治学家的普遍怀疑与批评。

第二种路径关注政治控制，尤其是精英决策。这个方法强调领导集团的果断行动，而不强调非个人和非政治力量。这种范式认为，民主转型的关键问题在于领导者对善治的信奉程度以及冒竞争性政治风险的意愿。当专制统治者发现持续压制的成本大于民主风险时，改革就会来临。吉列尔莫·奥唐奈（Guillermo O'Donnell）与菲利普·施密特（Philippe Schmitter）将民主转型的模式概括为政治精英主导的内部协定。③ 他们断言，没有一个民主转型不是受到强硬派与温和派之间的分裂所影响的。这种模式也成为后来民主化研究的一个主流，大量的转型命题和观点都是在这一模式下推导出来的。④ 在"第三波"民主化浪潮中，政治学家往往倾向于以"精英中心论"为研究民主转型的路径选择，认为民主转型遵循的是一条自上而下的方式，政治精英是民主运动的最重要的角色和推动力量。⑤ 威权政权中那些执掌权力的人领导了这一转变过程，并且还在终结这一威权体制以及将它改造

---

① 谢岳：《社会抗争与民主转型：20世纪70年代以来的威权主义政治》，上海人民出版社2008年版，导言，第2—3页。
② [美] 斯迪芬·海哥德、罗伯特·R.考夫曼：《民主化转型的政治经济分析》，张大军译，社会科学文献出版社2008年版，第26—27页。
③ 谢岳：《社会抗争与民主转型：20世纪70年代以来的威权主义政治》，上海人民出版社2008年版，第50—51页。
④ 关于强硬派与温和派之间、改良派与保守派之间的博弈与妥协，可参见 [美] 亚当·普沃斯基《民主与市场——东欧与拉丁美洲的政治经济改革》，包雅钧、刘忠瑞、胡元梓译，北京大学出版社2005年版，第41—57页；[美] 塞缪尔·P.亨廷顿《第三波：20世纪后期的民主化浪潮》，欧阳景根译，中国人民大学出版社2012年版，第122—133页。
⑤ 谢岳：《社会抗争与民主转型：20世纪70年代以来的威权主义政治》，上海人民出版社2008年版，导言，第3页。

成一个民主体制的过程中发挥了关键性作用。① 领导人不仅需要有坚持民主体制的能力,还需要有正确的日常政治决策的实践能力与直觉,这些决策能极大地推动民主向前发展。作为专家治国能力、妥当的权力以及"愿景"的统一,精英的领导对任何民主转型都尤为关键。成功的民主需要精英的领导,但并不等于说只要有精英的领导就会产生民主。实际上,如果没有民众的压力,精英宁可维持现有的威权统治,毕竟与民众的权力分享可能带来自身利益的损失。此外,要用分析性术语来探讨精英的领导也是极为困难的,关于它的很多词汇似乎都是偶然的、无法定义的、有个人特质的。②

　　第三种路径强调公民社会。这种方法不仅仅包括公共态度和公共看法,它同样包括公民社会组织以及公共行为影响政治过程的方式。要想使民主有效运行,国家与社会之间、政府与公民之间就必须有权力与权威的稳定平衡。为了达到这一平衡,公民必须拥有自己的机构与组织,这些机构与组织必须独立于政府之外。③ 对于民主转型来说,公民必须拥有一个所谓的"公民社会",即在社会中存在一个自治的非政府的实体和权力中心,它们必须足够强大以抗衡政府。民主发展的关键是志愿组织的存在,它们能通过汇总并表达社会重要利益来动员政治力量。公民社会是讨论这个问题的一个核心概念,它对民主转型具有重要意义。从更加一般的意义上讲,民主转型就是国家与公民社会之间的关系博弈。在威权主义国家,公民社会的发展经历了一个从无到有、从弱到强的过程,它们对威权统治转型发挥了不可替代的作用。公民社会最根本的检验标准是社会对政府进行政治考问的能力,以及由此迫使统治者尊重人民利益的能力。④ 公民社会在民主转型中的作用怎么强调都不为过,不过公民社会是如何从无到有、从弱到强的,仍需要结合社会经济条件的变化或者精英内部的分裂加以阐述。另外,如同精英内部分为强硬派和温和派一样,公民社会内部也非铁

---

① [美]塞缪尔·P. 亨廷顿:《第三波:20世纪后期的民主化浪潮》,欧阳景根译,中国人民大学出版社2012年版,第119页。
② [美]詹姆斯·F. 霍利菲尔德、加尔文·吉尔森主编:《通往民主之路:民主转型的政治经济学》,何志平、马卫红译,社会科学文献出版社2012年版,第35页。
③ 同上书,第37页。
④ 同上书,第33页。

板一块，不同阶级、阶层对民主的态度可能大相径庭。

以上三种路径，即社会—经济结构范式、精英主导范式和公民社会范式，反映了民主转型研究的三个主要方向。当前关于民主转型的理论研究，主要遵循了这三种路径，或是将这些因素结合起来进行考察。

总体而言，当代学者关于民主转型的研究大都认为民主转型是国内社会经济条件和政治过程的结果，而较少强调国家之外的因素的影响。在多数学者看来，国内力量在民主转型中发挥了决定性作用。外部因素更多地被视为民主转型的干扰变量或促进变量，而不是居于核心地位的主要影响因素。[1] 当然，也有一些学者注意到了推动民主转型的国外压力，包括短期经济危机的冲击、战争、征服以及外国干预，等等。[2] 正如克里斯坦·格莱戴岑（Kristan Gleditsch）和迈克尔·沃德（Michael D. Ward）指出的："国际因素影响民主的前景。在外部环境变化的浪潮下，民主转型变得并非偶然而是常见。民主国家和民主转型在时间和空间上的聚类表明扩散或者持久的跨国依附会影响政治制度的发展和延续。"[3]

随着经济全球化和政治民主化这两大潮流的相伴而生，国际贸易与民主转型二者的关系逐渐在学术界引起了关注和思考。20世纪90年代以来，特别是进入21世纪以后，国际贸易与民主转型的关系开始成为国际政治经济学与比较政治学研究的一个重要议题，国际贸易开始被纳入关于民主转型的研究之中。与冷战后"全球化促进民主化"的流行观念相呼应，当前西方学术界主流理论认为国际贸易会促进民主转型。主流理论对国际贸易促进民主转型的阐释大致可以分为三类：

---

[1] Jon C. Pevehouse, "Democracy from the Outside-In? International Organizations and Democratization", *International Organization*, Vol. 56, No. 3, 2002, p. 517.

[2] [美] 斯迪芬·海哥德、罗伯特·R. 考夫曼：《民主化转型的政治经济分析》，张大军译，社会科学文献出版社2008年版，第31—36页；陈尧：《新权威主义政权的民主转型》，上海人民出版社2006年版，第209—211页；[美] 塞缪尔·P. 亨廷顿：《第三波：20世纪后期的民主化浪潮》，欧阳景根译，中国人民大学出版社2012年版，第54—55页。

[3] Kristan S. Gleditsch, and Michael D. Ward, "Diffusion and the International Context of Democratization", *International Organization*, Vol. 60, No. 4, 2006. p. 912.

第一类文献是将贸易作为一种外部压力或手段。不少学者指出，西方国家利用国际贸易组织向缔约国施压，或者在国际贸易协定上附加民主条款、人权条款，以敦促缔约国在国内实行政治改革。乔恩·佩夫豪斯（Jon Pevehouse）认为，对许多现存民主国家而言，促进民主已经成为它们的一个对外政策目标，而国际组织充当了实现这一目标的重要工具。[1] 在很多情况下，国际贸易组织或者国际贸易协定就扮演了这一角色。而为了达成有利的贸易协定，新兴的政权会将国内政策向美国等西方国家的标准靠拢，以获取某些形式的奖励。这些国家为参与国际贸易而进行的国内政策调整，事实上就包括许多推动民主转型的举措。[2] 威权国家在获取经济利益和经济便利的同时，接受附加的政治条件以及由此而带来的国内政治结果。

学者们对欧盟在第三世界推行民主化的政策进行了比较集中的研究。理查德·扬斯（Richard Youngs）指出，20 世纪 90 年代起，欧盟在贸易协定上附加上民主条款，推动拉美地区的民主转型。[3] 1997 年12 月 8 日，欧盟与墨西哥签订了一个政治经济联合协议。这个协议为双方的政治对话提供了制度性框架，而这种对话建立在双方尊重民主与人权的基础上。欧盟在加强与墨西哥的贸易关系的同时附加了民主条款，在进行贸易谈判的同时要求墨西哥尊重民主与人权。[4] 从田弘（Der-Chin Horng）指出，从 1992 年起，欧盟就在它与第三世界国家签订的所有协定中都加入了人权条款，将尊重人权与民主作为它建立对外关系的一个必需条件。欧盟在双边协定中所附加的人权条款已经适用于 120 多个国家。由于欧盟在 WTO 和国际经济关系中都发挥着领导性角色，欧盟在贸易协定中所附加的人权条款对相关国际贸易规则的

---

[1] Jon C. Pevehouse, "Democracy from the Outside-In? International Organizations and Democratization", *International Organization*, Vol. 56, No. 3, 2002, pp. 515–549.

[2] Ely Ratner, "Reaping What You Sow: Democratic Transitions and Foreign Policy Realignment", *The Journal of Conflict Resolution*, Vol. 53, No. 3, 2009, pp. 390–418.

[3] Richard Youngs, "The European Union and Democracy in Latin America", *Latin American Politics and Society*, Vol. 44, No. 3, 2002, pp. 111–139.

[4] Jose Antonio Sanahuja, "Trade, Politics, and Democratization: The 1997 Global Agreement between the European Union and Mexico", *Journal of Interamerican Studies and World Affairs*, Vol. 42, No. 2, pp. 35–62.

发展也具有重要影响。①

这部分文献只是将贸易作为一个施加政治压力的手段。在这个层面上，国际贸易无异于国际投资、对外援助等其他国际经济合作形式，它们也经常附带了民主条款，被用来实现附加政治目的。因此，国际贸易对民主转型所发挥的作用，事实上是附加的民主条款或人权条款所发挥的作用，国际贸易本身所起的作用没有被作为研究对象。参与国所进行的民主转型，更多地被视为为获取经济利益所做出的交换和妥协。在这一类研究中，国际贸易所引起的国内政治变化并没有被重视和仔细探讨。

第二类文献是研究国际贸易制度对国内政治的渗透和对国内政治进程的影响。根据这类文献，国际制度的民主性延伸并内化到国内政治，影响国内政治进程，促使政体向更为民主的方向转型。罗伯特·基欧汉（Robert Keohane）、史蒂芬·马赛多（Stephen Macedo）和安德鲁·莫劳夫奇克（Andrew Moravcsik）就指出，多边制度可以通过多种方式促进国内民主进程，即使在运转良好的民主国家也可以提高它们国内民主的质量。多边制度促进民主进程的重要方式包括以下几种：限制特殊利益小集团的权力、保护个人权利、提高民主审议的质量以及增强实现公众目标的能力。② 国际贸易制度对国内民主转型的促进主要体现为以下两个方面：

首先，作为一种权力再分配手段，国际贸易制度往往需要参与国保持经济体系的开放，限制了小团体的影响力和国家对经济与社会的过多干预，从而为民主转型创造了条件。根据基欧汉、马赛多和莫劳夫奇克的观点，GATT、WTO、NAFTA 等贸易制度反映了广泛的公众利益，国家通过事先对这些多边规则与实践做出承诺，获得了限制小团体影响力的机制，削弱了国内特殊利益集团的行动能力。③ 亚历山德拉·马拉维尔（Alexandra Maravel）指出，NAFTA 创造了一个新的政治空间，它走在国际法制定与全球治理的前沿。NAFTA 本身就是民

---

① Der-Chin Horng, "The Human Rights Clause in the European Union's External Trade and Development Agreements", *European Law Journal*, Vol. 9, No. 5, 2003, pp. 677–701.
② Robert O. Keohane, Stephen Macedo, and Andrew Moravcsik, "Democracy-Enhancing Multilateralism", *International Organization*, Vol. 63, No. 1, 2009, pp. 1–31.
③ Ibid., p. 11.

主与自由贸易结合的产物。① 马库斯·卡斯特罗（Marcus Castro）等学者认为，建立在市场经济原则基础上的经济循环需要避免国家过多干预经济，摆脱国家指导经济的模式，而削弱国家对经济的控制和垄断，这本身就是政治民主化改革的一部分。经济自由化的需求与政治民主秩序的扩张相伴生，国际贸易对参与国进行民主转型提出了实际要求。② 妮塔·鲁德拉（Nita Rudra）认为，随着国家对国际出口与国际金融市场的开放度提高，如果国家采取相应措施以维护政治稳定和建立政治支持，那么国家的民主程度将会提高。③ 阿努帕姆·钱德尔（Anupam Chander）和杰奎琳·利普顿（Jacqueline Lipton）等人的研究表明，国际贸易与新的网络环境为人权法案的发展提供了新的丰富机会。他们指出，国际贸易发展对国家压制信息产生两方面的压力：（1）国际贸易法案的透明性义务，要求成员国公开国内的规章等信息；（2）市场途径可以使国外信息服务商传播国内信息服务商难以传播的信息。国际贸易法案使国家在国内压制信息变得更为困难。国际贸易在保护公共道德、维护公共秩序方面具有积极作用。国家可以利用贸易自由化为政治自由化服务。④

其次，作为一种承诺工具，国际贸易制度有助于锁定成员国的民主化进程。国家通过加入国际贸易组织或者国际贸易协定来做出国际承诺，可以进行自我约束，将政策锁定在事先做出的承诺上，从而为国内政治民主化扫除部分障碍，创造有利的改革环境。扎莉·西门森（Jarle Simensen）在对1989年东欧国家政治体制变革的研究中指出，

---

① Alexandra Maravel, "Democracy and Free Trade in the Americas", *Australasian Journal of American Studies*, Vol. 15, No. 1, Special Fulbright Conference Issue: America's World/The World's America, 1996, pp. 85–94.

② Marcus Faro de Castro and Maria IzabelValladão de Carvalho, "Globalization and Recent Political Transitions in Brazil", *International Political Science Review*, Vol. 24, No. 4, 2003, pp. 465–490; Füsun Türkmen, "The European Union and Democratization in Turkey: The Role of the Elites", *Human Rights Quarterly*, Vol. 30, No. 1, 2008, p. 151; Ho-won Jeong, "Economic Reform and Democratic Transition in Ghana", *World Affairs*, Vol. 160, No. 4, 1998, pp. 218–230.

③ Nita Rudra, 2005, "Globalization and the Strengthening of Democracy in the Developing World", *American Journal of Political Science*, Vol. 49, No. 4, pp. 704–730.

④ Anupam Chander, Jacqueline Lipton, Miriam Sapiro, Wendy Seltzer and Michael Traynor, "International Trade and Internet Freedom", Proceedings of the Annual Meeting (American Society of International Law), Vol. 102, 2008, pp. 37–49.

GATT 及其后的 WTO 的成员国资格变成了东欧国家的一项重要政治优势。在签订国际贸易协定的情况下,国内政治改革势在必行,因为政治改革不仅是实现经济发展的条件,也是获取国际信誉所必需的基础。国际贸易促进了东欧国家的民主化运动,为这些国家的民主转型创造了条件。①

进行权力再分配和提供可信承诺的国际贸易制度,在很多方面有利于国家的民主转型。但是和第一类研究一样,这类将国际贸易作为一种国际制度的研究没有重视贸易自身的特征,也没有突出贸易的独特作用,而是将国际贸易与其他各种形式的国际制度合并在一起,研究作为整体的国际制度对民主转型的作用。从这个意义上讲,将国际贸易置换成国际金融、对外直接投资、对外援助等也未尝不可。国际贸易自身对民主转型的影响依然是一个有待探究的研究问题。

第三类文献重点关注国际贸易在文化方面的影响。部分学者认为,国际贸易给参与国带来了民主观念、人权观念,为贸易参与国的民主转型提供了有利的文化条件。以国际贸易为代表的全球化不仅是一个经济现象,也是一个政治、社会和意识形态现象。② 全球化过程中包含自由资本主义、民主以及人权观念,全球化在经济上促进自由资本主义的发展,在政治上推动民主价值的普及,并且使尊重人权变成势在必行的道德准则。这三种观念都有利于个人权利的发展,如果这些价值内化为政府的政策,它们将限制国家机关的专断权力。③

在全球化的文化与政治平台上,威权政体不可避免地受到整个环境的影响,它们再也难以自我隔绝。民主作为一种规范,与市场化改

---

① Jarle Simensen, "Democracy and Globalization: Nineteen Eighty-Nine and the 'Third Wave'", *Journal of World History*, Vol. 10, No. 2, 1999, p. 400.

② Robert McCorquodale and Richard Fairbrother, "Globalization and Human Rights", Human Rights Quarterly, Vol. 21, No. 3, 1999, pp. 735 – 736; Ronaldo Munck, "Globalization and Democracy: A New 'Great Transformation'?", *Annals of the American Academy of Political and Social Science*, Vol. 581, May 2002, p. 19.

③ Ann Marie Murphy, "Indonesia and Globalization", *Asian Perspective*, Vol. 23, No. 4, 1999, p. 237.

革伴生。① 国际贸易规则所体现的法治精神和人权观念，也对参与国的文化产生影响。戴维·德里森（David M. Driesen）指出，自由贸易作为一种法律形式，代表了国际贸易的法治精神。自由贸易法能够促进民主的扩散，这取决于它在成员国的公民社会中所建立的实质基础。② 全球化能够促进当地人民自觉意识的觉醒，从而推动民主化进程。③

文化因素无疑是影响政治行为体行为的重要因素，民主转型无疑会受到思想文化的影响。然而，文化发挥作用往往是一个长期的、潜移默化的过程。同时，由于文化所涉及范围过于广泛，它所发挥的作用也往往是模糊不清的。因此，文化因素作为一种影响国家决策的"万灵药"，反而削弱了其解释力。更为重要的是，文化观念只是国际贸易的副产品之一。用国际贸易所带来的文化观念的变化，来解释国际贸易对民主转型的影响，依然忽视了国际贸易的主体地位，没有探究国际贸易本身所发挥的作用。

上述三类文献主要致力于揭示国际贸易影响民主转型的理论机制。还有一些学者试图通过建立计量模型来考察国际贸易与民主转型的相关性。巴里·艾肯格林（Barry Eichengreen）和戴维·利朗（David Leblang）运用1870年到2000年贸易、资本控制和民主的数据来检验全球化与民主化的关系。根据计量结果，贸易开放与民主具有正相关关系并且在统计上显著。④ 鉴于他们的研究涉及国际贸易和金融等全球化的多个维度，他们认为其结论具有更大的一般性。不过，他们也承认其普遍模式并非在任何时点任何地方都适用，一些效应是否发生将取决于经济结构。⑤

埃内斯托·洛佩兹—科多瓦（J. Ernesto López-Córdova）和克里

---

① Ziya Öniş and Umut Türem, 2002, "Entrepreneurs, Democracy, and Citizenship in Turkey", *Comparative Politics*, Vol. 34, No. 4, pp. 439 – 456.

② David M. Driesen, "Environmental Protection, Free Trade, and Democracy", *Annals of the American Academy of Political and Social Science*, Vol. 603, No. 1, 2006, pp. 252 – 261.

③ Sabihah Osman, "Globalization and Democratization: The Response of the Indigenous People of Sarawak", *Third World Quarterly*, Vol. 21, No. 6, 2000, pp. 977 – 988.

④ Barry Eichengreen, and David Leblang, "Democracy and Globalization", *Economics and Politics*, Vol. 20, No. 3, 2008, pp. 289 – 334.

⑤ Ibid., p. 319.

斯托弗·梅斯纳（Christopher M. Meissner）也分析了1870年到2000年的数据，并且将这130年的时间划分为三个阶段：（1）全球化的第一个时期，即第一次世界大战前的一个阶段；（2）战争时期，这一时期见证了国际贸易的崩溃；（3）第二次世界大战后时期，全球化在这一时期得以复兴。阶段划分有助于研究贸易开放的差异是否可以解释国家层面的政体变迁。计量结果表明，从长远来看，国际贸易与民主之间有正相关关系。在第一次世界大战后，贸易开放对民主有显著的正向影响，从实质上和统计上看，都是如此。不同阶段贸易与民主之间的相关性存在一定的差异。在全球化的第一个时期，贸易与民主之间的联系比较微弱或不存在；在第二次世界大战后时期，贸易开放对民主有正向影响。[①]

米哈伊尔·巴雷夫（Mikhail Balaev）在苏联国家范围内对国际贸易与民主的关系进行了计量研究。他指出，边缘国家与霸权国（如美国）和非霸权国之间的贸易往来，对边缘国家的民主会产生不同的政治影响：与霸权国之间的贸易对边缘国家的民主有消极作用；与非霸权国之间的贸易能够促进边缘国家的民主化进程。[②]

这类研究利用计量模型，清晰地展示出国际贸易与民主的相关性。然而，通过计量的研究方法所得到的研究结果最终只能揭示变量之间的相关性，不能清楚展现国际贸易与民主转型之间的因果机制。更为重要的一点是，由于采用的计量方法不同，这些学者的计量结果也不一致。这类研究上的争论往往是计量指标、计量方法、计量模型上的争论，而不是实质观点上的争论或逻辑关系上的争论。对于有效揭示国际贸易与民主转型的因果关系而言，这些争论并没有起到实质性的作用。

在强调国际贸易促进民主转型的主流理论之外，一些学者也提出了相反的意见或其他观点。一些学者指出，以国际贸易为代表的全球

[①] J. Ernesto López-Córdova and Christopher M. Meissner, "The Impact of International Trade on Democracy: A Long-Run Perspective", *World Politics*, Vol. 60, No. 4, 2008, pp. 539 – 575.

[②] Mikhail Balaev, "The Effects of International Trade on Democracy: A Panel Study of the Post-Soviet World-System", *Sociological Perspectives*, Vol. 52, No. 3, 2009, pp. 337 – 362.

化不利于民主,全球化也不是民主政治的良方。① 哈维蒂·罗德里格斯(Havidán Rodríguez)指出,对于贫穷国家而言,全球化并不能带来民主,全球化反而使发展中国家所面临的问题恶化了。② 李泉和拉斐尔·鲁文尼(Rafael Reuveny)则建立了一个混合时间序列的横截面统计模型,对1970—1996年127个国家的数据进行了评估,以探究全球化对民主程度的影响。他们对全球化的四个方面进行了考察,即贸易开放、外国直接投资流入、间接投资流入以及民主观念在国家间的传播。他们发现,贸易开放对民主有消极作用,而且这种消极作用在长时间内保持不变。③

此外,个别学者已经敏锐地注意到国际贸易对民主的影响是正向的还是负向的将取决于贸易参与国的具体条件,特别是参与国的要素禀赋。卡莱尔·鲍什(Carles Boix)在《民主与再分配》一书中就用极少量的篇幅探讨了国际贸易对民主的影响。他指出,贸易对一国政治制度选择的影响取决于该国的要素分布。当贫穷的非技术工人构成该国的充裕要素,贸易开放会导致工资结构压缩的进程,继而减轻再分配压力,因此有利于民主的引入。与之相反,当贫穷的非技术工人成为该经济体的稀缺要素,贸易开放将降低他们的收入,加剧收入不平等,使得威权制的可能性更大。④ 达龙·阿塞莫格鲁(Daron Acemoglu)和詹姆士·罗宾逊(James A. Robinson)的博弈模型也根据要素禀赋说明了国际贸易的增长对民主的不同影响。对劳动力充裕的国家而言,国际贸易通过降低不平等程度减小了民主的再分配性,降低了富人和穷人之间的冲突强度,从而使民主化更有可能发生。但对土地充裕的国家而言,国际贸易提高了土地的价格并相应增加了精英的相

---

① Jorge Nef, "Globalization and the Crisis of Sovereignty, Legitimacy, and Democracy", *Latin American Perspectives*, Vol. 29, No. 6, 2002, pp. 59–69; Catharin E. Dalpino, "Does Globalization Promote Democracy? An Early Assessment", *The Brookings Review*, Vol. 19, No. 4, 2001, pp. 45–48; U. K. Jha, "Democratic Deficits in A Globalizing World: The Way Out", *The Indian Journal of Political Science*, Vol. 65, No. 4, 2004, pp. 531–540.
② Havidán Rodríguez, "A 'Long Walk to Freedom' and Democracy: Human Rights, Globalization, and Social Injustice", *Social Forces*, Vol. 83, No. 1, 2004, pp. 391–412.
③ Quan Li and Rafael Reuveny, "Economic Globalization and Democracy: An Empirical Analysis", *British Journal of Political Science*, Vol. 33, No. 1, 2003, pp. 29–54.
④ [美]卡莱斯·鲍什:《民主与再分配》,熊洁译,上海人民出版社2011年版,第129—130页。

对收入，会使民主转型更难发生。① 不过，约翰·阿尔奎斯特（John S. Ahlquist）与埃里克·维贝尔斯（Erik Wibbels）对这种基于要素禀赋的民主转型理论提出了质疑。他们采用了计量方法对100多个国家在130年间的数据进行了分析。研究结果表明，国际贸易并没有与要素禀赋相互作用以影响民主的前景，国内不平等与政体结果无关，国际贸易显然也不是影响国内不平等的唯一因素。②

这些不同的观点表明，当前学术界关于国际贸易与民主转型之间关系的争论远没有解决，国际贸易影响民主转型的途径也有待进一步研究。当前的主流理论认为，国际贸易会促进民主转型。但是，主流理论本身存在上面所提到的各种缺陷。一些反驳主流理论的文献，也往往只是试图利用新的计量模型所得出的相反结果，或者提出了新的观点但却没有经验的有效支持。此外，既有文献的类型多为论文，没有足够的篇幅对国际贸易影响民主转型的机制进行系统、深入的探讨。现实世界中的矛盾现象以及理论界关于这一问题的争论都说明我们有必要对国际贸易影响民主转型的理论进行重构。

我们的研究是对西方主流理论的一项挑战。我们将基于国际贸易引起社会分化的模型来说明，国际贸易并不必然有利于民主转型。在不同的条件下，国际贸易会对参与国产生不同的国内政治影响。在一些条件下，国际贸易会促进民主转型，但在另外一些条件下，国际贸易会有利于威权政体的维持或强化。

第三节　政体类型及其变迁：概念界定

作为历史上长期存在的一个现象，政体的类型问题早就引起了学者的关注。亚里士多德根据政府的利益出发点以及掌握统治权的人数多寡，对政体进行了分类：（1）君主制，即为共同的利益着想的君主

---

① ［美］达龙·阿塞莫格鲁、詹姆士·罗宾逊：《政治发展的经济分析——专制和民主的经济起源》，马春文等译，上海财经大学出版社2008年版，第286—289页。
② John S. Ahlquist and Erik Wibbels, "Riding the Wave: World Trade and Factor-Based Models of Democratization", *American Journal of Political Science*, Vol. 56, No. 2, 2012, pp. 447–464.

政体；(2) 贵族制，即由多于一人但仍为少数人执掌的为共同利益着想的政体；(3) 共和政体，即由多数人执政的为被治理者的利益着想的政体。这三种政体有各自的变体：僭主制、寡头政体和平民政体。① 在讨论应该建立什么样的政体时，亚里士多德指出，"恰当的法律可以拥有最高的权力；某一官员或某一些官员只是在法律无法详细涉及的事情上起裁决作用"，"法律的制定必定会根据政体的需要。果真如此的话，正确的政体必然就会有公正的法律，蜕变了的政体必然有不公正的法律"。② 因此，在亚里士多德那里，君主制、贵族制和共和制三种政体本身并无优劣之别，关键在于是否具有公正的法律以便为共同的利益着想。

亚里士多德关于政体类型的上述探讨构成了比较政治研究的最早源头之一。随着比较政治学作为一门独立学科得以形成与发展，关于政体类型的学术探讨已经蔚为大观，其中民主政体/威权政体的二分法成为最基本的类型划分。尽管这种二分法受到了不少批评，③ 为了保持理论框架的简约性，我们还是以此二分法作为基点来探讨国际贸易对政体类型的影响。

民主或者民主政体的定义是学术界中长期存在争论的一个问题，对"民主"这一概念的不同理解也将产生完全不同的讨论。社会科学家们为民主和民主政体给出了不同的定义和衡量指标。④ 对民主的定义主要有四种方法：宪法的、实质的、程序的和过程取向的。⑤ 在不同定义方法的争论中，约瑟夫·熊彼特（Joseph Schumpeter）提出的关于民主的程序性定义得到了学术界较多的认同："民主方法就是那种为做出政治决定而实行的制度安排，在这种安排中，某些人通过争

---

① [古希腊]亚里士多德：《政治学》，颜一、秦典华译，中国人民大学出版社2003年版，第84—85页。
② 同上书，第95页。
③ 杨光斌：《观念的民主与实践的民主》，中国社会科学出版社2015年版，第78—85页。
④ 关于对民主的定义问题，参见赵鼎新《民主的限制》，中信出版社2012年版，第4—8页；杨光斌：《让民主归位》，中国人民大学出版社2015年版，第10—16页；[美]乔·萨托利：《民主新论》，冯克利、阎克文译，东方出版社1998年版，第3—19页；[美]罗伯特·A.达尔：《论民主》，李风华译，中国人民大学出版社2012年版，第31—38页。
⑤ [美]查尔斯·蒂利：《民主》，上海人民出版社2009年版，第6—8页。

取人民选票取得作决定的权力。"① 按照这一定义，民主政体的形式特征在于竞争性的选举。在这个程序性定义的基础上，罗伯特·达尔（Robert A. Dahl）提出了民主国家的最低要求：（1）选举产生的官员；（2）自由、公平、定期的选举；（3）表达自由；（4）多种信息来源；（5）社团自治；（6）包容性的公民权。② 不过达尔关于民主的这些最低要求并不一定都是民主的内涵所要求的，有些要求仅仅是民主政体生存下去所需要的条件，比如社团自治、多种信息来源等。实际上，民主的程序性定义只要求官员由自由、公平、定期的选举产生和公民对选举的普遍参与。

威权政体，也称权威政体。20世纪30年代，埃瑞克·沃格林（Eric Voegelin）等人正式提出权威主义的概念，但未引起研究者的注意。直到60年代才由乔凡尼·萨托利（Giovanni Sartori）将其作为与民主政治相对意义上的一种政体类型重新予以使用。随后，胡安·林茨（Juan Linz）、吉列尔莫·奥唐奈等学者赋予权威主义新的内涵，并广泛运用于对拉丁美洲、南欧等一些国家的研究。③ 正如学术界对于民主没有一个统一的定义一样，学者们对于威权的定义也有所不同。其中，胡安·林茨的定义为人们广泛接受："政治系统具有有限的、不承担责任的政治多元化，没有一套精致的指导性的意识形态，但具备独特的精神；且除了在发展中的某些时刻外，不存在深入或广泛的动员；由一个领导人或者有时是一个小团体行使权力，这些权力受到正式的但不甚明了的限制，而它们事实上又是可以预测到的。"④ 在经验研究中，学者们实际上用威权政体指称所有的非民主政体，比如君主制、个人独裁、军人政权等。

在对民主政体和威权政体进行分类的基础上，我们可以进一步描述当初始政体类型为威权政权时的政体变迁。所谓初始政体类型，是

---

① [美] 约瑟夫·熊彼特：《资本主义、社会主义与民主》，吴良健译，商务印书馆2007年版，第395—396页。
② [美] 罗伯特·达尔：《论民主》，李风华译，中国人民大学出版社2012年版，第73页。
③ 陈尧：《新权威主义政权的民主转型》，上海人民出版社2006年版，第23页。
④ [美] 胡安·J.林茨、阿尔弗莱德·斯泰潘：《民主转型与巩固的问题：南欧、南美和后共产主义欧洲》，孙龙等译，浙江人民出版社2008年版，第40页。

指在所考察的时间段的起点上某一国家所采用的政体类型。基于民主政体/威权政体的二分法，初始政体类型既可以是民主政体，也可以是威权政体。但由于本书所考察的是能否发生民主转型的问题，本书假定的初始政体类型均为威权政体。从动态的角度看，一国的威权政体既可能转变为民主政体或者其他类型的威权政体，也可能得到维持和强化。前者即为民主转型或者威权接续，后者即为威权巩固。简单地说，当一国的政体类型从威权政体转变为民主政体时，就发生了民主转型；当一国的政体类型从一种威权政体转变为另一种威权政体时，就发生了威权接续；当一国的威权政体生存下来并走向稳定时，就发生了威权巩固。由于威权接续属于不同威权政体之间的转换，与政治民主化的主题无关，本书只探讨民主转型与威权巩固两种情况。

在关于民主转型的经典著作《威权统治的转型》中，吉列尔莫·奥唐奈与菲利普·施密特将转型定义为"在一个制度与另一个之间的过渡期"[①]。他们指出，转型的一个特色是，政治的规则在当下是不确定的：不只是不断改变，而且还一直被激烈地挑战着；政治参与者不但会为了他们自己或是支持者的眼前利益而尝试做出改变，更会为了能够决定输赢的游戏规则而斗争。事实上那些逐渐成形的游戏规则将会决定什么样的资源能够在政治圈中被合法地使用，还有什么样的人能够参与其中。转型开始的一个典型标志是，现任威权主义统治者为了向个人与集体的权力提供更安全的保障不得不修改他们自己定下的规矩。[②] 林茨与阿尔弗莱德·斯泰潘（Alfred Stepan）则从转型的结果来讨论民主转型的定义，即"民主转型完成的标志是，只有通过选举的政治程序才能产生政府成为广泛共识，政府权力的获得则是自由和普遍选举的直接结果，并且这一政府事实上拥有制定新的政策的权力，而行政权、立法权和司法权来源于新的民主程序，不必与其他法律主体分享权力"[③]。林茨和斯泰潘对民主转型的上述定义显然具有了更大的操作性。如果一个国家变更后的国内政体符合这些条件，就认为其

---

① ［美］吉列尔莫·奥唐奈、［意］菲利普·施密特：《威权统治的转型：关于不确定民主的试探性结论》，景威、柴绍锦译，新星出版社2012年版，第5页。
② 同上书，第6页。
③ ［美］胡安·J. 林茨、阿尔弗莱德·斯泰潘：《民主转型与巩固的问题：南欧、南美和后共产主义欧洲》，孙龙等译，浙江人民出版社2008年版，第3页。

政体实现了向民主的转型。

正如民主政体面临着巩固的问题，威权政体也同样面临着防止政体崩溃、建构制度安排以及在精英和大众之间构建合法性的任务。① 威权政体的生存和延续同样需要确立普遍的博弈规则、确保社会遵从规范，减少强制手段的运用以提升自身合法性。既有研究对威权巩固的界定主要是基于民主巩固的概念衍生而来。当民主政体能够在一系列危机诸如严重的经济衰退或未遂的政变中生存下来时，则可称为民主巩固。② 在此基础上，托马斯·安布罗休（Thomas Ambrosio）扩展了此概念，指出当一个政府经历类似事件仍能维持政权，则可以视为其政体的巩固，无论是民主还是威权。③ 实际上，这类观点将政体的巩固看作一个临界值（thresholds）状态，而另一种观点则将政体巩固看作一个动态渐进的过程。其中，沃夫冈·默克尔（Wolfgang Merkel）建立起了威权巩固的四层次模型：最初从宪法或结构性威权的嵌入，到威权在政党和利益集团中的扩散，再到非正式的政治行为者，最后到政治文化。④ 不论是民主还是威权政体，若想达到政体的延续与稳定，都必须确立和坚持普遍的博弈规则，以阻止领导层的分裂，保证社会遵从规范，从而赢得支持。因此从上述四个层次评判威权巩固的标准依次为：宪法层次上既赋予威权统治者长期执政的合法性，又具有半竞争性的选举形式，从而通过制度规制社会；有支持威权统治的政党和利益集团并且相对其他政党和利益集团来说有更强的政治实力、能够在选举中占绝对优势地位；有支持威权政体的非正式的政治参与者并且积极通过非正式参与传播威权文化、动员群众支持威权，从而通过大众组织规制社会；以及威权的政治文化最终在整个社会得到广泛承认和接受，即统治者成功引导和控制人民思想。和民主巩固一样，

---

① ［瑞典］克里斯蒂安·格贝尔：《威权的巩固》，《国外理论动态》2013年第12期。
② Andreas Schedler, "Taking Uncertainty Seriously: The Blurred Boundaries of Democratic Transition and Consolidation", *Democratization*, Vol. 8, No. 4, 2001, pp. 1 – 22.
③ Thomas Ambrosio, "Beyond the Transition Paradigm: A Research Agenda for Authoritarian Consolidation", *Demokratizatsiya: The Journal of Post-Soviet Democratization*, Vol. 22, No. 3, 2014, p. 481.
④ Wolfgang Merkel, "Plausible Theory, Unexpected Results: The Rapid Democratic Consolidation in Central and Eastern Europe", *International Politics and Society*, Vol. 2, No. 1, 2008, pp. 11 – 29.

威权巩固并不是说威权政体在未来将不再变化或者达到了最终状态，实际上任何政体的巩固都只是在相对的意义上提出来的。

第四节　本书的研究方法

鉴于现实世界与主流理论的不尽一致，我们将致力于探讨国际贸易在什么条件下会促进民主转型，在什么条件下会促进威权巩固。在方法论上，这些前提条件可以作为和自变量（解释变量）、因变量（被解释变量）相并列的条件变量（conditional variables）。根据斯蒂芬·范埃弗拉（Stephen Van Evera）的说法，条件变量是构成前提条件的变量，它的值制约着自变量对因变量的影响程度。条件变量也称为"抑制"变量，因为这种变量通过控制对变量的影响，从而抑制自变量与因变量之间的不规则变化的范围。[①] 条件变量实际上成为自变量、因变量之外的第三类变量。比如我们用 X 表示自变量，Y 表示因变量，C 表示条件变量，如果 X 和 Y 在不同的 C 组中有不同的关系，就表示 X 与 Y 的关系具有条件性。[②] 这种情况表示 C 对 X 与 Y 的关系产生了互动效应或调节效应。探索这种效应的方法在社会科学研究中被称为条件分析（conditional analysis）。就我们的研究问题而言，贸易开放是自变量，威权政体的变迁（即民主转型抑或威权巩固）是因变量，因此研究的重点是确定哪些条件变量会抑制贸易开放对威权政体变迁的影响。我们认为，在不同的要素禀赋下国际贸易会对政体变迁产生不同的影响：当劳动力要素充裕时，国际贸易往往会促进民主转型；当自然资源要素充裕时，国际贸易往往会促进威权巩固。我们还认为，在不同的初始威权类型下，国际贸易会对政体变迁产生不同的影响：当初始的威权类型为军人政权时，国际贸易往往会促进民主转型；当初始的威权类型为一党制时，国际贸易往往会促进威权巩固。因此，要素禀赋和初始的威权类型均为条件变量。

[①] ［美］斯蒂芬·范埃弗拉：《政治学研究方法指南》，陈琪译，北京大学出版社 2006 年版，第 10 页。
[②] 李沛良：《社会研究的统计应用》，社会科学文献出版社 2001 年版，第 225—226 页。

在确定了这些条件变量后，我们将具体说明在这些条件下国际贸易与威权政体变迁之间的因果机制，即这些条件变量与作为自变量的国际贸易如何在政体变迁中产生互动效应。一方面，对于因果关系的定义在逻辑上先于对因果机制的识别，另一方面，任何合乎逻辑的因果关系都需要指出其作用是如何产生的。加里·金（Gary King）、罗伯特·基欧汉和西德尼·维巴（Sidney Verba）提出："用通过原因找结果的方法识别出因果机制并用来支持研究者想建构的理论，在我们看来是很有帮助的尝试。将不同层次的观察值都作为可以检验理论的现象，由此识别出的因果机制可以增加理论的解释力。"[①] 我们在不同的前提条件下，将分别说明国际贸易是如何产生不同的国内政治结果的。简单地说，在劳动力要素充裕的条件下，国际贸易增加了下层民众的财富和收入进而增加了他们采取集体行动的成功率，这样就使精英与大众之间的均势变得对大众更为有利从而易于发生民主转型。反之，在自然资源要素充裕的条件下，国际贸易增加了统治精英的财富和收入进而强化了他们对政权的控制能力，这样就使精英与大众之间的均势变得对精英更为有利从而易于实现威权巩固。在初始威权类型为军人政权的条件下，威权政体一般用采用刚性的手段维持其统治，而且由于统治集团的封闭性难以吸纳从国际贸易获益的新兴力量，因此更易于发生民主转型。在初始威权类型为一党制的条件下，威权政体一般用采用柔性的手段维持其统治，而且由于统治集团的开放性容易吸纳从国际贸易获益的新兴力量，因此更易于发生威权巩固。

在上述理论的基础上，本书混合使用定性和定量方法来检验国际贸易影响政体变迁的条件变量和因果关系。定性方法和定量方法各有优势，并无高下之别。比较而言，定性研究的优势在于可以揭示因果机制，而定量研究的优势在于甄别因素以及因素组合。因此，好的研究往往是定性和定量方法的结合。[②] 正如加里·格尔茨（Gary Goertz）和詹姆斯·马奥尼（James Mahoney）指出的："定量和定性分析不能也不需要在相互隔离中追求各自的研究。不如说，一种传统中的方法

[①] ［美］加里·金、罗伯特·基欧汉和西德尼·维巴：《社会科学中的研究设计》，陈硕译，格致出版社、上海人民出版社2014年版，第83—84页。
[②] 唐世平：《超越定性与定量之争》，《公共行政评论》2015年第4期。

和发现可以通过许多途径以有益的方式进入另一种传统中。而且我们确信，混合方法研究常常是一个可行的选项。"① 基于本书的研究目标，本书既采用定性研究方法，也采用定量研究方法。不过，无论是定性研究还是定量研究都是各种研究工具的集合。定性研究包括单一案例研究和多案例研究等，定量研究则包括相关分析、线性回归、logit 回归和事件历史分析等。② 因此，我们在此还需要说明本书选择了哪些具体的研究方法。

无论是对条件变量的检验还是对因果机制的识别，比较案例研究都是有效的研究方法。一方面，与单一案例研究相比，比较案例研究可以相对有效地检验条件变量。单一案例研究难以确定理论的前提条件，因为前提条件没有变化，它就不会造成因变量的变化。但是，这些前提条件可以通过更多的案例研究揭示出来。③ 比如，研究者可以对两个或更多案例进行配对考察，看看这些成对的值是否与前提条件所预设的自变量和因变量之间的因果作用相一致。在两个案例中，如果 A 案例中条件变量的值高于 B 案例的话，那么，相应于各自自变量的值，A 案例中因变量的值也应比 B 案例中的高。④ 又如，对同一个案例内两个不同的时间段的考察，可以近似地达到两个案例比较研究的效果。在这种情况下，研究者可以考察案例内条件变量的值差异较大且案例内自变量的差异很小或者根本没有差异的案例。如果条件变量很重要，那么因变量的值就应当与条件变量呈现共变关系。⑤

另一方面，与定量研究方法相比，比较案例研究可以充分展示因果机制。毫无疑问，定量研究方法在展示变量之间的相关性上具有明显的优势，但是无法阐明展示变量之间的因果机制。案例研究方法是叙述性的，它更关注故事和情境；同时，案例研究方法也是分析性的，

---

① ［美］加里·格尔茨、詹姆斯·马奥尼：《两种传承：社会科学中的定性与定量研究》，刘军译，格致出版社、上海人民出版社 2016 年版，第 263 页。
② 参见陈岳、田野主编《国际政治学科地图》，北京大学出版社 2016 年版，第十七、十八、十九章。
③ ［美］斯蒂芬·范埃弗拉：《政治学研究方法指南》，陈琪译，北京大学出版社 2006 年版，第 51 页。
④ 同上书，第 69 页。
⑤ 同上书，第 70 页。

它通过厘清推导的过程来深度探讨和解释因果机制。① 正如范埃弗拉指出的,案例研究具有自身的长处:"通过案例研究进行的检验通常是强检验;通过案例研究来推断或检验关于自变量是如何引起因变量的解释,要比用大样本统计方法容易得多。"② 因此,作为一种案例研究方法,比较案例研究在揭示因果机制方面的有效性要强于定量研究方法。

众所周知,比较分析方法包括约翰·斯图亚特·密尔所说的"求异法"和"求同法"两种方法。从上面的讨论中,我们可以发现求异法对于揭示条件变量更有用处。在求异法中,"所有案例的一般特征应该相似,自变量的值应该相似,但结果应该相异。如果条件变量产生了影响,它的值应该与因变量的值呈现共变关系。"③ 但是,求同法在确立因果关系上更加可靠。其理由在于,如果某种因果关系在一系列相反的环境条件下仍然具有可复制性,那么这种因果关系就是相当可靠的。④ 鉴于我们在本书中既要说明国际贸易促进民主转型或威权巩固的前提条件,又要说明在不同前提条件下国际贸易对政体变迁产生影响的因果关系,我们将既使用求异法,也使用求同法。

基于上述考虑,我们在本书中选择了四对案例进行比较研究:19世纪末的巴西和20世纪70年代的巴西、韩国和新加坡、土耳其和泰国、委内瑞拉和哈萨克斯坦。其中前两对案例的选择遵循了"最大相似"的原则,在案例研究中通过求异法来分别检验要素禀赋和威权类型是否构成国际贸易影响政体变迁的前提条件;后两对案例的选择遵循了"最大差别"的原则,在案例研究中通过求同法来检验因果关系和揭示因果机制。

作为拉丁美洲最大的国家,巴西积极参与了19世纪和20世纪后半期两次国际贸易的扩张,但19世纪巴西对国际贸易的参与导致了其威权政体的巩固,而20世纪后半期巴西对国际贸易的参与则推动其向

---

① [美]罗伯特·贝茨等:《分析性叙述》,中国人民大学出版社2008年版,第9页。
② [美]斯蒂芬·范埃弗拉:《政治学研究方法指南》,陈琪译,北京大学出版社2006年版,第52页。
③ 同上书,第69页。
④ Adam Przeworski and Henry Teune, *The Logic of Comparative Social Inquiry*, New York: Wiley-Interscience, 1970.

民主政治转型。这对案例研究是对同一国家在两个不同历史时期的比较，可以保持两个案例中的文化、宗教、社会习俗等因素基本一致，因此属于"最大相似"的研究设计。通过对其他变量进行控制，我们通过求异法发现巴西在这两个历史时期要素禀赋的变化是国际贸易导致其政体变迁的不同后果的条件变量。

作为第二次世界大战后新兴工业化国家的重要代表，韩国和新加坡都采取积极融入国际经济体系的外向型经济发展战略，但是韩国发生了民主转型，而新加坡却维持了威权政体。韩国和新加坡在诸多维度上都具有相似性，比如两国在地理位置上都属于东亚的临海国，在文化传统上都属于儒家文化圈，在历史背景上均在第二次世界大战后摆脱殖民统治，在国际环境上均面临美苏冷战和经济全球化的压力。因此，这对案例研究属于"最大相似"的研究设计。通过对其他变量进行控制，我们通过求异法发现韩国和新加坡在初始威权类型上的差异是国际贸易导致其政体变迁的不同后果的条件变量。

与在诸多维度上具有相似性的韩国和新加坡不同，土耳其与泰国在诸多维度上具有鲜明的差异性。比如，从地理位置上看，两国在亚洲大陆上一西一东，距离遥远；从历史背景上看，土耳其曾是大帝国的核心，而泰国仅仅是维持独立而已；从文化传统上看，土耳其是个伊斯兰国家，泰国则是个佛教国家；从政权组织形式上看，土耳其实行共和制，泰国则实行君主立宪制；等等。但是，这两个劳动力要素充裕的国家在积极参与国际贸易后都发生了民主转型。显然，这对案例研究属于"最大差别"的研究设计，可运用求同法来检验因果关系和揭示因果机制。如果当劳动力要素充裕时国际贸易与民主转型之间的因果关系在如此大相径庭的两个国家中都成立，那么这种因果关系就是相当可靠的。

委内瑞拉和哈萨克斯坦在诸多维度上也具有显著的差异。在地理位置上，委内瑞拉是位于南半球临海的热带国家，委内瑞拉则是身处北半球内陆的温带国家；在历史背景上，委内瑞拉在19世纪初就实现了独立，而哈萨克斯坦在20世纪末苏联解体后才成为独立的国家；在文化传统上，委内瑞拉的文化主要反映为印第安文化和西班牙文化的结合，而哈萨克斯坦的文化则与俄罗斯文化有相近之处，并且保有游牧文化的一些成分；在宗教信仰上，天主教在委内瑞拉人中居于主导，而伊斯兰教在哈萨克斯坦人中占据优势；等等。但是，如此大相径庭的两国也有重要的相似之处：在经济上都是石油要素充裕的国家并都积极参与国际石油贸易；在政治上，两国于20世纪90年代都建立了威权政体并在很长时期内保持稳定。鉴于这对案例研究属于"最大差别"的研究设计，我们将采用求同法来检验在自然资源要素充裕的条件下国际贸易与威权巩固的因果关系。

除了定性的比较案例方法外，定量分析也可以考查条件变量对自变量和因变量的关系如何产生互动效应或调节效应。定量研究处理这个问题的一般方法是在计量模型中加入交互项。[①] 如果研究者认为某个自变量对因变量的作用还受到第三类变量即条件变量的影响，就应该在计量模型中引入这个自变量和条件变量的交互项。在模型中加入交互项后，参与构造交互项的某个组成部分对因变量的影响依赖于交互项中其他组成部分的取值。因此，自变量和条件变量两者的交互体现了自变量对因变量影响的异质性。

基于交互项的上述作用，我们在本书的计量分析中将引入一国参与国际贸易的相关指标与要素禀赋的交互项和一国参与国际贸易的相关指标与初始政体类型的交互项。在计量方法上，本书基于数据形态使用面板数据logit模型。在分别未加入或加入各种交互项的不同情形下，我们将对面板logit模型的固定效应进行回归分析，并对回归结果进行一系列稳健性检验。

[①] 庞琴、梁意颖、潘俊豪：《中国的经济影响与东亚国家民众对华评价——经济受惠度与发展主义的调节效应分析》，《世界经济与政治》2017年第2期；Leona S. Aiken and Stephen G. West, *Multiple Regression: Testing and Interpreting Interactions*, Newbury Park: Sage, 1991；温忠麟、刘红云、侯杰泰：《调解效应和中介效应分析》，教育科学出版社2012年版。

第二章 国际贸易与政体变迁：理论框架

现实世界告诉我们，国际贸易并非总是促进民主转型。国际贸易可能促进民主转型，也可能推动威权巩固。在马克思和摩尔的范式下，本章将结合一个国际贸易影响国内政治分化的政治经济学理论来构建一个分析框架，来说明国际贸易在什么条件下会促进民主转型，在什么条件下会促进威权巩固，并在这些不同的前提条件下分别说明国际贸易为何会促进民主转型或者威权巩固，即揭示国际贸易产生相应国内政治后果的因果机制。

第一节 回到马克思与摩尔

国际贸易与政体类型的关系，从其本质上讲反映了经济与政治的相互作用。在政治经济学的发展史上，重商主义政治经济学强调政治决定经济，古典政治经济学强调经济决定政治，而马克思主义政治经济学则将两者有机地结合在一起，并在此基础上将其贯彻于对政治经济相互作用的分析。但遗憾的是，马克思和恩格斯未能给我们留下关于国际经济与贸易的系统论著，特别是马克思原来计划写作的《政治经济学批判》第2—6册未能完成，其中即包括生产的国际关系（如国际分工、国际交换、输出和输入、汇率等）等内容。① 由于大众民主的时代在当时的欧洲各国还没有普遍来临，马克思和恩格斯对于作为一种国家形式的民主制的探讨也不如后来的列宁那样全面和系统。

---

① 参见《马克思恩格斯全集》第46卷上，人民出版社1979年版，第46页。

不过，马克思和恩格斯仍然基于其政治经济学理论分别对国际贸易的国内影响和民主政体的形成进行了深刻的分析。

阶级分析是马克思和恩格斯分析政治经济现象的基本出发点。其重要性反映在《共产党宣言》第一部分的第一句话上："至今一切社会的历史都是阶级斗争的历史。"① 从这一视角看，国际贸易对国内政治的影响首先表现为国际贸易对阶级斗争的影响。在"地理大发现"以后，随着国际贸易的扩张，资产阶级的力量不断增长，从而推动了封建制度的解体。"美洲的发现、绕过非洲的航行，给新兴的资产阶级开辟了新天地。东印度和中国的市场、美洲的殖民化、对殖民地的贸易、交换手段和一般商品的增加，使商业、航海业和工业空前高涨，因而使正在崩溃的封建社会内部的革命因素迅速发展。"② 在资本主义制度建立后，国际贸易则会推动无产阶级和资产阶级之间的对抗，从而使资本主义制度发生变化。正如马克思在《关于自由贸易问题的演说》中指出的：

> 自由贸易引起过去民族的瓦解，使无产阶级和资产阶级间的对立达到了顶点。总而言之，自由贸易制度加速了社会革命……也只有在这种革命意义上我才赞成自由贸易。③

在马克思和恩格斯看来，民主制度的选择也是基于各阶级的经济利益。英国的民主制度开始于1688年"光荣革命"所确立的君主立宪政体。恩格斯认为，英国资产阶级之所以与地主阶级达成妥协，是出于他们的经济利益。"'俸禄和官职'这些政治上的战利品留给了大地主家庭，其条件是充分照顾金融的、工业的和商业的中等阶级的经济利益。而这些经济利益，在当时已经强大到足以决定国家的一般政策了。"④ 此外，作为一种国家形式，民主制度也是无产阶级实现解放的重要一步。马克思指出："民主制是君主制的真理，君主制却不是

---

① 《马克思恩格斯选集》（第一卷），人民出版社1995年版，第272页。
② 同上书，第273页。
③ 同上书，第229页。
④ 《马克思恩格斯选集》（第三卷），人民出版社1995年版，第708页。

民主制的真理。""民主制是国家制度一切形式的猜破了的哑谜"。① 恩格斯则指出:"首先无产阶级将建立民主制度,从而直接或间接地建立无产阶级的政治统治。"② 因此,真正的民主制度的建立有赖于工人阶级的争取与努力。

根据上述阶级分析,经济关系对政治制度具有决定性作用,但是政治制度一旦形成也会反作用于经济关系。马克思和恩格斯虽然强调经济基础对政治上层建筑的决定作用,但他们并没有否定政治上层建筑对经济基础具有反作用。恩格斯1893年在写给梅林的信中说:"一种历史因素一旦被其他的、归根到底是经济的原因造成了,它也就起作用,就能够对它的环境,甚至对产生它的原因发生反作用。"③ 由于政治上层建筑与经济基础之间作用与反作用的相互关系,政治制度与经济关系的发展并不总是同步的。比如针对西欧的社会转型,恩格斯指出:"社会的政治结构决不是紧跟着社会经济生活条件的这种剧烈的变革立即发生相应的改变。当社会日益成为资产阶级社会的时候,国家制度仍然是封建的。"④ 因此,阶级关系的发展变化即使创造了有利于民主制度创立的条件,也并不必然导致民主制度的创立。

当然,马克思和恩格斯毕竟没有直接探讨过国际贸易与民主转型的关系。作为深受马克思主义影响的历史社会学家,巴林顿·摩尔(Barrington Moore)在探讨英国议会民主制度的社会起源时注意到羊毛贸易对资本主义民主的意义。摩尔发现,中世纪晚期的羊毛贸易不仅给英国的城镇,而且给英国的乡村带来了不小的冲击,特别是在政治方面。不过,他并没有将羊毛贸易和英国政治转型的关系归为简单的线性关系:

> 只有当都铎王朝的和平政策与羊毛贸易以一种具体的方式相结合,才能形成一种重要力量,推动英国走向资本主义和最终使资本主义民主化的革命。在其他国家,尤其是中国和俄国,强大

---

① 《马克思恩格斯全集》(第一卷),人民出版社1979年版,第280—281页。
② 《马克思恩格斯选集》(第一卷),人民出版社1995年版,第239页。
③ 《马克思恩格斯选集》(第四卷),人民出版社1995年版,第728页。
④ 《马克思恩格斯选集》(第三卷),人民出版社1995年版,第446页。

的统治者能够有效地控制其广阔的疆域。而在英国，统治者只取得了非常有限的一点成功，这反倒为议会制民主取得最终胜利创造了有利条件。事实上，羊毛贸易和民主之间不存在必然的联系。在同一时期的西班牙，大量饲养羊群的结果与英国正好相反，羊群和其主人成为推行中央集权制的君王用来反对地方独立的一个工具，进而推动了僵化的皇家专制主义的发展。英国的情况之所以如此，关键是因为16、17世纪其城镇和乡村的商业化程度不断提高，这种提高主要得益于与国王的对抗。①

根据摩尔的上述观点，羊毛贸易为英国的议会制民主带来了有利条件，却成为西班牙巩固其专制政权的工具。之所以出现不同的结果，主要是因为农业的商业化程度在两国的差异。在英国，圈地运动使旧有的农民社区解体，占有大量土地的土地贵族越来越多地开始遵循商业化的运作规律。英国的农业生产方式由传统方式向资本主义方式转变，原来的地主变成了资本家，而原来的农民则变成了工人。随着其产业的日益商业化，土地贵族不再强烈地反对民主。而西班牙的农业则没有发生过上述的商业化发展。

在更一般的意义上，农业的商业化程度的差异导致了土地贵族和农民在农业社会向现代工业社会的转变中发挥了不同的政治作用，进而形成了不同的现代化道路。正如摩尔指出的："我们试图理解的是地主和农民在资产阶级革命（导致资本主义）、流产了的资产阶级革命（导致法西斯主义）和农民革命（导致共产主义）中所起的作用。农民应对农业商品化挑战的方式是决定政治结果的关键性因素。"②

显然，马克思和恩格斯所强调的生产方式，特别是作为其社会形式而存在的生产关系，在摩尔的理论中也居于核心地位。不过，同马克思和恩格斯一样，摩尔在他的分析中也没有忽视政治制度的相对独立性。比如摩尔如此分析了法国大革命之后英国议会民主的反动阶段相对比较短暂的政治原因：

---

① ［美］巴林顿·摩尔：《专制与民主的社会起源——现代世界形成过程中的地主和农民》，王茁、顾洁译，上海译文出版社2013年版，第7页。
② 同上书，前言，第6页。

至于资本家的其他一些任务，例如对劳动力的进一步训练，英国的工业巨头在国家或者土地贵族们给予的帮助极少的基础上就能轻松完成。他们不得不这么做，因为英国的国家镇压机器相对薄弱，这要归因于内战的后果，归因于君主制的演进，归因于对海军而非陆军的依赖。结果，与普鲁士不同的是，由于不存在一个由陆军和官僚体制支撑的强有力的君主制，议会民主的发展比较容易。①

也就是说，国家政权的差异性使英国的议会民主在经历了短暂的反动阶段又在19世纪重新起航，而与之相比较的普鲁士（以及德国）则走上了摩尔所说的"反动的资本主义道路"，而且在20世纪最终演变为法西斯主义。尽管摩尔并没有在更一般的意义上来讨论国家政治结构对民主之路的影响，我们还是可以从他对历史的相关分析中发现这一解释逻辑。作为摩尔的学生，查尔斯·蒂利和西达·斯考切波在他们各自发展的理论中都凸显和展开了国家政权建设在政治发展中的作用。②

第二节　国际贸易与国内政治分化

无论是马克思还是摩尔，在分析民主制的起源时都强调了经济利益分化的重要性。因此，探讨国际贸易对民主转型的影响，首先要说明国际贸易对国内收入分配和社会分化的影响。沿着摩尔等人的著作所开辟的路径，政治学家罗纳德·罗戈夫斯基（Ronald Rogowski）在《商业与联盟：贸易如何影响国内政治联盟》一书中对这一问题进行了系统研究和细致阐述。

---

① ［美］巴林顿·摩尔：《专制与民主的社会起源——现代世界形成过程中的地主和农民》，王茁、顾洁译，上海译文出版社2013年版，第32页。
② ［美］查尔斯·蒂利：《强制、资本与欧洲国家（公元990—1992年）》，魏洪钟译，上海人民出版社2007年版。［美］西达·斯考切波：《国家与社会革命：对法国、俄国和中国的比较分析》，何俊志、王学东译，上海人民出版社2007年版。

简而言之,我试图表明国际贸易理论的基本结论——包括我们所熟知的斯托尔珀—萨缪尔森定理——意味着国际贸易的成本增减和难易程度增减会对国内的政治分化产生强有力的影响,而且可以预见的是,它们在要素禀赋不同的国家会产生不同的影响。①

根据斯托尔珀—萨缪尔森定理,出口产品生产中密集使用的生产要素(也就是本国充裕的生产要素)的报酬会提高,而进口产品生产中密集使用的生产要素(也就是本国稀缺的生产要素)的报酬会下降,而且无论这些生产要素在哪个行业中使用都是如此。由于国际贸易导致了相对价格的改变,产品相对价格的变动对要素所有者的相对收入有很大的影响,所以国际贸易具有很强的收入分配效应:一个国家充裕要素的所有者从贸易中获利,而稀缺要素的所有者从贸易中受损。② 在这一定理的基础上,罗纳德·罗戈夫斯基将国际贸易与国内政治分化结合起来,阐述了国际贸易变化如何影响国内不同要素所有者的利益分配,并进一步分析了国内不同要素所有者在此基础上形成的政治联盟与分化。

当国际贸易的风险降低或成本下降时,国际贸易会扩张,比如1840—1914年、1948年以后。当国际贸易的风险增加或成本上升时,国际贸易会收缩,比如两次世界大战之间。根据斯托尔珀—萨缪尔森定理,国际贸易的扩张使一个国家充裕要素的所有者受益,使稀缺要素的所有者受损;而国际贸易的收缩则使一个国家稀缺要素的所有者受益,使充裕要素的所有者受损。作为一名政治学家,罗戈夫斯基由此生发的问题是:"这种财富和收入转移导致了什么政治后果?"③

罗戈夫斯基采用了国际经济学中传统的三要素模型:土地、劳动力和资本。他首先假设土地与劳动力的比例充分揭示了任何国家这两种要素的禀赋。这一假设意味着,没有国家在劳动力和土地上同时都

---

① Ronald Rogowski, *Commerce and Coalitions: How Trade Affects Domestic Political Alignments*, Princeton: Princeton University Press, 1989, preface.
② [美]保罗·克鲁格曼、矛瑞斯·奥伯斯法尔德:《国际经济学:理论与政策》(第5版),海闻等译,中国人民大学出版社2002年版,第64—88页。
③ Ronald Rogowski, *Commerce and Coalitions: How Trade Affects Domestic Political Alignments*, Princeton: Princeton University Press, 1989, p. 4.

是丰富的，或者同时都是稀缺的。土地与劳动力的比例较高，就意味着土地充裕和劳动力稀缺。土地与劳动力的比例较低，就意味着土地稀缺和劳动力充裕。此外，罗戈夫斯基将先进经济体定义为资本充裕的国家，将落后经济体定义为资本稀缺的国家。这样就形成了 2×2 列表分析法所显示的四种情况。

	土地/劳动力比	
	高	低
先进经济体	土地、资本所有者支持自由贸易 劳工争取贸易保护	资本所有者、劳工支持自由贸易 土地所有者争取贸易保护
落后经济体	土地所有者支持自由贸易 劳工、资本所有者争取贸易保护	劳工支持自由贸易 资本、土地所有者争取贸易保护

图 2—1　贸易扩张的政治效应

资料来源：Ronald Rogowski, *Commerce and Coalitions: How Trade Affects Domestic Political Alignments*, Princeton: Princeton University Press, 1989, p. 8.

如图 2—1 所示，国际贸易的扩张将会导致以下情况的政治分化：（1）先进经济体劳动力充裕但土地稀缺。贸易扩张将会使资本家和劳工受益，而使土地所有者和密集使用土地的畜牧业者、农业企业家遭受损失。无论是资本所有者还是劳工都偏好自由贸易，而农业集团整体上偏好保护贸易。在这种情况下，资本家和劳工会彼此协调来扩大他们的政治影响。他们可能寻求公民权的扩张、议席的重新分配、减少议会上院或贵族精英的权力或者发动资产阶级革命。（2）先进经济体土地充裕但劳动力稀缺。因为资本和土地是充裕的，资本家、资本密集型行业和农业集团将会支持自由贸易。因为劳动力是稀缺的，劳工和劳动密集型产业将会寻求贸易保护。在这种情况下，资本家和农业集团将会削弱劳工的经济权利并限制工人组织的发展。（3）落后经济体土地充裕但劳动力稀缺。由于资本和劳动力都是稀缺的，资本家和劳工会受到贸易扩张的伤害。而土地是充裕的，因此农业集团将会从自由贸易中得益。在这种情况下，农民和畜牧业者通过民粹主义运动或者是反城市运动来扩张他们的影响。（4）落后经济体土地稀缺但劳动力充裕。在这种情况下，劳工将会追求自由贸易并扩展其政治权力，甚至可能会发动无产阶级革命。而土地所有者、资本家和资本密集型产业将联合起来支持贸易保护、帝国主义和排外政策。

当国际贸易收缩时，每种情况的获益者和损失者刚好和上面的情况相反。政治分化的结果如图2—2所示，具体情况不再赘述。

	土地/劳动力比	
	高	低
先进经济体	土地、资本所有者争取自由贸易 劳工支持贸易保护	资本所有者、劳工争取自由贸易 土地所有者支持贸易保护
落后经济体	土地所有者争取自由贸易 劳工、资本所有者支持贸易保护	劳工争取自由贸易 资本、土地所有者支持贸易保护

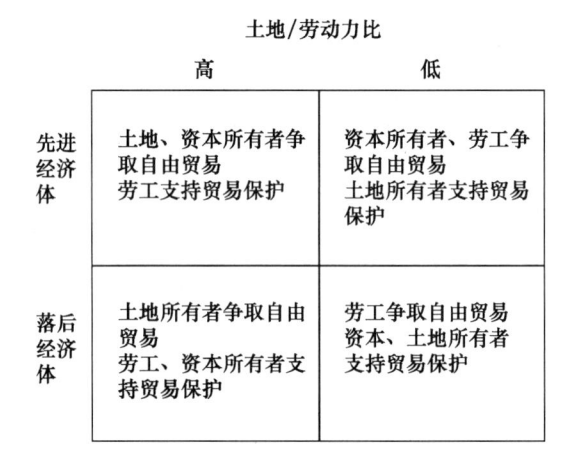

图2—2　贸易收缩的政治效应

资料来源：Ronald Rogowski, *Commerce and Coalitions: How Trade Affects Domestic Political Alignments*, Princeton: Princeton University Press, 1989, p.12.

罗戈夫斯基随后又放宽土地劳动力之比的假设，承认两者都充裕或都稀缺。由于土地、劳动力、资本三种要素不可能都充裕或者都稀缺，放宽土地劳动力之比的假设后只有两种可能性：（1）发达经济体土地和劳动力都稀缺。贸易扩张只符合资本家的利益，受损的农民和劳工将联合起来形成红绿联盟来支持保护主义，而受益的资本家则可能建立专制政权来追求自由贸易。当贸易收缩时，土地和劳动力作为稀缺要素将会获益，由其构成的红绿联盟将要求大规模的政治参与。（2）落后经济体劳动力和土地都充裕。贸易扩张动员了红绿联盟，农民和工人将会从自由贸易中受益，他们会联合起来支持自由贸易并限制资本家的权力。而贸易收缩的唯一受益者将是资本家，资本家与其他要素所有者将会发生大规模冲突，其结果要么是资产阶级建立的专制政权，要么是反资产阶级的革命。

通过上述模型，罗戈夫斯基有力地论证了国际贸易对国内政治分化所产生的深刻影响。在不同的要素禀赋下，国际贸易会产生不同的受益者和受损者，从而产生了不同的国内政治分化。由于罗戈夫斯基采用的是相对精炼的三要素模型，国内政治分化主要是以阶级为基础的，即劳动力要素所有者——劳工，资本要素所有者——资本家，以及土地要素所有者——地主、农场主和拥有土地的农民。在这个意义上，罗戈夫斯基对政治分化的分析是和马克思、摩尔的分析一脉相承的，但为他们的阶级分析增加了国际经济的变量，从而明确地提出了国内阶级分化的国际经济根源。

在罗戈夫斯基的开创性工作的基础上，国际政治经济学研究中已有大量文献基于斯托尔珀—萨缪尔森定理来讨论个体的贸易政策偏好，它们大多是基于问卷数据展开，体现了被访者对自由贸易/贸易保护的态度。① 需要承认的是，同样有相当多的文献发现，自身要素禀赋并非决定贸易态度的唯一因素，甚至不是最为重要的因素。② 然而总体

---

① Ronald Rogowski, "Political Cleavages and Changing Exposure to Trade", *American Political Science Review*, Vol. 81, No. 4, 1987, pp. 1121 – 1137; James Alt and Michael Gilligan, "The Political Economy of Trading States: Factor Specificity, Collective Action Problems and Domestic Political Institutions", *Journal of Political Philosophy*, Vol. 2, No. 2, 1994, pp. 165 – 192; Anna Maria Mayda and Dani Rodrik, "Why are Some People (and Countries) More Protectionist than Others?", *European Economic Review*, Vol. 49, 2005, pp. 1393 – 1430; Kenneth Scheve and Matthew J. Slaughter, "What Determines Individual Trade-Policy Preferences?", *Journal of International Economics*, Vol. 54, No. 2, 2001, pp. 267 – 292; Alexandra Guisinger, "Determining Trade Policy: Do Voters Hold Politicians Accountable?", *International Organization*, Vol. 63, No. 2, 2009, pp. 533 – 557; Bruce Blonigen, "Revisiting the Evidence on Trade Policy Preferences", *Journal of International Economics*, Vo. 85, No. 1, 2011, pp. 129 – 135.

② Megumi Naoi and Ikuo Kume, "Explaining Mass Support for Agricultural Protectionism: Evidence from a Survey Experiment During the Great Recession", *International Organization*, Vol. 65, No. 4, 2011, pp. 771 – 795; Jens Hainmueller and Michael J. Hiscox, "Learning to Love Globalization: Education and Individual Attitudes toward International Trade", *International Organization*, Vol. 60, No. 2, 2006, pp. 469 – 498; Edward D. Mansfield and Diana C. Mutz, "Support for Free Trade: Self-interest, Sociotropic Politics, and Out-group Anxiety", *International Organization*, Vol. 63, No. 3, 2009, pp. 425 – 457; Chunlong Lu and Ye Tian, "Popular Support for Economic Internationalism in Mainland China: A Six-Cities Public Opinion Survey", *International Political Science Review*, Vol. 29, No. 4, 2008, pp. 391 – 409; Jason Kuo, "Favoring International Trade for Profits: Survey Evidence from Four Asia-Pacific Countries", Manuscript, 2011; Sungmin Roh and Michael Tomz, "Industry, Self-Interest, and Individual Preferences over Trade Policy", Manuscript, 2015.

而言，基于斯托尔珀—萨缪尔森定理的偏好推定仍具有相当程度的准确性①，即一国充裕要素所有者会对贸易持积极态度，而稀缺要素所有者则对贸易持消极态度。本书将以罗戈夫斯基基于要素禀赋而建立的政治分化模型作为微观基础来分析国际贸易与政体变迁的关系。

但是，罗戈夫斯基的理论模型仍有几个可议之处，使我们不能将其直接用于本书所研究的问题。我们只有在对其加以改造后才能阐述国际贸易影响政体变迁的前提条件与因果机制。

第一，罗戈夫斯基的理论主要用于分析围绕着贸易政策而形成的国内社会分化，即哪些阶级支持（争取）自由贸易，哪些阶级支持（争取）贸易保护。在关于其理论适用性的讨论中，罗戈夫斯基也主要强调其理论可以解释"为什么美国废奴主义者倾向于贸易保护""保护主义、自由贸易与霸权稳定理论""新保护主义及其解决办法"等贸易政策问题。在经验研究中，尽管罗戈夫斯基有意无意地将他所解释的现象扩展到选举权的扩大、议席的重新分配、暴力革命、工人运动、帝国主义甚至僭主统治和法西斯主义的崛起，但是他没有在逻辑上系统说明这种扩展的依据。鉴于上述现象与政体类型问题的密切关系，我们可以参考但不能搬用罗戈夫斯基的理论。在罗戈夫斯基的理论基础上，我们需要具体阐明在一定前提条件下国际贸易与政体变迁之间的因果关系与因果机制。

第二，即使是对贸易政策，罗戈夫斯基也没有解释政治分化带来的政治结果。罗戈夫斯基明确承认，他无法说出政治冲突的结果："由于贸易而在经济上遭受损失的集团可能在政治上取得相当长时期的胜利。因此我这里关注的只是社会分化而不是结果。"② 在罗戈夫斯基看来，胜利或失败既取决于集团的相对规模，也取决于制度与文化特点。因此，要素禀赋本身不足以解释国际贸易的国内政治结果，我们需要引入新的条件变量，以反映政治制度本身的特点在抑制国际贸易的国内政治后果上起到的作用。

---

① J. Bradford Jensen, Dennis P. Quinn and Stephen Weymouth, "Winners and Losers in International Trade: The Effects on US Presidential Voting", *International Organization*, Vol. 71, No. 3, 2017, pp. 423 – 457.

② Ronald Rogowski, *Commerce and Coalitions: How Trade Affects Domestic Political Alignments*, Princeton: Princeton University Press, 1989, p. 20.

第三，罗戈夫斯基所采用的三要素模型在当代国际政治经济中的适用性有所下降。自20世纪下半叶至今，随着工业化进程的加快，土地要素在一国经济结构和国际贸易中的重要性不断下降，而以石油、矿产品为代表的其他自然资源要素，尤其是以石油为代表的能源要素，在一国经济结构和国际贸易中的作用日益凸显。因此，我们可以对罗戈夫斯基所使用的三要素模型进行适当的修正，即以内涵更广的自然资源要素替代土地要素，将一国的要素禀赋简化为资本、劳动力和自然资源这三种要素。当然，在不同的时期或者不同的国家，自然资源要素可以具体化为土地要素或者能源要素。

第四，罗戈夫斯基对国际贸易扩张或者收缩的分析依据的是世界贸易额、世界贸易年增长率等数据，但是国际贸易扩张或收缩如果能够对一国国内社会分化产生足够重要的影响还需要这个国家对国际贸易的适度参与。比如第二次世界大战后世界贸易处于扩张期，但苏联经济处于相对封闭的状态。1988年是苏联参与国际经济活动的高峰之年，但苏联出口产品的产值只占其国民生产总值的1.6%。在苏联经济体系和世界经济体系其他部分基本隔绝的情况下，国际贸易对苏联国内收入分配的效应并不显著。马修·伊万杰利斯塔就此指出："贸易的扩展并没有对苏联的经济产生国际贸易理论或他国范例所体现的有益影响。"① 因此，我们除了需要了解世界贸易的基本数据外，还需要了解一国对国际贸易的参与程度，比如对外贸易额、对外贸易依存度（进出口总额占GDP的比值）、出口依存度（出口额占GDP的比值）等。

第三节 要素禀赋、国际贸易与政体变迁

罗戈夫斯基的理论告诉我们，在不同的要素禀赋下国际贸易的扩张（或收缩）会产生不同的国内政治后果。我们认为，各国间要素禀赋的差异正是使国际贸易对各国政体变迁产生不同影响的主要原因。

---

① 马修·伊万杰利斯塔：《苏联国际化的制度障碍》，载［美］罗伯特·基欧汉、海伦·米尔纳编《国际化与国内政治》，姜鹏、董素华译，北京大学出版社2003年版，第171页。

也就是说，要素禀赋作为主要的条件变量将会抑制国际贸易对威权政体变迁的影响，在不同的要素禀赋下贸易开放会导致政体类型的不同变迁模式。

一　要素禀赋的定义、类型与衡量

要素禀赋（factor endowment）是指一个国家拥有各种生产要素的数量。一个国家供给相对多的要素称为这个国家的充裕要素；供给相对少的要素称为这个国家的稀缺要素。作为现代国际贸易理论的开端和基石，要素禀赋理论是由瑞典经济学家伊莱·赫克歇尔（Eli Heckscher）和贝蒂尔·俄林（Bertil Ohlin）提出的，所以也被称为赫克歇尔—俄林模型。

赫克歇尔和俄林对李嘉图的生产成本理论进行了批判。李嘉图将劳动作为生产的唯一要素，将各国耗费在同一商品身上的劳动看作同质的，并将此作为进行劳动成本比较的基础。赫克歇尔和俄林认为这是错误的。现实生产中投入的生产要素不只是劳动力一种。投入两种生产要素是生产过程中的基本条件。为了理论的简约化，赫克歇尔—俄林模型假定了一个国家只有两种生产要素：资本和劳动力。

在赫克歇尔和俄林看来，国际贸易产生的直接动因就在于各国商品价格的差异，这种差异使商品得以从低价国家出口到高价国家。但是贸易的持续性要求各国国内各种商品的价格比率有所不同，否则汇率的变化最终会使两国商品价格趋向一致，从而导致贸易的停顿。那么，造成各国商品价格比率的原因是什么呢？他们认为是各国生产要素的价格比率，而生产要素的价格取决于要素的供求。但是，如果两个国家对某种产品的需求相同、产量相同，那么由此引起的对该产品生产所需的生产要素的需求也会趋向一致。赫克歇尔和俄林由此提出，造成各国生产要素价格比率的终极原因并非生产要素的需求，而是生产要素的供给，即一国资源的自然禀赋。充裕要素的价格较低，稀缺要素的价格则较高。因此，一个国家在大量使用本国充裕要素生产的产品方面，就拥有价格上的比较优势，反之则处于劣势。他们的结论是，国际分工就是依据各自资源的自然禀赋进行的，各国均出口那些使用本国充裕要素生产的产品，进口那些需要使用本国稀缺要素生产的产品。

自赫克歇尔—俄林模型提出以来，学者们对该理论提出了诸多质疑。第二次世界大战后，美国经济学家华西里·里昂惕夫（Wassily Leontief）在对美国进出口贸易进行分析后提出，根据赫克歇尔—俄林模型，美国作为一个资本充裕国家，出口产品应为资本密集型产品，但实际情况恰恰相反。美国的进出口产品中，进口产品的劳动含量低于出口产品，出口产品的资本含量则低于进口产品。里昂惕夫由此指出，"美国参与国际分工是以劳动集约度高而不是以资本集约度高的生产专门化为基础的。换言之，这个国家进行对外贸易是为了节约它的资本并解决它的资本过剩问题，而不是相反"。[1]

为了解释"里昂惕夫之谜"，后来的学者从多个角度寻求答案，其中包括引入自然资源的新要素。比如，在采油行业中，在相同的组织、设备、工人等条件下，委内瑞拉和阿拉伯国家之所以比美国拥有更高的效率，是因为美国的油田质量低于这些国家的油田。因此，如果在贸易模式中忽略了自然资源这一要素，就会得出错误的结论。[2] 作为"自然资源说"的代表人物，加罗斯拉夫·瓦尼克（Jaroslav Vanek）认为，里昂惕夫在分析美国的对外贸易时拘泥于赫克歇尔—俄林模型只包含资本和劳动两种要素的假定，而忽略了自然资源。自然资源既是一种商品，也是一种要素投入。一种产品如果是资源密集型的，那么在两要素模型中就可能被误划成资本密集型或劳动密集型产品。瓦尼克通过研究发现，美国进口的中初级产品约占全部进口品的60%，而初级产品在开采中需要投入大量资本，属于资本密集型。在检验中若去掉自然资源密集型产品，如石油、矿产品等，里昂惕夫之谜就不存在了。[3] 艾瑞·希尔曼（Arye Hillman）和克拉克·布拉德（Clark Bullard）在以美国的国际贸易为例检验赫克歇尔—俄林模型时，同样不再将能源视为中间产品，而是将其与资本和劳动力要素并列加入一国的要素禀赋结构进行探讨，成功解释了美国20世纪50年代的

---

[1] [美]里昂惕夫：《投入产出经济学》，崔书香译，商务印书馆1980年版，第90页。
[2] [美]甘尔道夫：《国际经济学Ⅰ：国际贸易理论》（第2版），周端明等译，中国人民大学出版社2015年版，第90页。
[3] Jaroslav Vanek, *The Natural Resource Content of U. S. Foreign Trade, 1870–1955*, MIT Press, 1963.

贸易格局。①

更一般地讲,"自然资源说"认为,特定类型的贸易更多地依赖于自然资源的可获性而不是其资本和劳动力的密集度,因此自然资源需要作为生产要素挑出来特别处理。② 默里·肯普（Murray Kemp）和劳高·范·龙（Ngo Van Long）将自然资源作为一种要素投入纳入到了标准的赫克歇尔—俄林模型,得出了与标准的赫克歇尔—俄林模型相近的结论：如果两个自由贸易国家中各自的偏好相同且具有内部相似性,那么可耗竭资源初始相对禀赋高的国家将总是出口资源相对密集型产品。③

随着国际贸易理论的发展,经济学家赋予生产要素除了劳动力和资本以外更丰富的内涵,认为它还包括自然资源、技术、人力资本、研究与开发、信息、管理等生产要素。将这些新要素全面纳入理论模型,固然可以更加贴近经济社会的现实,并且解决赫克歇尔—俄林模型与经验研究不尽一致的难题,但也会失去理论的简约性和通则性。因此,我们将在罗戈夫斯基《商业与联盟》一书中所建立的土地、劳动力、资本三要素模型基础上来探讨要素禀赋,但将土地要素置换为更一般的自然资源要素。也就是说,本书所考察的生产要素包括自然资源、劳动力和资本三种。

沿用罗戈夫斯基按照资本要素的禀赋对国家所进行的分类,我们将资本充裕的国家称为发达经济体,将资本稀缺的国家称为落后经济体。假设自然资源与劳动力的比例反映了一个经济体在这两个要素上的相对充裕或稀缺程度,由于三种要素不可能同时都充裕或者都稀缺,我们就可以把国家分为（1）自然资源充裕、劳动力稀缺的发达经济体;（2）自然资源稀缺、劳动力充裕的发达经济体;（3）自然资源充裕、劳动力稀缺的落后经济体;（4）自然资源稀缺、劳动力充裕的落

---

① Arye Hillman and Clark Bullard, "Energy, The Heckscher-Ohlin Theorem, and US International Trade", *American Economic Review*, Vol. 68, No. 1, 1978, pp. 96 – 106.
② 阿兰·迪尔多夫：《贸易理论的检验与贸易流的预测》,载［美］罗纳德·琼斯、彼得·凯南主编《国际经济学手册》（第一卷）,姜洪等译,经济科学出版社2008年版,第429页。
③ 默里·肯普、劳高·范·龙：《贸易模型中自然资源的作用》,载［美］罗纳德·琼斯、彼得·凯南主编《国际经济学手册》（第一卷）,姜洪等译,经济科学出版社2008年版,第352页。

后经济体。各类国家的要素禀赋如表2—1所示。那么，如何衡量不同国家的要素禀赋呢？

表2—1　　　　　　　　　各类国家的要素禀赋

	自然资源—劳动力的比例	
	高	低
发达经济体	充裕：资本、自然资源 稀缺：劳动力	充裕：资本、劳动力 稀缺：自然资源
落后经济体	充裕：自然资源 稀缺：资本、劳动力	充裕：劳动力 稀缺：资本、自然资源

资料来源：作者自制。

在衡量一国资本要素的禀赋时，由于缺乏1840—1914年各国在资源禀赋上的可靠数据，罗戈夫斯基对这一时期资源禀赋衡量的方法，是借助经济现代化、生产及工业化等相应指标，通过推理得出。同时，罗戈夫斯基参考了拜罗克的人均工业化指数来衡量资本要素的充裕程度。① 在考察两次世界大战期间各国的资本要素情况时，罗戈夫斯基采用了主要工业产品人均产出和拜罗克人均工业化指数两个指标。② 而对于1948年之后各国的资本要素状况，罗戈夫斯基同样用拜罗克人均工业化水平来衡量。③ 查尔斯·索耶、理查德·斯普林克和多米尼克·萨尔瓦多在他们所著的国际经济学教材中，都采用资本与劳动的比率，即人均资本量来考察国家的资本要素充裕程度。④ 此外，徐康宁、王剑在《要素禀赋、地理因素与新国际分工》一文中，曾用人均GDP来衡量国家的资本要素禀赋状况。⑤ 因此，我们借鉴以上方法，

---

① Ronald Rogowski, *Commerce and Coalitions: How Trade Affects Domestic Political Alignments*, Princeton: Princeton University Press, 1989, pp. 27-30.
② Ibid., pp. 65-679.
③ Ibid., pp. 93-96.
④ W. 查尔斯·索耶、理查德·L. 斯普林克：《国际经济学》，刘春生等译，中国人民大学出版社2010年版，第64页；[美] 多米尼克·萨尔瓦多：《国际经济学》（第8版），朱宝宪等译，清华大学出版社2004年版，第103页。
⑤ 徐康宁、王剑：《要素禀赋、地理因素与新国际分工》，《中国社会科学》2006年第6期。

用罗戈夫斯基的方法来衡量第二次世界大战前相关国家的资本要素状况，用人均资本量和人均 GDP 两个指标相结合来衡量第二次世界大战后相关国家的资本要素状况。其中，人均资本量通过资本形成总额与人口总数的比来计算。资本形成总额指常住单位在一定时期内获得的减去处置的固定资产（如出售、易货、转移的固定资产）加存货的净变动额，包括固定资本形成总额和存货增加。①

在对自然资源要素与劳动力要素的相对充裕或者稀缺程度的衡量上，由于自然资源要素包括土地、石油、矿产品等不同质的要素，需要分别依据具体情况加以衡量。

自人类进入农业社会以来，土地要素一直是最重要的自然资源要素。尽管工业化逐渐降低了土地要素在各种生产要素中的地位，但对于大多数仍处于现代化进程中的国家来说土地要素仍是重要的生产要素。在《商业与联盟》中，罗戈夫斯基用每平方公里土地的人口数量（人口密度），辅之以每平方公里生产用地上的人口数量来衡量一国的劳动力和土地要素的充裕、稀缺程度。② 我们将沿用这一方法，以人口密度、每平方公里生产用地上的人口数量和人均可耕地面积来考察有关国家的土地—劳动力比，据此衡量有关国家土地要素和劳动力要素的相对充裕与稀缺状况。

随着工业化的发展，人类利用能源发展经济的能力越来越强，能源也扮演着日益重要的角色；与此同时，随着生产中能源消耗量的日益增长，能源危机也日渐凸显。作为一种自然资源，能源要素逐渐从资本要素中剥离出来作为单独的一种要素投入，因此我们需要单独考察能源对于一国国际贸易、经济增长的作用，以及考察能源与其他要素的关系。③ 在当今国际贸易领域中，自然资源贸易最主要的代表就是石油贸易。石油资源分布的不均匀导致世界各国拥有不同的石油禀赋：例如中东、中亚以及拉美的许多国家石油要素相对充裕，是著名

---

① 固定资本形成总额是指常驻单位购置、转入和自产自用的固定资产，扣除固定资产的销售和转出后的价值。它是指以货币表现的在一定时期内建造和购置固定资产的工作量以及与此有关的费用的总称。
② Ronald Rogowski, *Commerce and Coalitions: How Trade Affects Domestic Political Alignments*, Princeton: Princeton University Press, 1989, pp. 25 – 27.
③ 陶磊：《基于能源要素的经济增长研究》，西南交通大学出版社 2010 年版。

的石油出口国。对于石油要素与劳动力要素的相对充裕和稀缺程度，我们将以石油生产量与人口数量之比来加以衡量。

此外，由于在民族国家体系中国家为数众多，我们还需要说明衡量哪些国家的要素禀赋是必要的。罗戈夫斯基指出，要素的充裕或稀缺程度并不是在绝对意义上而言的。他在考察第一次世界大战前的加拿大时发现，加拿大是土地和资本充裕、劳动力稀缺的经济体。从理论上讲，加拿大的资本家和资本密集型企业应该支持自由贸易才对。但事实上，在加拿大却没有按此发展的迹象。几乎所有工业部门都对美国的竞争感到恐惧，并且强烈要求维持保护主义政策。罗戈夫斯基对此解释说，资本的充裕或稀缺程度同与一国最接近的和最重要的贸易伙伴相关，而不是取决于该国与世界其他地区的关系。[①] 因此，我们在考察有关国家的要素禀赋状况时，主要考察其主要贸易伙伴的要素禀赋情况，以便对该国的要素禀赋做出尽可能真实、客观的衡量。

鉴于罗戈夫斯基的经验研究属于定性研究，而定量研究在数据的可得性、数据分析方法等方面和定性研究对数据的要求有所不同，我们在定量分析部分对劳动力要素禀赋和自然资源要素禀赋的衡量采用了不同的指标。就劳动力要素禀赋而言，我们构建了"相对劳动力要素禀赋"变量来测量一国在跨国意义上的劳动力充裕程度，计算方式为（某国人口/世界人口）/（某国GDP/世界GDP）。此外我们通过计算一国的资本—劳动比来衡量劳动力要素在一国内部的充裕程度。就自然资源禀赋而言，鉴于定量检验的样本为第二次世界大战后发生的政体变迁，而以石油为代表的自然资源的重要性相较于土地资源在第二次世界大战后显著上升，我们主要关心的是石油资源禀赋的影响，并通过燃料出口比重、石油出口占比来衡量这一禀赋。这些衡量指标的选择不仅具备了数据的可得性，也与既有的定量分析文献之间具备了可比性。

二　国际贸易与民主转型：从再分配模型到阶级均势模型

尽管国际政治经济学和比较政治学的主流理论对国际贸易促进民主转型的阐释大都忽视了要素禀赋的重要性，但卡莱斯·鲍什、达

[①] Ronald Rogowski, *Commerce and Coalitions: How Trade Affects Domestic Political Alignments*, Princeton: Princeton University Press, 1989, pp. 48–49.

龙·阿塞莫格鲁和詹姆士·罗宾逊等个别学者已经注意到了国际贸易对民主政治的影响和参与国的要素禀赋有关并且分析了它们之间的因果关系。鲍什和阿塞莫格鲁等人在他们各自的模型中都是以收入再分配的压力大小与政体类型选择的关系作为核心的因果机制。根据他们的观点，国际贸易导致富人和穷人之间收入不平等程度的降低或者提高，从而引起了再分配压力的降低或者增加；由于民主政体具有更强的实行再分配政策的倾向，富人会根据再分配压力的大小来选择是否容忍大众民主的发展。正如鲍什所强调的："随着财富分配不平等的加剧，重新分配的需求就会增加，民主制度下的最终税率也随之增加。由于转移水平的增加，富人的威权倾向会增强，民主化和民主制度存在的可能性进而降低。与此相反，倘若穷人更加富裕，且其收入日益接近上层阶级，经济紧张程度将会缓解，富人更倾向于接受民主制。因为选举对富人消费水平的影响微乎其微。"① 阿塞莫格鲁和罗宾逊之所以认为国际贸易对民主转型具有影响，也是因为"增长的国际贸易减少了民主的再分配性质"。② 简而言之，他们关于国际贸易、要素禀赋与民主转型关系的讨论是在再分配政治的语境下展开的。我们可以将他们的模型称为"基于要素禀赋的再分配模型"。

无可否认，再分配问题是国内政治冲突的主要焦点之一。但是，基于对再分配压力的不同估计，学者们在收入不平等程度与民主转型的关系上存在着相当大的分歧。比如，鲍什认为，收入不平等程度与民主转型是负相关的线性关系，即"当收入不平等程度减弱，民主制度更容易建立"。③ 而阿塞莫格鲁和罗宾逊则认为，不平等与民主转型之间存在着非单调的倒"U"形关系，即在最平等的社会中和最不平等的社会中都难以建立民主，而在中等不平等程度的社会中最有可能出现民主。④ 还有一些学者发现，经济不平等和政体类型之间没有任

---

① [美]卡莱斯·鲍什：《民主与再分配》，熊洁译，上海人民出版社2011年版，第31页。
② [美]达龙·阿塞莫格鲁、詹姆士·罗宾逊：《政治发展的经济分析——专制和民主的经济起源》，马春文等译，上海财经大学出版社2008年版，第286页。
③ [美]卡莱斯·鲍什：《民主与再分配》，熊洁译，上海人民出版社2011年版，第32页。
④ [美]达龙·阿塞莫格鲁、詹姆士·罗宾逊：《政治发展的经济分析——专制和民主的经济起源》，马春文等译，上海财经大学出版社2008年版，第34—35页。

何关系。约翰·阿尔奎斯特（John S. Ahlquist）与埃里克·维贝尔斯（Erik Wibbels）就此提出，在确定不平等和民主之间的因果机制上存在的困难导致了这些彼此冲突的结果。他们指出："不平等有很多原因，包括技术变革、经济禀赋、对教育的供给与需求、人口统计趋势等。"① 在这些不同因素的作用下，经济不平等与民主的关系难以确定。

实际上，无论收入不平等对政体造成的再分配压力有多大，国际贸易都会通过收入分配来影响政体类型。阿尔奎斯特与维贝尔斯就认为："不管不平等与政权类型之间具有何种关系，全球贸易体系的状态都应该起作用。随着世界经济一体化的深入，劳动力要素充裕的威权国家应该面对日益增大的压力。民主化的要素禀赋模型所表明的基本经验假设是：随着贸易开放的增加，在劳动力要素充裕的威权国家民主转型的概率将会增加，在劳动力要素稀缺的威权国家民主转型的风险将会下降。"② 但是，他们在批评"基于要素禀赋的再分配模型"时，仍没有说明为何在不考虑税率水平即再分配压力的情况下世界价格均等化会对政体变迁产生影响。

鉴于上述问题，我们把在不同要素禀赋下国际贸易影响政体类型的因果机制建立在一个更加简约、更少争议的逻辑基础上。在是否会发生民主转型的问题上，再分配政治固然重要，但是再分配对富人的压力大小只是决定了富人对民主政体在多大程度上是可以容忍的。威权政体是否可以向民主政体转型，归根到底还是要取决于争取民主一方与反民主一方之间的政治权力对比。

作为民主转型研究的重要开拓者，塞缪尔·亨廷顿就曾指出，"第三波民主转型是一个涉及各个团体的复杂政治过程，这些团体为了争夺权力或为了其他目的，而对民主相应采取要么支持要么反对的立场"。③ 因此，一国国内支持民主的集团和反对民主的集团之间的政治权力对比将决定该国是否以及如何发生民主转型。也就是说，"集团的

---

① John S. Ahlquist and Erik Wibbels, "Riding the Wave: World Trade and Factor-Based Models of Democratization", *American Journal of Political Science*, Vol. 56, No. 2, 2012, pp. 451–452.
② Ibid., p. 453.
③ [美] 塞缪尔·亨廷顿：《第三波：20世纪后期的民主化浪潮》，欧阳景根译，中国人民大学出版社2012年版，第116页。

相对力量对比塑造了民主过程的性质,并且常常会在民主化的过程中发生变化"。① 迪特里希·瑞彻迈耶(Dietrich Rueschemeyer)、艾芙琳·胡贝尔·史蒂芬斯(Evelyne Huber Stephens)、约翰·D. 史蒂芬斯(John D. Stephens)在探讨资本主义发展与民主的关系时也指出:"资本主义发展影响了民主的机会,主要是因为它改变了阶级结构,以及阶级之间的权力对比。"② 斯克里斯坦·格莱戴岑和迈克尔·沃德进一步将这种政治权力对比置于国际背景下来考察国际因素对国内政治权力对比的影响。他们指出:"根据常规的民主理论,发生政权转型的可能性范围将纳入到一个聚焦于重要行为体的权力、动员和评估的框架。""但是,并没有一个内在的理由将在影响力和资源上的斗争限制于一国边界之内。相应地,我们可以据此理解(民主)扩散,即与国外行为体和事件的联系可以影响到相关集团在关于政治制度和结果的斗争中所拥有的相对权力和可能采取的战略选择。"③ 因此,国际因素对民主化的影响主要表现为国际因素对国内相关行为体的相对权力的影响。不过,格莱戴岑和沃德所讨论的国际因素主要包括外国政府和跨国行为体的支持、国际军事干预的可能性等国际政治与安全因素,并没有考虑到国际贸易。④ 同样基于国内政治权力对比与政体类型的关系,我们将在不同要素禀赋的条件下来考察国际贸易对政体变迁的影响。由于我们将集中关注国际贸易所带来的收入分配对国内阶级之间的政治均势而非对再分配压力的影响,我们的模型可以称为"基于要素禀赋的阶级均势模型"。

简单地说,是否发生民主转型,实际上是一个社会在民主政体和非民主政体之间的选择。由于民主在本质上是多数人的统治,在人口中居于多数的民众会倾向于选择民主政体,而在人口中居于少数的精英会倾向于选择非民主政体。瑞彻迈耶、史蒂芬斯等学者认为这种分

---

① [美]塞缪尔·亨廷顿:《第三波:20世纪后期的民主化浪潮》,欧阳景根译,中国人民大学出版社2012年版,第117—118页。
② [美]迪特里希·瑞彻迈耶、艾芙琳·胡贝尔·史蒂芬斯、约翰·D. 史蒂芬斯:《资本主义发展与民主》,方卿译,复旦大学出版社2016年版,第63页。
③ Kristan S. Gleditsch, and Michael D. Ward, "Diffusion and the International Context of Democratization", *International Organization*, Vol. 60, No. 4, 2006, p. 918.
④ Ibid., pp. 919 – 920.

析的底线非常简单:"只会从民主中获利的人将是民主最可靠的推进和捍卫者,失去最多的人则将抗拒民主,并最想颠覆民主,只要这样的机会显现出来。"① 这样,从多数人统治中获利的民众支持民主政体,而从多数人统治中受损的精英不支持民主政体。也就是说,"如果在一个社会应该采取何种政治制度的问题上存在冲突,多数民众会站在民主一方,而精英则会站在非民主一方"。②

在政体偏好不一致的情况下,哪种偏好更有可能得到实现将取决于民众与精英之间的权力对比。实际上,阿塞莫格鲁、罗宾逊和鲍什尽管基于再分配的逻辑解释了国际贸易对民主转型的影响,但在其更为一般的民主转型理论框架中也都没有否认精英(富人)与民众(穷人)之间政治权力均势的重要性。阿塞莫格鲁和罗宾逊曾言简意赅地指出,"民众要求民主,精英要求非民主,两个团体之间的政治权力均势决定了社会是否由非民主向民主过渡"。③ 鲍什更明确地承认:"除了分配制度与经济资产的属性,政治制度选择同样还受到竞争各方政治和组织资源的影响。比如,一旦穷人被动员起来,发展成为左翼群众性政党,对富人来说,镇压成本随即增加。"④ 因此,"从民主制转型或者向民主制转型还受到阶级间均势变化的作用"。⑤ 简言之,民众与精英之间的权力对比将会直接影响威权政体的走向,即威权政体向民主政体转型还是威权政体的巩固。

无论是民众还是精英,作为团体都会面临集体行动的困境,尽管民众由于人数众多会遭遇更大的困境。因此,一定程度的动员对于双方争取或维持权力都必不可少。查尔斯·蒂利(Charles Tilly)指出:"动员指的是获取对资源的集体控制,而非资源的累积。一个集团规模的增长可以拥有更多的人力,但这并不意味着致力于集体目标的人力也绝对增加或者成比例地增加……集体控制的增加才能构成动员。

---

① [美] 迪特里希·瑞彻迈耶、艾芙琳·胡贝尔·史蒂芬斯和约翰·D. 史蒂芬斯:《资本主义发展与民主》,方卿译,复旦大学出版社2016年版,第79页。
② [美] 达龙·阿塞莫格鲁、詹姆士·罗宾逊:《政治发展的经济分析——专制和民主的经济起源》,马春文等译,上海财经大学出版社2008年版,第22页。
③ 同上书,第23页。
④ [美] 卡莱斯·鲍什:《民主与再分配》,熊洁译,上海人民出版社2011年版,第17—18页。
⑤ 同上书,第37页。

没有一定程度的动员，一个集团可以繁荣，但不能争取权力。"① 动员所需要的资源既可以是有形资源，如金钱、设施和通信工具，也可以是无形资源，如正当性、人力资本等。正如罗伯特·达尔所言："政治资源就是一个人或一个团体直接或间接占有的用来影响其他人行为的任何东西。随着时间和空间的变化，人类社会数量巨大的各个方面内容都可能转变为政治资源：武力、武器、金钱、财富、商品和服务、生产性资源、收入、地位、荣誉、尊重、影响、爱、魅力、信息、知识、教育、联络、通信媒介、组织、职位、合法地位、对观念和信仰的控制、投票，等等。"② 但无论如何，经济资源都是政治动员中不可缺少的资源。随着收入的增长和财富的增加，一个集团会汇聚更多的资源来克服集体行动的困境，从而在争取政治权力的斗争中更有可能占据上风。

由于国际贸易的结果将促进世界范围内要素价格的均等化，国际贸易的开展会对不同要素所有者的收入和财富带来不同的影响。正如赫克歇尔—俄林模型和斯托尔珀—萨缪尔森定理所揭示的，一国充裕要素的所有者将会从国际贸易的扩张中受益，一国稀缺要素的所有者将会从国际贸易的收缩中受益。随着国际贸易的扩张，充裕要素的所有者会运用他们增加了的收入和财富来更有效地克服其集体行动的困境。随着国际贸易的收缩，稀缺要素的所有者也会运用他们增加了的收入和财富来更有效地克服其集体行动的困境。无论哪种情况，政治结社、社会运动和政治选举都是政治集体行动的主要途径。

（1）政治结社。政治结社是指公民基于共同的政治目的和利益结成持久性的集团组织的活动与过程。③ 就由此结成的政治团体而言，政治学家们没有公认的术语，也常称作政治利益团体、压力集团、倡议团体（advocacy groups）等。政党、企业组织、农民协会、工会、社会组织以及文化、娱乐甚至宗教组织等都可能属于政治团体的范畴。政治团体就其核心来讲是一种组织，这种组织所从事的活动非常复杂，

---

① Charles Tilly, *From Mobilization to Revolution*, Reading, Mass.: Addison-Wesley, 1978, p. 78.
② ［美］罗伯特·达尔：《论民主》，李风华译，中国人民大学出版社2012年版，第148页。
③ 王邦佐等编：《政治学辞典》，上海辞书出版社2009年版，第25页。

既有可能涉及非常特殊的利益,也可能涉及广泛的公共问题,但其基本目标都是影响政府决策。由于威权政体下允许有限的政治多元化,公民间的政治结社往往具有相当大的空间。

(2) 社会运动。根据西德尼·塔罗(Sidney Tarrow)的定义,社会运动是指在紧密的社会网络的支持下,在能引起文化共鸣和产生行动导向的象征物的刺激下,普通民众携手对抗精英、当局者和对立者,造成与对手之间的持续互动的斗争政治。① 无论是在民主国家还是在威权国家,社会运动都是政治参与最主要的一种非制度化手段。公民通过抗议示威、游行请愿、罢工甚至暴力冲突等手段表达政治诉求,对政府或者其政治反对派施加压力。社会运动是公民在体制外主动介入政治系统,针对特定政治问题的有组织表达。

(3) 政治选举。政治选举是指依照一定的程序和规则,由全部或大多数成员以投票的方式选择其主要领导人的政治行为。政治选举包括投票、政治捐助、组织选举、政治宣传等选举活动的各个环节,是普通公民影响政府更迭的最重要的制度化手段。在现代政治体系中,政治选举通常与政党紧密地联系在一起,在选举中支持或反对某个政党也是普通公民表达其政治倾向的主要方式。尽管威权国家领导人的统治合法性并不像民主国家领导人那样完全取决于选举,但仍需要选举。正如詹妮弗·甘迪(Jennifer Gandhi)和亚当·普沃斯基(Adam Przeworski)所强调的,诸如选举制度、立法制度一类的正式政治制度在威权政体下仍会发挥一定的作用。② 因此,不同要素所有者即使在威权政体下也可以通过参与选举来实现动员。

这样,通过政治结社、社会运动和政治选举,从国际贸易的扩张或收缩中获益的要素所有者可以开展更为有效的集体行动,在国内政治权力对比上取得优势,从而在政体类型的选择上更容易实现自己的偏好。基于以下原因,后文我们只考察在不同要素禀赋下国际贸易的扩张对国内阶级均势的影响,而不再考察在不同要素禀赋下国际贸易

---

① [美]西德尼·塔罗:《运动中的力量:社会运动与政治斗争》,吴庆宏译,译林出版社 2005 年版,第 2 页。
② Jennifer Gandhi and Adam Przeworski, "Authoritarian Institutions and the Survival of Autocrats", *Comparative Political Studies*, Vol. 40, No. 11, 2007, p. 1283.

的收缩对国内阶级均势的影响。

第一，在全球化加速发展的条件下，国际贸易的扩张而非收缩成为国际贸易发展的基本趋势。当然，全球化并非不可逆转的进程。正如杰夫里·弗兰克（Jeffrey Frankel）所言："全球化既不是什么新现象，也远未完成，也并不是不可逆转的。"① 由于世界大战和经济危机，1914—1945年就曾发生了经济全球性的急剧缩减，罗戈夫斯基所考察的国际贸易收缩期正是这一时期。但从资本主义生产方式诞生以来，特别是第二次世界大战结束以来，全球性总的变化趋势是增强。作为全球化的一个主要部分，世界贸易在增长速度上在大多数时期领先于世界生产的发展，各国贸易额占GDP的比例在大多数时期不断提高。

第二，根据赫克歇尔—俄林模型和斯托尔珀—萨缪尔森定理，对于给定充裕或稀缺程度的生产要素而言，国际贸易扩张和收缩的受益者与受损者刚好相反。因此，我们只要考察清楚在某种要素禀赋下国际贸易的扩张对国内阶级均势的影响，就可以倒过来推导在这种要素禀赋下国际贸易的收缩对国内阶级均势的影响。对劳动力要素充裕而自然资源要素稀缺的国家而言，如果国际贸易的扩张会使阶级均势发生有利于劳动力要素所有者而不利于自然资源要素所有者的转变，那么国际贸易的收缩就会使阶级均势发生有利于自然资源要素所有者而不利于劳动力要素所有者的转变。对自然资源要素充裕而劳动力要素稀缺的国家而言，如果国际贸易的扩张会使阶级均势发生有利于自然资源要素所有者而不利于劳动力要素所有者的转变，那么国际贸易的收缩就会使阶级均势发生有利于劳动力要素所有者而不利于自然资源要素所有者的转变。

第三，国际贸易与民主转型的既有文献也主要考察贸易开放而非贸易封闭对民主转型的影响。比如鲍什的模型只是指出了贸易开放对政治制度选择的影响。② 阿塞莫格鲁和罗宾逊在他们的模型中明确假定"这一国家加入世界贸易体系，可以与世界上所有其他国家无摩擦地进行贸易"。③ 因此，我们只需要考察国际贸易的扩张对政体变迁的

---

① 杰夫里·弗兰克：《经济全球化》，载［美］约瑟夫·奈、约翰·唐纳胡主编《全球化世界的治理》，王勇译，世界知识出版社2003年版，第51页。
② ［美］卡莱斯·鲍什：《民主与再分配》，熊洁译，上海人民出版社2011年版，第129页。
③ ［美］达龙·阿塞莫格鲁、詹姆士·罗宾逊：《政治发展的经济分析——专制和民主的经济起源》，马春文等译，上海财经大学出版社2008年版，第286页。

影响，就可以与主流文献进行对话。

三　不同要素禀赋条件下的国际贸易与政体变迁：因果机制

基于国内阶级均势的上述解释逻辑可以适用于各种类型的要素禀赋。由于先进经济体大都较早地确立了民主政体，也由于"第三波"民主转型在规模和范围上远大于前两波民主转型，而"第三波"民主转型主要是落后经济体的民主转型，初始政体为威权政体的政体变迁更多地发生在落后经济体中。因此，我们对政体变迁的讨论从要素禀赋的分布上只涉及表2—1中左下格和右下格两种要素禀赋的情况，即自然资源充裕、劳动力稀缺的落后经济体和自然资源稀缺、劳动力充裕的落后经济体。① 图2—3反映了国际贸易的扩张在不同要素禀赋下对落后经济体的政治影响。

对劳动力要素充裕的落后经济体而言，国际贸易的增长提高了劳动相对于资本和自然资源的收益率，也因而提高了劳动力要素所有者的收入。这些劳动力要素所有者包括工人、密集使用劳动力要素的农民以及社会贫困阶层。从有限民主制开始，这些下层民众就一直是推动民主的重要力量；而到了大众政治时代，下层民众则更是很多国家民主政治的主力军。当代的大众民主与下层民众为主体的工人运动密不可分。② 随着其收入的提高和财富的增加，这些民众会为了维护和增进自身的利益而更积极地采取集体行动。瑞彻迈耶和史蒂芬斯等学者指出："工人阶级组织的相对规模和密度，对于民主的进展来说十分关键。"③ 工业化创造了有利于工人阶级和中产阶级组织相互串联的条件，使得中、下阶层有组织的力量逐渐在政治舞台上发挥作用，并强大到统治当局无法忽视或压制的地步。当工人阶级克服集体行动问题并建立其行动的政治机制后，他们就会认为自己成功的概率增加，

---

① 即使罗戈夫斯基放宽了土地劳动力之比的假设，他也认为土地或劳动力都充裕或都稀缺的情况在现实中并不常见。因此，我们的讨论也不涉及自然资源和劳动力都充裕的落后经济体。参见 Ronald Rogowski, *Commerce and Coalitions: How Trade Affects Domestic Political Alignments*, Princeton: Princeton University Press, 1989, p. 13.

② 杨光斌：《民主的社会主义之维——兼评资产阶级与民主政治的神话》，《中国社会科学》2009年第3期。

③ [美]迪特里希·瑞彻迈耶、艾芙琳·胡贝尔·史蒂芬斯、约翰·D.史蒂芬斯：《资本主义发展与民主》，方卿译，复旦大学出版社2016年版，第81页。

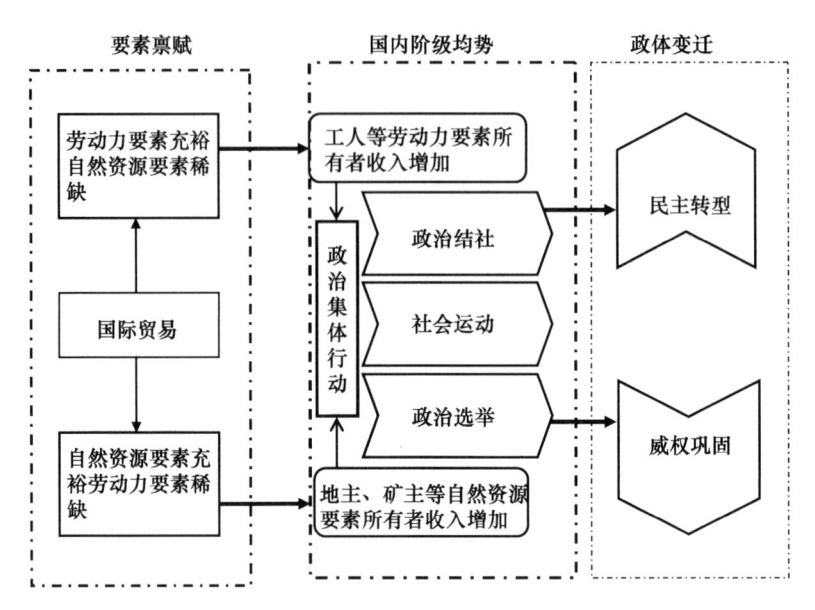

图 2—3 不同要素禀赋下国际贸易影响政体变迁的因果机制

资料来源：作者自制。

他们采取积极行动争取民主的可能性随之增大。工人阶级的大规模动员，成为一些国家向民主转型的重要推动力。①

首先，在政治结社层面上，这些民众开始创建和参加各式各样的非政府组织，以组织形式来维护自身的经济利益和其他方面的权利。亚当·普沃斯基在分析工人的组织形式时就指出："雇佣劳动者以大量独立而常常又是竞争性组织——最常见的是工会和政党——的形式组织成为一个阶级，但也以合作组织、社会协会、俱乐部等形式组织起来。"② 这些非政府组织对于提高中下层民众的教育水平、促进民众的政治觉醒具有重要作用。此外，非政府组织为维护其成员利益通常会组织专门人员代表其成员与政府进行交涉，这也是普通民众政治参与的重要形式之一。

其次，在社会运动层面上，这些劳动力要素所有者在基本的政治

---

① ［美］卡莱斯·鲍什：《民主与再分配》，熊洁译，上海人民出版社 2011 年版，第 37—38 页。

② ［美］亚当·普沃斯基：《资本主义与社会民主》，丁韶彬译，中国人民大学出版社 2012 年版，第 9 页。

经济诉求得不到满足时,也会诉诸抗议示威、罢工等非常规手段。这些非常规手段在行动者之间、行动者与支持者之间以及行动者与政府机构之间创建了新的社会联系。查尔斯·蒂利认为:"姑且不论行动者对民主化提出了怎样的群体诉求,这些新的社会联系本身就成为了民主化的重要阵地。"① 特别是在工业化有了相当程度发展的社会中,工人的力量如果随着国际贸易的增长得到增强,他们就更有能力采取社会抗争。作为工业化时代代表劳工利益的主要组织,工会建立了内部关系紧密而稳定的组织构架,形成了较为完善的行动纲领和准则,并且具有明确的行动目标,从而有能力开展大规模的罢工运动。大规模的罢工往往影响范围广泛且威慑力强,使企业主和政府不得不重视工人的利益诉求。此外,这些民众也可能借助强调分配公平的宗教教义或意识形态作为斗争手段与精英进行对抗。这些政治符号可以作为行动汇聚的焦点来协调为数众多的下层民众,从而使其社会抗争更容易达成目标。

再次,在政治选举层面上,劳动力要素所有者在政治选举中开始具有明确的政治立场和倾向。在"一人一票"的普选制下,这些下层民众开始意识到手中选票的分量,通过选举发挥他们的影响力。这样,投票人的分布随着这些民众的政治觉醒而发生变化,从而为新政党的产生提供了政治机遇。正如安东尼·唐斯(Anthony Downs)所指出的:"无论什么时候发生这种投票人分布的彻底变化,现存政党由于其意识形态稳定性的限制,不可能迅速调整它的意识形态,然而,新政党则不会受到这种包袱的压力,他们没有做出意识形态上的许诺,所以,他们能在标尺上选择机会最大的点,确立相应的意识形态的结构。"② 为了获得最大化的选票,某些新政党积极响应下层民众诉求并努力争取这些民众的政治利益。随着劳动力要素所有者由于贸易的开放而拥有了更多的资源,代表其利益的新政党在选举中频频获胜,并上台执政。

---

① [美]查尔斯·蒂利:《社会运动,1768—2004》,胡位钧译,上海人民出版社2009年版,第188页。
② [美]安东尼·唐斯:《民主的经济理论》,姚洋等译,上海人民出版社2005年版,第118页。

这样，在劳动力要素充裕的条件下，由于贸易的开放，下层民众的收入增多，采取集体行动的能力也相对增强，政府也更难对他们实施镇压。反过来看，在贸易中受损的自然资源要素所有者由于可获得的财富和收入减少，无论对政治结社、社会运动还是对政治选举的控制都不会像先前那样严密和有力，他们把持国家政权的能力随之下降。在这种情况下，劳动力要素所有者与自然资源要素所有者之间的阶级均势就发生了变化，前者的民主偏好更容易得到实现，民主转型也更可能发生。

在自然资源要素充裕的落后经济体中，地主、石油要素所有者、矿主等自然资源要素的所有者将会在国际贸易中受益，他们会随着自身政治影响力的增加而加强对政权的控制，从而巩固了威权政体。根据布鲁斯·梅斯基塔（Bruce Bueno de Mesquita）等人提出的"政治生存的逻辑"，在威权政体下"获胜联盟"的规模往往较小。[①] 由于自然资源要素的所有者人数较少，他们的支持对威权国家最高领导人保持其权位具有决定性的影响，从而使这些人往往成为统治联盟的核心成员。但是，威权政体仍要有效应对精英之间和精英与民众之间的冲突才能保持维持和巩固。正如民主的巩固依赖于通过制度、法律、选举、政党和利益集团来管理精英间和精英与民间的冲突一样，威权的巩固也是通过运用这些工具来管理冲突的。[②] 因此，随着贸易开放增加了自身的收入和财富，自然资源要素所有者和密集使用者会更有效地运用这些集体行动的工具来巩固威权政体。

首先，在政治结社层面上，这些把持政权的精英仍需要通过亲政权的社会组织来和政权之外的社会强人争夺社会控制。即使在威权国家中，"国家领导人在追求国家强势地位时，面对来自酋长、地主、老板、富农、部落首领通过其各种社会组织的抵制形成的难以逾越的障碍时，往往显得无能为力"。[③] 查尔斯·蒂利认为，在依赖于对土地的

[①] Bruce Bueno de Mesquita, Alastair Smith, Randolph M. Siverson, and James D. Morrow, *The Logic of Political Survival*, Cambridge: The MIT Press, 2003, p. 8.

[②] Thomas Ambrosio, "Beyond the Transition Paradigm: A Research Agenda for Authoritarian Consolidation", *Demokratizatsiya: The Journal of Post-Soviet Democratization*, Vol. 22, No. 3, p. 485.

[③] [美] 乔尔·米格代尔：《强社会和弱国家：第三世界的国家社会关系及国家能力》，张长东等译，江苏人民出版社2009年版，第35页。

控制的政权中，统治者很容易走向专制，"但是在此类政权中，统治者们必然会遇到对他们巩固个人权力的限制。这些限制来自此类政权对强大的、部分自治的中间者（如军阀、地主和宗族首领）的无一例外的依赖"。① 在这种结构下，贸易的开放增加了统治精英的收入和财富，进而增强了他们动员社会民众的能力，使他们更可能突破来自其他社会强人的限制。正如乔尔·米格代尔（Joel Migdal）指出的，国家领导人"寻求通过组织民众进入国家机构的制度性组成部分，以实现各种特定任务，从而强化国家能力"。② 比如，统治精英可以建立各种社团组织来确保其对农民、蓝领工人和白领工人的政治控制。

其次，在社会运动层面上，这些把持政权的精英可能会欢迎社会运动并寻求社会运动的支持。传统的观点认为，社会运动以国家作为抗争目标，国家则力图压制社会运动。但近期的研究表明，国家也会采取行动来使社会运动认可国家，甚至直接支持社会运动的目标。特别是当国家行为体在常规政治框架内无法实现其目标时，国家也会运用社会运动的力量来推动自己的政策议程。③ 正如蒂利指出的："立法机关以内或以外的政治企业家们逐渐发现，他们可以将公众对其建议、不满和要求的支持予以组织并公开展示，以此增强这些建议、不满和要求的分量。"④ 比如，执政者有时会欢迎和支持社会运动，以挫败来自传统方式运作的反对派的挑战。随着贸易的开放，这些从贸易获得更多财富和收入的精英可以投入更多的资源来推动对巩固政权有利的社会运动的发展。

再次，在政治选举层面上，这些把持国家政权的精英也会通过选举来协调精英内部的关系并化解来自反对派的威胁。正如詹妮弗·甘迪所指出的："选举可能是一种在精英之间广泛分配政治资源的最便利的途径。相对于任命而言，精英们可能会将选举视为一种'公平'

---

① ［美］查尔斯·蒂利：《民主》，上海人民出版社2009年版，第113页。
② ［美］乔尔·米格代尔：《强社会和弱国家：第三世界的国家社会关系及国家能力》，张长东等译，江苏人民出版社2009年版，第34页。
③ ［美］杰克·戈德斯通主编：《国家、政党与社会运动》，章延杰译，上海人民出版社2009年版，序言，第14—18页。
④ ［美］查尔斯·蒂利：《社会运动，1768—2004》，胡位钧译，上海人民出版社2009年版，第188页。

或者'有效'的政治资源分配方式，获取政治职位以及因收买和游说选民而带来的战利品"。[1] 为了防止统治联盟内部成员出现背叛并化解来自社会其他部分的威胁，这些把持国家政权的精英会尽力控制选举结果。比如通过有效的政府治理和无所不在的领袖形象来确保自己再次当选，或者通过庇护关系来直接酬谢忠诚的选民或者换取地方强人提供受其庇护者的选票，或者通过对媒体的控制和对选举事务的管理使反对派候选人无望赢得选举。在法治传统并未形成的政治环境中，选举会成为权力拥有者的工具而非对之进行限制的手段。[2] 因此，随着贸易的开放，上述统治精英运用其增加了的收入和财富可以更有效地控制选举结果，从而巩固其威权政体。

反过来看，由于在这种经济体中劳动力稀缺，贸易的开放降低了劳动力要素所有者的收益，使原本高度不平等的财富和收入分配更加不平等。在这种情况下，尽管下层民众有改善自身境况的意愿，但他们力量弱小，组织涣散，难以采取有效且有力的集体行动对现有政治体系发起冲击。首先，无地或少地的农民即使具有"等贵贱、均贫富"的共同意愿，也难以形成有组织的社会团体。由于工厂规模有限，大型制造业企业为数甚少，单个企业或行业的雇工数量较少，工会要么成员数量少、组织性差，要么根本就不存在。其次，由下层民众所发起的社会运动在规模和影响范围上非常有限，它们常常是针对单个地主或企业，难以形成公共领域的目标。由于组织涣散、力量弱小，缺乏能持续代表自身利益的政治组织，劳动力要素所有者的政治经济诉求得不到政府的充分重视，零星发生的农民起义或者工人运动也很容易被政府轻松镇压。再次，由于缺少资源，下层民众要么被排除在政治选举之外，要么作为受庇护者投票支持把持国家政权的精英。因此，精英可以放手通过有限范围的选举来保持其执政地位。简而言之，在贸易开放中受损的劳动力要素所有者没有足够多的资源采取集体行动以便与威权统治对抗，威权政体将不会受到有力的挑战。

---

[1] ［美］詹妮弗·甘迪、艾伦·拉斯特—奥卡：《威权体制下的选举》，《国外理论动态》2014 年第 1 期。
[2] ［英］罗德·黑格、马丁·哈罗普：《比较政府与政治导论》，张小劲等译，中国人民大学出版社 2007 年版，第 235 页。

第四节　初始威权类型、国际贸易与政体变迁

不同要素所有者所形成的阶级分化及其权力对比对政体变迁至关重要，但政体作为一种政治制度也具有相对的自主性。迪特里希·瑞彻迈耶、艾芙琳·胡贝尔·史蒂芬斯、约翰·D. 史蒂芬斯就强调："经济结构及其产生的阶级结构在政治体制的形成阶段非常重要。政治体制一经建立，就会发展出自身的动态关系，并成为政权结果的独立决定因素。"① 因此，我们在讨论要素禀赋后，还要进一步讨论政体类型自身在政体变迁中的作用。

本书讨论的初始政体为威权政体，但威权政体在经验研究中往往包含了各类非民主政体。威权政体内部的差异甚至可能大于威权政体与民主政体之间的差异。这样，初始威权政体的不同类型对其是否容易向民主转型以及如何转型就具有独立的影响。正如芭芭拉·格迪斯（Barbara Geddes）指出的："在理论上，建立一个民主转型的基本模式是非常难以实现的，这其中的一个原因就在于不同类型的威权政体之间的差异，就跟它们与民主政体之间的差异一样明显。它们依靠不同的组织来为政府部门工作；它们拥有不同的社会支持来源，不同的决策程序；它们通过不同的途径选拔领导人、实现权力转移；它们利用不同的方式来对社会和反对力量进行回应……然而，威权政体之间的这些差异就会导致它们民主转型方式和结果的不同。"② 作为条件变量，初始的威权类型将会抑制国际贸易对威权政体变迁的影响，在不同的初始威权类型下国际贸易会导致威权政体的不同变迁模式。

一　威权的不同类型及其含义

随着民主转型研究的发展，越来越多的比较政治学家发现，同民

---

① ［美］迪特里希·瑞彻迈耶、艾芙琳·胡贝尔·史蒂芬斯、约翰·D. 史蒂芬斯：《资本主义发展与民主》，方卿译，复旦大学出版社2016年版，第221页。
② Barbara Geddes, "What Do We Know About Democratization After Twenty Years?", *Annual Review of Political Science*, Vol. 2, No. 1, 1999, p. 121.

主政体内不同体制之间的差异一样，威权政体内不同体制之间也存在着广泛而显著的差异。因此，"在一开始对威权政权中的变革进行讨论时，就有必要首先对那些威权体制间的差异进行确认，并明确这些差异对民主化进程的重要性"。①

在对"第三波"中发生民主转型的威权政权所进行的研究中，塞缪尔·亨廷顿将这些政权总体上划分为三种类型：一党制、军人政权和个人独裁。一党制是指"在这些体制中，政党有效地垄断了权力，只有通过党组织的途径才能获得权力，而且政党通过意识形态来使自己的统治合法化。这些体制的国家通常获得了水平相对较高的政治制度化"。② 军人政权是通过军事政变取代民主政府或文官政府而创立的。"在军人政权当中，军方在一个制度基础上行使权力，通常的情况是，要么由军方领袖代表一个权力集团进行统治，要么由高级将领轮流担任政府要职。"③ 而个人独裁政权则更为复杂多样，它的本质特征是，"这位领袖是权威的源泉，而其他人的权力取决于他走进该领袖的圈子、与领袖保持密切关系、对领袖的依赖以及获得领袖支持的程度"。④ 当然，"特定的政权未必总是完全适合划入特定的类型之中"，⑤有的政权类型会在过程中发生演化，有的政权从一开始就具有混合型的特征。不过，这种三分法已经成为当今比较政治学和威权主义政治研究的经典划分。⑥ 格迪斯也沿用了亨廷顿的这种分类方法，并给出了更简明的定义。"在军人政权中，一群军官决定统治者的人选并对政策施加某种影响；在一党制政权中，一个政党支配获得政治职权的途径和对政策的控制权，尽管在选举中可能存在其他政党作为少数派参与竞争；与军人政权和一党制政权不同，在个人独裁政权中，领袖个人在很大程度上决定了职位和利益的分配，他可能是个军人，也可

---

① [美] 塞缪尔·亨廷顿：《第三波：20世纪后期的民主化浪潮》，欧阳景根译，中国人民大学出版社2012年版，第106—107页。
② 同上书，第107页。
③ 同上。
④ 同上书，第108页。
⑤ 同上书，第109页。
⑥ 谢岳：《社会抗争与民主转型：20世纪70年代以来的威权主义政治》，上海人民出版社2008年版，第72页。

能创立了一个政党来支持他。"①

针对亨廷顿和格迪斯的三分法，有学者提出了质疑，认为威权政权可以细分为：君主制、军人政权、无党制、一党制和有限多党政权。"君主制是指有皇家血统的人根据惯例或宪法，通过继承的方式获得权力（没有实权的虚位元首的君主制不包括在内）；军人政权是指军官是主要的政治行动者，他们通过使用武力获得在政权中的政治地位，他们直接或间接地控制民选官员；在无党制中，选举在独立的候选人中展开，所有的政党或代表政党的个人都被禁止；在一党制中，除了一个政党外，其他所有政党都被禁止参加选举；在有限多党制中，独立的或反对党候选人则能够参与议会或总统选举，但这并不意味着选举是自由、公平的，例如有些团体被排除在外，选举过程通过不同方式对某一方有利。"②

另外，有学者从政治体制制度化的程度对威权政体进行了划分。"从本质上看，威权统治有着两种宽泛的类型：人格化的威权制和制度化的威权制，每种类型又分化为几种不同的亚类型"。"人格化的独裁是指由主导政治进程的意志强悍的个人进行统治"，包括由军人领导的传统军事独裁和由文官领导的技术官僚国家、委任式半民主制以及苏丹式专制。③ 其中，苏丹制是胡安·林茨在韦伯的基础上提出的一种非民主的政体，其本质在于"不受限制的个人领导权"。"在苏丹制里，私域和公域融合在一起，并非常倾向于产生家族式权力和朝代延续……缺乏理性化的非个人的意识形态，经济上的成功取决于与统治者的私人关系。"④ "而制度化的威权制与人格化的威权制有很大不同，权力并不专属于个人，而是属于委员会、官僚集团或机构"，⑤ 包

---

① Barbara Geddes, "What Do We Know About Democratization After Twenty Years?", *Annual Review of Political Science*, Vol. 2, No. 1, 1999, p. 121.
② Axel Hadenius and Jan Teorell, "Pathways from Authoritarianism", *Journal of Democracy*, Vol. 18, No. 1, 2007, pp. 146－147.
③ ［美］彼得·H. 史密斯：《论拉美的民主》，谭道明译，译林出版社2013年版，第53—55页。
④ ［美］胡安·J. 林茨、阿尔弗莱德·斯泰潘：《民主转型与巩固的问题：南欧、南美和后共产主义欧洲》，孙龙等译，浙江人民出版社2008年版，第55—57页。
⑤ ［美］彼得·H. 史密斯：《论拉美的民主》，谭道明译，译林出版社2013年版，第55—57页。

括由军人领导的军事执政团或官僚—威权体制,和由文官领导的一党制、一党主导制政权或职团主义体制。其中,官僚—威权体制是吉列尔莫·奥唐奈在对拉美20世纪60年代出现的威权体制进行研究的基础上提出来的,指称以"大多数技术官僚角色的任职者的职业模式和权力基础以及大型(公共和私人)官僚机构所扮演的关键性角色"为特征的威权政体。①

总体来看,亨廷顿和格迪斯对威权类型的三分法虽然并不能涵盖所有的威权类型,但是相对清晰、明了,基本体现了大多数威权政权的本质特点。此外,这种三分法在实践上也非常有效,格迪斯就将第二次世界大战后所有的威权国家都归入了这三种类型。②但是由于以下原因,我们在接受"一党制、军人政权和个人独裁"三分法的基础上在本书中只集中关注军人政权和一党制这两种威权类型。

第一,与军人政权和一党制相比,个人独裁最难以实现民主转型。正如亨廷顿指出的:"与军人政权和一党制政权中的政治领袖相比,个人独裁体制中的政治领袖更不愿意自愿地放弃权力,无论是正在进行还是没有进行民主转型的那些国家,那些个人独裁者通常都会尽可能地试图保住他们的权力。"③无论国际贸易带来什么样的社会变化,个人独裁者的上述动机都不会发生改变。因此,在探讨国际贸易所导致的国内政治后果的差异性时,引入个人独裁这一类型没有太大的分析价值。

第二,由于个人独裁政权属于人格化的威权,其过低的制度化水平使其在不同国家中所表现的制度特征缺乏共性,我们也很难将其在约束国际贸易的国内政治后果上所起的作用加以通则化。与之相反,军人政权和一党制在大多数情况下属于制度化的威权。根据亨廷顿的经典定义,"制度化是组织和程序获得价值观和稳定性的一种进程"。④对于组织和程序更为明确、稳定的军人政权和一党制,我们可以在更

---

① [阿根廷] 吉列尔莫·奥唐奈:《现代化和官僚威权主义:南美政治研究》,王欢、申明民译,北京大学出版社2008年版,第74—75页。
② [美] 芭芭拉·格迪斯:《范式与沙堡:比较政治学中的理论建构与研究设计》,陈子恪、刘骥译,重庆大学出版社2012年版,第148—152页。
③ [美] 塞缪尔·亨廷顿:《第三波:20世纪后期的民主化浪潮》,欧阳景根译,中国人民大学出版社2012年版,第115页。
④ [美] 塞缪尔·亨廷顿:《变化社会中的政治秩序》,王冠华等译,上海人民出版社2008年版,第10页。

为一般的意义上探讨这两种不同的威权类型对国际贸易的国内政治后果所起到的不同抑制作用。

第三,既有的相似主题的研究也聚焦于军人政权和一党制这两种威权政体。比如斯迪芬·海哥德(Stephan Haggard)和罗伯特·考夫曼(Robert Kaufman)在《民主转型的政治经济分析》中就强调:"对军人政权和政党主导体制的比较是我们分析威权政体的一个核心方面"。① 当然对影响民主转型的经济因素这一共同主题而言,海哥德和考夫曼所考察的是经济危机和经济改革,而本书所考察的是国际贸易。

二 不同威权类型下强制与合作战略的选择

作为政治博弈的规则,政治制度规定了政治行为体选择的集合。一定的制度结构决定了各个行为体接近和享有权力的大小,为某些行为体设置了特权而将另一些行为体置于不利的地位,从而使前者的偏好更容易实现而后者的偏好更难以实现。正如彼得·霍尔(Peter Hall)所强调的:"社会集团的压力经过了组织因素的调和,从而使结果打上了组织因素的烙印。因为现代国家的决策总是一个集体决策的过程,制度结构将不同个体的意见聚合成一套政策,从而影响了政策结果。"② 在上述意义上,政治制度决定了政治行为体合法保护其利益的权力,从而也决定了政治行为体战略选择的范围以及相互作用的结果。作为政治制度在威权国家的正式或者非正式存在,军人政权和一党制都会限制政治行为体的战略选择,从而使威权政体产生不同的变迁轨迹。

在威权政体中,执政者必须化解来自反对势力的威胁才能维持威权统治的稳定。面对反对势力对统治的威胁,威权统治者主要有两个方式来维护统治的稳定:"一是使用强制手段,强行排斥或消除对手;二是与对手联合,通过利益分享将对手转变为现有政权的支持者,比如给予适当的职权或政治租金。"③ 汉内·菲耶尔德(Hanne Fjelde)

---

① [美]斯迪芬·海哥德、罗伯特·R.考夫曼:《民主化转型的政治经济分析》,张大军译,社会科学文献出版社2008年版,第19页。
② Peter Hall, *Governing the Economy: The Politics of State Intervention in Britain and France*, Oxford: Oxford University Press, 1986, p. 19.
③ Hanne Fjelde, "Generals, Dictators, and Kings: Authoritarian Regimes and Civil Conflict, 1973—2004", *Conflict Management and Peace Science*, Vol. 27, No. 3, 2010, p. 196.

认为,"运用这两种方式的能力取决于政体的基础制度"。① 在政体的基础制度下可以成功使用强制手段和合作战略的统治者,则能顺利应对反对派的挑战而巩固其威权统治;反之,在政体的基础制度下难以成功使用强制手段和合作战略的统治者,则能难以应对反对派的挑战而放弃其威权统治。

随着国际贸易所带来的经济发展和人均收入的增长,威权政体会面对不断扩大的政治参与需求。由于军人政权与一党制在基础制度上的差别,威权统治者在使用上述两种工具来化解反对势力的能力上存在着显著的不同。一党制较军人政权在有效控制和合作战略上的制度优越性,使前者的统治更加稳定,继续维持威权政体,而后者在政治民主化要求的冲击下表现得更为脆弱,政体更易实现民主转型。我们基于这两种工具的选择来阐述在不同的初始威权类型下国际贸易与政体变迁的因果机制。

第一,强制是威权统治者用来维持统治的常用手段,例如禁止成立反对政府的组织,以及利用恐吓、逮捕、酷刑或杀害等方式处罚违反限制的反叛者。不过不同的政体使用的方式和程度有所差别。军人政权善于运用刚性的强制手段,直接通过武力制裁反抗行为,进行强行控制。而一党制政权倾向于运用监督以及引导的手段间接控制社会,以有预见性的、温和的方式化解冲突与矛盾。当国际贸易带来了新兴政治势力的扩张时,一党制的柔性强制手段比军人政权的刚性强制手段更容易化解新兴政治势力与统治者之间的矛盾。

军人政权一般会采取刚性的强制手段来维持其统治。一方面,军人政权基于军人的职业特点对社会失序极度反感。正如艾尔弗雷德·斯特潘(Alfred Stepan)所强调的,军人政权把内部秩序置于极其重要的位置,以至于很难容忍公民内部为建立和保持联盟所需要的正常水平的不和与争论。② 另一方面,军人在强制性手段的运用上也更有

---

① Hanne Fjelde, "Generals, Dictators, and Kings: Authoritarian Regimes and Civil Conflict, 1973—2004", *Conflict Management and Peace Science*, Vol. 27, No. 3, 2010, p. 196.
② Alfred Stepan, *The Military in Politics: Changing Patterns in Brazil*, Princeton, NJ: Princeton University Press, 1971, p. 263.

优势,因而能够直接通过武力制裁反抗行为。① 这样,军人政权更倾向于运用武力压制反抗行为。但是,这样的高压手段代价高昂,风险巨大。军人政权对暴力的过度依赖不仅会降低政权的合法性,而且极易引起国内公众和国际社会的广泛抗议和连锁反应,因此从长期看会使其政权的生存难以持续。

与军人政权不同,一党制政权倾向于运用监督、引导的手段,有预见性的、温和的方式化解冲突与矛盾。一党制政权"有能力系统化地边缘反对派,甚至消灭对手。党的组织构成能够强有力地对社会团体进行监督,吸收进而控制他们,并引导开展支持政权的活动","他们拥有非军事的情报系统,将触角延伸到民事、军事以及政治生活的方方面面,使得反叛力量很难推翻政府"。② 一党制政权由于能更好地使用监督和控制的手段,可以避免像军人政权一样过多地使用暴力的手段。因此,一党制政权面对的社会反抗与军人政权相比也会更温和,反对势力和执政当局之间的矛盾不会白热化,从而更有利于政权的长期稳定。

第二,合作战略也是威权统治者维持其统治的重要手段。对任何政权而言,强制手段在维护稳定中都具有一定的作用,但一个政权不可能只通过武力、威胁等手段控制社会。统治者同社会力量进行合作,例如建立联盟、凝聚精英、拉拢反对党等,都能进一步夯实统治基础,维护政治稳定。合作战略能扩大威权政府的社会基础,使其统治更为长久。军人政权统治集团较封闭,难以与反对派合作,政策制定相对狭隘。而一党制政权更具包容性,能更好地实施合作战略,团结吸收新兴的社会力量。

首先,由于军队与社会的相对绝缘性质,军人政权运用合作战略的能力极为有限。军官是一种职业,但又是一种特殊的职业。塞缪尔·亨廷顿在《军人与国家》中就揭示了军官在社会中的特殊性:"军官的职业世界中,包括了他的大部分行为。他的生活与工作通常都和其他职业在很大程度上隔离;从物理空间和社会空间来说,他与

---

① Hanne Fjelde, "Generals, Dictators, and Kings: Authoritarian Regimes and Civil Conflict, 1973—2004", *Conflict Management and Peace Science*, Vol. 27, No. 3, 2010, p. 200.
② Ibid., pp. 199–200.

其他职业的人士几乎没有职业之外的联系。军官与外行的民间人员之间所存在的鸿沟，通过制服和军衔的象征公开展现出来。"① 军人政权的基础正是这个与社会相对绝缘的军官组织。"因此，军人政权的政策制定是狭隘的，他们很难与统治集团之外的反对势力开展合作并与争取合作的'局外人'建立广泛的执政联盟。而且，军人政权缺乏相应的社会组织将合作战略转化为持久的、自我强化的制度安排来支持他们的统治"。② 这样，军人政权难以通过与社会的联系渠道来有效安抚从对外贸易中获益的新兴政治势力。

其次，即使军人政权的统治者有意将其触角更为广泛地伸向社会而建立各种支持性组织，也会遇到重重困难，至少有导致军队内部分裂的危险。在利益偏好上，"大多数的职业军官认为，军队本身的生存和效率比其他东西更为重要，他们希望不论是执掌政权还是退出政坛，都是以一个团结的整体的形式……对他们而言，最大的威胁就是发生内部的武力冲突"。③ 实际上，正是为了规避将社会阶级冲突带入军队内部才发展出了军队的职业主义。正如亨廷顿指出的："当存在竞争性的权威或关于什么可以构成权威的竞争性理念时，职业主义就不可能实现，至少难以实现。宪政层面的意识形态与政治忠诚的冲突会导致军官集团的分裂，并将关于政治的思考与价值观叠加到关于军事的思考和价值观之上。"④ 因此，军人政权过度卷入社会就可能将社会利益的分化带入军队，从而诱发军队内部的分裂乃至武力冲突。在对外贸易使国内新兴政治势力登上了政治舞台后，军人政权为了保持自身的团结无法吸纳他们来满足其参政要求。

与军人政权不同，面对国际贸易所造成的政治分化，一党制政权在其制度结构下可以通过采用以下两种手段来吸纳新兴的政治势力，从而使其威权政体得以巩固。

---

① [美]塞缪尔·亨廷顿：《军人与国家：军政关系的理论与政治》，李晟译，中国政法大学出版社 2017 年版，第 15 页。
② Hanne Fjelde, "Generals, Dictators, and Kings: Authoritarian Regimes and Civil Conflict, 1973—2004", *Conflict Management and Peace Science*, Vol. 27, No. 3, 2010, p. 202.
③ Barbara Geddes, "Authoritarian Breakdown", *Manuscript*, Department of Political Science, UCLA, 2004, pp. 8 – 9.
④ [美]塞缪尔·亨廷顿：《军人与国家：军政关系的理论与政治》，李晟译，中国政法大学出版社 2017 年版，第 32 页。

首先，一党制政权的制度结构"使得政党在不丧失主导地位的情况下，更容易允许更大范围的政治参与和政治影响"。① 在一党制政权中，执政党的领导人依靠的往往是一个大的选举团，其成员有权利表达自己在政策制定中的偏好。经领导人同意，获得资格的新成员即会当选并加入这一执政集团，从而使一党制政权能够吸纳更广泛的社会力量。② 正如格迪斯所指出的："一党制的政权在应对危机时，在紧握政权的情况下，常常通过给予反对势力适度的政治参与，增加他们在议会中的代表，满足他们的一些要求等方式，阻止他们冒险谋反或起义。"③ 随着对外贸易的发展，从贸易中获益的新兴政治势力在一党制政权下被纳入执政集团中，从而扩大了威权政体的社会基础。

其次，一党制政权的制度框架能够把统治者与新兴政治势力之间的合作转换为一种长久的、实际的利益分享。"执政党向大众通过提供政府部门的工作、教育机会、正规化的现金转移，向精英提供贸易保护、政府合同、政治立场，以换取他们对执政党的忠诚。奖励的诱导性，加上特权撤回的威慑性，保证了社会各界对执政党的长期性支持。"④ 在许多一党制政权中，政党控制了土地、化肥、住房补贴、奖学金、食物、建筑材料等特权，可以用来分配给对党忠实的社会成员。比阿特丽斯·迈克罗尼（Beatriz Magaloni）和鲁思·克瑞舍利（Ruth Kricheli）据此认为，一党制政权事实上创建了一个"基于对党忠诚度的特权分配市场"。⑤ 当执政党运作良好时，这一巨大的赞助系统为人民提供持久的利益。这一制度对于执政党获得穷人选民的支持尤为有效，因为他们的生计在很大程度上取决于国家的财富转移。⑥ 就此而言，一党制威权政体能否巩固在很大程度上与执政党所能分配给民众

---

① Barbara Geddes, "What Do We Know About Democratization After Twenty Years?", *Annual Review of Political Science*, Vol. 2, No. 1, 1999, p. 135.
② Hanne Fjelde, "Generals, Dictators, and Kings: Authoritarian Regimes and Civil Conflict, 1973—2004", *Conflict Management and Peace Science*, Vol. 27, No. 3, 2010, pp. 202 – 203.
③ Barbara Geddes, "Authoritarian Breakdown", *Manuscript*, Department of Political Science, UCLA, 2004, p. 17.
④ Hanne Fjelde, "Generals, Dictators, and Kings: Authoritarian Regimes and Civil Conflict, 1973—2004", *Conflict Management and Peace Science*, Vol. 27, No. 3, 2010, pp. 202 – 203.
⑤ Beatriz Magaloni and Ruth Kricheli, "Political Order and One-Party Rule", *The Annual Review of Political Science*, 2010, Vol. 13, p. 128.
⑥ Ibid..

的利益息息相关。也就是说,"一党制政权是否得以维持取决于他们将公共资源政治化的能力"。① 根据肯尼斯·格林尼(Kenneth F. Greene)的归纳,执政党可以通过以下四种方式来分配公共资源:第一,从国有企业预算中转移资金;第二,使大型公共部门为支持者提供工作机会,而将反对者排除;第三,鼓励国有企业交换回扣,或利用非法竞选捐赠获得经济保护和合同;第四,将公共机构转变为竞选总部,通过使用办公用品、手机、邮资、车辆、公共雇员来通知和动员选民。② 值得注意的是,随着国内经济对国际市场日益开放,公共部门的规模总体上趋向于扩大。基于对全球100余个国家从20世纪60年代到90年代的分期数据,丹尼·罗德里克(Dani Rodrik)得出了这一结论。③ 因此,一党制威权政体可以在积极参与国际贸易的同时运用其公共部门的资源来维护政治稳定。

从总体上看,一党制政权比军人政权更能适应国际贸易所带来的社会变化。斯迪芬·海哥德和罗伯特·考夫曼在考察经济危机和经济改革对不同威权统治者的挑战时就发现:"主导政党型政权相对于军人政权最突出的特点是它们在经济下滑和增长期间都具有的政治适应能力","主导政党为统治者提供了一条在不失去对政治制度的控制的同时处理政治改革和经济开放的途径"。④ 我们认为国际贸易作为另一种经济因素对威权政体的影响也具有相似的特点。正是由于在不同的制度框架下统治者策略选择集合的不同,当初始威权类型为军人政权时国际贸易更容易推动威权政体向民主政体的转型,而初始威权类型为一党制时国际贸易难以推动民主转型,威权政体仍会维持甚至强化。

---

① Kenneth F. Greene, "The Political Economy of Authoritarian Single-Party Dominance", *Comparative Political Studies*, Vol. 43, No. 7, 2010, p. 808.
② Ibid., pp. 811 – 822.
③ Dani Rodrik, "Why Do More Open Economies Have Bigger Governments?", *Journal of Political Economy*, Vol. 106, No. 5, 1998, pp. 997 – 1032.
④ [美]斯迪芬·海哥德、罗伯特·R. 考夫曼:《民主化转型的政治经济分析》,张大军译,社会科学文献出版社2008年版,第12页。

第三章 不同要素禀赋下的国际贸易与政体变迁:对19世纪末和20世纪70年代巴西的比较研究

同一国家在不同时期的要素禀赋会发生变化。随着要素禀赋的变化,国际贸易所造成国内政治集团之间的分化及其力量对比也会发生相应变化,从而形成了政体类型在不同时期的不同走向。巴西就是这一方面的典型案例。巴西积极参与了19世纪和20世纪后半期两次国际贸易的扩张,但两次国际贸易扩张对巴西的政治体制产生了截然不同的影响:在19世纪末,它导致了巴西威权主义的巩固;而在20世纪70年代,却又推动了巴西向民主政治转型。

19世纪末,巴西劳动力稀少,土地资源丰富。国际贸易使土地收益提高,收入集中于少数地主精英阶层。在这种财富分配格局下,社会精英的力量大大增强,有能力采取武力镇压以保护他们的利益,广大民众则无力反抗,不具备追求自身政治目标的能力。因此,国际贸易在19世纪末推动了巴西威权统治的巩固。

20世纪70年代,人口的快速增长和移民的涌入使巴西的劳动力资源大大丰富起来。土地—劳动力比明显降低。当劳动力要素充裕时,国际贸易会提高劳动的收益率,使劳工力量增强。工会的组织性和纪律性提高,大范围的罢工运动获得了更多关注,代表工薪阶层利益的政党也得以组建。随着劳工力量的壮大,劳工有能力推动民主化进程。因此,在20世纪70年代,国际贸易促进了巴西向民主转型。

第一节 导言

一 问题的提出

19世纪40年代,工业革命开启了第一个经济全球化时代。1840—1914年,国际贸易迅速扩张。① 伴随着这次经济全球化进程,许多国家也开始了民主化过程,建立了民主政体。第一波民主化植根于美国革命与法国大革命,并在这一时期扩散到许多国家。第一波民主化长波与第一个自由经济时代在时间上是吻合的。

19世纪末,巴西积极参与国际贸易,咖啡出口成为巴西经济的重要组成部分。② 1889年巴西军人推翻帝制,建立了联邦共和国,这在形式上体现出一种向民主转型的倾向。但事实上,在1889年到1930年的旧共和时期,政权仍然掌握在旧农业寡头的手中。大咖啡种植园主和大畜牧园主轮流执政,巴西被一些地区大寡头统治着。农村的选票常常被大地主、大庄园主控制,同时,由于选举权有文化程度的要求,拥有选举权的巴西人不到全国总人口的6%。实际上,也只有富人才能参加选举或被选举。③ 因此,巴西在这一时期的政体类型仍是威权统治。而在这一时期,其他国家的政治发展状况并非都是如此,其中一些国家的民主化进程逐步推进。英国1884年进行议会改革,基本实现了成年男子的普选权。法国结束了帝制,建立了第三共和国,实行议会民主模式。其他一些国家也逐渐拓展了选举范围,确立了一定程度的民主政权。尤其是临近巴西的美国在民主化上也不断前行。

---

① Ronald Rogowski, *Commerce and Coalitions: How Trade Affects Domestic Political Alignments*, Princeton: Princeton University Press, 1989, pp. 21–23.

② [美]罗伟林:《赤道之南:巴西的新兴与光芒》,郭存海译,中信出版社2011年版,第119页;周志伟:《巴西崛起与世界格局》,社会科学文献出版社2012年版,第211页;[巴西]塞尔索·富尔塔多:《巴西经济的形成》,徐亦行、张维琪译,社会科学文献出版社2002年版,第92页。

③ [巴西]博勒斯·福斯托:《巴西简明史》,刘焕卿译,社会科学文献出版社2006年版,第139、147页。

在1828年，美国已经开启了第一波民主化浪潮①。虽然这时的美国并不是完全意义上的民主国家，黑人和妇女还没有获得选举权，但它至少取得了在当时的历史背景下的最低限度的民主资质：①50%的成年男性拥有投票权；②政府首脑由定期举行的普选产生。② 巴西和美国同处于美洲，而且有相似的殖民地经历，但两者的政体走向大相径庭。那么，巴西和美国同样参与国际经济，为什么会产生与美国截然不同的国内政治结果呢？这一时期的国际贸易为什么反而强化了巴西的威权统治呢？

随着1945年和平重现以及1947年后西欧经济复兴，世界又一次开始了国际贸易扩张进程，新一轮经济全球化浪潮袭来，将更多国家纳入世界经济之中，全球经济越来越成为一个紧密联系的网络。这一时期贸易的增长幅度要明显领先于世界生产的发展。③ 伴随着这次全球化进程，世界各地迸发出民主火花，并且迅速演变成全球性浪潮，大约有30个国家实现了由威权政体向民主政体的转型。这次民主化运动涉及的地区之广、民主的价值化和意识形态化的程度之强烈，都是前两次民主化运动所不能企及的。

在这一时期，巴西的政治体制也发生了转变。1973年，巴西的梅迪西将军政府即将离职的领导人提出了政治"卸压"计划；1974年，盖泽尔将军责成他的新政府启动政治开放的进程。④ 巴西从威权主义的转型开始于1974年3月15日埃内斯托·盖泽尔将军的总统就职典礼。在其统治基础上，盖泽尔和他最亲密的政治顾问，戈尔贝格·多·科托·席尔瓦将军，开始了其在市民社会寻找同盟者的复杂进程。他们开始放宽对自由化的控制，但不久就转入"政权让步和社会征服"的长期动态进程。⑤ 1984年2—6月，巴西经历了历史上持续最

---

① ［美］塞缪尔·P. 亨廷顿：《第三波：20世纪后期的民主化浪潮》，欧阳景根译，中国人民大学出版社2012年版，第12页。

② 同上。

③ Ronald Rogowski, *Commerce and Coalitions: How Trade Affects Domestic Political Alignments*, Princeton: Princeton University Press, 1989, pp. 88-90.

④ ［美］塞缪尔·P. 亨廷顿：《第三波：20世纪后期的民主化浪潮》，欧阳景根译，中国人民大学出版社2012年版，第3页。

⑤ ［美］胡安·J. 林茨、阿尔弗莱德·斯泰潘：《民主转型与巩固的问题：南欧、南美和后共产主义欧洲》，孙龙等译，浙江人民出版社2008年版，第173—174页。

久、规模最大的政治运动——直接选举运动。1985 年，首届文职政府最终由间接选举产生。至此，巴西终于结束了长达 21 年之久的军政府统治，文人政府重新上台。在巴西军人统治结束后的第一次直接选举中（1989 年），选民的投票率达到 88.7%。① 到 1990 年 3 月 15 日直选总统费尔南多·科洛尔就任，巴西的民主转型彻底结束。②

在两次国际贸易扩张时期，巴西均积极参与，但政体走向迥异：19 世纪末巴西的威权主义得以巩固，20 世纪 70 年巴西则走向了民主转型。是什么导致了巴西政治体制的不同走向呢？本章将采用比较案例研究中的求异法来探究这一问题，推断出条件变量对自变量和因变量之间关系的影响。求异法的关键在于变量控制。本章对巴西在两个不同历史时期的情况进行比较，可以保持两个案例中的文化、宗教、社会习俗等因素基本一致，力求有效地进行变量控制，从而最大限度地减少其他因素对最终结果的影响。

二 既有文献及其不足

19 世纪末巴西为何会形成威权政体，学术界并没有对这一问题予以足够的重视。关于这一时期巴西政治的文献，以史料居多。大部分文献在描述当时威权统治下的政治现实和社会现实，或者只是认为巴西的威权统治是历史惯性的结果，并没有深入分析巴西形成威权统治的原因。

亨廷顿在《第三波：20 世纪后期的民主化浪潮》中没有具体针对巴西为什么没有实现民主转型进行特别研究。但他指出，1830—1930年，民主化的外部环境基本上是中性的，因此不同国家的民主化步伐或多或少地取决于其经济和社会的发展水平。③

一些文献提到了当时的大庄园制，认为这种制度使巴西的土地和收入高度集中，少数农业寡头控制绝大部分经济资源，同时控制着国

---

① 袁东振、徐世澄：《拉丁美洲国家政治制度研究》，世界知识出版社 2003 年版，第 326 页。
② [美] 胡安·J. 林茨、阿尔弗莱德·斯泰潘：《民主转型与巩固的问题：南欧、南美和后共产主义欧洲》，孙龙等译，浙江人民出版社 2008 年版，第 174 页。
③ [美] 塞缪尔·P. 亨廷顿：《第三波：20 世纪后期的民主化浪潮》，欧阳景根译，中国人民大学出版社 2012 年版，第 77—78 页。

家政权，这也是造成巴西长久以来社会不公正和贫富差距悬殊的历史根源。① 也有文献指出，巴西的威权统治与殖民传统有关，它的社会结构仍然保留了殖民时期的传统，殖民遗产给巴西留下了大量特权阶级，并保留了当时的生产制度——奴隶制和大庄园制。② 学者们特别强调了殖民遗产和生产制度的作用。

巴西的威权统治，其最初根源可追溯到葡萄牙本土对巴西殖民地的剥削上。这种剥削建立在奴隶制之上，葡萄牙国家及其在巴西的代表对巴西人实行控制和压迫。巴西于19世纪末才废除奴隶制，比美国晚了近半个世纪。更为重要的是，获得解放后的奴隶并未获得土地这一重要的生存、生产工具，这和美国的情况形成了鲜明的对比。巴西废除奴隶制后，黑人仍然是大庄园主的雇工，仍然受到剥削和压迫，生活在最底层。这些人在没有资本、土地和生产资料的情况下依靠出卖苦力为生，也始终处于贫困境地。他们变成巴西的二等公民，这种社会状况使他们很难改变自己的社会地位。③ 政权被少数地主精英掌握，普通民众难以参与政治过程。

同时，高度集中的土地占有制自殖民时期一直延续下来，使巴西出现大量土地闲置的现象，造成了严重的资源浪费。这些土地属于大地产，它们或因缺乏基础设施条件和市场条件不具备开发前景而被荒置，或被用来炒卖而旨在牟取暴利。与此同时，巴西还存在大量的少

---

① [美]布拉德福德·伯恩斯：《巴西史》，王龙晓译，商务印书馆2013年版；吕银春、周俊南编著：《巴西（列国志）》，社会科学文献出版社2004年版；吕银春：《经济发展与社会公正——巴西实例研究报告》，世界知识出版社2003年版；[美]罗伟林：《赤道之南：巴西的新兴与光芒》，郭存海译，中信出版社2011年版；[巴西]塞尔索·富尔塔多：《巴西经济的形成》，徐亦行、张维琪译，社会科学文献出版社2002年版。

② [英]安格斯·麦迪森：《世界经济千年史》，伍晓鹰等译，北京大学出版社2003年版，第64页；[美]罗伟林：《赤道之南：巴西的新兴与光芒》，郭存海译，中信出版社2011年版，第30、40页；周世秀主编：《巴西历史与现代化研究》，河北人民出版社2001年版，第135页；[巴西]萨缪尔·皮涅伊罗·吉马良斯：《巨人时代的巴西挑战》，陈笃庆等译，当代世界出版社2011年版，第73—77页；吕银春：《经济发展与社会公正——巴西实例研究报告》，世界知识出版社2003年版，第164—165页。

③ 周志伟：《巴西崛起与世界格局》，社会科学文献出版社2012年版，第219—220页；[美]罗伟林：《赤道之南：巴西的新兴与光芒》，郭存海译，中信出版社2011年版；[巴西]塞尔索·富尔塔多：《巴西经济的形成》，徐亦行、张维琪译，社会科学文献出版社2002年版；[巴西]萨缪尔·皮涅伊罗·吉马良斯：《巨人时代的巴西挑战》，陈笃庆等译，当代世界出版社2011年版，第73页。

地和无地农民。这部分农民或依附于庄园主、农场主，以作长期雇工而生活，或作为季节工、临时工而只能在耕种和收获季节找到工作，其余的时间被迫流入城市谋生，住在贫民窟而被严重边缘化。他们缺乏最基本的生活保障，过着极端贫困的生活。① 土地占有的高度集中成为农村收入分配两极分化最主要的表现，也是巴西贫困和收入分配两极分化的主要原因之一，这种局面难以在短期内得到改变，高度集中的大地产制也为大庄园主获取政权奠定了基础。

还有学者将这一时期巴西的威权巩固与其人种构成及宗教信仰联系在一起。这种观点认为，包括巴西在内的大部分拉美地区"是保守的天主教文明与印第安文明的混合体，独立后又不能长期建立稳定的秩序。早期的领导人大多数都不谙悉国情，热衷于推行西方民主制、美国的联邦制和英国的自由贸易制，结果反而延长了国内的混乱和分裂局面"。②

总体而言，这些文献主要停留在对现象的认识和描述的阶段，只是将当时的经济制度与政治制度联系在一起讲述，认为巴西的威权统治是历史发展的自然方向，或者认为当时的巴西并不具备实行民主的经济社会条件，它们都没有清楚地阐释巴西走向威权主义或维持威权政体的原因。

相比而言，学术界对巴西在1985年的再民主化十分感兴趣，特别是美国学术界，对巴西的民主转型进行了大量研究。巴西是亨廷顿所言"第三波"中的重要国家之一。对于这些国家为何会发生民主化，亨廷顿进行了统一的解释。他认为，"第三波"民主化是多种因素的组合所造成的结果。从空间上而言，"第三波"民主化发生在曾经出现过民主制的国家；从时间上而言，这与合法性衰落和政绩困局以及经济发展、经济危机有关。同时他指出，宗教变革、外部力量、滚雪球或示范效应也对这些国家的民主化起到了推动作用。③

阿尔弗莱德·斯泰潘（Alfred Stepan）主编的《巴西的民主化：转型与巩固问题》一书，针对巴西的民主转型进行了较为全面和具体

---

① 周志伟：《巴西崛起与世界格局》，社会科学文献出版社2012年版，第220页；吕银春：《经济发展与社会公正——巴西实例研究报告》，世界知识出版社2003年版，第163页。
② 罗荣渠：《现代化新论：世界与中国的现代化进程》，北京大学出版社1993年版，第176页。
③ [美]塞缪尔·P. 亨廷顿：《第三波：20世纪后期的民主化浪潮》，欧阳景根译，中国人民大学出版社2012年版。

的研究。其中收录的论文,从巴西民主转型的进程、动态,巴西民主转型所面临的自下而上的压力,以及巴西民主转型的未来和前景等各方面,对巴西的民主化进行了探讨。其中,在自下而上的民主化压力一章中,收录的论文分别阐述了教会、平民大众运动、妇女、工人阶级与工会对民主转型的促进作用。[1]

综合学术界的研究,关于巴西民主转型的原因,学者们主要指出了以下几方面的因素:

(1) 民主转型是军政府的选择,军方的态度在巴西民主转型中发挥了关键性的作用。[2] 很多学者认为,军方的自由化政策是巴西转型的最重要、最根本原因。这种自上而下的自由化是巴西民主转型的最初动力。关于军方为什么会做出自由化选择,斯科特·梅因沃林(Scott Mainwaring)进行了细致分析,他指出了影响军方做出自由化决定的四个因素。

第一,巴西威权政府面临合法性危机。第二次世界大战以来,西方的威权政体难以为其合法性继续寻找说辞。巴西也面临这一问题。最初,巴西当局将其合法性建立在反共产主义、反腐败、反暴乱之上。最开始,这种合法性在帮助军政府获得政治支持上十分有效。但当共产主义、腐败以及暴乱的威胁并不那么普遍的时候,政府的合法性就有问题了。事实上,这种意识形态合法性从一开始就使军政府面临两难困境。为了获得政治支持,巴西政府必须尽力去战胜这些"邪恶"因素;可是一旦这些"邪恶"因素被清除,政府合法性也就随之丧失。当"敌人"不再存在的时候,军政府如何重建合法性,成为其面临的一个重大难题。

第二,巴西军队与政府之间的密切关系给军队造成了一些问题。作为一种制度的军队与作为一个政府的军队二者间的紧张关

---

[1] Alfred Stepan ed., *Democratizing Brazil: Problems of Transition and Consolidation*, New York: Oxford University Press, 1989.
[2] Scott Mainwaring, "The Transition to Democracy in Brazil", *Journal of Interamerican Studies and World Affairs*, Vol. 28, No. 1, 1986, pp. 149 – 179; Thomas C. Bruneau, "Consolidating Civilian Brazil", *Third World Quarterly*, Vol. 7, No. 4, 1985, pp. 973 – 987; Alfred Stepan ed., *Democratizing Brazil: Problems of Transition and Consolidation*, New York: Oxford University Press, 1989, p. 7.

系持续上升。作为一种制度,军队应该是国防导向的,需要严守纪律与团结,而这正是与政治分野相矛盾的。作为权力执掌者,军队不断地遇到内部分歧并被政治化,这些政治分歧在总统继任时尤为明显。军政府的统治给军队自身的存续和发展带来了内部危机。

第三,国内的有利局面使军政府有信心控制政治开放进程。到1974年时,军队已经清除了左翼势力,控制住了民众运动,而且其所面临的政治反对也很微弱。这种局面使政府相信,它能够成功地控制自由化进程。军政府选择开启政治自由化进程并不是因为它自身的虚弱,而恰恰是因为它的强大。

第四,经济局势也使军政府相信,它能够承担自由化的代价。1967—1974年间,巴西经济增长速度居世界前列,通货膨胀也显著下降。经济发展的成果让军政府有信心推行政治自由化。即使遭遇了1973年石油危机,巴西经济依然保持了较高的增长率。

此外,也有学者指出,巴西的军政府从来没有彻底关闭国会,也没有废除选举,这些具有民主性质的政治过程只是受到了控制,因此,在巴西,民主的合法性得以保持。竞争性选举激励政治家减少军方的干预。[1] 大部分关于民主转型的研究认为,像巴西这样一个国家,经历了经济繁荣,而且受到的专制压迫相对较少,因此它更可能实现向民主政体的转型。但也有学者认为,军方相对温和的政治手段和巴西这些明显的优势,事实上变成了转型的阻碍,它们使巴西的转型过程更多地受到军方控制,也使巴西的民主转型过程尤为漫长。[2]

(2) 公民社会的动员直接推动了民主转型。公民社会组织挑战了旧有的政治过程,促进了新策略的采用和新制度的建立。它们促进制度重建,以克服旧制度遗产的影响,同时也创造了公民社会参与政治

---

[1] Thomas C. Bruneau, "Consolidating Civilian Brazil", *Third World Quarterly*, Vol. 7, No. 4, 1985, pp. 973 – 987; Scott Mainwaring, "The Transition to Democracy in Brazil", *Journal of Interamerican Studies and World Affairs*, Vol. 28, No. 1, 1986, pp. 150 – 151; Wendy Hunter, *Eroding Military Influence in Brazil*, Chapel Hill: The University of North Carolina Press, 1997.

[2] Guillermo O'Donnell, "Challenges to Democratization in Brazil", *World Policy Journal*, Vol. 5, No. 2, 1988, pp. 281 – 300.

的新方式，这些都有助于扩宽和加深巴西的民主转型。① 尽管自由化进程最初是由军方开启的，但是社会中的其他行为体也在民主转型中发挥了作用。他们积极表达自身利益诉求和民主诉求，推动巴西向民主转型。公民社会的发展使距离权力核心最远的人们也被动员起来。②

公民社会的动员主要体现为民间团体与自发性组织的出现。学者们认为，在巴西民主转型中，工会、妇女、企业家、教会等力量和组织起到重要作用。

自20世纪70年代以来，巴西工人阶级在反对军政府中发挥了关键作用，成为一支重要的政治力量，自下而上地推动巴西的民主转型。③ 这一时期，工人阶级的力量逐渐壮大，并且开始采取集体行动，工会得到发展，产生了"新工会主义"。④ 新的工会代表着新的需求、新的领导形式、新的工会内部关系以及与全国其他工会之间的新关系。各个工会开始提出更加多样化的需求，工会领导也越来越多地参与政党政治。⑤ 20世纪70年代，"新工会主义"在多个正式、非正式的会议中发展出了一套独具特色的话语和目标。政治民主化就是其中一个重要目标。

妇女运动也组织起来。妇女在巴西的民主转型中扮演了关键性的政治角色。从20世纪70年代中期开始，巴西妇女们组织了一系列运动，表达她们具有性别特征的政治主张和需求。更重要的是，妇女们成为许多公民社会组织和反对党的支柱，这些组织成功地挑战了威权

---

① Brian Wampler and Leonardo Avritzer, "Participatory Publics: Civil Society and New Institutions in Democratic Brazil", *Comparative Politics*, Vol. 36, No. 3, 2004, pp. 291 – 312.
② Mark J. Gasiorowski, "Economic Crisis and Political Regime Change: An Event History Analysis", *The American Political Science Review*, Vol. 89, No. 4, 1995, pp. 882 – 897.
③ Anthony W. Pereira, "Working for Democracy: Brazil's Organized Working Class in Comparative Perspective", *International Labor and Working-Class History*, No. 49, 1996, pp. 93 – 115; Maria Helena Moreira Alves, "Dilemmas of the Consolidation of Democracy from the Top in Brazil: A Political Analysis", *Latin American Perspectives*, Vol. 15, No. 3, 1988, pp. 47 – 63.
④ Margaret E. Keck, "The New Union in the Brazil Transition", in Alfred Stepan ed., *Democratizing Brazil: Problems of Transition and Consolidation*, New York: Oxford University Press, 1989, pp. 252 – 296.
⑤ Anthony W. Pereira, "Working for Democracy: Brazil's Organized Working Class in Comparative Perspective", *International Labor and Working-Class History*, No. 49, 1996, pp. 99 – 100.

统治。① 女权运动反对持续上涨的生活成本,反对政府对政治开放所施加的限制。她们要求实行实质性的民主化,她们要求政府消除对民主激进分子的专制镇压,这些激进分子被通过暴力手段排除于巴西的政治生活之外。②

工业家基于自身利益,希望能够撤销军队的集中决策能力,进行经济政治改革。③ 奥唐奈与施密特、怀特海德共同主编的《从威权统治转型》四卷书是关于民主转型研究的奠基之作,在第三卷中,费尔南多·H. 卡多佐（Fernando H. Cardozo）对巴西民主转型的案例进行了研究。卡多佐否定了军方的关键作用,他认为,巴西企业家在民主转型中发挥了重要作用。工业家们重新调整了他们的政策,使得他们的行动不仅符合自身的利益,而且也与整个社会观念相适应,从而更好地保证经济发展,并促进各个社会阶层在政治上共存。他指出,1964 年以前,私人部门在与大众建立同盟还是成为威权统治的一部分之间摇摆不定。这种犹豫不决的状态使很多学者认为,商业团体在民主化中所能发挥的作用是十分不稳固的。但是,当自由化的势头比较明显的时候,工业资本主义中的先驱部门开始策略性地占领阵地,以提升他们的相对势力。在经济危机、外债负担以及国际企业竞争的压力之下,盖泽尔政府难以履行保护国家资本部门的诺言,国内资本制造业难以为继。在这种情况下,巴西国内的重型设备生产部门对政府承诺的幻想很快破灭,并开始猛烈地批评经济政策,继而批评政体本身。他们开始自行扩大生产,而不再听取官方的建议。企业家的"政治化"过程开启迅速且声势浩大。工业家的声音融入要求民主化的呼声中。企业家们所施加的压力并不是巴西实行自由化策略的原因,但是他们的要求确实促进了盖泽尔—戈尔贝格集团提出的政治改革,并

---

① Sonia E. Alvarez, "Politicizing Gender and Engendering Democracy", in Alfred Stepan ed., *Democratizing Brazil: Problems of Transition and Consolidation*, New York: Oxford University Press, 1989, pp. 205 – 251.

② Theotonio Dos Santos, "Economic Crisis and Democratic Transition in Brazil", *Contemporary Marxism*, No. 1, Strategies for the Class Struggle in Latin America, 1980, p. 36.

③ Theotonio Dos Santos, "Economic Crisis and Democratic Transition in Brazil", *Contemporary Marxism*, No. 1, Strategies for the Class Struggle in Latin America, 1980, p. 36; Ben Ross Schneider, "Organized Business Politics in Democratic Brazil", *Journal of Interamerican Studies and World Affairs*, Vol. 39, No. 4, 1997 – 1998, pp. 95 – 127.

与市民社会的呼声相应和。①

天主教教会和其他一些基督教团体也对政府的迫害行为和威权统治展开了批评。教会促进了巴西重返"法治",并且促进了民主观念和实践。"田园的来信"("pastorales de la tierra")运动和其他一些平民社区运动将教会公开地摆到民主化立场上。② 20 世纪六七十年代,群众性的教会社群在全国范围内迅速扩张。③

(3) 经济危机的冲击。经济危机改变了短期的经济状况,从而对各种政治势力的谈判能力造成影响。1974 年后,巴西的经济增长率下降,这意味着巴西"经济奇迹"的失败。同时,巴西国内通货膨胀率上升,这些经济状况都意味着军政府的经济发展模式不再可行,经济绩效上的不佳表现引起了社会上的不满情绪,也引起了军政府的合法性危机。军政府需要应对经济危机带来的各种问题,另寻替代方案。④经济危机促使政府治理方式的转变以及威权统治的转型。

(4) 外部压力的影响。20 世纪六七十年代,美国为了在其他地区推动民主化,动用了政治、经济、外交和军事等各种手段。巴西威权政府领导人,经常强烈抱怨美国"干涉"其内政。而且,在同一时期,拉丁美洲其他国家的民主化进程也对巴西的民主转型起到促进作用。拉丁美洲民主转型的示范效应和滚雪球效应对巴西的民主转型产生了积极影响。地区合作与地区联系的加强促进了民主在拉丁美洲的

---

① Fernando H. Cardozo, "Entrepreneurs and the Transition Process: The Brazilian Case", in Guillermo O'Donnell, Philippe C. Schmitter and Laurence Whitehead eds., *Transitions from Authoritarian Rule: Comparative Perspectives*, Baltimore: The Johns Hopkins University Press, 1986, pp. 137 - 153.

② Theotonio Dos Santos, "Economic Crisis and Democratic Transition in Brazil", *Contemporary Marxism*, No. 1, Strategies for the Class Struggle in Latin America, 1980, p. 36.

③ [美] 塞缪尔·P. 亨廷顿:《第三波:20 世纪后期的民主化浪潮》,欧阳景根译,中国人民大学出版社 2012 年版,第 71 页。

④ Theotonio Dos Santos, "Economic Crisis and Democratic Transition in Brazil", *Contemporary Marxism*, No. 1, Strategies for the Class Struggle in Latin America, 1980, pp. 31 - 32; Scott Mainwaring, "The Transition to Democracy in Brazil", *Journal of Interamerican Studies and World Affairs*, Vol. 28, No. 1, 1986, pp. 150 - 151;[美] 布拉德福德·伯恩斯:《巴西史》,王龙晓译,商务印书馆 2013 年版,第 402—403 页;[美] 斯迪芬·海哥德、罗伯特·R. 考夫曼:《民主化转型的政治经济分析》,张大军译,社会科学文献出版社 2008 年版,第 31—54 页;董经胜:《巴西现代化道路研究——1964—1985 年军人政权时期的发展》,世界图书出版公司北京公司 2009 年版,第 114—116 页。

扩散和传播。① 同时，20世纪70年代的石油危机也使国际资本家和巴西国内资本家都希望改变军政府对经济政策的控制。②

总体而言，现有研究较少强调国际因素对巴西民主转型的影响。既有文献主要提及两个国际因素，一个是政治压力，一个是经济危机冲击。但是，政治压力并不能解释为什么在同样的压力之下，一些国家实现了民主转型，而另一些国家却没有向民主转型。短期经济危机的冲击可能在解释转型发生的时间节点上有说服力，但无法解释向民主转型的深层根源和长期影响因素。很少有研究将巴西的民主转型置于经济全球化的背景之下考虑，即使有这方面的考虑，也只是旨在说明巴西的国家结构与政策遗产影响了巴西国内对变化着的国际环境的反应。③

当前学术界对巴西民主转型的研究主要集中于巴西国内因素，重点考察威权政权的分裂和军政府的自由化措施，以及巴西市民社会的动员。但现有研究对巴西民主转型深层原因的探究相对较少，未充分解释军方态度为何在那时发生转变、市民社会为何能动员起来等问题。而不同政治势力之间的力量对比变化，对于民主转型的研究而言十分重要。

现有文献也没有对19世纪末导致巴西威权主义强化的原因予以充分的重视和研究，大部分文献都强调了巴西的殖民遗产和大地产制对巴西威权主义的影响。而奴隶贸易和殖民经济被视为影响巴西威权政体的国际经济因素，④ 其他国际因素较少被提及。

更为关键的一点是，虽然既有研究意识到国际经济因素对巴西国内政治的影响，然而学术界并未对两次全球化对巴西政体所产

---

① ［美］塞缪尔·P. 亨廷顿：《第三波：20世纪后期的民主化浪潮》，欧阳景根译，中国人民大学出版社2012年版，第77—94页；Alfred Stepan ed., *Democratizing Brazil: Problems of Transition and Consolidation*, New York: Oxford University Press, pp. 17 – 18；［美］詹姆斯·F. 霍利菲尔德、加尔文·吉尔森主编：《通往民主之路：民主转型的政治经济学》，何志平、马卫红译，社会科学文献出版社2012年版，第142—157页；杨建民：《拉美国家的一体化与民主化——从巴拉圭政局突变和委内瑞拉加入南共市谈起》，《拉丁美洲研究》2012年第6期。
② 董经胜：《巴西现代化道路研究——1964—1985年军人政权时期的发展》，世界图书出版公司北京公司2009年版，第167—168页。
③ Marcus Faro de Castro and Maria IzabelValladão de Carvalho, "Globalization and Recent Political Transitions in Brazil", *International Political Science Review / Revue Internationale de Science Politique*, Vol. 24, No. 4, 2003, pp. 465 – 490.
④ ［美］布拉德福德·伯恩斯：《巴西史》，王龙晓译，商务印书馆2013年版。

生的不同影响予以充分关注和探究。为什么两次经济全球化会带来两种完全不同的国内政治结果没有得到明确的回答。但是，比较历史的视角反映出国际经济对国内政治的影响并不是简单明了的，也不是始终不变的。国际经济作用于国内政治的具体机制，依然值得进一步探究。

因此，本章试图对19世纪末和20世纪70年代末的巴西进行比较，解释国际贸易如何引起巴西国内政治力量对比的变化，进而引起政体变迁的不同结果。本章将从巴西参与国际贸易的要素禀赋的变化入手，详细阐释19世纪末巴西的威权主义何以巩固以及20世纪70年代巴西的民主转型何以发生。

第二节 巴西在19世纪末和20世纪70年代的要素禀赋

一 19世纪末巴西的要素禀赋

19世纪中叶，巴西的经济纳入世界市场。1870年之后，美洲的肥沃土地被铁路和汽船载向世界。[①] 19世纪末巴西的主要贸易伙伴国是英国、美国和法国。直到19世纪70年代的10年里，英国在巴西商品出口的目的地国家中，仍占第一位。在1870—1873年之间，巴西向英国的出口占出口值的将近40%，其次才是占29%的美国，美国是巴西咖啡的主要进口国。在19世纪70年代，巴西绝大多数的商品都是从英国进口的，从英国的进口值占到巴西进口总值的53%，远超居于第二位的法国（占进口总值的12%）。[②] 英国在巴西对外贸易中一直保持着支配地位。在对巴西的要素禀赋进行考察和衡量时，我们会与其主要的贸易伙伴国——英国、美国、法国进行比较考察。

巴西幅员辽阔，拥有大面积的农田和广袤的雨林，土地资源十分

---

① Ronald Rogowski, *Commerce and Coalitions: How Trade Affects Domestic Political Alignments*, Princeton: Princeton University Press, 1989, p. 24.
② ［巴］博勒斯·福斯托：《巴西简明史》，刘焕卿译，社会科学文献出版社2006年版，第134页。

丰富。西班牙和葡萄牙通过《托德西利亚条约》(1494) 瓜分了美洲。葡萄牙得到格林尼治子午线以西 48 度以内的区域，但巴西边界所包含的陆地面积近于当初的 3 倍——这种边境的划分是通过和平谈判在 1750 年的《马德里协定》中确认的。事实上，这种领土扩张大部分是由边境居民造成的。巴西最后一次获得的领土是亚克里（从玻利维亚购入），此后巴西的国土面积基本固定，变动不大。① 历史上巴西进行的规模最大的对外战争是对巴拉圭的战争（1865—1870 年），巴西从巴拉圭割取了一部分领土。② 到 1889 年，巴西的国土总面积约为 851.46 万平方公里③，与美国的面积相当。

相比于土地，巴西的劳动力处于相对缺乏的状态。巴西的劳动力主要是由奴隶和外国移民构成的。殖民地时期巴西经济的发展是建立在印第安人和黑人奴隶劳动的基础上的，种植园、手工作坊以及殖民者的家里都使用奴隶。④ 1850 年前，奴隶是巴西劳动力的主力军。在巴西独立前夕，据估计巴西人口中约有一半是黑人。⑤ 禁止奴隶贸易之后，国外移民形成了一部分自由劳动力。在 19 世纪前半期，贩运奴隶的扩张大部分是为满足咖啡种植的需要。但英国一直对巴西施压，

---

① 巴西领土在 19 世纪末没有大的变动，领土面积基本固定，但是除了与乌拉圭（1851 年）和巴拉圭（1872 年）的边境线已经被确定外，大部分边境线没有划清。当巴西废除帝制之后，开始着手解决悬而未决的漫长边境线问题。从 1895 年开始的 15 年内，历史学家里奥·布兰科确定了四个世纪来巴西争论不休的边界问题。对巴西而言，最直接的影响是增加了大约 34.2 万平方英里土地，实现了巴西从大西洋到安第斯山脉山脚的扩张。参见［美］布拉德福德·伯恩斯《巴西史》，王龙晓译，商务印书馆 2013 年版，第 231—234 页。
② ［英］安格斯·麦迪森：《世界经济千年史》，伍晓鹰等译，北京大学出版社 2003 年版，第 64—65 页；周世秀主编：《巴西历史与现代化研究》，河北人民出版社 2001 年版，第 203 页；［美］戴维·S. 兰德斯：《国富国穷》，门洪华等译，新华出版社 2010 年版，第 357—360 页；［巴西］博勒斯·福斯托：《巴西简明史》，刘焕卿译，社会科学文献出版社 2006 年版，第 117 页。巴拉圭战争的最大结果，除了巴西获得了大片领土之外，还有军队作为一支独立力量的崛起。军队在战争中得以壮大，战后作为一个具有自己独特面貌和目的的机构，成为巴西国内政治中的一股重要力量。
③ 其中耕地 8.09 平方公里，森林 54.23 平方公里，荒地 789.14 平方公里。资料来源：Michael G. Mulhall, *The Dictionary of Statistics*, Bristol: Thoemmes Press and Tokyo: Kyokuto Shoten Ltd., 2000, p. 51。原始数据中土地面积单位为英亩。
④ 苏振兴、陈作彬、张宝宇、朱忠、吕银春：《巴西经济》，人民出版社 1983 年版，第 5 页。
⑤ ［美］斯蒂芬·罗博克：《巴西经济发展研究》，唐振彬等译，上海译文出版社 1980 年版，第 19 页。

敦促巴西停止贩运奴隶。1848年9月,一个保守派内阁在巴西上台执政。司法部向议会提交了一项法案,要求采取更有效的措施反对奴隶贩运,从而加强了1831年法案。巴西承认贩运奴隶是海盗行为,特别法庭将对触犯律条者进行审判。法案于1850年9月成为法律。这一次,该法真正地起作用了。奴隶进口从1849年的54000人下降到1850年的不足23000人和1851年的3300人左右。从那时起,奴隶贩运实际上已经消失了。① 1850年奴隶贸易的终止加剧了巴西本已严重的劳工短缺问题。②

1850年,巴西的总人口仅为723.4万人。③ 19世纪中期左右,巴西经济的劳动力基本上由奴隶组成,人数不到200万。各项经济生产都未料到劳动力会如此紧缺。④ 1850年之后的奴隶补充是通过省际奴隶贩运实现的。由于奴隶贸易终止,奴隶价格上涨,即使巴伊亚、伯南布哥这样一些老的生产地区也输出了大量奴隶。自1874年开始,这种趋势就一直在加剧。东北部地区的奴隶减少情况比中南部地区更加明显。1874—1884年之间,巴西全境奴隶人口减少了19%,在中南部为9%,而东北部则为31%。南方也呈现出急剧减少的情况,南里约格朗德居首位,在那里奴隶人口在此期间减少了几乎39%。⑤ 巴西奴隶人口的死亡率远远高于出生率,奴隶人口损耗很大,奴隶数量逐渐减少。1872年时,巴西奴隶有151.1万人;到1883年,则下降为131.9万人。⑥ 在非洲这个唯一的移民重要来源不复存在之后,巴西劳动力问题变得更加严重,开始迫切需要解决。⑦ 奴隶制的废除更是让

---

① [巴西]博勒斯·福斯托:《巴西简明史》,刘焕卿译,社会科学文献出版社2006年版,第100—103页。
② [美]布拉德福德·伯恩斯:《巴西史》,王龙晓译,商务印书馆2013年版,第177—179页。
③ [英]安格斯·麦迪森:《世界经济千年统计》,伍晓鹰、施发启译,北京大学出版社2003年版,第119页。
④ [巴西]塞尔索·富尔塔多:《巴西经济的形成》,徐亦行、张维琪译,社会科学文献出版社2002年版,第92—93页。
⑤ [巴西]博勒斯·福斯托:《巴西简明史》,刘焕卿译,社会科学文献出版社2006年版,第108—109页。
⑥ Michael G. Mulhall, *The Dictionary of Statistics*, Bristol: Thoemmes Press and Tokyo: Kyokuto Shoten Ltd., 2000, p.456.
⑦ [巴西]塞尔索·富尔塔多:《巴西经济的形成》,徐亦行、张维琪译,社会科学文献出版社2002年版,第93—97页。

劳动力紧缺状况雪上加霜。废除奴隶制的命令，是在经济上没有准备的情况下颁布的，其后果通过农业劳动力的不足以及自由农业工人工资的提高逐步表现出来。而这种工资的提高，只不过增加了生产的成本，并没有使实际购买力有所提高。①

在没有找到其他劳动力来源的情况下，巴西人又断绝了他们最重要的劳动力来源，恰在这时咖啡种植园越来越多，咖啡生产对工人的需求持续加剧。种植园主和代理们讨论着进口中国苦力和鼓励欧洲移民的计划。不过在当时，这些计划一直是理论上的。政府从未寻找过苦力，欧洲的移民流只能一点一点地进入地域广大、人口稀少的帝国里（见表3—1）。②

表3—1　　　　　　　1872年巴西人口的种族构成

	人数	占总人口的百分比（%）
欧洲人	244000	2.5
巴西白人	3543000	35.7
穆拉托人（混血）	3802000	38.2
黑人	1954000	19.6
印第安人	388000	4.0
总计	9931000	100

注：由于统计方法可能存在的差异以及统计误差的可能性，该项统计与安格斯·麦迪森的统计有出入，据麦迪森统计，1872年巴西总人口为10167000人，略高于Mulhall的统计。参见[英]安格斯·麦迪森《世界经济千年统计》，伍晓鹰、施发启译，北京大学出版社2009年版，第119页。

资料来源：Michael G. Mulhall, *The Dictionary of Statistics*, Bristol: Thoemmes Press and Tokyo: Kyokuto Shoten Ltd., 2000, p.456.

种植园的劳动力成为制约咖啡经济的关键问题。为了缓解劳动力减少给咖啡生产带来的压力，大庄园主决定吸引欧洲劳动力到咖啡庄

---

① [巴西]若泽·马里亚·贝洛：《巴西近代史》，辽宁大学外语系翻译组译，辽宁人民出版社1975年版，第215页。
② [美]布拉德福德·伯恩斯：《巴西史》，王龙晓译，商务印书馆2013年版，第179页。

园来工作，鼓励欧洲劳工移民。① 巴西国内的国外移民数量在19世纪70年代初只有比较有限的规模。奴隶制成为阻碍欧洲移民的主要不利条件，其他一些不利条件也影响到移民进入巴西。② 1872年，巴西国内的外国居民有244000人，其中包括121000葡萄牙人，46000德国人，此外还有意大利人、法国人等。③ 圣保罗政府重新招募移民的努力自1871年开始，政府决定为移民发放旅途补助。但是直到19世纪80年代初，作为移民进入圣保罗的人数仍然很少。1875—1879年，登记进入圣保罗的仅有10455人，这个数字远远低于咖啡生产的需要。④

1870年后，更多移民涌入巴西（见表3—2）。1875—1884年10年间，迁居巴西的欧洲移民为22.8万人；1885—1888年4年间，迁居巴西的欧洲移民有所增多，共计26.6万人。⑤ 但绝大多数外国移民并未在巴西安家落户，他们不能适应新环境，要么返回欧洲，要么继续前往西属美洲国家再次去碰运气，阿根廷成为不少移民的新选择。1872年巴西总人口为972.36万人，外国人达到38.85万人，约为总人口的3.9%；1890年巴西总人口1398.24万人，但外国人下降到35.15万人，仅占总人口的2.5%。⑥ 移民并未有效缓解巴西劳动力短缺的严重状况，更难以在短期内明显扭转巴西的土地—劳动力比，巴西的劳动力依然处于缺乏状态。

---

① 巴西帝国政府为了鼓励欧洲移民，出台了一系列有利移民的政策。可参见［巴西］塞尔索·富尔塔多《巴西经济的形成》，徐亦行、张维琪译，社会科学文献出版社2002年版，第99—102页。
② ［美］布拉德福德·伯恩斯：《巴西史》，王龙晓译，商务印书馆2013年版，第181页；［巴西］博勒斯·福斯托：《巴西简明史》，刘焕卿译，社会科学文献出版社2006年版，第135—136页。
③ Michael G. Mulhall, *The Dictionary of Statistics*, Bristol: Thoemmes Press and Tokyo: Kyokuto Shoten Ltd., 2000, p. 456.
④ ［巴西］博勒斯·福斯托：《巴西简明史》，刘焕卿译，社会科学文献出版社2006年版，第110—111页。
⑤ Michael G. Mulhall, *The Dictionary of Statistics*, Bristol: Thoemmes Press and Tokyo: Kyokuto Shoten Ltd., 2000, p. 253.
⑥ ［美］布拉德福德·伯恩斯：《巴西史》，王龙晓译，商务印书馆2013年版，第183—184页。

表 3—2　　　　巴西每年的移民数量，1850—1888 年

（在 1850 年前每年移民的数量很少超过 1000）

年份	人数	年份	人数	年份	人数
1850	2072	1863	7642	1876	30747
1851	4425	1864	9578	1877	29468
1852	2731	1865	6452	1878	24456
1853	10935	1866	7699	1879	22788
1854	9189	1867	10902	1880	30355
1855	11798	1868	11315	1881	11548
1856	14008	1869	11527	1882	29589
1857	14244	1870	5158	1883	34015
1858	18529	1871	12431	1884	24890
1859	20114	1872	19219	1885	35440
1860	15774	1873	14742	1886	33486
1861	13003	1874	20332	1887	55965
1862	14295	1875	14590	1888	133253

资料来源：［美］布拉德福德·伯恩斯：《巴西史》，王龙晓译，商务印书馆 2013 年版，第 183 页。

当与其主要贸易伙伴——英国、美国、法国以及一些具有代表性的国家进行比较时，巴西劳动力的缺乏状况就更加凸显出来。

19 世纪中期，巴西的人口密度远低于其贸易伙伴（见表 3—3）。与巴西贸易关系最为紧密的英国[①]，人口密度约为巴西的 134 倍。而其第二、第三大贸易伙伴美国、法国的人口密度分别约为巴西的 4 倍与 79 倍。在这一时期，整个拉丁美洲的人口密度明显低于其他国家与地区，拉丁美洲是当时世界上典型的地广人稀的地区。而巴西的人口密度即使在拉丁美洲，也居于相对较低的位置。

---

① 注：英国的人口密度采用的是英格兰的统计值。

表3—3 巴西与部分国家的人口密度（每平方公里土地的人口数量），1846年

地区	国家	人口密度
欧洲	比利时	142.0
	英格兰/威尔士	107.0
	苏格兰	33.0
	爱尔兰	97.0
	荷兰	88.0
	法国	63.0
	普鲁士	48.0
	俄国	3.5
亚洲	中国	45.0
	日本	68.0
	泰国	7.0
中东	奥斯曼帝国	6.0
	波斯	1.4
非洲	利比里亚	2.7
北美洲	美国	3.2
	墨西哥	2.2
加勒比及中美洲	海地	18.0
	萨尔瓦多	12.0
	哥斯达黎加	1.6
南美洲	智利	2.7
	秘鲁	1.5
	厄瓜多尔	2.5
	哥伦比亚	1.9
	巴西	0.8
	乌拉圭	0.8
	阿根廷	0.3

资料来源：Ronald Rogowski, *Commerce and Coalitions: How Trade Affects Domestic Political Alignments*, p.26.

到19世纪末，巴西的人口密度依然很低。如表3—4所示，英国每平方公里生产用地的人口数量约为巴西的10.7倍，美国、法国每平方公里生产用地的人口数量约为巴西的1.9倍和4.04倍。

表3—4　巴西与部分国家每平方公里生产用地的人口数量（1896年）

国家	人口数量
比利时	287
英格兰	277
苏格兰	86
爱尔兰	74
法国	105
荷兰	232
德国	148
意大利	145
美国	49
俄国	44
印度	247
巴西	26

注：未获得关于巴西1889年或1889年之前几年的数据。但是每平方公里生产用地的人口数量在短期内不会发生根本性变化，因此本章采用1896年的数据对巴西这一时期的土地—劳动力比进行说明。

资料来源：Ronald Rogowski, *Commerce and Coalitions: How Trade Affects Domestic Political Alignments*, p.27，其中缺少巴西的相关数据。表格中巴西1896年每平方公里生产用地的人口数量是根据当时巴西的人口和巴西的生产用地面积计算（即人口数量/生产用地面积）得出。关于巴西的人口数量，参见［英］安格斯·麦迪森《世界经济千年统计》，伍晓鹰、施发启译，北京大学出版社2009年版，第119页；关于巴西的生产用地面积，参见 Michael G. Mulhall, *The Dictionary of Statistics*, Bristol: Thoemmes Press and Tokyo: Kyokuto Shoten Ltd., 2000, p.51。

在这一时期，巴西的资本要素处于稀缺状态。罗戈夫斯基在《商业与联盟》一书中指出，英国显然在19世纪前50年是世界全部经济体中固定资本投资最充裕的国家，而除比利时、瑞士等少数国家之外，大部分国家与地区都是资本稀缺的。亚洲、非洲和拉丁美洲更属于此列。① 巴西自然也属于资本稀缺的国家。表3—5通过比较19世纪末巴西与其主要贸易伙伴的人均GDP，来考察巴西的资本要素状况。

---

① Ronald Rogowski, *Commerce and Coalitions: How Trade Affects Domestic Political Alignments*, Princeton: Princeton University Press, 1989, pp.27-29.

表3—5　巴西与其主要贸易伙伴的人均GDP（1850年、1870—1889年）
（1990年国际元）

	巴西	英国	美国	法国	德国	意大利	乌拉圭
1850	686	2330	1806	1597	1428	1350	—
1870	713	3190	2445	1876	1839	1499	2181
1871	717	3332	2489	1899	1817	1506	2178
1872	721	3319	2524	2078	1931	1475	2632
1873	724	3365	2562	1922	1999	1524	2601
1874	728	3386	2601	2157	2124	1513	2315
1875	732	3434	2643	2219	2112	1550	1942
1876	736	3430	2686	2028	2071	1506	2105
1877	740	3425	2732	2127	2033	1493	2123
1878	744	3403	2780	2091	2103	1506	2247
1879	748	3353	2829	1953	2029	1514	1949
1880	752	3477	2880	2120	1991	1581	2082
1881	756	3568	2921	2194	2025	1467	1932
1882	760	3643	2963	2288	2044	1584	2080
1883	764	3643	3008	2288	2143	1568	2397
1884	768	3622	3056	2253	2178	1566	2324
1885	773	3574	3106	2207	2216	1584	2569
1886	777	3600	3158	2237	2211	1643	2608
1887	781	3713	3213	2249	2275	1678	2267
1888	785	3849	3270	2269	2341	1662	2718
1889	789	4024	3330	2322	2379	1579	2415

资料来源：［英］安格斯·麦迪森：《世界经济千年统计》，伍晓鹰、施发启译，北京大学出版社2009年版，第53—56、87、137页。

与三个主要贸易伙伴国相比，巴西资本明显处于稀缺的状态。1850年，巴西的第一大贸易伙伴国——英国的人均GDP是巴西人均GDP的3.40倍；美国的人均GDP是巴西的2.63倍；法国是巴西的2.33倍。1870年，英国、美国、法国的人均GDP分别为巴西的4.47倍、3.34倍和2.63倍。1889年，英国、美国、法国的人均GDP分别为巴西的5.10倍、4.22倍和2.94倍。1820—1870年，巴西的人均实际 GDP 年均复合增长率为 0.2%，1870—1913 年，这一增长率也仅为 0.3%。而在这两个时期，英国的实际人均 GDP 年均复合增长率分别为 1.2% 和 1.0%；美国为 1.3% 和 1.8%；法国为 0.8% 和 1.5%。① 与其主要贸易伙伴国相比，巴西资本的稀缺程度在这些年内并没有得到任何改善，反而呈现出逐渐加剧的态势。在 19 世纪，巴西的人均实际 GDP 增长率极低，巴西的资本要素始终处于稀缺的状态，到 19 世纪末这一状态依然没有改变。不仅和西方较发达国家相比如此，即使与同为拉美国家的乌拉圭②相比，巴西的资本要素也明显稀缺。

在 19 世纪末，巴西的土地资源丰富，而劳动力和资本要素稀缺。劳动力的短缺成为巴西经济发展中的严重问题。

二 20 世纪 70 年代巴西的要素禀赋

20 世纪 70 年代，巴西的主要贸易伙伴国为美国和西欧。战后美国在巴西对外贸易中所占的比重下降，1945 年巴西与美国的贸易占巴西出口商品总值的 50% 和进口商品总值的 54.3%，到 1979 年则分别降为 19.3% 和 17.9%。③ 不过，美国仍是巴西的第一大贸易对象国，巴西还要从美国进口大量机器设备以满足经济发展需要。以出口总额而言，欧洲共同体已成为巴西的主要市场。巴西的出口总额中销往欧洲共同体的份额，从 1967—1968 年的 33% 增长到 1972—1973 年的 36%。在同一时期，销往美国的相应份额则从 33% 降到 21%。销往美国的绝对值增加了 75%，而销往欧洲共同体的绝对值则增加了 222%。④ 战后，巴西和西欧的贸易迅速恢复和发展。到 1977 年，欧洲经济共同体已成为巴西最大的出口市场和第三位（仅次于中东地区和美国）的进口市场。

---

① Angus Maddison, *Monitoring the World Economy 1820–1992*, Paris: OECD Development Centre, 1995, pp. 62–63.
② 根据安格斯·麦迪森的统计，拉美国家中，只有乌拉圭具有 1870—1889 年人均 GDP 的完整数据，大部分拉美国家只有个别年份的数据。但是通过比较个别年份的数据，依然可以发现，与阿根廷、墨西哥、智利、秘鲁等国相比，巴西的人均 GDP 较低。参见［英］安格斯·麦迪森《世界经济千年统计》，伍晓鹰、施发启译，北京大学出版社 2003 年版，第 137 页。
③ 苏振兴、陈作彬、张宝宇、朱忠、吕银春：《巴西经济》，人民出版社 1983 年版，第 159 页。
④ ［美］斯蒂芬·罗博克：《巴西经济发展研究》，唐振彬等译，上海译文出版社 1980 年版，第 162 页。

巴西向欧洲经济共同体的出口主要是咖啡、大豆、铁矿石，进口商品以机器设备、运输器材和化工产品为主。[①] 在考察这一时期巴西的要素禀赋时，我们也将参考其贸易伙伴的要素禀赋状况。

20世纪以来，巴西的人口增长十分迅速，劳动力要素逐渐变得充裕起来。如表3—6所示，到1960年巴西人口约为7170万人，和1870年时相比增长了632%。到1979年时，巴西人口约为1亿2000万人，和1889年时相比增长了761%。到20世纪70年代末，巴西劳动力匮乏的状态已经彻底改变。

表3—6　　巴西在19世纪末和20世纪70年代两个时期的人口

（千人，年中值）

年份	人口	年份	人口
1870	9797	1960	71695
1871	9980	1961	73833
1872	10167	1962	76039
1873	10358	1963	78317
1874	10552	1964	80667
1875	10749	1965	83093
1876	10951	1966	85557
1877	11156	1967	88050
1878	11365	1968	90569
1879	11578	1969	93114
1880	11794	1970	95684
1881	12015	1971	98245
1882	12240	1972	100840
1883	12470	1973	103469
1884	12703	1974	106131
1885	12941	1975	108824
1886	13183	1976	111545
1887	13430	1977	114314
1888	13682	1978	117147
1889	13938	1979	120040

注：表格中为年中值，与世界银行的年终统计数据有出入。

资料来源：[英] 安格斯·麦迪森：《世界经济千年统计》，伍晓鹰、施发启译，北京大学出版社2009年版，第119、121页。

[①] 苏振兴、陈作彬、张宝宇、朱忠、吕银春：《巴西经济》，人民出版社1983年版，第160—162页。

人口增多带来的直接结果是人口密度的增大（见表3—7）。19世纪中期时，巴西每平方公里土地的人口数量仅为0.8[①]；到20世纪60年代初，巴西的人口密度已经是19世纪中期的11倍多；到1979年，人口密度增大到19世纪中期的18倍左右。与其最大的贸易伙伴国美国相比，巴西的人口密度也有显著变化。1846年，美国的人口密度是巴西的4倍；到1979年时，则仅为巴西的1.7倍。

表3—7　　1961—1979年巴西及其主要贸易伙伴国的人口密度
（每平方公里土地上的人口数量）

	1961	1965	1970	1971	1972	1973	1974	1975	1976	1977	1978	1979
世界	23.7	25.6	28.4	29.0	29.6	30.2	30.7	31.3	31.9	32.4	33.0	33.6
巴西	9.0	10.1	11.5	11.8	12.1	12.4	12.6	13.0	13.3	13.6	13.9	14.2
美国	20.1	21.2	22.4	22.7	22.9	23.1	23.3	23.6	23.8	24.0	24.3	24.6
法国	86.4	91.2	94.8	95.6	96.4	97.2	98.0	98.7	99.2	99.7	100.0	100.4
德国	210.2	217.6	223.9	224.3	225.4	226.1	226.2	225.3	224.4	223.9	223.7	223.8
意大利	171.8	177.2	183.0	183.0	185.0	186.2	187.4	188.5	189.4	190.3	191.0	191.5
荷兰	344.7	364.2	386.2	391.0	394.8	398.1	401.2	404.8	408.0	410.4	413.0	415.8
丹麦	108.8	112.3	116.3	117.1	117.8	118.5	119.1	119.4	119.7	120.1	120.5	120.7
爱尔兰	41.0	41.8	43.0	43.4	44.1	44.8	45.5	46.3	47.0	47.6	48.3	49.0
英国	218.2	224.6	230.1	231.0	231.8	232.3	232.4	232.4	232.3	232.3	232.3	232.5
阿根廷	7.7	8.1	8.8	8.9	9.1	9.2	9.4	9.5	9.7	9.8	10.0	10.1
智利	10.6	11.6	12.9	13.1	13.4	13.6	13.8	14.0	14.2	14.4	14.6	14.8
委内瑞拉	8.9	10.3	12.2	12.6	13.0	13.5	13.9	14.4	15.0	15.5	16.0	16.6
哥伦比亚	14.9	16.7	19.2	19.7	20.2	20.7	21.1	21.6	22.1	22.7	23.2	23.7
乌拉圭	14.7	15.4	16.1	16.1	16.1	16.1	16.1	16.2	16.2	16.3	16.4	16.5
墨西哥	20.5	23.3	27.3	28.1	29.0	29.9	30.8	31.7	32.7	33.6	34.5	35.3
伊拉克	17.1	19.2	22.7	23.4	24.2	25.0	25.9	26.7	27.6	28.5	29.4	30.3

资料来源：根据世界银行数据库整理制作。

而当考察每平方公里农业用地上的人口数量时，巴西的数据已经

[①] Ronald Rogowski, *Commerce and Coalitions: How Trade Affects Domestic Political Alignments*, Princeton: Princeton University Press, 1989, p.26.

超过了其主要贸易伙伴美国,巴西每平方公里的农业用地上的人口数量在20世纪六七十年代持续高于美国(见表3—8)。

表3—8　巴西及其主要贸易国每平方公里农业用地上的人口数量,1961—1979年

	1961	1964	1967	1970	1973	1976	1979
世界	79.5	83.5	88.0	92.7	97.4	102.6	107.8
巴西	49.8	49.4	49.6	49.2	50.1	51.3	53.4
美国	41.0	43.7	45.6	47.2	49.1	50.7	52.6
法国	136.9	144.7	151.1	159.7	164.0	169.7	172.7
德国	378.7	387.1	396.4	410.9	417.7	417.6	420.2
意大利	244.3	252.5	259.6	266.7	313.2	317.9	319.8
荷兰	503.0	534.7	562.7	594.6	639.7	664.4	690.2
丹麦	145.9	153.9	160.0	165.7	168.2	172.9	175.2
爱尔兰	50.1	50.6	51.3	52.2	54.3	56.6	59.0
英国	266.7	274.1	281.0	295.3	300.6	302.7	304.8
阿根廷	15.2	16.5	17.7	18.5	19.6	20.6	21.6
智利	58.6	60.8	62.5	63.4	63.8	61.5	65.3
委内瑞拉	40.9	45.2	49.4	53.8	58.9	64.5	70.0
哥伦比亚	41.3	42.9	45.7	49.6	50.8	54.4	58.1
乌拉圭	16.9	17.6	18.2	18.7	18.7	18.8	19.2
墨西哥	40.6	44.8	49.3	54.3	59.7	65.1	70.1
伊拉克	84.9	91.6	99.6	110.3	119.4	130.0	140.5

资料来源:根据世界银行数据库整理制作。

同时,巴西的人均可耕地面积明显低于美国,美国的人均可耕地面积为巴西的2—3.4倍(见表3—9)。1961—1965年,巴西的人均可耕地面积一度低于世界平均水平。巴西的人均可耕地面积也低于部分西欧国家(法国、爱尔兰等),这一地区也是巴西的主要贸易对象。即使和同在拉美自由贸易区内的国家相比,巴西的人均耕地面积也处于较低的水平。

表3—9　　1961—1979年巴西及其主要贸易伙伴国的人均可耕地面积（单位：公顷）

	1961	1965	1970	1971	1972	1973	1974	1975	1976	1977	1978	1979
世界	0.365	0.346	0.321	0.313	0.306	0.302	0.296	0.290	0.286	0.280	0.276	0.272
巴西	0.295	0.332	0.364	0.376	0.377	0.378	0.388	0.388	0.388	0.388	0.379	0.376
美国	0.983	0.911	0.920	0.906	0.894	0.883	0.872	0.863	0.855	0.847	0.848	0.839
法国	0.415	0.376	0.336	0.326	0.323	0.321	0.322	0.321	0.315	0.316	0.317	0.316
德国	0.167	0.160	0.153	0.153	0.153	0.152	0.152	0.153	0.154	0.154	0.155	0.154
意大利	0.255	0.240	0.223	0.176	0.173	0.170	0.169	0.168	0.168	0.167	0.168	0.168
荷兰	0.085	0.075	0.063	0.058	0.057	0.057	0.056	0.056	0.056	0.056	0.056	0.056
丹麦	0.609	0.566	0.540	0.533	0.531	0.528	0.523	0.524	0.524	0.518	0.518	0.516
爱尔兰	0.563	0.519	0.466	0.456	0.439	0.416	0.399	0.387	0.373	0.360	0.348	0.336
英国	0.136	0.135	0.128	0.128	0.127	0.126	0.126	0.122	0.123	0.123	0.123	0.121
阿根廷	0.887	0.918	1.084	1.067	1.049	1.031	1.014	0.997	0.982	0.967	0.953	0.939
智利	0.464	0.430	0.407	0.405	0.403	0.406	0.404	0.398	0.397	0.382	0.367	0.353
委内瑞拉	0.368	0.320	0.273	0.265	0.253	0.244	0.236	0.228	0.221	0.217	0.209	0.202
哥伦比亚	0.214	0.192	0.167	0.163	0.160	0.157	0.154	0.151	0.149	0.146	0.143	0.140
乌拉圭	0.517	0.501	0.491	0.490	0.489	0.489	0.490	0.491	0.494	0.491	0.488	0.484
墨西哥	0.488	0.421	0.334	0.324	0.314	0.305	0.295	0.287	0.279	0.272	0.265	0.256
伊拉克	0.615	0.573	0.489	0.473	0.472	0.457	0.451	0.436	0.423	0.409	0.404	0.396

资料来源：根据世界银行数据库整理制作。

在20世纪70年代，巴西广袤的土地丧失了原有的优势，不再是巴西的充裕要素。和19世纪末的情况相比，土地—劳动力比发生了根本性变化。这一时期巴西劳动力的增多，主要是两方面因素造成的。

首先，巴西人口从1950年到1970年间保持了相当高的增长率，一方面，巴西的人口出生率很高。1940—1970年间，巴西人口出生率一直在6%左右（见图3—1），高出生率为20世纪70年代的巴西提供了大量年轻的人口和劳动力。[1] 另一方面，平均预期寿命（见图3—2）上升，且婴儿死亡率下降。受惠于医疗条件的改善，巴西人口的健康水平有所提高。1950年，巴西东南部人口的平均预期寿命是53岁，东北部地区的人口平均预期寿命为38岁；而到1980年，巴西东南部

---

[1] ［美］布拉德福德·伯恩斯：《巴西史》，王龙晓译，商务印书馆2013年版，第412页。

人口的平均预期寿命将近67岁，东北部为51岁。婴儿死亡率①也在下降，巴西作为一个整体，婴儿死亡率指数从1950年的130，下降到1980年的86。②

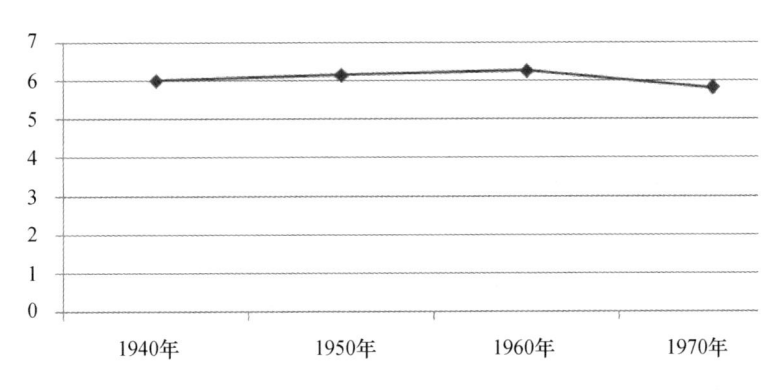

图3—1　1940—1970年巴西人口总出生率（%）

资料来源：巴西地理统计学会：《数字巴西》卷7，转引自［巴西］博勒斯·福斯托《巴西简明史》，刘焕卿译，社会科学文献出版社2006年版，第297页。

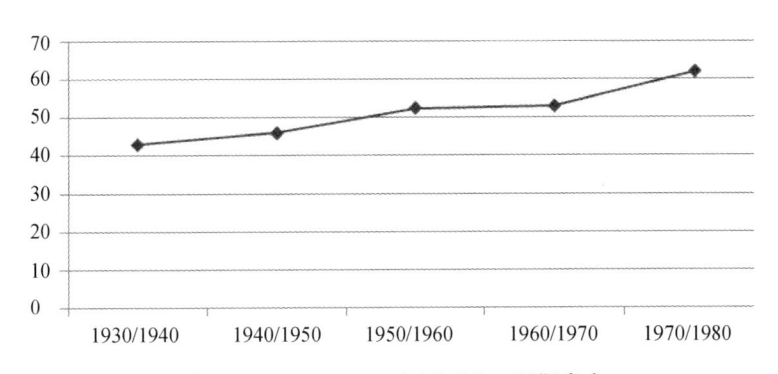

图3—2　1930—1980年巴西人口预期寿命

资料来源：巴西地理统计学会：《数字巴西》卷7，转引自［巴西］博勒斯·福斯托《巴西简明史》，刘焕卿译，社会科学文献出版社2006年版，第307页。

其次，国外移民的涌入为巴西增加了新的劳动力来源。19世纪末

---

① 注：婴儿死亡率指数是由每1000个1岁之内死亡的婴儿的数量来衡量的，即千分比。
② ［巴西］博勒斯·福斯托：《巴西简明史》，刘焕卿译，社会科学文献出版社2006年版，第307页。

劳动力稀缺的现实以及咖啡庄园对劳动力的迫切需求使巴西政府采取了一系列措施吸引国外移民,① 此后大量移民流向巴西。巴西成为全球重要的劳动力接收国家之一，几百万欧洲人和亚洲人来美洲寻找工作和社会地位的提高机会。在1887—1930年间，380万外国人迁入巴西。1887—1914年之间的移民数量最多，接近270万，占移民总人数的近72%。在第一次世界大战期间，欧洲移民流暂时中断。第一次世界大战结束后，又有一个一直持续到1930年的新的移民洪流。1930年后，欧洲移民减少，但日本移民作为巴西新的移民源出现（见表3—10）。②

表3—10　　　　　　1929—1937年迁往巴西的移民构成

	1929	1931	1933	1934	1935	1936	1937
日本人	16618	5326	24494	21930	9611	3306	3055
葡萄牙人	38879	8152	10696	8732	8327	4626	2198
德国人	4351	2621	2180	3629	2423	1226	1297
意大利人	5288	2914	1920	2507	2127	426	909
波兰人	9095	1315	1825	2308	1428	1743	1956
西班牙人	4565	1784	1693	1428	1206	355	561
巴西人	—	—	2731	4344	—	—	—
其他49个国家	—	—	3273	5420	—	—	—

资料来源：Donald Hastings, "Japanese Emigration and Assimilation in Brazil", *International Migration Review*, Vol. 3, No. 2, 1969, p. 42; J. F. Normano, "Japanese Emigration to Brazil", *Pacific Affairs*, Vol. 7, No. 1, 1934, p. 45.

作为来到巴西的最新的移民源之一，日本人最初是1908年远渡重洋而来到咖啡种植园工作,③ 后期他们则从事更为多样化的工作。在

---

① ［巴西］塞尔索·富尔塔多：《巴西经济的形成》，徐亦行、张维琪译，社会科学文献出版社2002年版，第99—102页。
② 直到1925年，圣保罗政府多年来一直给予日本移民一定的补助。从1925年起，日本政府转而赞助移民旅费。参见［巴西］博勒斯·福斯托《巴西简明史》，刘焕卿译，社会科学文献出版社2006年版，第155页。1957年，巴西政府为了吸引劳动力，重新加深与日本的经贸联系，拓宽移民渠道。参见Donald Hastings, "Japanese Emigration and Assimilation in Brazil", *International Migration Review*, Vol. 3, No. 2, 1969, p. 37。
③ Donald Hastings, "Japanese Emigration and Assimilation in Brazil", *International Migration Review*, Vol. 3, No. 2, 1969, p. 35.

1930年及其后几年，日本人开始大量进入巴西。巴西成为日本向拉美移民的一个主要接收国。[①] 1952—1960年，前往巴西的日本移民有82.3%成为巴西的永久性居民。1960年，4%的巴西人口为日本人。[②] 到20世纪90年代，大约有100万巴西人是日本人的后裔。[③]

这两方面的因素使巴西人口迅速增长，大城市的人口增长尤其明显，其中典型代表是圣保罗。1895年后该市人口以每5年高于25%的比例增长，意大利、葡萄牙、西班牙、德国、英国和法国移民大量涌入这座城市。[④] 20世纪七八十年代，圣保罗的人口在2000万左右。在圣保罗的意大利人比在威尼斯的都要多；黎巴嫩人的数量比在贝鲁特的还要多；日本社区的日本人数量是日本之外最多的。[⑤]

巴西人口的高增长率以及移民的涌入，使巴西的劳动力资源变得充裕起来。20世纪70年代，巴西成为一个人口大国，劳动力资源丰富，相对于19世纪末土地—劳动力比大大降低。

和19世纪末相比，巴西的资本要素稀缺程度有所改善。20世纪70年代，巴西实现了一定程度的工业化，资本要素有较为迅速的增长。1953—1963年十年间，巴西的工业化水平提高了76.92%；1963—1980年，巴西的工业化水平又提高了139.13%。[⑥] 巴西的人均GDP与美国、西欧国家相比，依然有很大差距。1889年，美国的人均GDP是巴西的4.2倍；1961年，为4.7倍；1979年，略降低为3.8倍。但是就其自身变动而言，巴西的人均GDP还是取得了相当快的增长。

[①] [巴西] 博勒斯·福斯托：《巴西简明史》，刘焕卿译，社会科学文献出版社2006年版，第154—155页；James L. Tigner, "Japanese Immigration into Latin America: A Survey", *Journal of Interamerican Studies and World Affairs*, Vol. 23, No. 4, 1981, p. 459. 巴西对日本既无政治上的怀疑，也无种族上的歧视。巴西与日本之间主要是单纯上的经济关系。日本于20世纪30年代重建与巴西的移民关系。参见 J. F. Normano, "Japanese Emigration to Latin America", *Genus*, Vol. 3, No. 1/2, 1938, pp. 47—90。

[②] Donald Hastings, "Japanese Emigration and Assimilation in Brazil", 1969, pp. 37—38.

[③] [美] 布拉德福德·伯恩斯：《巴西史》，王龙晓译，商务印书馆2013年版，第412页。

[④] 同上书，第227页。

[⑤] 同上书，第412页。

[⑥] Ronald Rogowski, *Commerce and Coalitions: How Trade Affects Domestic Political Alignments*, Princeton: Princeton University Press, 1989, p. 95. 工业化水平的上升幅度是根据该页表格计算得出的。

与1889年相比[①]，1961年巴西的人均GDP增长了2.1倍，到1979年则增长了5.2倍（见表3—11）。1961—1979年间，巴西的人均GDP翻了一番。巴西的人均资本形成总额也有显著增长（见附表1）。在这一时期，巴西的人均资本形成总额约增长了9倍。

表3—11　　　　巴西及其主要贸易伙伴国的人均GDP
（1990年国际元）

	1961	1964	1967	1970	1973	1976	1979
世界	2839	3137	3401	3748	4104	4227	4510
巴西	2437	2472	2554	3057	3882	4472	4893
美国	11402	12773	14330	15030	16689	16975	18789
法国	7880	9010	10128	11668	13123	13785	14970
德国	7932	8821	9397	10849	11966	12681	13989
意大利	6372	7476	8416	9689	10643	11410	12731
荷兰	8203	9439	10341	11967	13082	13882	14643
丹麦	9307	10560	11436	12685	13945	14465	15313
爱尔兰	4507	4986	5352	6200	6867	7302	8367
英国	8857	9568	10049	10767	12022	12113	13164
西欧*	7909	8884	9646	10956	12159	12742	13897
阿根廷	5862	5926	6399	7302	7973	7988	8262
智利	4418	4693	5105	5293	5093	4398	5407
委内瑞拉	9002	9562	9922	10672	10625	10929	10920
哥伦比亚	2540	2675	2784	3094	3499	3716	4184
乌拉圭	5036	4858	4721	5184	4974	5608	6234
墨西哥	3172	3594	3922	4320	4845	5228	5941
拉丁美洲**	3460	3632	3841	4309	4873	5237	5693
伊拉克	2961	3115	3164	3473	3753	5023	6756

* 西欧项下为奥地利、比利时、丹麦、芬兰、法国、德国、意大利、荷兰、挪威、瑞典、瑞士、英国12国合计的平均值。

** 拉丁美洲项下为巴西、阿根廷、智利、哥伦比亚、墨西哥、秘鲁、乌拉圭、委内瑞拉8国合计的平均值。

资料来源：[英]安格斯·麦迪森：《世界经济千年史》，伍晓鹰、许宪春、叶燕斐、施发启译，北京大学出版社2003年版，第274—275、277、286、328页。

---

① 1889年巴西的人均GDP为789国际元（1990年国际元），参见[英]安格斯·麦迪森《世界经济千年统计》，伍晓鹰、施发启译，北京大学出版社2003年版，第137页。

总体而言，这一时期巴西的资本要素依然稀缺，人均资本形成总额远低于其主要贸易伙伴国，甚至低于世界平均水平。但是就巴西自身而言，资本要素的稀缺程度得到明显缓解，资本要素增长速度较快；和19世纪末的巴西相比，资本的充裕程度有所提高。

第三节 巴西在19世纪末和20世纪 70年代对国际贸易的参与

一 19世纪末巴西参与国际贸易的情况

19世纪40年代，工业革命开启了第一个经济全球化时代。铁路运输的发展、船只的升级以及运河的开通，都降低了运输成本；通信和银行业的发展，减少了信息和交易成本；工业化导致原料需求急剧上升，促使形成更广泛的贸易秩序；同时，英国的海上霸权及其在金融领域对国际商业安全的保障、汇率的稳定，以及在一定程度上国际条约可信度所发挥的作用，都对国际贸易的增长起到了推动作用。1840—1914年，国际贸易迅速扩张。①

在考虑价格波动的情况下，国际贸易在1800—1840年四十年间增长了135%—150%，而在1840—1870年这三十年间增长了三倍多，从1870年到19世纪末，又增长了一倍多，从1901年到1913年则又增长了约50%。② 从全世界来看，1870—1913年，几乎所有国家的贸易增长速度都快于它们的收入增长。③ 随着19世纪70年代开始的第二次工业革命和资本主义从自由竞争发展到垄断，资本主义世界经济体系最终形成。第二次工业革命使交通运输和通信工具有了空前飞跃性的发展，环绕世界的铁路网和海洋航线以及海底电缆，把各个国家的国内市场真正汇合成为世界市场。

19世纪咖啡生产的繁荣使巴西得以再度参与世界贸易扩张浪潮，

---

① Ronald Rogowski, *Commerce and Coalitions: How Trade Affects Domestic Political Alignments*, Princeton: Princeton University Press, 1989, pp. 21 – 23.
② Ibid., p. 21.
③ [英] 安格斯·麦迪森：《世界经济千年史》，伍晓鹰等译，北京大学出版社2003年版，第93页。

对外贸易也成为巴西整个经济体系的动力部门。① 帝国末年,巴西的对外贸易总额为5000万英镑,比1822年增长近5倍;铁路通车里程约为9000公里②(1852年第一条铁路开始运营),绝大部分铁路线集中于东南部,从而将咖啡豆更快、更有效地运到港口;内河航运通航里程5万公里;架设电报电话线1.1万公里,并通过海底电缆与欧洲建立了通信联系。③

19世纪中后期,巴西的出口值高于进口值(见表3—12)。巴西主要的出口产品为咖啡、糖、烟草和棉花等农业作物,其中咖啡在巴西的对外贸易中占有绝对优势。19世纪中期,巴西咖啡出口一半以上输往美国。④ 而稻米、玉蜀黍等粮食产品和纺织品依赖从国外进口。此外,巴西还进口一些工业品、原料、燃料和设备等。进口支出仅占巴西国家开支的一小部分。⑤ 1870—1912年,巴西的商品出口量年平均复合增长率为1.9%,现价商品出口值在1870年、1913年分别为7600万美元和3.17亿美元,其出口占GDP的比重在1870年、1913年时分别为11.5%和9.5%。⑥

表3—12　　　　　巴西的对外贸易额(1836—1888年)

(年均值,万英镑)

年份	进口	出口	进出口总额
1836—1841	520	470	990
1852—1861	1200	1080	2280

---

① [巴西]塞尔索·富尔塔多:《巴西经济的形成》,徐亦行、张维琪译,社会科学文献出版社2002年版,第92、112页。
② 1860—1889年巴西的铁路发展可参见 Michael G. Mulhall, *The Dictionary of Statistics*, Bristol: Thoemmes Press and Tokyo: Kyokuto Shoten Ltd., 2000, p. 510。
③ 苏振兴、陈作彬、张宝宇、朱忠、吕银春:《巴西经济》,人民出版社1983年版,第9页。
④ 同上书,第7页。
⑤ [巴西]塞尔索·富尔塔多:《巴西经济的形成》,徐亦行、张维琪译,社会科学文献出版社2002年版,第124页;苏振兴、陈作彬、张宝宇、朱忠、吕银春:《巴西经济》,人民出版社1983年版,第13页。
⑥ [英]安格斯·麦迪森:《世界经济千年史》,伍晓鹰等译,北京大学出版社2003年版,第145、357页。在麦迪森的另一本著作中,1870年巴西的出口占GDP的比重为11.8%。参见 Angus Maddison, *Monitoring the World Economy 1820 - 1992*, Paris: OECD Development Centre, 1995, p. 38。

续表

年份	进口	出口	进出口总额
1862—1874	1550	1830	3380
1882—1888	1720	1800	3520

资料来源：Michael G. Mulhall, *The Dictionary of Statistics*, Bristol：Thoemmes Press and Tokyo：Kyokuto Shoten Ltd., 2000, p.510. 由于纸币实际价值的波动常常成为干扰因素，因此，作者在进行统计时参照了黄金价格。

表3—13　　19世纪巴西的出口产品（占出口总额的百分比）

年份	咖啡	糖	可可粉	巴拉圭茶	烟草	棉花	橡胶	皮革与兽皮	总计
1821—1830	18.4	30.1	0.5	—	2.5	20.6	0.1	13.6	85.8
1831—1840	43.8	24.0	0.6	0.5	1.9	10.8	0.3	7.9	89.8
1841—1850	41.4	26.7	1.0	0.9	1.8	7.5	0.4	8.5	88.2
1851—1860	48.8	21.2	1.0	1.6	2.6	6.2	2.3	7.2	90.9
1861—1870	45.5	12.3	0.9	1.2	3.0	18.3	3.1	6.0	90.3
1871—1880	56.6	11.8	1.2	1.5	3.4	9.5	5.5	5.6	95.1
1881—1890	61.5	9.9	1.6	1.2	2.7	4.2	8.0	3.2	92.3
1891—1900	64.5	6.0	1.5	1.3	2.2	2.7	15.0	2.4	95.6

资料来源：［美］布拉德福德·伯恩斯：《巴西史》，王龙晓译，商务印书馆2013年版，第132页。

对外贸易的发展主要取决于经济的发展，一个国家经济所具有的特点也必然会在对外贸易中反映出来。[①] 巴西的出口产品，绝大多数为农产品。19世纪末，巴西经济主要是依靠农业。中南地区生产咖啡，东北地区生产甘蔗，北部地区生产天然橡胶，这些都是巴西当时最重要的经济活动。在对外贸易中，咖啡、蔗糖和橡胶的出口额约占巴西外汇总收入的80%（见表3—13）。一直到帝国结束前的最后两年，农产品依然是巴西出口产品的主要构成部分，特别是咖啡占到出口值的一半以上（见表3—14、表3—15）。

---

① 苏振兴、陈作彬、张宝宇、朱忠、吕银春：《巴西经济》，人民出版社1983年版，第151页。

表3—14　　　1888年巴西主要农产品出口值及出口对象

主要出口产品	出口值（万英镑）	主要出口对象国	出口对象的进口值（万英镑）
咖啡	1510	美国	1100
糖	130	英国	520
棉花	120	法国	280
杂货	360	其他各国	220
总计	2120	总计	2120

资料来源：Michael G. Mulhall, *The Dictionary of Statistics*, Bristol：Thoemmes Press and Tokyo：Kyokuto Shoten Ltd., 2000, p.149.

表3—15　　　1889年巴西主要农作物产出及出口

	种植面积（平方公里）	产量（吨）	产值（万英镑）	出口值（万英镑）
咖啡	6475	340000	2000	1400
糖	1214	330000	500	260
棉花	283	24000	120	60
烟草	243	30000	150	100
巴拉圭茶	40469	40000	110	60
橡胶	…	6000	120	120
总计	48684	…	3000	2200

资料来源：Michael G. Mulhall, *The Dictionary of Statistics*, Bristol：Thoemmes Press and Tokyo：Kyokuto Shoten Ltd., 2000, p.51. 表格数据根据资料换算及整理得出。

自从殖民时代开始，巴西经济就体现出很强的农产品生产周期性特点。[1] 巴西农业在1870年以后逐渐向单一种植制发展。在农作物中，

---

[1] 自1500年以来，一直到20世纪为止，巴西经济史的特点是以一系列不同的农产品生产周期作为标志的。巴西先后经历了巴西木周期、蔗糖周期、淘金周期、棉花周期、咖啡周期、橡胶周期等农产品生产周期。殖民者希望从土地中榨取更多的财富，私人大地产制也激发了暴富心态，进而助长了破坏性开发，扭曲了经济发展。关于巴西的农产品生产周期，参见［美］罗伟林《赤道之南：巴西的新兴与光芒》，郭存海译，中信出版社2011年版，第119页；［美］斯蒂芬·罗博克：《巴西经济发展研究》，唐振彬等译，上海译文出版社1980年版，第26—29页；［巴西］塞尔索·富尔塔多：《巴西经济的形成》，徐亦行、张维琪译，社会科学文献出版社2002年版；苏振兴、陈作彬、张宝宇、朱忠、吕银春：《巴西经济》，人民出版社1983年版，第1—11页；周志伟：《巴西崛起与世界格局》，社会科学文献出版社2012年版，第211—212页。

咖啡占据首要地位。帝国时期迎来了咖啡繁荣（见表3—16）。

表3—16　1821—1900年巴西咖啡年平均产量和出口量（百万袋）

年份	产量	出口量
1821—1830	0.3	0.3
1831—1840	1.0	1.0
1861—1870	2.9	2.9
1871—1880	3.6	3.2
1881—1890	5.3	5.1
1891—1900	7.2	—

资料来源：苏振兴、陈作彬、张宝宇、朱忠、吕银春：《巴西经济》，人民出版社1983年版，第7页。

咖啡于1727年传入巴西，巴西的咖啡生产始于19世纪初，当时正值海地的咖啡产量因奴隶暴乱的影响而下降。巴西的东南部种植咖啡，而甘蔗和棉花是其东北部的主要作物。[①] 美国独立后，不再从英国、荷兰控制的西印度群岛、爪哇、苏门答腊等地进口咖啡，转而购买巴西咖啡。1821—1844年，美国对巴西咖啡的人均消费量从28.35克增加到2.27公斤。[②] 美国成为巴西咖啡的最大进口国与消费国。19世纪20年代，巴西咖啡的年平均产量为30万袋。[③] 19世纪60年代已接近300万袋，大约为四十年前产量的10倍。1880年起年产量超过500万袋，占世界总产量的50%以上。[④] 咖啡生产的发展及其对巴西外贸的重要性有数据可证。在1821—1830年的10年中，咖啡出口值相当于巴西出口总值的18%；而在1881—1890年，则相当于61%。[⑤]

---

① ［英］安格斯·麦迪森：《世界经济千年史》，伍晓鹰等译，北京大学出版社2003年版，第62页。
② 苏振兴、陈作彬、张宝宇、朱忠、吕银春：《巴西经济》，人民出版社1983年版，第7页。
③ 注：每袋60公斤，下同。
④ 苏振兴、陈作彬、张宝宇、朱忠、吕银春：《巴西经济》，人民出版社1983年版，第6页；［美］斯蒂芬·罗博克：《巴西经济发展研究》，唐振彬等译，上海译文出版社1980年版，第28页。
⑤ ［巴西］博勒斯·福斯托：《巴西简明史》，刘焕卿译，社会科学文献出版社2006年版，第99页。

事实上，在20世纪20年代以前，巴西经济的扩展几乎完全依赖农业部门。① 工业化作为一项意义重大的活动，正在缓慢地兴起。外国资本流入巴西后，巴西的工业有了初步的发展。1850年以后的10年中，巴西建立了62家工业企业。到废除帝制的1889年，巴西共有工厂636家，工人5.4万人，投入的资本总额约为2500万英镑。其中纺织业占60%，食品业占15%，化学工业占10%，木材工业占4%，服装和化妆品占3%，冶金工业占3%。② 工业部门的产品在出口中并不占重要位置。

与19世纪40年代相比，19世纪90年代巴西的出口量平均值增加了214%，随着出口实物量的增加，出口产品的平均价格也大约上涨了46%。另一方面，巴西进口产品的价格指数大约下跌了8%，因此，对外交易价格关系有了58%的增进，这意味着巴西出口部门产生的实际收入增长了396%。③

二 20世纪70年代巴西参与国际贸易的情况

1945年第二次世界大战结束，和平的重现为新一轮的世界经济发展与全球贸易扩张提供了重要的机会和良好的环境。战后以来，国际贸易的发展异常迅速，规模空前扩大。这一时期，国际贸易的增长速度是此前各个时期难以比拟的。1948—1980年间，国际贸易量以年均6.7%的增长率递增，相当于每11年翻一番。其中，1963—1973年贸易量以年均9.1%的速度增长，即每8年就翻一番。④ 此前各个时期的国际贸易增长率都没有达到这一水平。1950—1973年，全球贸易额以每年5.8%的速度增长，全球产出的增长速度为3.9%；1973—1996年，贸易以年均4.1%的速度增长，产出则以年均

---

① [美]斯蒂芬·罗博克：《巴西经济发展研究》，唐振彬等译，上海译文出版社1980年版，第29页。
② 苏振兴、陈作彬、张宝宇、朱忠、吕银春：《巴西经济》，人民出版社1983年版，第8—9页。
③ [巴西]塞尔索·富尔塔多：《巴西经济的形成》，徐亦行、张维琪译，社会科学文献出版社2002年版，第112—113页。
④ Ronald Rogowski, *Commerce and Coalitions: How Trade Affects Domestic Political Alignments*, Princeton: Princeton University Press, 1989, p.88.

3.3%的速度增长。① 这一时期的贸易增长远远超过历史上的任何时期，并且大大超过了生产的增长，国家间的贸易联系也显著加强。

从20世纪30年代起，巴西就开始实施进口替代发展战略。采取鼓励出口和限制进口的政策，对外贸易有了较大发展。② 战后，巴西经济获得了迅速发展，对外贸易也增长很快，尤以70年代前半期的增长速度最高。为了发展本国的工业以替代进口品，拉美国家的政府发挥了重要作用，采取了一系列措施。从50年代开始到60年代中期，拉美各国有计划地采取保护措施刺激民族工业发展。60年代中期到70年代后期，拉美各国为了克服进口替代所带来的消极作用，纷纷向促进出口的战略转化，将出口多样化政策与进口替代方针相结合。1964年，巴西军政府奉行"高增长战略"，大量引进外资，建立"出口供应走廊"③，大力推进对外贸易的扩张。由于巴西大力发展进口替代工业，本国工业得到快速发展，外贸结构也开始发生变化，工业制成品出口在出口总额中所占比重逐步扩大。1967—1973年，巴西制成品出口占出口总值的比重由10%提高到29.7%。④

20世纪70年代是巴西经济高速增长的时期，也是巴西积极参与国际贸易的时期。1965年到1974年，巴西经济增长率达到年均9.6%，其中1970年至1974年更达到12.2%，被称为"巴西奇迹"。⑤ 1953—1979年，按当年价格计算，出口值增长了9倍，进口值增长了12.5倍。其中，1961—1970年，出口年均增长8%，进口年均增长

---

① 参见宋则行、樊亢主编《世界经济史》，转引自宋新宁、陈岳《国际政治经济学概论》，中国人民大学1999年版；[英]戴维·赫尔德等：《全球大变革：全球化时代的政治、经济与文化》，杨雪冬等译，社会科学文献出版社2001年版，第229页。
② 吕银春、周俊南编著：《巴西（列国志）》，社会科学文献出版社2004年版，第340页。
③ 出口走廊，即以公路和铁路把商品出口基地同港口联结起来的商品运输和储存系统，这是为保证扩大出口而进行的一项基础设施建设，它曾是巴西第一个全国发展计划的重点项目。到20世纪70年代末，巴西共有5条出口走廊。参见苏振兴、陈作彬、张宝宇、朱忠、吕银春：《巴西经济》，人民出版社1983年版，第166页。
④ 高德步：《世界经济通史（下卷）：现代经济的发展》，高等教育出版社2005年版，第290—291页；吕银春、周俊南编著：《巴西（列国志）》，社会科学文献出版社2004年版，第340页。
⑤ 高德步：《世界经济通史（下卷）：现代经济的发展》，高等教育出版社2005年版，第291页；[美]斯蒂芬·罗博克：《巴西经济发展研究》，唐振彬等译，上海译文出版社1980年版，第56—60页；[巴]博勒斯·福斯托：《巴西简明史》，刘焕卿译，社会科学文献出版社2006年版，第267—271页。

5.5%；1971—1975 年，分别为 25.9% 和 37.2%；1975—1979 年分别为 15.1% 和 10.0%。①

不过，战后初期巴西基本保持了出口原料和初级产品、进口货物资本为主的外贸结构。由于巴西政府缺乏奖励出口的政策，直到 1967 年左右为止的 20 年间，出口水平几乎保持不增不减。出口结构也没有显著变化。少数产品在出口中占有统治地位；咖啡仍然是最主要的出口产品。20 世纪 60 年代初期，随着巴西新兴工业在国际市场上的竞争力增强，要求实施扩张性的出口计划的压力开始急剧增加。制成品成为巴西出口增长中最活跃的构成部分，制成品出口在 70 年代显著增长，从 1968 年的约 2 亿美元增长到 1974 年的 23 亿美元，增加了 10 倍之多（见表 3—17）。而在同一时期，大豆和大豆产品的出口额，从 2500 万美元增长到约 13 亿美元。铁矿石、未加工的牛肉、半加工产品（如蓖麻油、木材、可可脂、花生油和棕榈蜡等）出口的增长，对于巴西出口贸易的增长也具有重要的作用。②

表 3—17　　1964—1974 年巴西的对外贸易（单位：百万美元）

	出口					进口				
	总值*	初级产品		半成品	制成品	其他	总值	中间产品和原料		资本货物	消费品和其他
		全部	咖啡					石油	其他		
1964	1430	1221	760	115	89	5	1086	180	480	300	126
1965	1595	1301	707	154	130	11	941	154	338	229	220
1966	1741	1444	764	141	152	4	1303	166	443	405	289
1967	1654	1302	705	147	196	9	1441	154	420	515	352
1968	1881	1492	775	178	203	9	1855	204	573	704	374
1969	2311	1796	813	211	284	20	1993	204	609	823	357
1970	2739	2049	939	249	416	25	2507	236	798	1074	399

---

① 苏振兴、陈作彬、张宝宇、朱忠、吕银春：《巴西经济》，人民出版社 1983 年版，第 153 页。
② [美] 斯蒂芬·罗博克：《巴西经济发展研究》，唐振彬等译，上海译文出版社 1980 年版，第 160—161 页。

续表

	出口						进口				
	总值*	初级产品		半成品	制成品	其他	总值	中间产品和原料		资本货物	消费品和其他
		全部	咖啡					石油	其他		
1971	2904	1988	773	241	581	94	3245	327	1140	1241	537
1972	3991	2725	989	310	912	45	4235	409	1407	1750	669
1973	6199	4097	1244	476	1465	161	6192	711	1923	2599	959
1974	7968	4810	877	631	2332	195	12530	2760	不详	不详	不详

* 为离岸价格。

资料来源：巴西中央银行；巴西银行对外贸易部。转引自［美］斯蒂芬·罗博克《巴西经济发展研究》，唐振彬、金懋昆、沈师光译，上海译文出版社1980年版，第161页。

随着制成品、半制成品和其他产品出口的增加，初级产品（尤其是咖啡）在巴西的出口产品中所占的比重相对下降。20世纪50年代咖啡出口占巴西出口总值的70%左右，而到1979年时，则只占12.4%。20世纪30年代以来，咖啡已失去了它过去一个世纪中在巴西经济中所占的支配地位。就种植面积而言，1939年，咖啡在巴西主要农作物中占第二位，1977年则退居第九位。不过，在大多数年份中，咖啡仍然是巴西出口量最大的产品，占出口总值的10%—20%。[①] 在世界初级市场上，巴西的咖啡出口量在绝大多数时间都居于第一位，可可和大豆的出口量占第二位。[②] 咖啡不再是占据绝对主导地位的作物，巴西的出口逐渐多样化（见表3—18）。

表3—18 战后巴西出口商品构成（%）

	1953	1960	1974	1978	1979
初级产品	99.2	96.9	62.6	47.2	42.7
咖啡	70.7	56.2	12.3	15.4	12.4
可可	4.9	7.4	2.6	3.6	3.2

---

① 苏振兴、陈作彬、张宝宇、朱忠、吕银春：《巴西经济》，人民出版社1983年版，第61页。

② 同上书，第155—156页。

续表

	1953	1960	1974	1978	1979
棉花	6.6	3.9	1.2	0.9	1.0
蔗糖	1.4	4.6	15.9	1.6	1.6
大豆	—	—	7.4	1.3	1.2
铁矿砂	1.5	4.4	7.2	8.1	8.5
工业品	0.7	2.9	35.0	51.4	56.2
半制成品	—	—	8.0	11.2	12.4
制成品	0.7	2.9	27.0	40.2	43.8
其他	0.1	0.2	2.4	1.4	1.1

资料来源：苏振兴、陈作彬、张宝宇、朱忠、吕银春：《巴西经济》，人民出版社1983年版，第157页。

巴西政府通过施行优惠条件，包括减免税收、对出口进行补贴等措施，鼓励工业产品出口，促使出口向多样化发展。旨在减少巴西对单一产品的依赖所做的多种经营的努力取得了成果。[1] 巴西加工产品和制成品的出口种类不断扩大，巴西出口的制成品中，除了经过加工的农产品外，将近一半运往了拉美自由贸易区（LAFTA）。然而，在拉美自由贸易区的国家中，巴西的出口也没有超过这些国家对进口制成品需求的1%。巴西出口制成品的另一半的大部分，销往了美国和欧洲共同体。[2]

巴西进口的趋势和结果直接反映了它的工业化动向（见表3—19）。从1948年到1961年，随着国内生产的发展，制成品，特别是耐用消费品的进口减少了。同时，原料，特别是燃料和润滑油的进口却增加了，以满足巴西工业化的发展势头。[3] 20世纪60—70年代，巴西的工业品进口继续增加，其中机器设备的进口占主要地位。不过70年代的后半期在国际支付日益困难的情况下，机器设备的进口明显减少。70年代巴西的燃料进口大大增加，这主要是国际市场上石

---

[1] ［巴西］博勒斯·福斯托：《巴西简明史》，刘焕卿译，社会科学文献出版社2006年版，第270页。

[2] ［美］斯蒂芬·罗博克：《巴西经济发展研究》，唐振彬等译，上海译文出版社1980年版，第161—162页。

[3] 同上书，第163页。

油提价的结果。①

表3—19　　　　　　　战后巴西进口商品构成（%）

	1953	1960	1974	1978*	1979*
粮油食品	24.3	18.3	7.8	4.9**	5.4**
燃料	19.2	15.1	23.4	32.9	36.8
化学品	6.5	12.7	6.9	7.6	7.9
机器设备	30.4	23.7	24.7	21.2	18.6
运输设备	***	***	***	4.9	2.5
钢铁及制品	8.7	15.0	12.2	3.5	2.7
有色金属品	****	****	4.7	3.2	—

* 均为1—11月数字。

** 仅指谷物进口。

*** 包括在机器设备项内。

**** 包括在钢铁及制品项内。

资料来源：苏振兴、陈作彬、张宝宇、朱忠、吕银春：《巴西经济》，人民出版社1983年版，第158页。

20世纪50年代和60年代，巴西和中东的贸易往来不多。从1974年起，巴西从中东地区的进口骤增，这主要是由石油涨价所致。1979年巴西从伊拉克的进口达25.5亿美元，在巴西的进口国中伊拉克仅次于美国而居于第二位。巴西从中东地区的进口几乎全部都是石油，向该地区的出口主要是农产品、运输器材、仪表和糖。② 巴西的出口市场还扩大到苏联、日本、其他亚洲国家和非洲，不仅出口数量有了巨大的增长，销售市场也更加多样化了。

第四节　国际贸易与19世纪末巴西的威权巩固

19世纪末，巴西凭借咖啡出口再次获得了经济繁荣。然而经济的

---

① 苏振兴、陈作彬、张宝宇、朱忠、吕银春：《巴西经济》，人民出版社1983年版，第157页。

② 同上书，第163—164页。

繁荣反映在收入分配上，则是不平等的程度进一步加大。国际贸易使得地主、种植园主阶层从中获益，收入增长迅速，力量得以增强。而劳工的收入则没有实质意义上的改善。奴隶的工作环境依然恶劣，收入水平仍旧很低，力量弱小。

咖啡种植园主通过咖啡出口获得了极为丰厚的经济利润，享受着巨额财富和奢靡的生活。咖啡种植园主也是巴西国内最富有的人，经济作物咖啡成为大量财富的源泉，支持了种植园主的奢华生活。

> 若阿金·若昂·德索萨·布雷维斯（Joaquim Jose de Sousa Breves）一个人1860年在他广阔富饶的庄园内能收获帝国总农作物的1.5%并以一种和他的经济权力相称的方式生活。安东尼奥·克莱门特·平托（Antonio Clemente Pinto），即德诺瓦·弗里堡男爵（Barao de Nova Friburgo），我们可以直接从咖啡的出口追溯他们的财富，在首都有一处可以与皇宫相媲美的住宅。事实上，在共和国宣告成立后，他的宫殿成为总统的住宅。到种植咖啡的地带的游客都会赞美地评论广阔的种植园和坚固的、通常豪华的住宅。
>
> 米拉斯吉拉斯领主席尔瓦·平托（Silva Pinto）给人印象深刻的咖啡种植园覆盖着64平方英里的面积。在里面种着棉花、甘蔗、谷物、树薯和各种水果，在它广阔的牧场里面，成群的家畜吃着青草，没有任何一样物品到达市场上，它们被用于家人和奴隶们的吃饭和穿衣，这些人的数量一度达到700。经济作物是咖啡，大量财富的源泉，它们使席尔瓦·平托家族过豪华的生活。
>
> 咖啡种植园主的家里有藤条做的靠背座椅，家具均是用昂贵的巴西红木做成的，代表着至少四个世纪里巴西上流社会的豪奢。[1]

在19世纪的后50年，巴西与咖啡出口相关的上层社会变得更加富有，但是那些财富大部分集中于一个地区——东南部，掌握在极少

---

[1] 参见［美］布拉德福德·伯恩斯《巴西史》，王龙晓译，商务印书馆2013年版，第129—131页。

数人——咖啡种植园主手中。大多数人为少数人创造财富。奴隶们不仅生活困苦、忍受着饥饿的折磨，还时时遭受非人的待遇。

> 在甘蔗收获的季节，东北部的奴隶们每天工作15到18个小时，一周工作7天，甚至要在工作中吃饭，咖啡的收获需要同样辛苦的努力。难怪奴隶的平均寿命只有15岁（一些权威人士估算只有7岁）！残酷的刑罚构成了奴隶制度历史上另一个悲惨的篇章，铁链、铁项圈、锡面罩、木足枷、笞刑和打烙印仅仅是很少一部分非常出名且被广为使用的刑罚。
> 奴隶们有时谋杀他们的监工、主人及家人。为报复剥削他们的野蛮制度，奴隶们经常放火烧主人的房屋、牲口棚、货栈、糖厂、森林和甘蔗园。很多人逃避这一制度，他们逃进广阔、人口稀少的内陆。此外还有另一部分人，他们再也无法忍受奴隶制的重负，选择自杀。①

奴隶的生活条件非常差，这直接体现为他们的死亡率很高。②在奴隶制被废除之后，奴隶们的生活状况依然没有得到任何有效的改善。对他们而言，生活依然艰辛，正如巴西奴隶在民谣中悲叹的那样：

> 这个世界上一切都在改变，
> 只有黑人的生活依旧；
> 他工作到死于饥饿，
> 5月13日法案欺骗了他！③

19世纪后期农村自由劳动力与奴隶相比，也几乎没有什么物质优势。到19世纪70年代，使用受薪工人的制度取代了佃农制度。然而

---

① ［美］布拉德福德·伯恩斯：《巴西史》，王龙晓译，商务印书馆2013年版，第187页。
② ［巴西］塞尔索·富尔塔多：《巴西经济的形成》，徐亦行、张维琪译，社会科学文献出版社2002年版，第93—95页。
③ ［美］布拉德福德·伯恩斯：《巴西史》，王龙晓译，商务印书馆2013年版，第189页。

这些工人领取的薪水也仅仅比维持他们自己和家庭的基本生存的物质条件略高一点。① 1870年后，无专业技术的农村劳动力的日工资下降，而生活费却继续增长。东北部农村劳工生活水平的下降反映在19世纪晚期每1000名居民中死亡人数的增加上。里约热内卢的城市劳工在生活质量上也遭遇了相似的限制。在19世纪后五十年，总的趋势是工人薪金的实际购买力降低。② 收入越来越集中于少数地主精英阶层，团体间的不平等加剧了。几乎所有的可耕土地都属于大地产主，农业劳动者对大庄园主的半封建依附关系同劳动人民的无权地位和被残酷剥削的境遇紧密相连。③

总之，巴西在19世纪后半个世纪的经济发展，只是让与出口相联系的社会精英受益。整个19世纪，土地几乎是巴西唯一的生产资源。大地产制使土地高度集中，这直接导致了收入的集中。④ 当巴西扩展出口以及与出口相联系的狭窄经济部门时，收入的不平等增加了，它使民众陷入了贫困，并且增强了对土地精英的依赖性。⑤ 国际贸易进一步巩固了种植园主的财富优势和力量优势，使其得以把控选举、镇压农民反抗。

一　劳动者难以形成组织

国际贸易使收入日益集中在巴西大种植园主手中，而劳动人民则生活困窘，弱小分散，无力团结起来。巴西在19世纪末缺乏大规模的工人阶级，也不存在所谓的"公民社会"。人口中的绝大部分是贫穷的阶层，工人阶级力量弱小，他们没有能力改善自身的境况。城市工人阶级的运动也是有限的，只有个别的取得了成功。因为经济层面下的工业和社会政治层面下的工人阶级的意义都是相对的，巴西当时的经济发展水平和经济结构状况，都无法催生具有影响

---

① ［美］布拉德福德·伯恩斯：《巴西史》，王龙晓译，商务印书馆2013年版，第182—183页。
② 同上书，第143页。
③ 苏联科学院历史研究所编著：《巴西史纲》，辽宁大学外语系翻译组译，辽宁人民出版社1975年版，第328页。
④ 周世秀主编：《巴西历史与现代化研究》，河北人民出版社2001年版，第320页。
⑤ ［美］布拉德福德·伯恩斯：《巴西史》，王龙晓译，商务印书馆2013年版，第143页。

力的劳工组织的产生。只有触及农业出口系统关键部分的大罢工，才可能产生强烈的反响。寡头们的政治游戏可以不必通过取悦新兴的工人阶级来进行。

毋庸置疑，城市的发展及其多样经营活动是工人阶级运动形成的最起码的前提。巴西城市集中了数量可观的劳动者。但是工人被族群的对立所分裂，他们很少倾向于组织起来，因为简单的工会化已经把他们放在了厂家的"黑名单"中。此外，他们中有许多人，还是尚未放弃"开发美洲"和回欧洲去的希望的移民。① 工人阶级的生活条件和工作条件通常是难以忍受的，完全没有任何立法来保护工人免遭失业、老龄或者生产事故的伤害。② 劳工缺乏组织，偶尔组织起来也只是倾向于追求满足诸如增加工资、限制劳动时间、改善卫生条件或者是要求承认工会等眼前利益。即使出现了劳动者的组织和劳工运动，由于它们的散乱无序，政治精英也没有对其予以注意和担心。即使工人阶级取得了向企业主施压的权利，这种权利也没有法律保障，而且施压运动一过，权利也随之消失。劳动者也并不希望进行社会革命，而是期望改善自己的生活条件和取得最起码的权利。大部分的罢工都是将注意力仅仅集中在罢工上面，而非进行更广泛的群众发动工作。③ 由于罢工运动难以达到成功的目的，而且受到镇压，罢工热潮也逐渐冷却了下来。工人中间民族和宗教不同，且存在大量文盲，再加上不同工人组织的指导思想存在差异，都阻碍了工会运动和劳工党的成长。④ 19世纪末的巴西，鲜见有组织的工会组织和工人运动。

在广大的农村地区，更难发现组织良好的民间自愿组织。1850年，巴西帝国政府颁布了一部土地法，规定不得以购买之外的任何手段获得土地，这实际上打击了占耕小农。⑤ 在奴隶制废除后，巴西农

---

① [巴西]博勒斯·福斯托：《巴西简明史》，刘焕卿译，社会科学文献出版社2006年版，第167页。
② [美]本杰明·吉恩、凯斯·海恩斯：《拉丁美洲史（1900年以前）》，孙洪波等译，东方出版中心2013年版，第402页。
③ [巴西]博勒斯·福斯托：《巴西简明史》，刘焕卿译，社会科学文献出版社2006年版，第169页。
④ [美]本杰明·吉恩、凯斯·海恩斯：《拉丁美洲史（1900年以前）》，孙洪波等译，东方出版中心2013年版，第402页。
⑤ 周世秀主编：《巴西历史与现代化研究》，河北人民出版社2001年版，第179页。

民阶级反对大庄园主的剥削、专横和争取土地的斗争到处都在发展着。农民常常袭击住在庄园里的大庄园主并给地方当局制造麻烦。但这只不过是一些反对个别地主的、局限于某一地区的斗争,很容易被统治阶级镇压下去。① 咖啡工人偶尔有一些罢工,但是从来没有组织起来。②

在巴西,作为国际贸易扩张的主要受益群体,奴隶制时期的大地主就察觉到,"凭借着他们经济上的优势,国家的政治统治权终究会落到他们手里"。③ 奴隶制废除后,大种植园主依旧决定着巴西政府的绝大多数政策,咖啡利益阶级对政治权力的控制成为1894—1930年最重要的政治特征。统治着富有的中南部地区的咖啡利益集团,希望通过中央权力来加强自己的地位。最大的三个咖啡生产州——圣保罗、米纳斯吉拉斯和里约热内卢形成三州联盟,咖啡阶层设法通过协议、凝聚力、政党联盟,以及政治调解、秘密或公开的军方支持来管理巴西。④

二 社会运动规模有限,容易被镇压

即使放弃了奴隶制后,大种植园主仍然垄断着国内生产资料和财富的主要来源——土地。同时,大庄园主还根据从殖民地时代遗留下来的封建土地所有制法权准则,保持着对农村居民的统治权,对得不到保护并依附于大庄园主的农村居民实行经济上的和超经济的奴役。⑤ 随着国际贸易进一步增强了大种植园主在经济上的相对力量,他们也更容易操纵政治权力,在政治上的镇压成本相对下降了。

当1888年废除奴隶制的《黄金法》签署时,大约有75万奴隶获

---

① 苏联科学院历史研究所编著:《巴西史纲》,辽宁大学外语系翻译组译,辽宁人民出版社1975年版,第335页。
② [美]布拉德福德·伯恩斯:《巴西史》,王龙晓译,商务印书馆2013年版,第183页。
③ [巴西]若泽·马里亚·贝洛:《巴西近代史》,辽宁大学外语系翻译组译,辽宁人民出版社1975年版,第19页。
④ [美]布拉德福德·伯恩斯:《巴西史》,王龙晓译,商务印书馆2013年版,第222—224页。
⑤ 苏联科学院历史研究所编著:《巴西史纲》,辽宁大学外语系翻译组译,辽宁人民出版社1975年版,第315—316页。

得自由。在当时 1400 万总人口中，他们不足 1/20。而在社会等级的另一端，大约有 30 万大种植园主和他们的家庭成员。绝大部分人口处于两极之间。而这一部分人中的绝大多数是贫穷的农民和依附于土地的农村无产者。还有些社会群体耕种着小的或中等规模的土地。① 建立在领主和农民社区之间关系基础上的纽带越是坚固的地方，发生农民起义的趋势越是微弱。② 农民与地主之间存在紧密的依附关系，这制约了农民起义发生的频率。收入的高度集中使整个社会形成一种金字塔形的结构，少数人掌握着大部分的财富，而广大的民众收入很低。民众力量弱小，并在政治上时时体现出其软弱性。

在农村，劳动者开展的社会运动主要有三种形式：第一，把宗教内容与社会贫困相结合；第二，把宗教内容和社会诉求相结合；第三，表达没有宗教内容的社会诉求。卡努杜斯起义和孔特斯塔多运动分别反映了第一种形式和第二种形式。它们都被镇压消灭。第三种形式的主要表现为圣保罗咖啡庄园里发生的为提高工资和改善劳动条件而举行的许多罢工。这些罢工中最重要的一次发生在 1913 年。在咖啡收获之际，聚集在雷贝冷普莱托地区的几千名雇农要求修订他们的劳动合同。罢工使该地区所有的大庄园瘫痪。警察和竭力做他们谈判中间人的意大利领事对此进行了干预。最后，雇农们的目标还是没有达到，运动以失败告终。③

到 1894 年，社会下层越来越抱怨大种植园主，特别是咖啡种植园主经济上和政治上对共和国实施的垄断。他们谴责巴西政府给予咖啡种植园主的特权，但是他们缺乏足够的实力抓住促成改革的机会。由于工人阶级力量弱小，且表现出软弱性，他们没有能力把社会上相似的要求联合起来。在巴西，有效的反抗方式几乎并不存在。本来可以作为替代力量的政党依然规模小并缺乏组织性。④ 由于工人阶级没有

---

① ［美］布拉德福德·伯恩斯：《巴西史》，王龙晓译，商务印书馆 2013 年版，第 192 页。
② ［美］巴林顿·摩尔：《专制与民主的社会起源：现代世界形成过程中的地主和农民》，王茁、顾洁译，上海译文出版社 2014 年版，第 485 业。
③ ［巴西］博勒斯·福斯托：《巴西简明史》，刘焕卿译，社会科学文献出版社 2006 年版，第 166—167 页。
④ ［美］布拉德福德·伯恩斯：《巴西史》，王龙晓译，商务印书馆 2013 年版，第 286—287 页。

自己的政治组织,他们无力掌握共和运动的领导权。① 共和运动的领导权最终落入资产阶级共和派手中,而他们不愿依靠革命的群众运动,结果与大庄园主结成了联盟。②

自19世纪开始,巴西共爆发了九次起义或未遂的起义,其中包括1835年在巴伊亚省爆发的重大奴隶起义。③ 但是这些起义最终都以失败告终。通过控制政府,咖啡阶层力图维持东南部的经济繁荣和利润丰厚的国际贸易。1895年,普鲁登特·德莫赖斯镇压了南方起义,一些偶尔爆发的地方性起义也迅速被镇压。④

三 政治选举被种植园主把控

土地所有者在国际贸易中获益,经济优势使大种植园主得以把持政治。在帝国统治时期,佩德罗二世倾向于依靠少数政治家来为国家服务。其中四位最重要的是政治家都是保守党党员,即旧土地阶级的代表。他们是巴拉那侯爵、奥林达侯爵、蒙特阿莱格雷侯爵、伊塔博拉伊子爵。⑤ 皇帝使用他的调解权力并依靠国家意见的一致,使第二帝国时期的保守党和自由党轮流掌权。内阁的批准权取决于议会。而直到1881年,议会代表仍然由选举团间接选举产生。同年的"萨拉依瓦法"改革强制执行直接选举,代表任期为3年,由所有满足收入要求的男性选举产生。⑥ 选举改革保持了最低收入标准的要求,即进行经济登记,并从1882年开始设立了文化程度登记,即限制文盲投票。

---

① 苏联科学院历史研究所编著:《巴西史纲》,辽宁大学外语系翻译组译,辽宁人民出版社1975年版,第301页。
② 同上书,第306页。
③ [美]布拉德福德·伯恩斯:《巴西史》,王龙晓译,商务印书馆2013年版,第187页。
④ [美]布拉德福德·伯恩斯:《巴西史》,王龙晓译,商务印书馆2013年版,第224—225页。巴西历史上酝酿时间最久、战斗时间最长、对执政当局打击最沉重的"卡努杜斯起义"也遭受了严厉镇压,最终失败。参见周世秀主编《巴西历史与现代化研究》,河北人民出版社2001年版,第123—132页;[巴西]博勒斯·福斯托《巴西简明史》,刘焕卿译,社会科学文献出版社2006年版,第143—144页。
⑤ 参见[美]布拉德福德·伯恩斯《巴西史》,王龙晓译,商务印书馆2013年版,第148页。
⑥ [美]布拉德福德·伯恩斯:《巴西史》,王龙晓译,商务印书馆2013年版,第149页。

在一个文盲率高的国家①，当禁止文盲投票选举时，萨拉依瓦法使得选举人群急剧地缩小了。②同时，例外选举条例也迅速伴随着改革制定出来，选举仍然被那些执政党操纵着，以保证它们的候选人的胜利。事实上，满足收入要求的男性也仅在总人口中占非常小的部分。在1881年，全体选民总数只有142000人，而当时的总人口已经约有1500万。③选民人数还不足总人口的1%。在1886年选举中，这一比例也仅为0.8%。④

废除帝制后，巴西政府迅速启动了宪法的制定。1891年2月24日颁布的宪法，规定新政府采用联邦制、共和政体和总统制的形式。与帝国时期相比，中央政府的权力减小。尽管如此，中央政府仍然保有很大权力，它为自己保留了丰富的财源和干预国家事务的权力。总统不仅是首席执行官，也是所有权力的来源，政府的其他部门应服从他的意志。国家立法机关由众议院和参议院组成，众议院由普选产生，众议员任期三年，参议院则由每个州推选的三名代表组成，参议员任期九年。相比于1824年宪法，新宪法剥夺了文盲的公民权。⑤1891年宪法确定了直接投票的普选制度，废除了经济登记制度。除了文盲、乞丐、士兵等一些范畴之外，凡年满21岁的巴西公民都是选民。宪法没有提及妇女，她们被含蓄地认为没有选举权。⑥到实际操作中，满足受教育以及其他限制条件的选民人数不足巴西总人口的5%。从1894年到1906年，参加总统选举的选民占总人口的平均百分比约为2.4%，从1910年到1930年，也仅为2.7%。⑦

---

① 1872年，在奴隶中文盲的比例为99.9%，在自由人中为近80%，妇女文盲占86%。即使对没有除去幼儿的总人口的比例打一个折扣，全国文盲的比例也是很高的。在6—15岁的人口中，只有17%的人上学。参见［巴西］博勒斯·福斯托《巴西简明史》，刘焕卿译，社会科学文献出版社2006年版，第131—132页。
② ［巴西］博勒斯·福斯托：《巴西简明史》，刘焕卿译，社会科学文献出版社2006年版，第128页。
③ ［美］布拉德福德·伯恩斯：《巴西史》，王龙晓译，商务印书馆2013年版，第154页。
④ ［巴西］博勒斯·福斯托：《巴西简明史》，刘焕卿译，社会科学文献出版社2006年版，第128页。
⑤ ［美］布拉德福德·伯恩斯：《巴西史》，王龙晓译，商务印书馆2013年版，第199—200页。
⑥ ［巴西］博勒斯·福斯托：《巴西简明史》，刘焕卿译，社会科学文献出版社2006年版，第139页。
⑦ ［美］布拉德福德·伯恩斯：《巴西史》，王龙晓译，商务印书馆2013年版，第286页。

在共和国表面开明的掩饰下,命令式、家长式的统治还在继续。封建土地寡头阶级仍然在经济上占有优势,对人民大众的剥削也日益加重。① 经济上的绝对优势使地主精英阶层得以掌握政治上的优势。选举对于打破这些政治寡头的统治毫无助益。一般人民把政治看作大人物之间的一种游戏或利益交换。选举结果也不反映现实情况,大多数选民被置于政治长官的压力之下。② 极端不平等的地位为寡头统治创造了更多条件。他们可以利用各种利益来控制势力范围内的投票人。民众在政治选举的进程中没有发挥任何作用。在这一宪法结构下,民众利益屈从于寡头利益。

在1891年宪法下,选举所要求的性别、年龄和文化限制只是使少数受过教育的成年男子拥有选举权。因此,总统是由少数受教育的成年男子直接选举出来的,而经济大州往往人口最多、教育体制更加完备,所以咖啡生产大州主宰着总统选举。1910年,超过50%的选民居住在圣保罗、米纳斯吉拉斯、里约热内卢和南里奥格兰德这四个州内,这些选民投出了超过50%的选票。巴西的代议制事实上证明了1891年宪法只是在有限的地理范围内代表着巴西社会上层。③

咖啡在国家经济中的绝对支配地位使经济实力集中到最适合咖啡生产的地区。④ 咖啡生产地迅速崛起,咖啡种植园主通过咖啡生产收获了巨大财富,并积极攫取政治权力。咖啡的生产主要集中在巴西东南部,圣保罗、米纳斯吉拉斯和里约热内卢是三个主要的咖啡生产州,经济上的强大使它们成为咖啡三巨头,它们掌握着国家政治权力,其中尤以咖啡产量最大的圣保罗权力最大。在整个旧共和时期,这些咖啡州成功地赢得了所有总统竞选。最早的三位文官总统均来自圣保罗,随后的两位总统分别来自米纳斯吉拉斯和里约热内卢,此后到1930年之前其他总统均来自圣保罗或米纳斯吉拉斯。如表3—20所示,旧共和时期10位文官总统中,有5位来自米纳斯吉拉斯,4为来自圣保罗,1位来自里约热内卢。

---

① 周世秀主编:《巴西历史与现代化研究》,河北人民出版社2001年版,第25页。
② [巴西]博勒斯·福斯托:《巴西简明史》,刘焕卿译,社会科学文献出版社2006年版,第147—148页。
③ [美]布拉德福德·伯恩斯:《巴西史》,王龙晓译,商务印书馆2013年版,第224页。
④ 同上书,第219—220页。

表3—20　　　　　　巴西共和国时期的文官总统及所属州

总统	任期	所属州
普鲁登特·若泽·德莫赖斯	1894年11月—1898年11月	圣保罗
曼努埃尔·费拉斯·坎波斯·萨莱斯	1898年11月—1902年11月	圣保罗
弗兰西斯科·德保拉·罗德里格斯·阿尔维斯	1902年11月—1906年11月	圣保罗
阿丰索·奥古斯托·莫雷拉·佩纳	1906年11月—1909年6月	米纳斯吉拉斯
尼洛·佩萨尼亚	1909年6月—1910年11月	里约热内卢
文塞斯劳·布拉斯·佩雷拉·戈梅斯	1914年11月—1918年11月	米纳斯吉拉斯
德尔芬·莫雷拉	1918年11月—1919年6月	米纳斯吉拉斯
埃皮塔西奥·佩索阿	1919年6月—1922年11月	米纳斯吉拉斯
阿图尔·达席尔瓦·贝尔纳德斯	1922年11月—1926年11月	米纳斯吉拉斯
华盛顿·路易斯·佩雷拉·德索萨	1926年11月—1930年10月	圣保罗

注：军人总统未包含在内，共和国时期共有3位军人总统，即德奥多罗·达丰塞卡元帅（1889年11月—1891年11月）、弗洛里亚诺·佩肖托元帅（1891年11月—1894年11月）和埃尔梅斯·达丰塞卡元帅（1910年11月—1914年11月）。

资料来源：[巴西]若泽·马里亚·贝洛：《巴西近代史》，辽宁大学外语系翻译组译，辽宁人民出版社1975年版；[美]布拉德福德·伯恩斯：《巴西史》，王龙晓译，商务印书馆2013年版；吕银春、周俊南编著《巴西（列国志）》，社会科学文献出版社2004年版。表格由文献中的内容整理统计制作。

由于来自以咖啡为主导的地区，总统往往实施有利于大种植园主的方案。巴西政府充分体现出咖啡阶层和政治间的互惠性。总统由咖啡阶层选出，并为咖啡阶层服务。总统选举由咖啡阶层掌控，在大州的默认和支持下，由现任总统提名下届总统候选人。选定的候选人主要和州长打交道，并承诺回报给他们好处。在这种政治体制下，州长派遣那些支持总统纲领的国会议员到里约热内卢，作为回报，总统既不干涉也不妨碍那些州的治理。从一个层面上讲，总统和州长们依靠彼此间的友善和合作。在另一层面上讲，州长们和乡绅之间也存在这种互惠关系，地方乡绅们严格控制着前者的选举，反之，州长也尊重地方乡绅的权威。[①] 农场主，也就是帝国时期的奴隶主，实际上垄断

---

① [美]布拉德福德·伯恩斯：《巴西史》，王龙晓译，商务印书馆2013年版，第223—224页。

了国家的主要财富——土地。垄断土地让他们绝对控制了生产资料，也绝对控制了乡村人口。封建和半封建的土地所有制，以及佃农为个人和军队服务的义务，在偏僻地区，尤其是在东北部地区仍然存在。① 政府把农业出口放在首要位置，并且尽力保障咖啡种植园主的利益。

在经济优势的基础上，咖啡种植园主严密把持着对政治选举的控制权。新的统治者迅速颁布了一系列改革措施，规定由识字测试来取代财产证明，以决定公民的投票资格。然而，由于财产和识字通常是一体相关的，这个措施并没有从根本上增加选举人数。② 这一时期没有形成国家政党，帝国时期的自由党和保守党解散后，没有留下任何继承人。组建新政党的努力也都没有取得尽如人意的结果。总统候选人的提名和批准仍然保留在现任总统或非正式的国会小组手中。③

第五节　国际贸易与 20 世纪 70 年代巴西的民主转型

国际贸易促进了全球市场的形成，对劳动力的需求日益受到全球竞争的影响。20 世纪 70 年代，巴西的劳动力成为充裕要素，在参与国际贸易中，劳工的收入增加，收入状况有所改善。

对 1960 年和 1970 年巴西的居民的货币收入分配情况（见表 3—21）进行比较，可发现，全国人口中最富裕的 10% 的人在全部货币收入中所占的份额，从 1960 年的约 40% 增加到 1970 年的约 48%。这意味着，当国民收入增加的时候，收入最高的 1/10 人口的个人收入增加得更快。而剩下的占总人口 90% 的群体，在 1970 年的全部货币收入中所占的份额都要低于 1960 年的相应份额。收入的差距进一步拉大了。

与此同时，巴西居民收入持续增长。每一档的人口，他们的货币

---

① ［美］本杰明·吉恩、凯斯·海恩斯：《拉丁美洲史（1900 年以前）》，孙洪波等译，东方出版中心 2013 年版，第 398 页。
② 同上书，第 397 页。
③ ［美］布拉德福德·伯恩斯：《巴西史》，王龙晓译，商务印书馆 2013 年版，第 222—224 页。

第三章 不同要素禀赋下的国际……20世纪70年代巴西的比较研究

收入按物价上涨幅度调整后，都有绝对的增长。收入增长率最高的是收入最高的两档和收入最低的一档。中间收入水平的几档收入增长率最低。同时，城市居民的收入要比农村居民的收入增加得快。[①] 在参与国际贸易的过程中，劳工数量迅速增加，同时劳工的收入有所增加，工人阶级力量得以壮大。

表3—21　　　　　1960年和1970年巴西居民收入分配情况

档别	所占份额在全部收入中的百分比			平均月收入		年平均增长（%）
	1960年	1970年	变动（%）	（1970年克鲁赛罗）		
				1960年	1970年	
第一档（最低）	1.17	1.11	-5.13	25	32	2.5
第二档	2.32	2.05	-11.64	48	58	1.9
第三档	3.42	2.97	-13.16	71	84	1.7
第四档	4.65	3.88	-16.55	96	110	1.4
第五档	6.15	4.90	-20.32	127	139	0.9
第六档	7.66	5.91	-22.75	158	168	0.6
第七档	9.41	7.37	-21.68	195	210	0.7
第八档	10.85	9.57	-11.80	225	272	1.9
第九档	14.69	14.45	-1.64	305	411	3.1
第十档（最高）	39.66	47.79	+20.50	815	1360	5.2
最高5%	27.69	34.86	+25.90	1131	1984	5.8
最高1%	12.11	14.57	+20.32	2389	4147	5.7
最低40%	11.57	10.00	-13.57	60	71	1.7
中间20%	13.81	10.81	-21.73	142	153	0.7
最高40%	74.62	79.19	+6.13	388	563	3.9
合计	100	100		206	282	3.2

注：每一档的人数都是总人口的1/10。

资料来源：[美]斯蒂芬·罗博克：《巴西经济发展研究》，唐振彬、金懋昆、沈师光译，上海译文出版社1980年版，第198页。

[①] [美]斯蒂芬·罗博克：《巴西经济发展研究》，唐振彬等译，上海译文出版社1980年版，第197页。

一　社会组织迅速发展

伴随着国际贸易催生的工业化和快速经济增长，巴西工人阶级的规模逐渐扩大，工人阶级的组织性和力量也随之增强。农业劳动者全国联合会（Contag）从1968年起，开始了独立于政府之外的行动，鼓励在全国组织农村工会联合会。全国农村工会的数目从1968年的625个，发展到1972年的1154个、1976年的1745个和1980年的2144个。1973年后，加入工会的农村劳动者大量增加，从1973年的290多万人增加到1979年的510万人。① 有战斗力的工会领导在教会的影响下，通过大地牧师委员会（CPT）出现了。

城市工人阶级的发展势头更为迅速。巴西的工业化进程带动了城市人口的增加和城市工人阶级的扩大。1960年、1970年、1980年巴西城市人口占总人口的比重分别为48%（3130.3万人）、56%（5208.5万人）和68%（8047.9万人）。人口的城市化也带来了城市工人阶级的大发展。② 工业的发展大大增加了城市劳动力的规模，劳工队伍迅速壮大（见表3—22）。

表3—22　1950—1980年巴西的经济活动人口（在业人口）分布

生产部门	1950年		1960年		1970年		1980年	
	万人	百分比（%）	万人	百分比（%）	万人	百分比（%）	万人	百分比（%）
第一产业	1025.3	59.9	1227.7	54.0	308.8	44.3	1310.9	29.9
第二产业	242.7	14.2	294.0	12.9	529.5	17.9	1067.5	24.4
制造业	160.8	9.4	195.4	8.6	324.2	11.0	685.9	15.7
建筑业	58.5	3.4	78.1	3.4	172.0	5.8	315.1	7.2
其他产业活动	23.4	1.4	20.5	0.9	33.4	1.1	66.5	1.5
第三产业	443.7	25.9	753.3	33.1	1117.4	37.8	2001.2	45.7
销售（商业与运输）	158.1	9.2	245.6	10.8	341.5	11.6	592.7	13.5
服务业	178.1	10.4	302.9	13.3	392.5	13.3	709.0	16.2

---

① ［巴西］博勒斯·福斯托：《巴西简明史》，刘焕卿译，社会科学文献出版社2006年版，第278页。
② 周世秀主编：《巴西历史与现代化研究》，河北人民出版社2001年版，第181页。

续表

生产部门	1950年		1960年		1970年		1980年	
	万人	百分比(%)	万人	百分比(%)	万人	百分比(%)	万人	百分比(%)
社会服务与公共事业	91.1	5.3	146.8	6.4	268.4	9.0	485.7	11.1
其他	16.4	1.0	58.0	2.6	115.0	2.9	213.9	4.9
总计	1711.7	100	2275.0	100	2275.0	100	4379.7	100

资料来源：Alfred Stepan ed., *Democratizing Brazil: Problems of Transition and Consolidation*, New York: Oxford University Press, 1989, p.302.

工业产业的从业人员增长迅速，且保持了较高的增长率（见表3—23）。城市的工人很容易就组织了起来，而且声势浩大，他们是拥有选举权的有文化的选民。① 劳工在政治上开始发挥切实的影响力，他们的行动在推动民主改革中起到重要作用。1961年若昂·古拉特担任总统后，迎合工薪阶层渴望进行根本性改革的需求。在他抗议议会制体制时，有效运用了劳工的力量。全国劳工委员会创建于1962年，这个组织支持古拉特。有高昂政治兴趣并且支持古拉特的全国劳工委员会号召通过罢工来推进古拉特总统权力的恢复。1963年1月23日，巴西恢复了总统制。1964年2月，古拉特提出他的"一揽子计划"，要求他的国会政府制定一系列根本的变革方案。该计划提出了有利于劣势阶层的基本的经济和政治改革方案，它包括寻求为文盲谋取选举权、为未受军衔的军人谋取被选举资格、为应征入伍的人谋求参与政治的权利等改革计划。②

表3—23　巴西各部门在业人口相比于工业部门的增长率，1940—1980年

部门	年份				
	1940—1950	1950—1960	1960—1970	1970—1980	1940—1980
总计	1.5	2.9	4.0	4.0	2.8
第一产业	0.5	1.8	0	0	0.7

① [美]布拉德福德·伯恩斯：《巴西史》，王龙晓译，商务印书馆2013年版，第373页。
② 同上书，第373—375页。

续表

部门	年份				
	1940—1950	1950—1960	1960—1970	1970—1980	1940—1980
第二产业	4.7	1.9	7.3	7.3	5.0
第三产业	2.4	4.0	6.0	6.0	4.4

资料来源：Alfred Stepan ed. , *Democratizing Brazil: Problems of Transition and Consolidation*, New York: Oxford University Press, 1989, p. 303.

在城市出现了许多"白领"工作者工会，不但包括银行职员和教师的传统领域，而且包括医生、卫生工作者和其他阶层的人。这些领域的工会组织在职业方面发生了性质上的变化，在这一变化中，自由职业者日益被有文凭的雇员所取代。① 工会组织的职业呈现出多元化的趋势，而且工会成员的文化程度也逐渐提高，工会的组织性更强。

企业家团体也成为巴西民主化的重要推动力量。威权政府的经济政策失误很容易引起企业家的不满。"经济奇迹"期间的高负债、高通货膨胀战略，使后续经济发展面临很多困难。许多企业家，尤其是圣保罗的企业家对于经济政策走向的疑问引起了反对国家过多干预的热潮。这样，占统治地位的社会方面才可以设法对直到那时一直被军人和技术官僚把持的政策舞台进行干预。② 企业家们基于自身利益，希望能够撤销军队的集中决策能力，进行经济政治体制的改革。③

巴西商界不满的最初迹象出现在1977年，当时圣保罗许多重要的工业家发起一场公开批评将巴西经济"国家化"的运动。1977年11月，大约2000名商人在里约热内卢集结，要求民主自由。1978年7

---

① ［巴西］博勒斯·福斯托：《巴西简明史》，刘焕卿译，社会科学文献出版社2006年版，第278页。
② 同上书，第276页。
③ Theotonio Dos Santos, "Economic Crisis and Democratic Transition in Brazil", *Contemporary Marxism*, No. 1, Strategies for the Class Struggle in Latin America, 1980, p. 36; Ben Ross Schneider, 1997 – 1998, "Organized Business Politics in Democratic Brazil", *Journal of Interamerican Studies and World Affairs*, Vol. 39, No. 4, pp. 95 – 127.

月，八名富裕工业家签名了一份文件，提倡一个更合理的社会经济制度。① 在20世纪80年代初期，企业家对政府不满的范围更加广泛了。媒体也在80年代初第一次报道商界向温和反对党提供资金。② 同时，企业家们的行动也由分散走向联合，开始统一协调行动，他们通过商业领袖联合会（UBE）、自由企业民族阵线（FNLI）来组织公开示威游行，发表公开声明，更为团结一致地向制宪议会施压。③ 企业家们所施加的压力并不是巴西实行自由化策略的原因。但是，他们的要求确实促进了盖泽尔—戈尔贝格集团提出的政治改革，并与公民社会的呼声相应和。④ 工业家占有社会的主要生产资料，属于社会上层人士。一般而言，上层阶级对政府的批评和要求最为有效，因为上层阶级不可能泰然地接受镇压，他们是军政权维持权力结构的一个关键部分。⑤ 同时，企业家的经济立场使他们不需要通过威权统治来维护经济利益，企业家开始通过阶级组织来实施公开的政治行动，而不是直接排他性地通过官僚威权主义渠道来表达自身需求，也不是通过政治镇压和囚禁来实现利益阴谋。⑥ 企业家团体的批评让军政府更为慎重地开始思考改革议程。

二 社会运动频率更高、规模更大

国际贸易有效地壮大了工人阶级的力量，工人的收入有所增加，

---

① ［美］斯迪芬·海哥德、罗伯特·R. 考夫曼：《民主化转型的政治经济分析》，张大军译，社会科学文献出版社2008年版，第60页；［美］E. 布拉德福德·伯恩斯、朱莉·阿·查利普：《简明拉丁美洲史——拉丁美洲现代化进程的诠释》，王宁坤译，世界图书出版公司北京公司2009年版，第323页。

② ［美］斯迪芬·海哥德、罗伯特·R. 考夫曼：《民主化转型的政治经济分析》，张大军译，社会科学文献出版社2008年版，第60页。

③ Alfred Stepaned. , *Democratizing Brazil*: *Problems of Transition and Consolidation*, 1989, p. 353.

④ Fernando H. Cardozo, "Entrepreneurs and the Transition Process: The Brazilian Case", in Guillermo O'Donnell, Philippe C. Schmitter and Laurence Whitehead eds. , *Transitions from Authoritarian Rule*: *Comparative Perspectives*, Baltimore: The Johns Hopkins University Press, 1986, pp. 137 – 153.

⑤ ［美］E. 布拉德福德·伯恩斯、朱莉·阿·查利普：《简明拉丁美洲史——拉丁美洲现代化进程的诠释》，王宁坤译，世界图书出版公司北京公司2009年版，第323页。

⑥ Alfred Stepaned. , *Democratizing Brazil*: *Problems of Transition and Consolidation*, New York: Oxford University Press, 1989, p. 364.

受教育程度有所提升，改变自身政治社会地位的愿望和能力均得到增强。当盖泽尔总统上台时，巴西国内充斥着关于新政府计划改善社会不公平状况的讨论。寻找更为公平合理的财富分配方式成为巴西政府面临的一个重要难题：1960—1970年十年间，人口中最富裕的10%的人的收入占总收入的比重，由40%提高到47%；而人口中50%人都是贫穷的，他们的收入占总收入的份额由17%下降到15%。巴西政府新成立了社会福利部，也仅仅是巩固了前几届政府实行的并不能协调好社会利益的福利项目。[1] 以社会组织为依托，广大民众开展了大规模的社会运动。

农村运动的目标与斗争方式都更为具体和明确。争取拥有土地的斗争保持了下来，甚至扩大了；同时，一些罢工，如1979年开始的伯南布哥甘蔗收割者罢工，唤起了巴西人对农村世界新现实的注意。农村劳动者开始开展争夺土地的运动，并建立了无地农民运动（MST），迫使政府进行土地改革。[2]

而城市的社会运动更为频繁、影响力更大。在盖泽尔政府时期，工人运动以新的面貌、新的势头涌现出来。工会运动采取独立于国家的形式重新出现，许多时候是从企业内部的生活中产生的，在那里，工人组织扩大了工厂委员会。工人的高度集中为工人运动的开展创造了现实条件，在少数几个企业里集中了大量的工人，而且在圣保罗ABC地区地理位置也相当集中。1978年在圣贝纳尔多的机械—冶金工业共大致有12.5万名工人，其中的67.2%集中在千人以上的企业里。1976年，在圣保罗，在同一个工业系统里就有42.1万工人。[3] 工人的集中化有利于工人运动的组织，便利了工人运动规模和声势的扩大。

1977年8月，巴西政府承认，1973—1974年的通货膨胀官方指数是受政府操纵的。由于这种指数规定了工资调整的指数，而这实际上使工薪阶层失去了那些年实际工资收入的31.4%。1978年5月，在圣

---

[1] Alfred Stepaned. , *Democratizing Brazil*: *Problems of Transition and Consolidation*, New York: Oxford University Press, 1989, p. 7.
[2] 吕银春、周俊南编著：《巴西（列国志）》，社会科学文献出版社2004年版，第110页。
[3] ［巴西］博勒斯·福斯托：《巴西简明史》，刘焕卿译，社会科学文献出版社2006年版，第278—279页。

保罗郊区圣贝纳尔多营萨巴—萨卡尼亚的卡车和公共汽车制造厂，2500 名冶金工人在路易斯·伊纳西奥·卢拉·席尔瓦的领导下，举行了静坐抗议运动。在短短十天内，抗议运动蔓延到圣保罗的 90 个工厂，有 50 多万工人参加。1978 年，几千人在圣保罗大教堂广场集会，这次集会征集了 130 万人的签名，他们联名向盖泽尔总统请愿，要求向所有工人提供 30% 的紧急补偿金，提高工人工资，并且冻结所有基本商品的价格。① 1979 年，近 320 万工人参加了全国大罢工。冶金工人举行了 27 次罢工，参加的人数达 95.8 万人；同年爆发了 20 次教师罢工，团结了 76.6 万名工薪阶层人员。② 1979 年 1—10 月，共发生了 400 多次罢工。

上述大规模的罢工产生了深刻的影响。新一代工会领袖训练有素，与工会会员一直保持着密切的接触。而且，公民社会的其他集团也加强了团结，罢工工人获得了教会、中产阶级职员等其他团体的支持。③ 罢工参与的人数以及罢工的规模都足以引起政府的关注和重视。罢工所提出的目标很广泛，包括增加工资、保证就业、承认工厂委员会等，其中，民主自由也作为一项要求被明确提出。

巴西的军队领袖对逐渐涌现出的社会不满和社会压力保持着警惕，并决心对它们加以舒缓与调和。盖泽尔总统开始了这一减压的进程，并一直把它推进到 1978 年。约奥·菲格雷多总统继续推进了这一进程，并且把它扩展为一个开放进程。④ 巴西政府的缓和措施转移了紧张化的社会冲突，对社会压力和社会运动的回应促进了民主转型的步伐。

三 选举权扩大，民众在选举中发挥越来越大的作用

经济高速增长给巴西的威权统治造成了不安定因素和压力，加剧

---

① 董经胜：《巴西现代化道路研究——1964—1985 年军人政权时期的发展》，世界图书出版公司北京公司 2009 年版，第 129 页。
② [巴西] 博勒斯·福斯托：《巴西简明史》，刘焕卿译，社会科学文献出版社 2006 年版，第 279 页。
③ 董经胜：《巴西现代化道路研究——1964—1985 年军人政权时期的发展》，世界图书出版公司北京公司 2009 年版，第 139 页。
④ [美] 塞缪尔·P. 亨廷顿：《第三波：20 世纪后期的民主化浪潮》，欧阳景根译，中国人民大学出版社 2012 年版，第 64—65 页。

了社会不平等感和挫折感,并且激发了社会团体对它们的政府提出要求。威权统治的合法性问题随着社会不满的增加而凸显。国际贸易使工人阶级的经济收益和力量得到增强,他们随之对政治权力和地位提出更多诉求,要求实行公平公正的选举。威权统治合法性的下降表现在执政党——全国革新联盟在选举中的受挫。由于巴西政府对反对派进行镇压,并且在选举时操纵选举规则,军政府得以在1970年和1972年的选举中都取得了压倒性胜利。但是,在1974年的选举中,执政党在大城市地区遭到了惨败,而这些地区恰恰是巴西经济高速不平衡发展结果的主要受益者(见表3—24)。[①]而在贫穷的地区,执政党本来就偏低的支持率进一步下降。在圣保罗直辖市的参议院与市长选举中,全国革新联盟的联盟的得票率也下降迅速,与之对应,民主运动获得了越来越多的选票支持(见表3—25)。

表3—24　执政党全国革新联盟在参议员选举中的得票率,1966—1978年
（圣保罗州,均质划分的社会经济区域）

	区域	1966年	1970年	1974年	1978年
↑富裕	一	66.2	57.3	34.2	20.0
	二	63.8	53.7	30.1	17.4
	三	62.0	52.4	27.0	16.0
贫困↓	四	60.0	52.2	24.8	15.3
	五	59.8	49.0	22.5	13.0
	六	52.8	41.5	14.5	9.9
	七	52.2	39.0	14.5	9.1
	八	48.7	35.1	12.3	7.4
	全市	58.9	47.5	21.2	12.3

注：无效票和空白票不计入在内。因此,剩下的百分比即为巴西民主运动（MDB,即后来的巴西民主运动党PMDB）所获得的选票比例。

资料来源：Alfred Stepan ed., *Democratizing Brazil: Problems of Transition and Consolidation*, New York: Oxford University Press, 1989, p.67.

[①] 董经胜：《有关巴西政治转型进程的几个问题》,《拉丁美洲研究》2003年第3期。

表3—25　1966—1982年圣保罗直辖市的参议院与市长选举（得票百分比）

	1966	1968	1970	1972	1974	1976	1978	1982	
	参议院	市长	参议院	市长	参议院	市长	参议院	参议院	市长
全国革新联盟（ARENA）	73.5	92.4	39.5	95.2	28.7	78.0	13.0	21.0	22.0
民主运动（MDB）	13.2	4.0	39.7	1.8	64.0	17.5	73.0	60.0	67.7
空白与无效票	13.3	4.0	20.8	3.0	7.3	18.8	14.0	19.0	10.3
选票总数（万）	2174.9	2910.9	3007.9	3406.6	3653.9	4173.3	4647.2	5822.8	
登记的选民数（万人）	2784.5	3609.0	3822.0	4110.1	4392.6	4941.1	5585.1	7005.0	

资料来源：Alfred Stepan ed., *Democratizing Brazil：Problems of Transition and Consolidation*, New York：Oxford University Press, 1989, p. 68.

随着盖泽尔总统实行自由化政策，各种不同的思想和人士开始涌现出来，公民社会重新觉醒。① 巴西民主运动的势力逐步加强。巴西民主运动的领导人在它的名称里巧加了一个"党"字，于是，巴西民主运动变成了巴西民主运动党（PMDB）。为了寻求巩固工会组织从劳工运动中获取的政治权力，工会领导人进一步团结城市和农村的工会主义人士、教会和职业中产阶级，组成了劳工党（PT）。劳工党自荐代表全国广大工薪阶层的利益。他们认为巴西政府对工人阶级的严密控制迫使他们要求直接进入政治系统之中。实际上，劳工党并不仅仅只是局限于代表工人组织的利益，它还致力于在巴西推广更为民主和平等的政治文化。② 劳工运动催生了政党的建立，民主运动有了更加坚实有效的载体。1983年，劳工党发动了要求直接选举共和国总统的运动，并且联合其他政党采取行动。经过多次示威游行之后，1984年1月，在圣保罗举行了一次盛大的集会，参加者超过20万人。③ 此后，要求直接选举的运动已经越过政党范围，变成一个几乎全国一致的行

---

① Wendy Hunter, *Eroding Military Influence in Brazil*, pp. 77–78.
② ［巴西］博勒斯·福斯托：《巴西简明史》，刘焕卿译，社会科学文献出版社2006年版，第283页；Wendy Hunter, *Eroding Military Influence in Brazil*, p. 78.
③ ［巴西］博勒斯·福斯托：《巴西简明史》，刘焕卿译，社会科学文献出版社2006年版，第284页；董经胜：《巴西现代化道路研究——1964—1985年军人政权时期的发展》，世界图书出版公司北京公司2009年版，第147页。

动。1985年5月，立法确定了直接选举共和国总统的制度，恢复直接选举总统、州长、市长的制度，并通过了文盲具有投票权的法案，破天荒地赋予文盲以选举权，从而以法律形式确立了公民的民主权利，所有政党也均被合法化。① 1988年10月5日正式颁布的宪法，取消了总统直接颁布法令的权力，并且规定16岁以上的公民（包括文盲在内）都有选举权。宪法加强了人身保护和自由。②

小　　结

根据我们的理论，国际贸易对政体变迁的影响取决于该国生产要素的充裕—稀缺程度。但一个国家的要素禀赋会发生变化，一个时期的充裕要素可能在另一个时期变为稀缺要素，或者一个时期的稀缺要素可能在另一个时期变为充裕要素。因此，同一国家在不同时期参与国际贸易，政体变迁可能出现截然不同的结果。在巴西不同历史时期的比较案例研究中，我们通过求异法来揭示要素禀赋作为条件变量如何制约国际贸易对政体变迁的影响。

19世纪末，巴西劳动力稀少，土地资源极为丰富，广袤的土地是最主要的生产资料。农业构成了巴西经济的支柱，农产品特别是咖啡在巴西出口商品中也占有绝对优势地位。国际贸易使收入集中于大种植园主手中，地主精英阶层变得越来越富有，而广大民众极为贫困，团体间不平等加剧。工人阶级力量弱小，组织涣散，难以规划集体行动。即便他们有反抗现有政体的意愿，但由于力量过于弱小、组织性差，也没有能力开展有影响力的社会和政治运动。他们发起的小规模的起义和抗议很容易被镇压。同时，大种植园主经济力量增强，并得以把控选举，操纵政治权力，维护自身在政治上的优势地位。因此，国际贸易使巴西的威权统治得以进一步巩固。

---

① ［巴西］博勒斯·福斯托：《巴西简明史》，刘焕卿译，社会科学文献出版社2006年版，第289页；陈作彬：《80年代巴西政治经济变革及其前景》，《拉丁美洲研究》1988年第4期。
② 袁东振、徐世澄：《拉丁美洲国家政治制度研究》，世界知识出版社2003年版，第58—59页。

20世纪70年代,人口的快速增长和移民的涌入使巴西的劳动力资源大大丰富起来,土地—劳动力比明显降低。当劳动力要素充裕时,国际贸易会提高劳动的收益率,普通民众的收入会提高。此时的团体间不平等依然很大,劳工依然有通过民主改善自身地位的意愿,针对社会不平等问题提出改革要求。同时,国际贸易促进了巴西制造业的发展。企业规模的扩大需要雇用大量劳工,这为劳工组织的壮大创造了有利条件。工会的组织性和纪律性提高,大范围的罢工运动获得了更多关注。随着劳动收益的提高和制造业规模的扩大,劳工对推行公平选举的呼声日益高涨,并开始通过建立政党寻求政治权力。随着以劳工为主体的民主运动声势日益浩大,社会精英越来越难以通过镇压来压制社会不满,他们更倾向于对民主化采取妥协的态度。因此在这一时期,国际贸易促进了巴西向民主转型。

第四章　不同初始威权类型下的国际贸易与政体变迁：对韩国和新加坡的比较研究

作为新兴工业化国家，韩国和新加坡都依靠融入国际经济体系的发展战略取得了举世瞩目的经济发展绩效。在开始实施出口导向型战略时，韩国和新加坡在要素禀赋上均属于土地要素和资本要素相对稀缺、劳动力要素相对充裕的类型。因而，20世纪60—70年代，两国在国际贸易的分工中，主要发挥的比较优势是充足且相对廉价的劳动力要素，即主要出口劳动密集型的轻工业产品。从70年代中后期开始，两国均实行了产业结构升级，转向资本、技术密集型的重化工业或高附加值产业，但劳动密集型产品在两国的出口中仍占据着一定的比重。在这一过程中，伴随着出口企业数目的增多，与国际贸易发展紧密相连的国内劳工阶层也不断壮大。在韩国，虽然劳工的收入水平有所提高，但是"相对被剥夺感"以及残酷的工作待遇，使得韩国劳工运动频发，并逐步由自发的、经济性的斗争，发展成为组织程度高、政治性强，且与其他社会团体联合的斗争。在新加坡，制造业的工人数量同样迅速增长。不过，新加坡的劳工运动主要集中在20世纪60年代，从70年代后期开始，新加坡便极少发生劳工的罢工运动。

在这一时期，韩国和新加坡在政治上均采取了威权主义的政体形式，但是属于不同类型的威权政体。韩国的威权政体为军人政权，而新加坡的威权政体为一党制。这种威权政体类型上的差异使两国政府在面对劳工运动的发展时采用了不同的战略。一方面，韩国的军人威权政体依据军人的特性，在面对劳工的不满情绪时，倾向于运用强力控制、武力对抗、暴力镇压等方式实施刚性的强制。而新加坡的一党制威权政体善于在矛盾激化之前，运用间接的、温和的方式与劳工达成一定程度的妥协，有效地消解冲突，运用合理化制度建构、领导层的思想引导等方式进行柔性的强制。另一方面，韩国军人统治集团本身的封闭性，阻碍了劳工群体参与政治的机会，进入议会的反对党也仅是发挥一种装饰性的作用，这种排斥性的战略导致劳工只能以完全对立的方式反抗威权政府的统治。而新加坡的执政党能够真诚地与劳工群体和部分反对党进行合作，通过实施包容战略，形成更加广泛的统治基础。

一党制的威权政治较军人威权政治在有效控制和合作战略上的制度优越性，保证了新加坡人民行动党在经济飞速发展、人均收入迅速增长、劳工群体不断崛起的情形下仍然化解了各种挑战，没有丧失统治权的绝对优势。相反，韩国军人威权政体在制度上更加脆弱，在遭遇危机时更易因受到冲击而倒塌。通过发展国际贸易，人均国民生产总值增长进入"转型地带"，劳工群体反抗强烈。这些国内经济和社会的变化，超过了军人威权政体在制度上的弹性，韩国的政治民主转型就顺势到来。

第一节 导言

一 问题的提出

第二次世界大战结束后，曾在殖民统治下饱受压迫的国家和地区，纷纷走上了独立、自主的发展道路。在东北亚，1948年8月15日，朝鲜半岛三八线以南成立了以李承晚为总统的大韩民国政府；1960年4月19日，李承晚政权被推翻，成立了以张勉为首的民主党政府。在东南亚，第二次世界大战后的新加坡也逐步获得了自治权。1959年5月新加坡举行了第一次大选，随后新加坡自治邦首任政府宣誓就职；1963年9月，新加坡脱离了英国的统治正式加入马来西亚联邦；1965年8月9日，新加坡脱离马来西亚，成为一个独立的主权国家，并于同年12月22日成立共和国。

而在经济上，战后的和平促使国际贸易重新繁荣，各个国家之间的经济联系日益紧密，经济全球化的步伐不断加快。对于新兴独立的国家而言，如何抓住机遇，恢复并发展国内经济成为第一要务。韩国在李承晚和张勉这两届政府统治期间，政局仍然动荡，经济发展缓慢。直到1961年朴正熙通过军事政变掌握政权后，韩国开始实行出口导向型的发展战略，才走上了经济发展的快车道。1960年，韩国的GDP为277亿美元，到1970年就增长到634亿美元，1980年更是达到了1497亿美元，这一数值是1960年的5.4倍。韩国的人均GDP也稳步提升，从1960年的1107美元增长到1980年的3926美元。而独立建国后的新加坡，在政府的指导下，逐步降低了对转口贸易的依赖，并由发展进口替代型转向了发展出口导向型工业，实现了经济的飞速发展。1960年新加坡的GDP仅为42亿美元，十年后增长到101亿美元，到1980年已达240亿美元，是1960年的5.7倍。同样，新加坡的人均生产总值也飞速提升，1980年比1960年的人均2530美元高出7404美元，达9934美元。[①]

由此可见，从20世纪60年代起，韩国和新加坡通过融入国际经济、参与国际贸易，国内经济取得了显著成效，人均收入显著提高，与中国香港和中国台湾一同成为举世瞩目的"亚洲四小龙"。但不同的是，韩国在1987年实现了军人威权政体向民主政体的转型，而新加坡至今仍然保持了一党制的威权政体。那么，同样都积极参与国际贸易，并实现了国内经济的快速增长，为何韩国实现了政治上的民主转型，而新加坡却依然保持了威权政体呢？

为了研究的便利性和连贯性，本章选取了20世纪60—80年代的新加坡与几乎处在同一时期——朴正熙和全斗焕统治下韩国（1961—1987年）作为比较案例，讨论这两个时期内两国在国际贸易上的发展如何引起了国内政治上的变化，而初始威权类型的差异又如何导致了不一样的政体变迁结果。需要说明的是，这一时期的韩国和新加坡除了采用市场经济制度，实施出口导向型的经济发展战略，积极融入国际经济这些经济发展上的共同点外，两国在其他方面也有着极大的相似性：第一，在文化传统上，两国都属于儒家文化圈，受相同的精神文化熏陶。第二，在地理位置上，两国都属于亚洲国家，韩国位于东北亚，而新加坡位于东南亚，并且两国均具有临海的区位优势，便于发展对外贸易。新加坡毗邻素有"东方十字路口"之称的马六甲海

---

① 资料来源：根据世界银行数据库整理，单位为2005年不变价美元，数值均四舍五入。

峡，是联通亚洲、非洲、澳洲和欧洲等地的重要海上通道；而位于朝鲜半岛的韩国三面临海，拥有釜山、仁川、蔚山等大型港口。第三，在历史背景上，两国在第二次世界大战前均沦为他国的殖民地，遭受大国的殖民统治，战后逐步取得独立地位，建立主权国家。第四，在国际环境上，这一时期，两国均面临政治上的美苏冷战对立，以及经济上的全球化步伐加快。既然韩国和新加坡在以上诸多方面都具有相似性，为何韩国发生了民主转型，而新加坡却依然保持了威权政体呢？因此，运用"求异法"对这两个国家进行比较研究，能够有效地控制变量，进而探讨是何种因素使得韩国和新加坡在发展国际贸易，实现国内经济的发展后具有了不同的政体变迁结果。

二 既有文献及其不足

在"第三波"民主化的国家中，韩国是亚洲地区的典型代表之一。因而，国内外学者对它在政治上的民主转型进行了充分的研究。综合归纳既有研究，学者们认为导致韩国实现民主转型的因素主要有以下几个：

第一，军政精英意识形态的薄弱、资源控制和精英吸纳机制的缺乏和简单粗暴的社会管理是军政权瓦解的内部主因。① 不论是朴正熙还是全斗焕的军人威权政权，都没有建立起牢固的党组织，只能依靠强制性的手段和物质报酬相结合的方式进行统治。② 但这种方式是不可持续的，随着经济绩效提供的合法性逐年递减，单纯"凭借军事强权维持统治"导致合法性严重缺失。③ 因而，威权本身的反动统治对民主转型产生了促进作用。④

第二，韩国的民主化是威权政府和反对派之间谈判、妥协的结果，即亨廷顿所说的"交相改变"类型。⑤ 甚至有学者认为韩国的民主转

---

① 房宁：《自由、威权、多元——东亚政治发展研究报告》，社会科学文献出版社2011年版，第135页。
② [美] 斯迪芬·海哥德、罗伯特·R. 考夫曼：《民主化转型的政治经济分析》，张大军译，社会科学文献出版社2008年版，第312页。
③ 郭定平：《韩国政治转型研究》，中国社会科学出版社2000年版，第175页。
④ 郝宏桂：《朴正熙威权政治与韩国民主化进程的关系》，《历史教学》2008年第141期。
⑤ [美] 塞缪尔·P. 亨廷顿：《第三波：20世纪后期的民主化浪潮》，欧阳景根译，中国人民大学出版社2012年版，第144页。

型就是统治精英的战略选择。① 1985 年大选之后，反对势力的崛起使全斗焕军人威权政府内部关于前途问题产生了激烈争论，并发生了温和派和强硬派的分裂：强硬派主张保持现有的政治框架，拒绝与反对派就选举问题达成协定，并继续镇压民众抗议；温和派主张施行民主改革，军队退出政治舞台。② 最后在温和派和党外反对势力的双重压力下，以及为了使 1988 年奥运会在首尔顺利举行，③ 强硬派做出退让，全斗焕的接班人——卢泰愚——发表的"民主化宣言"就代表了政府和反对派之间的和解。④ 不过，这种观点也遭到了广泛的质疑。有学者认为这种精英主义的观点，忽视了韩国民主化前广泛的、集中的、大规模的支持民主的群众运动，而这才是威权政府倒台的真正原因。⑤

第三，20 世纪 60 年代以来，经济的飞速发展带来了教育水平的提高，公民社会政治意识觉醒且力量不断壮大，发起了对威权统治的反对和抵抗，促使威权政府同意总统直选，推动了韩国的民主转型。⑥ "广泛的抗议对韩国转型有至关重要的作用……和民间社会缺乏制度

---

① 杨景明：《引领转型：变革社会中的韩国与俄罗斯政治精英》，上海交通大学出版社 2011 年版，第 51—52 页。

② Aurel Croissant, "Riding the Tiger: Civilian Control and the Military in Democratizing Korea", *Armed Forces & Society*, Vol. 30, No. 3, 2004, p. 369.

③ 郭定平：《韩国政治转型研究》，中国社会科学出版社 2000 年版，第 120 页；林震：《东亚政治发展比较研究——以台湾地区和韩国为例》，九州出版社 2011 年版，第 240 页。

④ Doh Chull Shin, Myeong-han Zoh, Myung Chey, *Korea in the Global Wave of Democratization*, Seoul: Seoul National University Press, 1994, p. 162; Bruce Cumings, "The Abortive Abertura: South Korea in the Light of Latin American Experience", *New Left Review*, Vol. 173, 1989, p. 32.

⑤ Sunhyuk Kim, *The Politics of Democratization in Korea: The Role of Civil Society*, Pittsburgh: University of Pittsburgh Press, 2000, p. 4, 103; Seongyi Yun, "Democratization in South Korea: Social Movements and Their Political Opportunity Structures", *Asian Perspective*, Vol. 21, No. 3, 1997, pp. 146 – 147.

⑥ Yin-Wah Chu, "Labor and Democratization in South Korea and Taiwan", *Journal of Contemporary Asia*, Vol. 28, No. 2, 1998, pp. 185 – 202; Young Whan Kihl, *Transforming Korean Politics: Democracy, Reform, and Culture*, London: Routledge, 2015, p. 100; Junhan Lee, "Primay Causes of Asian Democratization: Dispelling Conventional Myths", *Asian Survey*, Vol. 42, No. 6, 2002, p. 821; Hagen Koo, "Civil Society and Democracy in South Korea", *The Good Society*, Vol. 11, No. 2, 2002, pp. 40 – 42; Chien-peng Chung, "Democratization in South Korea and inter-Korean relations", *Pacific Affairs*, Vol. 76, No. 1 2003, p. 10; Jeffrey Broadbent, *East Asian Social Movements: Power, Protest, and Change in a Dynamic Region*, New York: Springer Publishers, 2011, p. 142; 尹保云：《公民社会运动与韩国的民主发展》，《当代韩国》2009 年第 3 期；谢晓光：《公民社会的形成对韩国民主化进程影响》，《理论探讨》2010 年第 5 期；郭定平：《韩国政治转型研究》，中国社会科学出版社 2000 年版，第 173—174 页。

性联系的事实使威权政府难以控制国内的改革呼吁。"① 而在韩国支持民主的公民社会中,学生群体在韩国是最坚定的反对威权统治的力量,在组织反抗政府的抗议活动方面发挥了领导作用,并努力与工人、农民、教会、反对党等团体结成联盟。虽然工人阶级是最有潜力的主要"压力团体",但是在政府长期的压制下,工人阶级没能成为领导力量。② 另外,有不少学者认为,中产阶级的崛起以及对民主运动的参与和支持,对民主转型发挥了关键影响,③ 甚至愿意以牺牲经济发展速度为代价。④ "在韩国,只是当 80 年代出现了'一个欣欣向荣的城市中产阶级',并且在这个阶级加入到了要求终结威权政体的学生运动中后,民主运动才成了韩国威权统治的一个严重威胁……这比任何其他因素都更为重要的因素。"⑤ 不过也有学者认为,韩国大部分的中产阶级倾向于渐进的改革而不是革命,因此对推动民主化持怀疑和保留态度,直到六月抗争的最后阶段才加入了斗争,⑥ 而民主转型是公民社会长期斗争的结果。⑦ 另外,还有学者强调了韩国妇女在民主化过程中发挥了重要作用,例如由女工和女学生成立的韩国妇女协会(Korean National Council of Women)等。⑧ 韩国财阀也开始对政府的过

---

① [美]斯迪芬·海哥德、罗伯特·R. 考夫曼:《民主化转型的政治经济分析》,张大军译,社会科学文献出版社 2008 年版,第 96 页。
② 林震:《东亚政治发展比较研究——以台湾地区和韩国为例》,九州出版社 2011 年版,第 93 页。
③ Yong Cheol Kim, R. William Liddle and Salim Said, "Political Leadership and Civilian Supremacy in Third Wave Democracies: Comparing South Korea and Indonesia", *Pacific Affairs*, Vol. 79, No. 2, 2006, pp. 249 – 252; Hagen Koo, "Middle Classes, Democratization, and Class Formation", *Theory and Society*, Vol. 20, No. 4, 1991, p. 494;董向荣:《韩国由威权向民主转变的影响因素》,《当代亚太》2007 年第 7 期;林震:《东亚政治发展比较研究——以台湾地区和韩国为例》,九州出版社 2011 年版,第 234—237 页。
④ John Kie-chiang Oh, *Korean Politics: The Quest for Democratization and Economic Development*, New York: Cornell University Press, 1999, p. 70.
⑤ 塞缪尔·P. 亨廷顿:《第三波:20 世纪后期的民主化浪潮》,欧阳景根译,中国人民大学出版社 2012 年版,第 62 页。
⑥ 林震:《东亚政治发展比较研究——以台湾地区和韩国为例》,九州出版社 2011 年版,第 93 页。
⑦ 郭定平:《韩国政治转型研究》,中国社会科学出版社 2000 年版,第 174 页。
⑧ Jeffrey Broadbent, *East Asian Social Movements: Power, Protest, and Change in a Dynamic Region*, New York: Springer Publishers, 2011, pp. 185 – 190; Yassine Fall, et al. *Gender, Globalization, & Democratization*, Washington: Rowman & Littlefield Publishers, 2001, p. 173; Jeong-Lim Nam, "Women's Labor Movement, State Suppression, and Democratization in South Korea", *Asian Journal of Women's Studies*, Vol. 8, No. 1, 2002, p. 71.

度干预感到不满,对民主化采取了机会主义的态度。① 因此,韩国的民主化进程是自下而上的②,是"人民的力量""反对阵营的团结"开启了韩国的民主化进程。③ 这也是韩国与其他"第三波"国家的不同之处,即公民社会在民主转型过程中发挥了特殊的以及决定性的作用。④

第四,韩国反对党的斗争是推动韩国民主转型的直接因素。⑤ 虽然他们不能像激进的民众那样直接要求全斗焕下台,因为那样会导致军人做出过激的反应。⑥ 但反对党要求执政党修改1980年宪法,以便能够直接选举总统并保障政治自由的权利,抨击政府和大企业间的腐败关系,对民主转型起到了关键性作用。⑦

第五,基督教会是促成韩国民主转型的一支主要力量。基督教不仅为反抗政治压迫提供了理论和制度基础,还为争取人权与公正的活动提供了组织基础和活动场所。"韩国的基督教团体不仅自身在反对威权政府、支持民主中发挥了重要作用,还通过成立组织,有力地促成了学生、工人和教会三者的团结,例如韩国学生基督教联合会(Korea Student Christian Federation)和青年基督教工人协会(Young Catholic Workers)。这一联合以及他们成立的人民运动阵营(People's Movement Camp)在1987年民主转型中发挥了重要作用。"⑧ 另外,新教和天主教的主教也都是抨击军人威权政权的主要干将。⑨

---

① 林震:《东亚政治发展比较研究——以台湾地区和韩国为例》,九州出版社2011年版,第92页;房宁:《自由、威权、多元——东亚政治发展研究报告》,社会科学文献出版社2011年版,第124—129页。
② Sang Joon Kim, "Characteristic Features of Korean Democratization", *Asian Perspective*, Vol. 18, No. 2, 1994, p. 185.
③ 林震:《东亚政治发展比较研究——以台湾地区和韩国为例》,九州出版社2011年版,第94、98页。
④ Samuel S. Kim, *Korea's Democratization*, Cambridge: Cambridge University Press, 2003, p. 23.
⑤ 杨鲁慧、宋国华:《民主转型中的韩国政党政治》,《东北亚论坛》2010年第5期。
⑥ 林震:《东亚政治发展比较研究——以台湾地区和韩国为例》,九州出版社2011年版,第97页。
⑦ [美]斯迪芬·海哥德、罗伯特·R.考夫曼:《民主化转型的政治经济分析》,张大军译,社会科学文献出版社2008年版,第100页。
⑧ Sunhyuk Kim, *The Politics of Democratization in Korea: The Role of Cvil Society*, Pittsburgh: University of Pittsburgh Press, 2000, pp. 60 – 61.
⑨ 塞缪尔·P.亨廷顿:《第三波:20世纪后期的民主化浪潮》,欧阳景根译,中国人民大学出版社2012年版,第67页。

第六，美国对韩国的政策原来一直奉行"稳定压倒一切"，全力支持军人威权政府，但从 80 年代中期开始逐步转向了"民主导致稳定"的政策。① 在美苏关系缓和的背景下，韩国的战略地位下降，美国开始将其视做经济竞争对手和推广西方价值观的障碍，对全斗焕政府施加民主转型压力。② 1987 年 4 月 13 日，当全斗焕宣布推迟修改宪法时，美国的施压"起到了决定性的作用……来自美国的巨大压力使全斗焕不得不选择了妥协"。③ 亨廷顿也认为，美国在其中扮演了直接而关键的角色。1987 年，里根总统和乔治·舒尔茨（George Shultz）国务卿督促全斗焕与反对派对话，美国国务院也"强烈警告"军方不要发动军事政变。④ 美国参众两院也通过了支持韩国民主化的决议，美国媒体保持了对"韩国危机"的持续关注，这些都帮助了韩国的顺利转型。⑤ "鉴于战后韩国与美国的特殊军事和政治关系，美国的态度和立场无疑具有巨大的影响力。"⑥

在对新加坡的研究中，国内外学者注重对其经济发展的成效、行政体系的廉洁、法制的完善、"好政府"和治理模式的研究。⑦ 虽然这

---

① Junhan Lee, "Political Protest and Democratization in South Korea", *Democratization*, Vol. 7, No. 3, 2000, p. 181；林震：《东亚政治发展比较研究——以台湾地区和韩国为例》，九州出版社 2011 年版，第 101 页。

② 王菲易：《国际因素与中小国家的民主化：对韩国的个案研究》，《世界经济与政治》2011 年第 10 期。

③ 尹保云：《民主与本土文化——韩国威权主义时期的政治发展》，人民出版社 2010 年版，第 240 页。

④ 塞缪尔·P. 亨廷顿：《第三波：20 世纪后期的民主化浪潮》，欧阳景根译，中国人民大学出版社 2012 年版，第 85—86 页。

⑤ Don Oberdorfer, "US Policy Toward Korea in the 1987 Crisis Compared with Other Allies", *Korea-US Relations: The Politics of Trade and Security*, 1998, pp. 179 – 181.

⑥ 郭定平：《韩国政治转型研究》，中国社会科学出版社 2000 年版，第 177 页；董向荣：《韩国由威权向民主转变的影响因素》，《当代亚太》2007 年第 7 期。

⑦ Ross Worthington, *Governance in Singapore*, London: Routledge Curzon, 2003; Eugene Kheng-Boon Tan, "Law and Values in Governance: The Singapore Way", *Hong Kong Law Journal*, Vol. 30, 2000, pp. 91 – 119; Linda Low, *The Political Economy of a City-State: Government-Made Singapore*, Oxford: Oxford University Press, 1998; Jon ST Quah, *Public Administration Singapore-Style*, Bingley: Emerald Group Publishing, 2010; Jon ST Quah and Heng Chee Chan, *Government and Politics of Singapore*, Oxford: Oxford University Press, 1987；赫夫：《新加坡的经济增长》，牛磊、李洁译，中国经济出版社 2001 年版；王勤：《新加坡经济研究》，厦门大学出版社 1995 年版；[新]吴元华：《新加坡良治之道》，中国社会科学出版社 2014 年版；吕元礼：《新加坡为什么能》，江西人民出版社 2007 年版；陈新民：《反腐镜鉴的新加坡法治主义》，法律出版社 2009 年版；郑维川：《新加坡治国之道》，中国社会科学出版社 1996 年版；庄礼伟：《"好政府"模式及其社会效应》，《当代亚太》2010 年第 10 期。

些研究为新加坡为什么未能实现民主转型提供了一些佐证,但并未直接触及新加坡民主转型的问题。相比较而言,另外一些学者对人民行动党的合法性来源,以及该党对选举的"操控"、对反对党的打压,对社会、精英、媒体和意识形态控制的相关研究,为人民行动党为何能够长期执政,以及新加坡为何没有真正走向西方式的民主提供了一些解答:

第一,人民行动党对新加坡的出色治理是其能够长期执政的重要原因。从政治因素上看,人民行动党政府成功应对了公共威胁以及国内腐败,加强了国家武装部队;从经济因素上看,它创造了非凡的执政绩效并让全体人民共享社会发展成果;从社会因素上看,它以强大的行政权力和统一强硬的政策维护国家安定和种族和谐。① 这些均为人民行动党执政的合法性来源。"虽然新加坡的公民权利与自由在'一党独大'的政体下受到某种限制,但他们又从社会政治稳定、经济高速发展、人民生活水平持续提高等综合绩效中得到补偿","使新加坡大部分民众……在心理上认同其统治,而其他反对党因缺乏执政的前提,即使他们对执政之后的社会发展前景描述得多么美妙……难以得到选民的认同"。②

第二,人民行动党实际控制了制定选举方式和选举程序的选举委员会,通过改变选区和选举程序,而使选举始终有利于处于执政地位的人民行动党获取选票。③ 在1984年的选举中,人民行动党自独立建国后首次丧失了两个国会席位。为了巩固自己的地位,人民行动党政府对"59年体制"——单一选区简单多数赢者得全的制度——进行改革,自1988年大选开始设立集选区。④ 并且人民行动党借此机会重划

---

① Jon ST Quah, *Public Sdministration Singapore-Style*, pp. 21–22; Chua Beng Huat, "The Cultural Logic of a Capitalist Single-Party State, Singapore", *Postcolonial Studies*, Vol. 13, No. 4, 2010, p. 338;覃敏健:《新加坡威权政治——特征、基础及其走向》,《东南亚纵横》2008年第5期。
② 孙景峰:《新加坡人民行动党执政形态研究》,人民出版社2005年版,第211页。
③ 吴辉:《政党制度与政治稳定——东南亚经验的研究》,世界知识出版社2005年版,第275—277页。
④ 集选区制度是指在一个集选区中的每个政党必须推出多名候选人,其中至少一名属于少数种族,然后选民对各个政党提的候选人集体投票,而不是对政党的候选人进行单个的投票。集选区候选人小组要么是同一政党,要么由独立候选人组成,而不能由混合政党组成,也不能由一个政党的候选人和独立候选人组成。

选区，把支持反对党的选区并入集选区，削弱了反对党的民众基础。①这样一来，反对党很难形成一个能够对抗执政党的候选人集体，相反，人民行动党的部分年轻代表却能搭上有名望的候选人的便车而当选。而保留政治竞争，通过议会进行统治，使得新加坡的政治具有民主的外壳，有助于人民行动党统治的合法化。②

第三，在对待反对党的问题上，人民行动党充分利用自己在政府和国会中掌握的绝对优势权力，以及在民众中较高威望的执政优势，压缩反对党的生存空间。在执政的初期，人民行动党甚至对反对党进行直接镇压。在1963—1968年，仅左翼的社会主义阵线的总部、支部和外围组织的领导人中，就有72人被逮捕。③进入20世纪80年代，新加坡国内要求政治多元化的呼声越来越高。面对这一情况，人民行动党运用制度合理、有效地规避了反对党的威胁。根据1984年制定的非选区议员制，政府委任在选举中得票仅次于执政党的反对党候选人为非选区议员。但是通过委任产生的非选区议员最多只能有三名，同时，他们的权力在有关修正宪法、拨款、货币或对政府的不信任等法案中都受到了限制，不至于对政权构成威胁。④为了进一步限制反对党议员对人民行动党领导下的政府的责难，1986年新加坡国会通过了《议会（特权、豁免和权力）法修正案》，对犯有不光彩行为、滥用特权和藐视国会的议员行使权力和剥夺其申诉权，在特定时期可以剥夺议员民事活动的豁免权，而处理的权力实际掌握在人民行动党手中。⑤此外，执政党还通过扣除反对党的国家经费、限制反对党参与政治辩论、剥夺反对派的竞选时间等方式，有效地抑制了反对党的成长与壮大，使他们无法挑战和动摇势力强大的执政党。⑥

---

① 卢正涛：《新加坡威权政治的研究》，南京大学出版社2007年版，第213页。
② 陈祖洲：《新加坡："权威型"政治下的现代化》，四川人民出版社2001年版，第120页。
③ 李路曲：《新加坡现代化之路：进程、模式与文化选择》，新华出版社1996年版，第402页。
④ 卢正涛：《新加坡威权政治的研究》，南京大学出版社2007年版，第219页；陈祖洲：《新加坡："权威型"政治下的现代化》，四川人民出版社2001年版，第123页。
⑤ 卢正涛：《新加坡威权政治的研究》，南京大学出版社2007年版，第205页。
⑥ Marco Verweij and Riccardo Pelizzo, "Singapore: Does Authoritarianism Pay？", *Journal of Democracy*, Vol. 20, No. 2, 2009, p. 19.

第四，通过建立广泛而严密的基础组织网络，吸纳各类社会团体，完善社会保障体系，人民行动党保证了统治基础的稳固。新加坡决策者坚持"走出来"的"逆向参与"机制①，深入底层群众，了解真实民情、民意，构筑覆盖全社会的基层组织网络，对民众实施有效控制，加强社会紧密性，实现政府与民众之间的双向沟通。新加坡建国之初，人民行动党领导成立了市民评议委员会、人民协会、运营委员会以及公民咨询委员会等基层组织。② 为了适应新加坡社会的发展，1977年政府又成立了居民委员会，1985年成立了民意处理组等基础组织。③ 在20世纪80年代中期之后建立的部长定期访问选区的制度，使官员能够获得来自民众的第一手资料，直接服务于政策的制定与修改。④ 而在新加坡的各种社会团体中，工会是最重要的一个。人民行动党不仅控制了整个国家的工会组织，还掌握了为劳工群体服务的机会。而任何工会领袖想要成为反对党候选人，都会被开除会籍，反对党和劳工群体之间被完全隔开，反对党完全没有机会争取到他们的支持。在新加坡，劳工占据了全部选民人数中的七成，这意味着反对党无形中失去了这个巨大的票源，难以动摇人民行动党在新加坡政坛中的地位。⑤ 此外，人民行动党还成立了"人民行动党青年团"（1986年）、"人民行动党妇女团"（1988年）等社会团体，把他们纳入人民行动党的控制机制和价值观下，加深他们对于执政党的认同感和归属感。⑥ 另外，住房、中央公积金、教育等社会福利，都要通过国家才能获得，从而增强了民众对国家的忠诚度，在新加坡也就是对人民行动党的忠

---

① 欧树军：《新加坡政治中的逆向参与机制——东亚五国一区政治发展调研报告之七》，《文化纵横》2010年第5期。
② Jon ST Quah and Heng Chee Chan, *Government and Politics of Singapore*, Oxford: Oxford University Press, p.12；马志刚：《新兴工业与儒家文化——新加坡道路及发展模式》，时事出版社1996年版，第357—362页。
③ 欧树军：《新加坡政治中的逆向参与机制——东亚五国一区政治发展调研报告之七》，《文化纵横》2010年第5期。
④ 孙景峰：《新加坡人民行动党执政形态研究》，人民出版社2005年版，第274—275页。
⑤ ［新］林金圣：《新加坡特色的选举制度：人民行动党每选必胜的奥秘》，民主与建设出版社2015年版，第218—219页。
⑥ Garry Rodan, "Singapore 'Exceptionalism'? Authoritarian Rule and State Transformation", *Working Paper*, No.131, 2006, p.3.

诚度。①

第五，尊重精英、吸纳精英、合理开发和使用精英保证了人民行动党执政的持久性，实现了国家的振兴与富强。② 李光耀坚信"精英是新加坡成功的关键"。③ 一方面，人民行动党采取了严苛的政治人才遴选方式，将人才网罗进党内；另一方面，对于没有意愿从政的人才，人民行动党采取"收编"的方式，安排他们加入政府的半官方机构、基层组织等。通过这样的方式确保精英不会加入反对党的阵营，也就无法壮大他们的实力或招到优秀的人才代表他们参加选举。④

第六，人民行动党政府对大众传媒进行了有效的控制。20 世纪 60—70 年代，新加坡政府运用各种法令严厉整顿了具有自由化倾向的当地媒体，⑤ 消除其直接与政府对抗的可能性。并且，在长期的影响下，新加坡媒体逐渐与政府合作默契，在许多问题上与政府达成共识，在促进政府政策传播、舆论引导中发挥了重要作用。⑥ "通过对国内媒体的控制，使他们在报道上偏袒政府，歪曲或抹黑反对党的形象，使它们无法在人民中建立起信誉。"⑦

第七，在思想上，新加坡以及新加坡的领导人，坚守以儒家文明为主体的价值观。有学者将其概括为亚洲价值观，这种价值观倡导实用理性、中和、以德治国、以民为本。⑧ 儒家政治文化下的新加坡人民，选择自愿服从这种家长式政府，只要它能够正常运转。⑨ 并且，李光耀认为西方民主的普遍性只属设想而未经证实，在他看来

---

① 陈祖洲：《新加坡："权威型"政治下的现代化》，四川人民出版社 2001 年版，第 154 页。
② 匡导球：《星岛崛起：新加坡的立国智慧》，人民出版社 2013 年版，第 95—97 页。
③ ［新］李光耀：《李光耀 40 年政论选》，现代出版社 1994 年版，第 431 页。
④ Jon ST Quah, *Public Administration Singapore-style*, Bingley：Emerald Group Publishing, 2010, p. 22.
⑤ 1960 年《诽谤法令》、1964 年《内部安全法令》、1964 年《煽动法令》、1966 年《出版与情报保护条例》、1967 年《不良出版物法令》、1972 年《新印刷馆法令》等法令。
⑥ Cherian George, "Consolidating Authoritarian Rule：Calibrated Coercion in Singapore", *The Pacific Review*, Vol. 20, No. 2, 2007, pp. 127 – 145.
⑦ ［新］林金圣：《新加坡特色的选举制度：人民行动党每选必胜的奥秘》，民主与建设出版社 2015 年版，第 220 页。
⑧ 吕元礼：《亚洲价值观：新加坡政治的诠释》，江西人民出版社 2002 年版，第 47 页。
⑨ 李路曲：《新加坡现代化之路：进程、模式与文化选择》，新华出版社 1996 年版，第 411—413 页。

"好政府"比民主、人权更重要。①"与美国政论家所说的恰巧相反,我不相信民主一定是导致发展的因素,我相信一个国家在进步发展时期,所需要的纪律多于民主,民主的泛滥会导致无纪律无秩序的混乱。"② 也有人认为新加坡并非没有民主,而是一种东方式的民主,"经过调试的民主制度"。③ 新加坡前总理吴作栋将其归纳为"托管式民主",他解释道:"政府像人民的信托人,一旦在选举中受委托以负责看管人民的长期福利时,它就以独立的判断力来决定人民的长远利益,并以此作为它政治行动的根据。"④ 新加坡人民行动党领导人的执政理念,从某种程度上决定了新加坡选择一条与西方式民主不同的政治发展道路。

总体来看,关于韩国民主转型原因的研究已较为充分,但是从民主转型前的威权政府本身的政治体制这一角度的研究还较为缺乏,即民主转型前的两个威权时期(朴正熙和全斗焕时期)中,哪些制度因素导致了1987年的民主转型?不仅如此,既有研究着重讨论了国内的经济发展、公民社会、政党政治等因素的作用,在国际因素方面既有研究主要强调了美国因素的作用,忽视了国际经济这一重要因素的影响。韩国正是通过参与国际贸易,才带来了经济结构和社会结构的变化,激发了民众对民主政治的强烈追求,从而实现了民主转型。

在对新加坡的研究方面,既有研究主要从人民行动党的执政策略和执政效果角度,为人民行动党为什么仍然能够长期执政以及新加坡为何没有实现民主转型提供了一些解答。但是,这些研究同样主要是国内政治层面的分析,未考虑到新加坡建国后就积极发展国际贸易这一国际经济因素对国内政治的深远影响。

为什么韩国和新加坡都积极参与国际贸易,却带了两种不同的国内政治结果,一个实现了民主转型,另一个却依然保持了威权政体?要解释这一问题,仍然需要将国际贸易和国内政治制度联系起来考虑。

---

① [新]李光耀:《李光耀40年政论选》,现代出版社1994年版,第563—575页。
② 同上书,第350页。
③ [新]吴作栋:《若解决了经济问题,两三年内将卸任》,《联合早报》2001年第11期。
④ [新]吴作栋:《新加坡政治是"托管式民主"》,《联合早报》1995年第9期。

当国际贸易对国内政治产生深刻影响时，政治制度上的差异会带来什么样的不同结果，需要进一步的探讨。

第二节　韩国和新加坡的初始威权类型

一　韩国的军人威权政体

由于长年的战争以及北方的威胁，韩国军人在国内一直有着举足轻重的地位，进而把控制力延伸至政治领域。韩国军人主要通过两种方式对政治产生影响：一是对政府行使否决权，失去军人支持的政府则会下台（例如李承晚政权）；二是由军人或军人控制的"文人"政府来统治国家。而后者是主要形式。[①]

1961年5月16日，韩国陆军本部的朴正熙将军发动军事政变，推翻了摇摇欲坠的张勉政权，开启了他对韩国长达19年的威权统治。韩国军人在夺取政权之后，为了增强其合法性，不得不维持表面的民主，进行虚伪的选举。[②] 他们通常的做法是在军部的主导下成立一个政党，通过操纵选举来控制议会，从而辅助军人总统的工作。为了长期确保手中的权力，1963年2月26日，在朴正熙的授意下民主共和党成立。随后，他本人脱下军装，转为预备役，并成为共和党总裁兼总统候选人。1963年12月27日，朴正熙正式就任韩国第五届总统。当来自群众和反对党的压力不断高涨的情况下，1971年底朴正熙政权颁布实施了《维新宪法》，取消了总统直选和连任限制，并且总统的权力进一步加强。在"维新"体制下，朴正熙采取动员军队、宣布戒严、使用军事法庭等方式维持统治。对忠于他的现役将军委以重用、提拔晋升，对于退役的军官则在共和党内、国家机关、国有企业和公关团体安排要职，帮助维持威权统治。[③] 例如，1963—1979年，退休军官在内阁

---

① 林震：《东亚政治发展比较研究——以台湾地区和韩国为例》，九州出版社2011年版，第98页。

② Dorothy J. Solinger, "Ending One-Party Dominance: Korea, Taiwan, Mexico", *Journal of Democracy*, Vol. 12, No. 1, 2001, p. 34.

③ Aurel Croissant, "Riding the Tiger: Civilian Control and the Military in Democratizing Korea", *Armed Forces & Society*, Vol. 30, No. 3, 2004, p. 365.

中占比达到 27.5%，在国会中占比达 11.6%。① 另有数据显示，中央政府各职能部门中 83% 以上都是军人出身。② 这些人虽然退役了，但是仍然和军队保持着紧密的、建立在学缘基础上的非正式联系。③

1979 年 10 月 26 日朴正熙被刺杀后，同年 12 月 12 日，全斗焕发动了军事政变，攫取了军部大权。1980 年初，短暂的民主曙光——"汉城之春"以全斗焕新军部对"光州事件"的残酷镇压宣告结束，其后开始了全斗焕时期的军人威权统治。同年 9 月 1 日，全斗焕正式登上总统宝座，建立了新军部政权。他宣布就任后，立即颁布了新的宪法，解散国会与各政党，④ 成立"国家保卫立法会议"。该立法会议充当议会的职责，在其存在 5 个半月时间内修改、制定了大量法律，奠定了新军部统治的法律基础。⑤ 在有利于新军部政权的新宪法及其他法律制定完成之后，1981 年 2 月 25 日新军部成立了民主正义党作为其执政党，并在随后的议会选举中成为第一大党，完成了以新军部为中心的非公开权力集团到以执政党——民正党为中心的正式权力集团的转变，全斗焕总统地位的合法性得到加强。具有秘密警察性质的"国家安全企划部"（简称"安企部"）和"陆军保安司令部"（简称"保安司"），在全斗焕时期的镇压职能也得到加强。特别是"保安司"，作为全斗焕建立绝对统治的主要手段，有权介入一切政府部门和行政事务，安插在新闻媒体、大学、政府机关中时时进行监控，并且负责收集情报，制造舆论，整肃公职人员等，从而成为最有权威的强力机关。全斗焕政府的要害部门还是由军人担任，1980—1988 年间，退休军官在内阁中占比达到

---

① Aurel Croissant, "Riding the Tiger: Civilian Control and the Military in Democratizing Korea", *Armed Forces & Society*, Vol. 30, No. 3, 2004, p. 366.
② 郭定平：《韩国政治转型研究》，中国社会科学出版社 2000 年版，第 74 页。
③ 林震：《东亚政治发展比较研究——以台湾地区和韩国为例》，九州出版社 2011 年版，第 99 页。
④ 1980 年 11 月 21 日，为了避免来自人民和其他国家的批评，全斗焕政权恢复了政党活动，但是只有支持政府、与政府合作的才得以建立。参见 Seongyi Yun, "Democratization in South Korea: Social Movements and Their Political Opportunity Structures", *Asian Perspective*, Vol. 21, No. 3, 1997, p. 154.
⑤ 曹中屏、张琏瑰等编：《当代韩国史（1945—2000）》，南开大学出版社 2005 年版，第 346—350 页。

21.5%，在国会中占比达 10.5%。①

尽管有暴力机关的监督与威慑，社会各界的不满情绪仍然难以控制。针对不断爆发的民主化运动，全斗焕政权采取简单、粗暴的方式直接镇压，导致民愤一浪高过一浪，并在 1987 年达到顶峰（见表 4—1）。1987 年，自韩国解除殖民统治以来，最大的全国性民主运动联合组织——"全国民主宪法联盟"（National Coalition for Democratic Constitution，NCDC），在全国建立了 22 个分支机构，领导各地的民主运动。② 1987 年 6 月 9 日发生了延世大学学生李韩烈中催泪弹致死的事件，成为最终导致韩国民主化的导火索。在 NCDC 的组织下，汉城、光州、釜山、仁川等全国 34 个城市均爆发了打倒军事独裁的民主化运动。最初以鸣笛和掌声等方式进行的和平示威，在警察的强硬镇压下逐步变得激烈化。学生组织、工会、宗教界、反对党以及中产阶级等都以强大的动员能力参与其中，破坏市政厅、派出所、执政党党部，解除警察武装，要求打倒独裁，争取民主。这是全斗焕上台以来参加人数最多、规模最大、冲突最激烈的一次政治斗争。③ "六月抗争"对全斗焕政府造成极大冲击，最终推动了民主化的到来。军人出身的领导人，倾向于用军队的方式来对待人民，面对越来越多的社会矛盾与反抗，全斗焕政权采取了强硬的压制手段。但其后果是越压制，反抗越剧烈，最终导致民心尽失，丧失统治权力。1987 年 6 月 29 日，卢泰愚发表了《六二九宣言》，承诺总统直选、释放政治犯、言论自由等"八点民主化宣言"，标志着韩国民主转型的实现。

由此可见，韩国在朴正熙和全斗焕执政时期，也就是 1961 年至 1987 年属于军人威权政体。④

---

① Aurel Croissant, "Riding the Tiger: Civilian Control and the Military in Democratizing Korea", *Armed Forces & Society*, Vol. 30, No. 3, 2004, p. 366.

② Jeffrey Broadbent, *East Asian Social Movements: Power, Protest, and Change in a Dynamic Region*, New York: Springer Publishers, 2011, p. 167.

③ 郭定平：《韩国政治转型研究》，中国社会科学出版社 2000 年版，第 117 页；Seongyi Yun, "Democratization in South Korea: Social Movements and their Political Opportunity Structures", *Asian Perspective*, Vol. 21, No. 3, 1997, p. 164.

④ ［美］芭芭拉·格迪斯：《范式与沙堡：比较政治学中的理论建构与研究设计》，陈子恪，刘骥译，重庆大学出版社 2012 年版，第 150 页。

表4—1　　　　1987年1—6月公民运动的次数和参与者数量

时间	示威次数	参与人数
1月	61	3400
2月	53	1600
3月	131	15000
4月	425	119400
5月	856	200000
6月	3362	1000000

资料来源：Jeffrey Broadbent, *East Asian Social Movements: Power, Protest, and Change in a Dynamic Region*, New York: Springer Publishers, 2011, p.172.

二　新加坡的一党制威权政体

新加坡人民行动党于1954年11月21日在新加坡维多利亚纪念会堂正式成立。为了壮大自身实力，人民行动党秘书长李光耀主动与已经形成一股强大政治力量的左翼运动领导人林清祥联合，使人民行动党中原有的中产阶级知识分子与工会结合起来。因而，在政治谱系中，人民行动党被视为极左。① 成立一年后，人民行动党参加了英国殖民统治下的立法议会选举，并赢得了三个席位。1959年新加坡自治邦成立，其政治体制沿袭了英国西敏寺式的议会民主体系的内阁制，由在每五年举行一次的大选中胜出的政党执政，并组建内阁。同年5月在自治邦的第一次选举中，已成为新加坡第一大党的人民行动党取得了压倒性胜利，赢得了51个议席中的43席，组织了首届自治政府，李光耀担任总理。这次胜利标志着人民行动党一党独大的政治格局在新加坡初步形成。②

获得自治后，摆脱殖民统治这一共同目标不存在了，以李光耀为首的温和派和以林清祥为首的激进派之间的矛盾逐步升级。最终，两派在关于是否与马来西亚合并的问题上，产生了严重分歧。1961年7月26日，13名左翼议员宣布退出人民行动党，组建了社会主义阵线。由于社会主义阵线的成员及其代表的左翼势力曾是人民行动党重要的支持来源，与社会主义阵线的分裂也削弱了人民行动党的竞争力。因

---

① ［新］冯清莲：《新加坡人民行动党——它的历史、组织和行动》，上海人民出版社1975年版，第5页。
② 吴辉：《政党制度与政治稳定——东南亚经验的研究》，世界知识出版社2005年版，第131—132页。

此，人民行动党成立并扶持了新加坡全国职工总会（National Trade Union Congress, NTUC），扩大社会基础，争取选票支持。为了保证大选的胜利，1963年2月2日，新加坡内部安全委员会发动了"冷藏"行动计划，逮捕了几乎所有的社会主义阵线的领导人，解散了它所领导的工会和群众组织。曾经拥有广大群众基础的这一政治团体遭到严重削弱，在同年9月的议会选举中只获得了13个席位。而人民行动党获得了37个席位，再次赢得了选举。

1965年，新加坡脱离马来西亚，成为一个主权独立的国家。由于社会民主阵线抵制选举，参选的工人党和中间派候选人力量单薄，在1968年的大选中，人民行动党赢得了所有57个国会议席。"至此，人民行动党的霸主地位得以牢固确立，新加坡一党独大的政党政治格局最终形成。"① 在这次大选之前，外交部部长拉惹勒南曾表示："一党制国家的建立是人们对人民行动领导的信任以及反对党赞同的体现。"同时，李光耀也在为一党体制进行合法性辩护时说道："这证明人民行动党有能力在周期性选举中满足所有团体的需求。"② 在此后的三次大选中，人民行动党都保证了全胜的战绩。到了80年代，才有一两位其他党派候选人得以进入国会（见表4—2）。90年代之后，虽然反对党的境况有所改善，③ 但人民行动党仍牢牢掌握着政权。

也就是说，新加坡自独立以来，李光耀领导下的人民行动党一直作为执政党掌握国家政权。因此，新加坡的政治体制被认为是一党独大的威权政体。④ 并且，长期执政的人民行动党的地位远远高于政府，形成了一种"党高府低"的格局。⑤ 李光耀本人也直接将执政党、政

---

① Tae Yul Nam, "Singapore's One-Party System: Its Relationship to Democracy and Political Stability", *Pacific affairs*, Vol. 42, No. 4, 1969, p. 466.
② Straits Times, October 29, 1966. 转引自Tae Yul Nam, "Singapore's One-Party System: its Relationship to Democracy and Political Stability", *Pacific affairs*, Vol. 42, No. 4, 1969, p. 466.
③ 20世纪90年代至今反对党获得的议席数：1991年4个；1997年2个；2001年2个；2006年2个；2011年6个。
④ ［美］芭芭拉·格迪斯：《比较政治学中的理论建构与研究设计》，第151页；Heng Chee Chan, *The Dynamics of One Party Dominance: The PAP at the Grass-Roots*, Singapore: Singapore University Press, 1976, p. 218；［新］林金圣：《新加坡特色的选举制度：人民行动党每选必胜的奥秘》，民主与建设出版社2015年版，第2页；李路曲：《新加坡现代化之路：进程、模式与文化选择》，新华出版社1996年版，第253页。
⑤ 卢正涛：《新加坡威权政治的研究》，南京大学出版社2007年版，第119页。

府与国家的关系阐述为:"人民行动党就是政府,而政府就是新加坡。"① 由于在表面上维持了竞争性选举的形式,因而也有学者将新加坡的政治体制视作"受控制的民主"(controlled democracy),或"非自由的民主"(illiberal democracy),② 或"软威权"政体。③ 按照亨廷顿和格迪斯的三分法,本书将新加坡视为"一党制"威权政体。

表4—2　人民行动党在历届大选中得票率(1959—1988年)

时间	国会席位	参加竞选政党	行动党赢得席位	行动党得票率(%)	行动党得席率(%)
1959年5月30日	51	10个政党和39个独立人士	43	53.4	81.31
1963年9月21日	51	8个政党和16个独立人士	37	46.5	72.55
1968年4月3日	58	2个政党和5个独立人士	58	84.4	100
1972年9月2日	65	6个政党和2个独立人士	65	69.0	100
1976年12月23日	69	7个政党和2个独立人士	69	72.4	100
1980年12月23日	75	8个政党	75	75.6	100
1984年12月23日	79	9个政党	77	62.9	97.47
1988年9月3日	81	7个政党和4个独立人士	80	61.8	98.77

资料来源:The Economist Intelligence Unit:"Country profile:Singapore,1988—1989"。

第三节　两国的要素禀赋、参与国际贸易的情况及劳工群体的发展

一　韩国的要素禀赋、参与国际贸易的情况及劳工群体的发展

(一) 韩国的要素禀赋

韩国位于东北亚朝鲜半岛的南部,三面环海,国土面积为9.64万

---

① [新加坡]李光耀:《李光耀40年政论选》,现代出版社1994年版,第466页。
② Martin Perry, Lily Kong and Breda Yeoh, *Singapore: A Developmental City State*, New Jersey: John Wiley and Sons Ltd., 1997, pp. 62 – 66, 80 – 81.
③ Denny Roy, "Singapore, China, and the 'Soft Authoritarian' Challenge", *Asian Survey*, Vol. 34, No. 3, 1994, pp. 231 – 242; Stephan Ortmann, "The 'Beijing Consensus' and the 'Singapore Model': Unmasking the Myth of an Alternative Authoritarian State-Capitalist Model", *Journal of Chinese Economic and Business Studies*, Vol. 10, No. 4, 2012, p. 343.

平方公里，人口约为 33812 万，[①] 是一个典型的人多地少的国家。为了进一步分析韩国的劳动力——土地要素状况和资本要素的状况，我们需要将韩国与其主要的贸易伙伴进行对比分析。由表4—3可见，韩国的商品主要出口到美国、日本、联邦德国、中国香港、加拿大、荷兰、英国、沙特阿拉伯这几个国家和地区。

表4—3　　　韩国主要的出口国家和地区（1970—1985 年）单位：百万美元；%

名次	年份 国别/地区	1970 国别/地区	金额	1975 国别/地区	金额	1980 国别/地区	金额	1985 国别/地区	金额
1		美国	395.2 (47.1)	美国	1536.3 (30.2)	美国	4624 (26.4)	美国	10470 (36.2)
2		日本	236.2 (28.2)	日本	1292.9 (25.4)	日本	3039 (17.4)	日本	4468 (15.5)
3		中国香港	27.6 (3.3)	联邦德国	312.2 (6.1)	沙特阿拉伯	946 (5.4)	中国香港	1536 (5.3)
4		联邦德国	27.3 (3.3)	加拿大	197.3 (3.9)	联邦德国	875 (5.0)	加拿大	1203 (4.2)
5		加拿大	19.6 (2.3)	中国香港	182.0 (3.6)	中国香港	823 (4.7)	沙特阿拉伯	960 (3.3)
6		荷兰	13.5 (1.6)	英国	161.8 (3.2)	英国	573 (3.3)	英国	880 (3.0)
7		英国	13.0 (1.5)	荷兰	129.0 (2.5)	荷兰	350 (2.0)	联邦德国	865 (3.0)
小计			732.4 (87.3)		3811.5 (75.0)		11230 (64.2)		20382 (70.5)
总计			838.9 (100)		5081.0 (100)		17505 (100)		28908 (100)

资料来源：IMF, Direction of Trade: 1970-1976, 1981, 1986。

[①] 国土面积和人口总数韩国 1980 年数据。资料来源：世界银行，http://datacatalog.worldbank.org/。

首先分析韩国的劳动力和土地要素。衡量劳动力和土地要素之间相对充裕程度的一个指标是人口密度。韩国1965年的人口密度为每平方公里297.6人，仅低于荷兰和中国香港两地，[①] 大大高于每平方公里25.6人的世界平均水平（见附表3）。而韩国最大的出口对象国——美国，人口密度仅为每平方公里21.2人。同时，韩国的人口密度也略高于它的第二大出口对象国——日本。并且，韩国的人口密度逐年升高，到了1980年，这一数值增长到了395.2。因此，与其主要的贸易伙伴相比，韩国的劳动力要素相对充裕。

衡量劳动力和土地要素之间相对充裕程度的另一指标是人均可耕地面积。20世纪60年代起，随着经济的发展，韩国城镇不断扩张，部分可用的耕地转化为城市建设用地。1965年韩国的人均可耕地面积为7.5公亩，1975年为5.8公亩，1980年继续下降到了5.4公亩，都远低于世界的平均水平。与其主要的出口对象相比，韩国的人均可耕地面积仍处于低水平，仅略高于日本，以及属于港口城市的中国香港地区（见附表4）。由此可见，韩国土地—劳动力之比较低，即劳动力要素充裕而土地要素稀缺。

我们再用人均资本形成总额和人均GDP来衡量韩国的资本要素情况。1960年，韩国的人均资本形成总额仅为78美元，到了1980年涨到了928美元，增长了10倍多，但是直到20世纪80年代初仍然低于世界平均水平（见附表1）。并且，与其主要贸易的国家和地区相比，韩国的人均资本形成总额处于最低水平。例如，1975年，英国的人均资本形成总额为2923美元，美国为3670美元，加拿大为3928美元，德国为4389美元，日本为4864美元，荷兰则高达5128美元，而同属"亚洲四小龙"的中国香港，人均资本形成总额也有1499美元，而韩国仅为531美元。

同样，在人均GDP方面，韩国与它的主要出口对象国或地区相比，差距也很大（见附表2）。1965年韩国的人均GDP仅为1285美元，同期世界平均水平为3626美元，中国香港为4721美元，日本超

[①] 韩国对荷兰的出口占其总出口的比例极小，且逐年下降，因而荷兰对韩国贸易的影响可忽略不计；中国香港是一个典型的港口城市，具有一定的特殊性，因而人口密度极其高。

过10000美元，英国和加拿大均略高于15000美元，荷兰为16227美元，而美国已达18783美元。到了1980年，韩国的人均GDP提升至3926美元，但还低于世界平均水平以及主要贸易伙伴。

综上，20世纪60—80年代，在要素禀赋上，韩国属于土地要素和资本要素稀缺、劳动力要素充裕的国家。

（二）韩国对国际贸易的参与

朴正熙掌握政权后，为了发展国内经济，韩国政府采取了"经济第一、增长第一、出口第一"的原则，通过制定"五年经济计划"，施行了政府主导的外向型经济发展战略。在"一五"和"二五"计划中，韩国主要发展劳动密集型的轻工业品；从70年代初的"三五"计划开始，韩国逐步转向了资本和技术密集型的重化工业的发展。1973年，韩国政府制定了"重化工业发展计划"，带动了70年代的工业转型。[①] 从20世纪60年代初到70年代末，短短的20年里，韩国迅速实现了工业化，创造了所谓的"汉江奇迹"。虽然在80年代初出现了短暂的经济困境，在全斗焕政府的领导下又恢复了高速增长。1961年至1979年，韩国的GDP平均增速达9.45%，其中1969年和1970年分别高达14.1%和12.8%；1980年至1987年，韩国的GDP平均增速达8.48%，其中1983年、1986年和1987年都高于12%。[②]

在出口导向型发展战略的指导下，韩国对外出口额增长迅猛。1960年韩国的货物和服务出口额仅为1.23亿美元；1970年增长到了12.13亿美元，增长了近10倍；到了1979年，更是增长到了174.33亿美元。在整个朴正熙政权时期，韩国的出口额年均增长率高达26.27%，其中1973年甚至高达56%。进入80年代，韩国的对外出口继续保持强劲的增长势头，1987年货物和服务出口额已达535.82亿美元，1980—1987年年均增速达13.45%。[③] 更为重要的是，韩国的出口依存度[④]，即韩国经济对国际贸易的依赖程度，显著提升。1960年韩国的出口依存度还相当低，仅为3.16%；1971年就增至14.16%，

---

① 尹保云：《韩国为什么成功：朴正熙政权与韩国现代化》，文津出版社1993年版，第145—154页。
② 根据世界银行数据整理。
③ 根据世界银行数据整理，单位为现价美元。
④ 此处的出口依存度是指货物和服务贸易的出口额占国内生产总值的比重。

并首次超过了同年的世界平均水平;到了 1987 年,这一数值已高达 35.49%,是世界平均水平的近两倍(见图 4—1)。由此可见,自外向型的经济发展战略启动后,特别是进入 20 世纪 70 年代,韩国的国民经济已经与世界经济紧密相连。

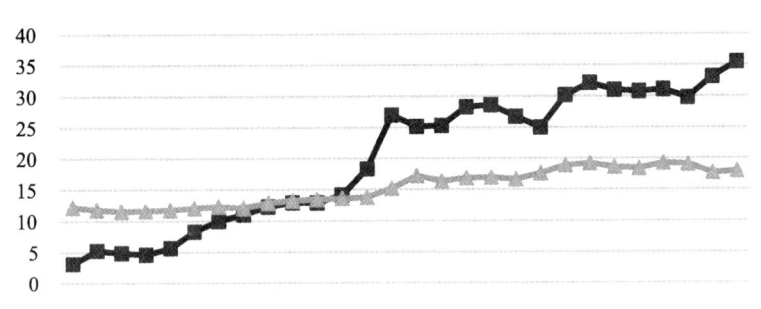

图 4—1 韩国/世界出口依存度(单位:%)

资料来源:根据世界银行库数据整理制作。

在出口商品的结构方面,从 20 世纪 60 年代中期开始,工业制成品就已经成为韩国主要的出口商品。1965 年,韩国工业品出口占所有商品出口的 62.3%,1970 年这一比例上升到了 83.6%,80 年代后保持在 90% 以上(见图 4—2)。

在出口的工业制成品中,韩国的轻工业产品出口比例在 60—70 年代一直高于重工业产品的出口。并且,在 1966 年至 1971 年间,轻工业品出口占所有工业品出口的 85% 左右,占据了绝对的主导地位(见图 4—3)。例如,在 1968 年的韩国十大出口商品中:胶合板出口额为 6772.4 万美元,占总出口额的 14.87%;服装出口额为 5117.7 万美元,占 11.24%;毛衣出口额为 4467.8 万美元,占 9.81%;假发出口额为 3612.7 万美元,占 7.93%;丝绸品出口额为 1824 万美元,占 4%;鞋类出口额为 1569.6 万美元,占 3.45%;编织品出口额为 1386.4 万美元,占 3.04%。[①] 这些轻工业产品基本都出自劳动密集型的产业。因而,整个 60—70 年代,韩国在国际贸易的分工中,主要发

---

① 孙鲁军:《韩国经贸工作概览》,山东科学技术出版社 1993 年版,第 112 页。

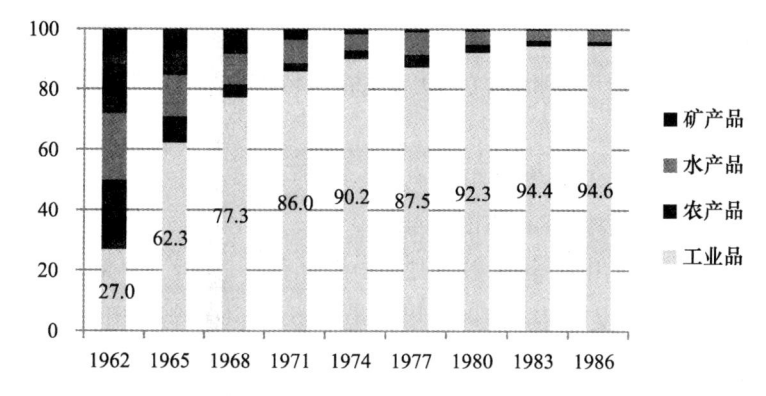

图4—2　1962—1986年韩国不同产业出口比重的变化（单位:%）

资料来源:孙鲁军:《韩国经贸工作概览》,山东科学技术出版社1993年版,第110、114、118页。

挥的比较优势是充足且相对廉价的劳动力要素。

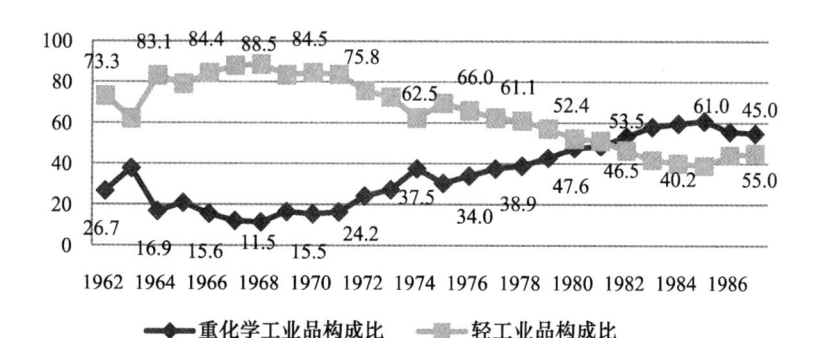

图4—3　韩国重化工业品/轻工业品所占出口比重构成比（单位:%）

资料来源:孙鲁军:《韩国经贸工作概览》,山东科学技术出版社1993年版,第113、115、119页。

重化学工业品占韩国所有工业品出口的比重第一次超过轻工业品是在1982年,当年重化学工业品比重为53.5%,轻工业品比重为46.5%（见图4—3）。例如,在1984年的韩国十大出口商品中:船舶及水上构筑件出口额约为46.84亿美元,占总出口额的16.0%;钢铁制品为26.61亿美元,占9.1%;机械类为7.06亿美元,占2.4%;合成树脂制品为6.96亿美元,占2.4%;电气机器为6.23亿美元,占

2.1%；金属制品为6.07亿美元，占2.1%。① 但是，韩国轻工业品的出口在20世纪80年代仍然在40%左右，依然需要较多的劳动力从事出口商品的生产。

（三）韩国劳工群体的发展

在出口导向型经济战略的引导下，韩国的出口企业数目不断增多。1976年韩国全国出口企业数为2244个，仅4年后，1980年增长为3372个。其中，仅首尔市1976年就有595个，占全国出口企业数的26.5%；1980年为1880个，占55.8%。② 伴随着出口企业数目的增多，韩国的劳工阶层也不断壮大。1960年，劳工阶层占人口的13%；1970年这一比例提升到了25.3%；到了1980年劳工阶层占到了36.8%，比整个中产阶级还略多（见表4—4）。

表4—4　　　　　　　　韩国国内的阶级结构变化

阶级	1960	1966	1970	1975	1980	1985
上层阶级	1.1	0.9	0.8	0.6	0.9	1.2
新中产阶级	5.5	7.9	9.4	10.4	14.5	18.7
旧中产阶级	14.8	15.4	13.8	13.1	15.3	17.3
劳工	13.0	19.0	25.3	27.1	31.7	36.8
农民	65.6	56.8	50.7	48.8	37.6	26.0
总计（%）	100	100	100	100	100	100

资料来源：San-Jin Han, "Modernization and the Rise of Civil Society: The Role of the 'Middling Grassroots' for Democratization in Korea", *Human Studies*, Vol. 24, No. 1 - 2, 2001, p. 122。

1960年，城市工人仅有130万人，而到了80年代中期，人数增加了5倍，达到了800万人。其中，制造业的工人增长了7倍多，从1963年的41.7万人增加到了1985年的310万人；服务业和商业的工人增加了3倍多，从130万人增加到了450万人；而农业部门中领工

---

① 孙鲁军：《韩国经贸工作概览》，山东科学技术出版社1993年版，第120页。
② ［韩］韩国社会学会编：《韩国社会走向何处》，周四川译，东方出版社1993年版，第133页。

资的劳动者从72.5万人减少到了43.7万人。① 70年代中期以前,韩国主要以发展轻工业的出口产品为主,如纺织、服装和电子工业等,因而女工数量增长明显:1963年女工人数占全部生产工人的41%,到1976年增加到了53%。随后,韩国逐步转向了重化工业,女工比例开始下降,男性工人比例上升:1985年,男性工人的比重为53.7%,女工比例下降为46.3%。② 同时,韩国工人受教育的水平也不断提高:1974年,大约有47%的工人受过中等教育,而到了1980年这一比例提高到了69%。在大型的重工业中,受教育程度更高:1984年,机械行业中,高中毕业的工人占半熟练工人的59%,占熟练工人的90%。③

在朴正熙政府推行"增长第一,分配第二"方针的指导下,④ 资本家对工人的权益极其漠视。60年代制造业部门工人的平均工资,不仅没有满足城市生活的消费支出,甚至连除了房费、取暖费、杂费之外的纯食品费用都不能满足。⑤ 在整个70年代和80年代初期,大部分的韩国制造业工人的工资都处在维持生存的水平以下,⑥ 平均工资只能满足生存所需要的50%—60%。⑦ 并且,女工的工资比男工还低。1976年,缝制女工的平均工资不到男工的1/2。⑧ 由此可见,虽然工人也从经济增长中获益,例如从1971年至1980年这10年间,韩国工人的实际工资平均增长率为9.75%,⑨ 但是却长期低于国民生产总值的增长率以及国内的通货膨胀率,从而使韩国劳工的生活状况改善并不明显(见表4—5)。同时,韩国低水平的社会保障体系,让韩国劳工

---

① [韩]具海根:《韩国工人——阶级形成的文化与政治》,梁光严、张静译,社会科学文献出版社2003年版,第35、41—43页。
② 同上书,第35、44—46页。
③ 同上书,第47—48页。
④ 郭定平:《韩国政治转型研究》,中国社会科学出版社2000年版,第91页。
⑤ [韩]姜万吉:《韩国现代史》,陈文涛等译,社会科学文献出版社1997年版,第368页。
⑥ [韩]具海根:《韩国工人——阶级形成的文化与政治》,梁光严、张静译,社会科学文献出版社2003年版,第73页。
⑦ 房宁:《自由、威权、多元——东亚政治发展研究报告》,社会科学文献出版社2011年版,第116页。
⑧ 郭定平:《韩国政治转型研究》,中国社会科学出版社2000年版,第91页。
⑨ 1976—1978年的高速增长是由于韩国劳动力短暂的相对供给不足。

的生活更加艰难。韩国在战后相当长的一个时期内，一般工人很难享受到来自当局和政府的社会保障，而且社会福利水平的提高速度远远低于经济增长速度。据亚洲开发银行和世界银行的数据，政府用于卫生、社会保障和福利的总开支占国家财政的百分比：阿根廷（20世纪80年代初）为40.1%，巴西（1985年）为40.3%，墨西哥（1985年）为13.4%，中国台湾地区（1984年）为15.2%，韩国（1985年）仅为8.1%。[①]

表4—5　　　　韩国经济和工资的增长率（1971—1987年）　　　　　　单位:%

年度	国民生产总值（GNP）	居民消费价格指数（CPI）	实际工资
1971	9.3	13.4	7.0
1972	5.4	11.7	5.2
1973	13.5	3.2	8.0
1974	8.3	24.3	6.1
1975	7.1	25.3	3.3
1976	12.9	15.3	17.5
1977	10.1	10.1	19.9
1978	9.7	14.4	18.0
1979	7.6	18.3	8.4
1980	-2.2	28.7	4.1
1981	6.7	21.3	0.5
1982	7.3	7.3	7.9
1983	11.8	3.4	7.4
1984	9.4	2.3	6.3
1985	6.9	2.5	5.6
1986	12.4	2.6	5.4
1987	12.0	3.0	7.1

资料来源：Ho-gŭn Song, *Labour Unions in the Republic of Korea: Challenge and Choice*, Geneva: International Institute for Labour Studies, 1999, p. 19.

[①] [美]加里·杰里菲、唐纳德·怀曼编：《制造奇迹——拉美与东亚工业化的道路》，上海远东出版社1996年版，第206—207页。

除了低工资外，韩国工人的工作时间极长，工作和生活环境极差。20世纪70年代，在许多劳动密集型的经济部门中，工人每天工作12小时，甚至连续多日每天工作18小时。① 80年代，他们每周工作时间居世界之最。例如1980年，韩国制造业工人每周平均工作时间为53.1小时，而美国仅为39.7小时，日本为38.8小时，中国台湾地区为51小时。② 并且，经济的发展没有带来韩国劳工工作强度的降低，平均每周工作时间反而提高：1970年为52.5小时，1980年为53.1小时，1986年继续增加到了54.5小时。③ 大批进入城市的新工人只能住在被称为"鸡笼子""蜜蜂窝""木板材"的贫民窟里。④ 位于首尔西南部的大型服装工业区和平市场内共有2万多名年轻工人，其中90%是妇女。"她们在地面离天花板不到4—5米英尺高的小格子间里工作，既见不到阳光也没有通风设备。"⑤ 韩国制造商对工厂的安全措施投入极低，工人们被迫在缺乏安全保障的条件下工作，导致韩国的工伤事故发生频率非常高。例如，1976年，韩国工伤事故发生率为美国和英国的5倍，日本的15倍。⑥ 长期在噪声、灰尘、瓦斯、高温等恶劣条件下工作，极高比例的工人都患上了职业病。⑦ 据1970年的一项调查称，78.7%的工人都患有职业病。⑧

"相对被剥夺感"，即对自己经济改善的预期升高的速度超过了经济上的实际改善速度，以及在工作中受到的残酷待遇，是韩国工人运动兴起的重要因素。⑨ 也就是说，在这一时期，不断壮大的韩国劳工群体，虽然工资收入有所增加，但他们仍然希望通过斗争的方式，进

---

① ［韩］具海根：《韩国工人——阶级形成的文化与政治》，梁光严、张静译，社会科学文献出版社2003年版，第3页。
② 同上书，第60页。
③ 同上。
④ 房宁：《自由、威权、多元——东亚政治发展研究报告》，社会科学文献出版社2011年版，第115页。
⑤ ［韩］具海根：《韩国工人——阶级形成的文化与政治》，梁光严、张静译，社会科学文献出版社2003年版，第88页。
⑥ 同上书，第68页。
⑦ 同上书，第69—70页。
⑧ ［韩］姜万吉：《韩国现代史》，陈文涛等译，社会科学文献出版社1997年版，第367页。
⑨ ［韩］具海根：《韩国工人——阶级形成的文化与政治》，梁光严、张静译，社会科学文献出版社2003年版，第6页。

一步改善自己的生存状态、维护应有的权益。根据经济的发展情况以及军人威权政府对待劳工的政策,可将60年代初至1987年的韩国劳工运动分为以下四个阶段。

第一阶段为20世纪60年代初至1979年。最初韩国的劳工斗争以自发的、个体性的行为为主,组织性较低。70年代末联合的劳工运动开始萌芽,劳工运动的影响力也加大。同时由于这一时期韩国轻工业的比重较大,劳工运动主要由是纺织、服装、电子产业的女工发起,① 关注自身经济和福利问题,并没有挑战朴正熙政权的合法性。② 总的来看,这一时期劳工运动较为沉寂。

首尔和平市场的裁剪工人全泰壹一直为改善工人的生活和劳动条件而奔走。他还曾向劳动局、报纸甚至总统写请愿书,但却被无情地忽视、打发或嘲讽。在抗争无果的情况下,1970年11月13日,年仅22岁的他就在他工作的工厂高呼"我们不是机器""不许剥削劳工",而后自焚身亡。③ 该事件震惊了整个韩国,劳工经济和权利问题开始得到了社会各界,特别是知识分子和学生的关注。④ 劳工群体也逐步意识到提高组织化程度,通过组建工会,开展集体斗争的重要性。随后,"清溪成衣工会"在和平市场建立,元丰和东一纺织公司的女工也建立了独立工会,还有一些轻型制造业公司也开展了工会化斗争,如半岛商事、科龙电子(Crown)、控制数据(Control Data)等。但是,这些工会不仅会遭到公司管理层的监视,工会的领导还会受到骚扰、殴打、监禁等不公正待遇。⑤ 此外,在韩国的其他城市也爆发了因经济问题而引发的罢工和抗议活动:1970年12月光州亚细亚汽车厂的

---

① 1971年2月,IMAX电子工厂工人罢工;1972年7月,韩国毛纺厂工人罢工;1973年9月,森立食品厂工人罢工;1976年9月,丰川化纤厂工人罢工;1977年10月,第一制糖会社工人罢工;1977年7月—1978年3月,仁川东日纺织会社工人保卫民主工会的斗争等。
② 金克宜:《韩国劳工运动之透视》,财团法人中华经济研究院1990年版,第7页。
③ Yin-Wah Chu, "Labor and Democratization in South Korea and Taiwan", *Journal of Contemporary Asia*, Vol. 28, No. 2, 1998, p. 197.
④ 房宁:《自由、威权、多元——东亚政治发展研究报告》,社会科学文献出版社2011年版,第116页。
⑤ [韩]具海根:《韩国工人——阶级形成的文化与政治》,梁光严、张静译,社会科学文献出版社2003年版,第90—92页。

工人罢工、1974年9月庆尚南道蔚山现代造船厂的工人的抗议暴动。①同时，在这一时期，工会还与教会组织之间建立了密切联系。教会为工人开办各种有关劳动法和工会组织的课程，提高工人的权利意识。②到了70年代末期，工人运动从单个企业工会的斗争发展成了不同企业之间的联合斗争。例如，1978年3月26日，来自不同纺织厂的6名女工，在有电视直播的、盛大的感恩节礼拜式进行了抗议活动。③

第二阶段为1979—1980年。朴正熙遇刺后，政治情势出现大变动，军人威权政府出现权力真空，加上1980年经济不景气的因素，劳工运动大规模扩张。不过，这一时期的劳工运动仍是以单个工厂组织的、相对独立的斗争为主，与其他社会力量也没有形成紧密的联合，因此成效不大。④

1980年的头五个月，劳工运动多达900次，与整个"维新时期"（1973—1979年）的总次数差不多，且遍及韩国的主要工业城市。⑤ 在这一时期，劳工既是为了争取提高工资等经济目的，也有解散公司控制的工会，成立劳工独立工会的要求。⑥ 1980年3月4日，首尔九老工业区南和电子厂工人率先组建了民主工会；随后，在京南地区共组建了15个新工会。1980年5月9日，全国金属工会的1000名劳工为反对公司控制下的工会，占据了金属工会代表大会的会场，通过了要求保证劳动权利、废除国家保安法等内容的决议。⑦ 同时，这一时期的劳工运动持续时间较短、暴力程度较高，但最终的收效并不大。1980年4月，东原道矿城舍北镇的3000多名工人举行罢工，抗议长期以来的低工资和恶劣的工作环境，并要求作为管理方傀儡的公司工会

---

① 郭定平：《韩国政治转型研究》，中国社会科学出版社2000年版，第92页。
② [韩] 具海根：《韩国工人——阶级形成的文化与政治》，梁光严、张静译，社会科学文献出版社2003年版，第92—94页。
③ 同上书，第109页。
④ Seongyi Yun, "Democratization in South Korea: Social Movements and their Political Opportunity Structures", Asian Perspective, Vol. 21, No. 3, 1997, p. 156.
⑤ Sunhyuk Kim, The Politics of Democratization in Korea: The Role of Civil Society, Pittsburgh: University of Pittsburgh Press, 2000, p. 66.
⑥ [韩] 具海根：《韩国工人——阶级形成的文化与政治》，梁光严、张静译，社会科学文献出版社2003年版，第125—126页。
⑦ 曹中屏、张琏瑰等编：《当代韩国史（1945—2000）》，南开大学出版社2005年版，第337页。

辞职。在与警方对峙期间,三名抗议者被一辆警车撞伤。愤怒的工人占领了警局,烧掉了工会办公室,捣毁了管理人员的住宅,劫持了工会主席的妻子,使整个城市瘫痪了4天。随后,在釜山一家钢铁厂的工人也发动了暴力反抗。他们烧毁了公司大楼,痛打了公司管理人员,并与防暴警察发生了激烈的搏斗。[1]

第三阶段为1980—1983年。在军方镇压了光州的反威权民主运动后,全斗焕政权对劳工运动采取了严厉的控制措施,劳工运动又处于相对沉默状态。

这一时期,工会数量急剧下降,从1980年11月的6011个减少到同年年末的2618个,工会会员人数也从112万减少到95万。在全斗焕的打压下,学生运动也受到限制,他们拒绝参加工作,选择隐瞒身份进入工厂加入劳工行列,提高工人的阶级意识,唤起劳工的觉醒,并帮助他们组织工会。[2] 仅1980年上半年在首都圈工厂区域,"伪装就业"的学生工人就有三四千人,他们领导重组了134个工会。[3] 学生群体的"最终目的是要将劳工斗争引向结束军事统治和实现韩国社会的激进改造这些更大的政治目标"。[4]

第四阶段为1983—1987年。在即将举行大选和举办1988年奥运会的背景下,全斗焕于1983年推行了自由化政策,以增强政权的合法性。政治控制减弱的背景下,劳工运动重新爆发,并显示出了空前的组织性和政治性,并与学生、教会等社会团体进行联合斗争。

劳资纠纷从1983年的98起,增加到1984年的113起,1985年又翻了一倍多,增加到265起(见表4—6)。独立工会的数目也迅速增多,仅1984年就组建了200个独立工会。[5] 1984年4月,清溪成衣工会又恢复元气,致力于揭露有限的、虚伪的政治自由化。该工会与韩

---

[1] Sunhyuk Kim, *The Politics of Democratization in Korea: The Role of Civil Society*, Pittsburgh: University of Pittsburgh Press, 2000, p.55.
[2] Seongyi Yun, "Contributions and Limits of Student Movement in South Korea Democratization, 1980-1987", *Korea Observer*, Vol.30, No.3, 1999, p.491.
[3] 房宁:《自由、威权、多元——东亚政治发展研究报告》,社会科学文献出版社2011年版,第117页。
[4] [韩]具海根:《韩国工人——阶级形成的文化与政治》,梁光严、张静译,社会科学文献出版社2003年版,第130页。
[5] 同上书,第135页。

国劳工福利委员会（The Korean Council for Labor Welfare）联合反对严苛的劳工法；学生积极支持、配合劳工的行动；教会团体，如天主教牧师正义协会（Catholic Priests' Association for Justice）帮助劳工发起了支持修改"劳工法"的签名活动。① 更重要的是，包含劳工组织、学生团体、青年组织、宗教组织等团体在内的、政治目标明确的全国性组织相继成立，如"人民与民主运动委员会"（The Council of Movement for People and Democracy，1984年6月），"民主与统一全国代表大会"（The National Congress for Democracy and Reunification，1984年11月）。这两个组织又合并成了"民主和统一人民运动联盟"（People's Movement Coalition for Democracy and Reunification，1985年3月），几乎包含了所有反抗力量，明确了推动宪法修正和民主化的决心，并在各个城市建立分支机构，使得民主化运动更加有效。② 同时，工人运动也逐步由轻工业扩展到了大型的重化工业，并由年轻的、技术水平更高的男性劳动者组织斗争，他们组织性、谈判能力更强。③ 例如1985年4月，大宇汽车的300名男工接管了工会，并进行了一次组织良好的罢工，并最终获得了18%的加薪。④ 同年6月，九老工业区发生了一次各个工厂联合的团结罢工。最开始有大宇服装、晓星纺织、韩邦电子和顺一纺织的1300名工人参与了罢工。随后，又有四家企业——塞进电子、南成电子、罗姆—高丽亚和三星制药公司的工人加入，八家企业共2500名工人进行了6天的团结斗争。⑤ 这次运动极大地促进了不同企业之间工人的团结以及工人政治觉悟的提升，向争取民主权利的政治斗争方向发展。随后，全国性或地区性的大型工人组织相继成立，例如"韩国工人福利协议会"（The Welfare Council of

---

① Yin-Wah Chu, "Labor and Democratization in South Korea and Taiwan", *Journal of Contemporary Asia*, Vol. 28, No. 2, 1998, p. 198.

② Sunhyuk Kim, *The Politics of Democratization in Korea: The Role of Civil Society*, Pittsburgh: University of Pittsburgh Press, 2000, pp. 83 – 84, pp. 86 – 87.

③ San-Jin Han, "Modernization and the Rise of Civil Society: The Role of the 'Middling Grassroots' for Democratization in Korea", *Human Studies*, Vol. 24, No. 1 – 2, 2001, p. 121.

④ Yin-Wah Chu, "Labor and Democratization in South Korea and Taiwan", *Journal of Contemporary Asia*, Vol. 28, No. 2, 1998, p. 192, p. 196.

⑤ [韩]具海根：《韩国工人——阶级形成的文化与政治》，梁光严、张静译，社会科学文献出版社2003年版，第139—144页。

Korean Workers，1984 年)①、"首尔工人运动联合会"（Seoul Area Labor Movement League，1985 年 8 月)、"仁川地区工人联盟"（Inchon Area Labor Movement League，1986 年 2 月）等。②

表4—6　　　　　韩国罢工次数和参与人数（1982—1987 年）

年份	1982	1983	1984	1985	1986	1987
罢工次数	88	98	114	265	276	3617
参与人数	8967	11100	16400	28700	46900	934900

资料来源：Ronald A. Rogers，"Exclusionary Labor Regime under Pressure：The Changes in Labor Relations in the Republic of Korea since Mid‐1987"，*UCLA Pac. Basin LJ*，Vol. 8，No. 1，1990，p. 94。

二　新加坡的要素禀赋、参与国际贸易的情况及劳工群体的发展

（一）新加坡的要素禀赋

东南亚的岛国——新加坡，毗邻马六甲海峡的南口，是东西方之间的十字路口和交通中心。新加坡是世界上典型的国土面积狭小，人口密集的国家之一。以 1980 年的数据为例，新加坡的国土面积为 670 平方公里，人口总数约为 241 万，其中华人占了大多数，其次还有马来人和印度族人。新加坡的出口贸易对象主要有美国、日本、英国、德国、澳大利亚、中国香港、泰国、马来西亚等国家和地区（见表 4—7）。分析新加坡的劳动力——土地要素和资本要素的状况，同样需要与其主要的出口对象进行对比。

首先可以通过人口密度这一指标衡量新加坡的劳动力、土地要素禀赋状况。显然，新加坡的人口密度极高，远远高于世界平均水平以及它的主要出口国家和地区（中国香港地区除外）。1965 年，新加坡每平方公里上有 2816.3 人；此后，新加坡的人口密度继续上升，1980 年涨到了每平方公里 3602.8 人（见附表 3）。

---

① 该组织是由 1980 年初因参与民主运动被解雇的劳工，建立的第一个非官方的全国性的劳工组织。
② Seongyi Yun，"Democratization in South Korea：Social Movements and Their Political Opportunity Structures"，*Asian Perspective*，Vol. 21，No. 3，1997，p. 160.

表4—7　　　　新加坡主要的出口国（1970—1985年）（单位：百万美元;%）

名次 \ 年份 国别/地区	1970 国别/地区	1970 金额	1975 国别/地区	1975 金额	1980 国别/地区	1980 金额	1985 国别/地区	1985 金额
1	美国	172.3 (11.1)	美国	745.8 (13.9)	马来西亚	2908 (15.0)	美国	4830 (21.2)
2	日本	118.1 (7.6)	日本	466.3 (8.7)	美国	2424 (12.5)	马来西亚	3539 (15.5)
3	英国	106.0 (6.8)	中国香港	395.3 (7.4)	日本	1560 (8.1)	日本	2148 (9.4)
4	中国香港	63.4 (4.1)	澳大利亚	268.0 (5.0)	中国香港	1496 (7.7)	中国香港	1454 (6.4)
5	澳大利亚	52.3 (3.4)	英国	227.8 (4.2)	澳大利亚	780 (4.0)	澳大利亚	739 (3.2)
6	泰国	51.2 (3.3)	联邦德国	202.1 (3.8)	联邦德国	584 (3.0)	英国	626 (2.7)
7	联邦德国	44.5 (2.9)	泰国	187.0 (3.5)	英国	500 (2.6)	联邦德国	512 (2.2)
小计		607.8 (39.1)		2492.3 (46.4)		10252 (53.0)		13848 (60.7)
总计		1553.7 (100)		5375.2 (100)		19337 (100)		22808 (100)

资料来源：IMF, Direction of Trade：1970-1976,1981,1986。

从人均可耕地面积这一数据来看，新加坡的劳动力要素相对于土地要素也更加充裕。作为一个依靠港口建立起来的城市型国家，新加坡的耕地非常稀少。1965年，新加坡的人均可耕地面积为0.21公亩，快速的工业化导致耕地进一步减少，到了1980年就仅剩0.08公亩（见附表4）。新加坡的人均可耕地面积不仅低于同时期的中国香港，还远低于日本、马来西亚、英国、联邦德国等国家。

其次在资本要素方面，新加坡的人均资本形成总额在1960年仅为154美元，1970年增长到了1108美元，超过了1029美元的世界平均水平（见附表1）。并且，到了1980年，特别是1985年，新加坡的人均资本形成总额就与它的主要出口国，美国、日本、德国、英国等发达国家相差无几，甚至还略高。

通过人均GDP进一步分析新加坡的资本要素。1960年新加坡的人均GDP仅为2530美元，之后逐年增长，并从70年代开始飞速提升，1975年为7013美元，1980年为9934美元（见附表2）。到了20世纪80年代中期，虽然新加坡的人均GDP与美国、日本、澳大利亚等国还存在差距，但已经大大地高于世界平均水平，成为资本较为充裕的国家。因此，新加坡在70年代之前都属于资本明显稀缺的国家，从80年代开始情况逐渐改善。

需要补充说明的是，虽然从劳动力/土地比来看，新加坡属于劳动力要素充裕，土地要素稀缺的国家。但是由于出口产业的迅猛发展，到了70年代末期，新加坡已经开始出现了劳动力短缺，不得不向国外引进劳动力，同时调整经济结构，减少对劳动密集型产业依赖。因而，准确地说，新加坡是在60—70年代属于劳动力要素充裕，而资本较为稀缺的国家。

（二）新加坡对国际贸易的参与

作为世界良港的新加坡，地理条件得天独厚，因而其对外贸易在国民经济中占有极其重要的位置。独立建国后，新加坡政府放弃了从60年代初期以来执行的进口替代工业政策，决定实施以出口为导向的经济发展战略。1966—1973年是新加坡外向型经济发展的初级阶段，重点生产低价值的劳动密集型产品，如纺织品、服装、家具、日用家电、电子和船舶修理配件等；1974—1984年是外向型经济发展的高级阶段，经济增长迅速，并且产业结构逐步优化、升级。到了20世纪70年代末，新加坡出现了明显的劳动力短缺，加上工资的不断上涨，新加坡原本的劳动密集型产业逐渐丧失了比较优势。于是，1979年7月新加坡政府提出进行"第二次工业革命"（又称"经济重组"），即将出口产业由劳动密集型向资本、技术密集型转型，重点发展电脑、精密仪器、飞机部件、高级摄影器材、医药等高附加值产业。从80年代中后期开始,新加坡的经济向着更加多元以及知识密集型的方向发展。

1966年开始实行出口导向战略时,新加坡的货物和服务出口额仅约为13.52亿美元;1973年,该数额就增长到了50.06亿美元;1984年继续增长到306.10亿美元,到了1989年新加坡的出口额为563.64亿美元。从1976年至1989年,新加坡的货物和服务贸易的出口额平均增速为12.54%。① 由于大量从事转口贸易,因而新加坡的出口额均高于同期的GDP,也就是说,新加坡的出口依存度高于100%(见图4—4)。

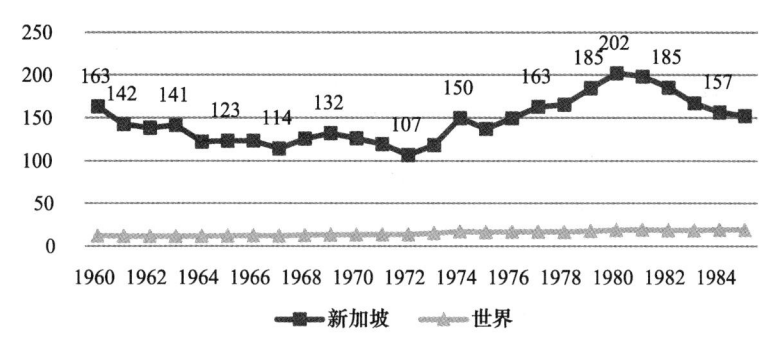

图4—4 新加坡/世界出口依存度(单位:%)

资料来源:根据世界银行数据库整理制作。

为了切实地提振本国经济,新加坡建国后,政府开始改造过分依赖转口贸易的单一经济结构。1960年,新加坡转口贸易占出口总额的93.8%;到了1970年,这一比例就下降到了61.5%。而从1972年开始(除1973年外)转口贸易在出口总额中的比重就降至50%以下;从1980年开始,再度下降并保持在35%左右。相反,新加坡国产商品的出口在出口总额中的比重逐步上升,1960年仅为6.2%,1970年为25.5%,1975年为38.5%,1980年已超过转口贸易,为59.1%,1985年时已高达62.3%。②

从新加坡国产出口的商品结构来看,工业制成品的出口比重迅速

---

① 根据世界银行数据整理,单位为现价美元。
② 王勤:《新加坡经济研究》,厦门大学出版社1995年版,第57页。

上升,而初级产品的出口比重则不断下降。1965年工业制成品[1]出口额占国产品出口额的比例为27.9%,1970年为30.3%,1980年为40.1%,1985年为46.5%,1990年增至68.6%。相反,初级产品的出口比重从1965年的72.1%下降到1990年的31.4%(见表4—8)。

表4—8　　　　　　1965—1990年新加坡国产出口商品构成　　　　　单位:%

	1965	1970	1975	1980	1985	1990
食品	11.9	5.7	3.7	2.3	1.5	1.5
饮料与烟草	1.9	0.7	0.3	0.4	0.3	0.6
原料	1.6	1.6	0.6	0.6	0.6	0.7
矿物燃料	31.6	43.2	42.9	45.0	48.6	27.3
动植物油	2.8	2.7	0.7	1.5	1.9	0.9
化工产品	3.3	2.3	2.8	2.2	4.9	5.8
制成品	13.6	9.3	6.4	5.1	3.7	3.4
机械与运输设备	3.2	10.8	22.4	25.5	31.1	51.6
其他制成品	7.8	7.9	8.9	7.3	6.8	7.8
其他	22.3	15.8	11.3	10.1	0.6	0.4
合计	100	100	100	100	100	100

资料来源:王勤:《新加坡经济研究》,厦门大学出版社1995年版,第58页。

具体来看,60年代至70年代初新加坡主要出口的商品,除了矿物燃料外,主要是木材加工、电子仪器、纺织成衣、食品等劳动密集型产品。以1970年新加坡出口的商品为例:木材与木材制品、家具占总出口的14.77%,电子仪器、机器与设备占12.71%;服装和纺织品占7.95%。[2] 70年代中期以来,随着产业结构的调整和工业技术的升级,技术密集和高附加值产品的出口逐渐占据重要位置。1980年,工业制成品最大项的商品中出口额超过10亿新元的有电器设备、通信设备,超过1亿新元的有服装、船舶、木材和药品。[3]

---

[1] 包括化工产品、制成品、机械与运输设备和其他制成品。
[2] 马志刚:《新兴工业与儒家文化——新加坡道路及发展模式》,时事出版社1996年版,第114页。
[3] 王勤:《新加坡经济研究》,厦门大学出版社1995年版,第58页。

(三) 新加坡劳工群体的发展

作为城市型国家，新加坡的城市化率将近100%，农业人口极少。在新加坡各个部门中，制造业从业者占据了大多数并且增长迅速。1965年，新加坡制造业的就业人口为6.1万人，到了1990年增长到42.2万人，翻了近7倍（见表4—9）。而在制造业中，雇佣的工人从1960年的2.74万人，增长到1970年的12.05万人，1980年的28.53万人，1984的27.44万人。[①]

表4—9　　　　　新加坡各部门就业人数[a]　　　　　单位：万人

	1965	1970	1980	1985	1990
总计	18.9	44.4	106.9	115.4	148.6
农业、渔业	0.1	0.2	1.4	0.8	0.6
采矿业	0.1	0.2	0.2	0.2	0.1
制造业	6.1	13.2	31.3	29.4	42.2
电、煤气、水	0.9	1.4	1.0	0.8	0.7
建筑业	1.9	2.2	5.8	10.3	13.4
商业、饭店和旅馆	3.6[b]	10.0[b]	24.5	27.1	32.7
运输、仓储和通信	2.8	4.2	12.2	11.7	14.0
金融、保险、不动产和产业服务	—	—	7.9	10.1	15.9
社团、社会和个人服务	3.3[c]	12.9[c]	22.3	24.8	29.0
失业人数	5.4	5.0	3.4	5.0	3.0
失业率（%）	—	—	3.0	4.1	1.3

注：[a] 指15岁及15岁以上人口；[b] 仅为商业；[c] 包括金融、保险、不动产和产业服务。

资料来源：赫夫：《新加坡的经济增长》，牛磊、李洁译，中国经济出版社2001年版，第315页。

新加坡工人的实际工资保持了合理的增速，与通货膨胀率相差不大。并且，在相当多的年份中，劳工的工资增长率高于通货膨胀率（见表4—10）。不仅如此，新加坡政府为工人提供了良好的工作和生活环境。为提高工厂的工作条件，更好地保障职工的健康和安全，

---

① 赫夫：《新加坡的经济增长》，牛磊、李洁译，中国经济出版社2001年版，第315页；数据均保留两位小数。

1981年，政府专门成立了国家生产力局（National Productivity Board）来负责这些问题。国家生产力局和新加坡国立大学一起，培训专门的医生来处理工人在工作中可能会遇到的健康问题，并按照法律规定，向各个工厂配备了医生。并且，政府强制对工人进行健康检查、开展安全教育，并对工厂设备进行严格检查。[1] 为了缓解劳动力短缺，鼓励妇女参加工作，政府在工厂周围兴建了公共住房，并有照看小孩的相应配套设施，还对有小孩并出来工作的妇女实行减税政策。[2]

表4—10　　新加坡通货膨胀率及工资增长率（1961—1979年）

年度	年通货膨胀率（%）	工资增长率（%）	工资（分/小时）[3]
1961	0.40	-1.23	80
1962	0.42	0.10	88
1963	2.21	1.14	89
1964	1.73	0	89
1965	0.18	4.49	93
1966	2.01	-1.10	92
1967	3.34	5.43	97
1968	0.66	-1.03	96
1969	-0.27	0	96
1970	0.46	0	96
1971	1.76	3.13	99
1972	2.08	5.05	104
1973	19.64	14.42	119
1974	22.37	14.28	136
1975	2.54	13.24	154
1976	-1.84	5.84	163
1977	3.16	5.05	170
1978	4.87	6.47	181
1979	4.08	10.50	200

资料来源：通货膨胀率（按消费者价格指数衡量）：世界银行数据库；新加坡工资及工资增长率：International Labour Office：Yearbook of Labour Statistics, 1970：p. 693, 1980：p. 436.

---

[1] Evelyn S. Wong, "Industrial Relations in Singapore：Challenge for the 1980s", *Southeast Asian Affairs*, No. 1, 1983, p. 273.
[2] Iyanatul Islam and Colin Kirkpatrick, "Export-Led Development, Labour-Market Conditions and the Distribution of Income：The Case of Singapore", *Cambridge Journal of Economics*, Vol. 10, No. 2, 1986, p. 116.
[3] 该数据为新加坡非农业部门劳工每小时的工资，单位为新加坡元。

第二次世界大战后到20世纪60年代,新加坡的工会发起了数不尽的罢工、怠工和暴乱。例如从1961年7月到1962年9月,新加坡共发生了153次罢工行动,创下本地纪录。① 但是,新加坡人民行动党执政后,情况有了显著好转:1969年新加坡第一次全年无罢工;从70年代后期开始,新加坡只有零星的罢工运动发生(见表4—11)。例如,1967年2月1日,公共日薪雇员联合总会属下的公共日薪清洁工友联合会大约2400名工人发起"野猫"式②罢工。这次罢工也成为新加坡劳资关系史上的一个转折点。政府针锋相对地应对罢工行动,赢得公众支持,工会文化也逐步从目无法纪转向讲理并相互体谅。③ 另外,1973年5月美国投资的一家塑料厂的女工突然发起了罢工,并到美国大使馆进行抗议,因为她们的工作量增加了一倍,但是工资每天只增加了0.2美元。随后,政府将85个从马来西亚移民过来的女工,以煽动罢工的名义,驱逐出境。④

表4—11　　　　　　　新加坡行业罢工(1954—1990年)

年份	罢工次数	涉及工人人数	年份	罢工次数	涉及工人人数
1954	8	11191	1973	5	1312
1955	275	57433	1974	10	1901
1956	29	12373	1975	7	1865
1957	27	8233	1976	4	1576
1958	22	2679	1977	1	406
1959	40	1939	1978	0	0
1960	45	5939	1979	0	0
1961	116	43584	1980	0	0
1962	88	6647	1981	0	0
1963	47	33004	1982	0	0

---

① [新加坡]李光耀:《经济腾飞路:李光耀回忆录(1965—2000)》,外文出版社2001年版,第89页。
② 指未经工会批准或自行发动的。
③ [新加坡]李光耀:《经济腾飞路:李光耀回忆录(1965—2000)》,外文出版社2001年版,第90—91页。
④ Hans U. Luther, "Strikes and the Institutionalization of Labour Protest: The Case of Singapore", *Journal of Contemporary Asia*, Vol. 8, No. 2, 1978, p. 227.

续表

年份	罢工次数	涉及工人人数	年份	罢工次数	涉及工人人数
1964	39	2535	1983	0	0
1965	30	3374	1984	0	0
1966	14	1288	1985	0	0
1967	10	4491	1986	1	61
1968	4	172	1987	0	0
1969	0	0	1988	0	0
1970	5	1749	1989	0	0
1971	2	1380	1990	1	98
1972	10	3168			

注：a. 1956年10月由于内乱引起的罢工不记在内。

b. 数据包括10月发生的持续了两天的总罢工，这次罢工大约牵连到19700名工人。

资料来源：赫夫：《新加坡的经济增长》，牛磊、李洁译，中国经济出版社2001年版，第290页。

此外，新加坡左翼政党的发展也可以从一定程度上体现新加坡劳工群体的崛起。人民行动党执政后，主要的左翼反对党就是从该党中分离出来的社会主义阵线。1961年它大约只有1000名党员，但是表现出了很强的活力，获得了最广泛的群众支持。面对这一情况，人民行动党利用手中的国家权力对社会主义阵线进行镇压。除了1963年大选前后对社会主义阵线及其左翼力量进行的一系列逮捕外，新加坡独立建国后，人民行动党也对社会主义阵线进行了周期性镇压，逮捕党的组织秘书、工会领导人等重要干部，查抄其总部和支部等。到了70年代初社会主义阵线已经没有什么力量了。[1] 1971年3月25日，人民阵线成立，希望争取广大下层民众的支持。因而，在其党纲中包括：根除经济上、社会上以及各种现存的不平等；取缔或者修改那些不符合人民利益的法律，如产业关系法、雇佣法等。但由于党内的不团结、不注重吸收人才等原因，人民阵线并没有发展起来。[2] 而在新加坡具

---

[1] 李路曲：《新加坡现代化之路：进程、模式与文化选择》，新华出版社1996年版，第387—390页。

[2] 同上书，第395—396页。

有影响力的左翼政党是1957年11月成立的工人党。该党最初影响很小，直到1971年以律师惹耶勒南为首的一批人接管了该党后，才逐步发展起来。虽然该党的"左"倾色彩减弱，只是沿用了工人党的招牌，但是在该党的纲领中还是提出"废除雇佣法案；修改产业关系法；制定一种工人和雇主利润分享和平等参与的产业条例"等。1981年在安顺选区的补选中，惹耶勒南以52%的支持率战胜了人民行动党的候选人冯金兴，打破了人民行动党自1968年以来独霸议会的局面。并且在1984年大选中，惹耶勒南继续在安顺选区当选。在这次大选中，1980年创立的新加坡民主党候选人詹时中，也在波东巴西选区当选，并且连任六届波东巴西选区议员直到2011年。① 该党主张联合所有反对党，积极争取劳工群体的支持，打破人民行动党的一党统治。②

第四节 韩国军人威权政府应对劳工的战略

为了顺利实施出口导向型的发展战略，韩国政府既要保证大量的劳工参与，又要降低劳工成本。③ 因此，朴正熙和全斗焕军人威权政府运用强大的国家权力，采用刚性的强制战略和较为封闭的排斥战略，对劳工和工会组织进行严密控制。虽然这些措施暂时稳定了韩国的劳工群体和政治局势，但是长期来看这些措施是不得人心的。到了80年代，劳工的阶级意识及政治意识逐步形成，政治上的压制和排挤使得劳工群体认识到只有通过政治斗争，建立民主的政权，才能保障自身权益。④ 最终，劳工与学生、中产阶级、宗教组织、反对党等团体结成了支持民主的联盟，促使韩国的军人政权走向民主化。

---

① 1985年，人民行动党指控惹耶勒南污蔑总理、滥用议员特权，剥夺了他的议员资格并不准他参加1988年大选。李路曲：《新加坡现代化之路：进程、模式与文化选择》，新华出版社1996年版，第397—398、425—427页。
② 由民：《新加坡大选：人民行动党为什么总能赢》，经济管理出版社2013年版，第2页。
③ Ronald A. Rogers, "Exclusionary Labor Regime under Pressure: The Changes in Labor Relations in the Republic of Korea since Mid – 1987", *UCLA Pac. Basin LJ*, Vol. 8, No. 1, 1990, p. 92.
④ Yin-Wah Chu, "Labor and Democratization in South Korea and Taiwan", *Journal of Contemporary Asia*, Vol. 28, No. 2, 1998, p. 194.

一 刚性强制战略

朴正熙和全斗焕在通过军事政变上台后，都运用修订法律的方式剥夺工人的基本权利，限制工会组织的发展。当工人罢工、示威运动爆发时，军人威权政府会毫不留情地采取直接暴力镇压的方式。虽然，为了改善政权形象，1983年全斗焕曾在表面上推行"有控制的自由"；但当劳工运动爆发的时候，他又要极力控制形势的发展，使用残酷的镇压手段，维护政权稳定。我们将其概括为"刚性强制战略"，主要表现在以下几个方面：

首先，面对不断爆发的劳工静坐、罢工、示威行动，军人威权政府无一例外地选择使用暴力的镇压手段，并逮捕运动的领导者。1976年，由于不满公司管理方干涉工会领导人的选举，800多名东一纺织公司的工人举行了静坐，另外300多名被阻止进入工厂的工人在门外罢工。罢工进入第三天时，数百名防暴警察冲进工厂，打乱抗议者的队形，抓扯女工的头发，把她们摔倒在地，并塞进警车里。[1] 1977年9月9日，警察手持警棍、手铐和催泪弹，袭击了位于清溪川的工人学校。随后，清溪地区的工人举行静坐抗议，同样遭到警察的镇压，其中53名工人被带到警察局并遭到了严刑拷打。[2] 70年代末，在国际石油危机的背景下，韩国的出口企业也受到冲击。1979年4月30日，韩国最大的假发输出企业——"Y. H. 贸易公司"老板卷款逃去美国，突然宣告破产。该厂的200多名女工举行抗议活动，要求保障生存权利。8月9日，女工们到位于首尔闹市区的新民党总部大厦举行无限期静坐示威，得到了该党领袖金泳三的声援。为了阻止抗议活动影响继续扩大，8月11日，朴正熙政府动用了上千名军警包围新民党总部大厦，用警棍殴打女工，强行驱散了静坐示威的女工，有一名女工从四楼跌下死亡，100多人受伤。事后，四名工会领袖被监禁，200多名工人被强行遣返还乡，30多名新民党党员被逮捕了。10月4日，执政

---

[1] [韩]具海根：《韩国工人——阶级形成的文化与政治》，梁光严、张静译，社会科学文献出版社2003年版，第100—101页。

[2] 曹中屏、张琏瑰等编：《当代韩国史（1945—2000）》，南开大学出版社2005年版，第323页。

党解除了金泳三的国会议员职务,并引发了釜山和马山的大规模学生、工人和群众的反政府运动。① 该事件对"劳工斗争外部化和政治化、对劳工斗争与支持民主政治斗争的融合作出了贡献"。②

1980 年 8 月,全斗焕政府拘捕了 16559 名"流氓和恶棍",把他们送进军队、教管所、工厂,这些人包括大学生和劳工领袖、积极分子(因为他们在 1973—1980 年间参加了反政府运动)。③ 仅 80 年代的前五年,就有约 2000 名工会领导被关押。④ 威权政府的情报机构严密防止工会被外部的武装团体影响或与他们产生联系;许多工会的领导或积极分子都被以违反国家安全法的名义起诉或逮捕。⑤ 1985 年 4 月,法院以在工资谈判期间煽动了工人进行非法静坐为名,拘捕大宇服装公司的工会主席和 11 个工会积极分子。这一消息在九老工业区的工会中传开,大宇服装、九老工团、晓星物产、南星电子等进行了联合抗争,随后教会和学生组织也加入其中。警察对示威人群进行殴打、强行驱离,并拘捕了 100 多个工人和学生。同时,有 200 多个工人受伤,3000 名工人被解雇。⑥ 这些被解雇的工人连同学生和新韩民党于 1986 年 5 月 3 日在仁川举行示威活动,强烈要求全斗焕政府修改宪法、召开宪法修改民主会等。持续 5 小时后,示威在警察武力镇压下结束。⑦ 到了 1987 年,特别是 6 月,街头暴力冲突达到白热化程度。6 月 10—26 日这半个月内,韩国各地共爆发 2145 次示威,参加人数多达 830 多万;警方逮捕示威群众 17244 人,向示威群众施放催泪弹 35 万发;在示威群众与警察的流血冲突中有 6000 多名警察和示威群众受伤。⑧

---

① 朴钟锦:《韩国政治经济与外交》,知识产权出版社 2013 年版,第 80—81 页。
② [韩]具海根:《韩国工人——阶级形成的文化与政治》,梁光严、张静译,社会科学文献出版社 2003 年版,第 113 页。
③ Sunhyuk Kim, *The Politics of Democratization in Korea: The Role of Civil Society*, Pittsburgh: University of Pittsburgh Press, 2000, p. 79.
④ Ho-gŭn Song, *Labour Unions in the Republic of Korea: Challenge and Choice*, Geneva: International Institute for Labour Studies, 1999, p. 1.
⑤ Ibid., p. 4.
⑥ Yin-Wah Chu, "Labor and Democratization in South Korea and Taiwan", *Journal of Contemporary Asia*, Vol. 28, No. 2, 1998, p. 196.
⑦ 朴钟锦:《韩国政治经济与外交》,知识产权出版社 2013 年版,第 87 页。
⑧ 同上书,第 88 页。

其次，朴正熙和全斗焕政权或对已有的与劳工相关的法律进行多次修订，或根据特殊的情况，制定新的法律，不断剥夺劳工在经济和政治上的权益。军人威权政府看到了组织化劳工的潜在威胁，通过法律规范让劳工处于无组织以及非政治化的状态。早在1953年，韩国就颁布了《劳动基准法》以及各种劳动法规，但由于战乱以及国家发展尚未稳定等因素，这些法律形同虚设，没有发挥实效。1961年，劳动法在名义上放宽了对劳工的基本权利（集体行动权、结社权、集体交涉权）的限制，但实际上仍然未能落实。① 1963年修订后的《工会法》规定，工会不能从会员中筹集政治资金或将工会会费用于政治目的。另外，还对劳动法附加了若干限制条款，使工会发展组织和集体行动更加困难，并且扩大了国家干预劳动关系的范围。② 为了积累投资资金，吸引外国投资，1969年政府颁布了《外国投资企业的工会及劳动争议调整的临时特别法》（Provisional Exceptional Law Concerning Labor Unions and the Settlement of Labor Disputes in Foreign Invested Firms），对外国投资企业的工运限制较其他企业更为严苛，禁止外国投资企业的工人罢工。③ 面对60年代末出现的经济危机，国内反对政治力量的上升，以及尼克松访华带来的地缘政治变化，1971年12月，朴正熙颁布了《国家安保特别措施法》。在优先考虑社会安定、国家安全的情况下，该法案停止了工人基本权利中的集体行动权、集体交涉权，劳工运动受到极为严格的限制。④ 而且再次修订的《工会法》规定不能成立联合工会，组建工会需要在更加严格的行政限制之下进行。⑤ 1972年3月，《国家紧急状态下处理集体交涉措施》扩大了被界定为属于公共利益因而被禁止工会活动的范围，并对行业性的工会活

---

① 金克宜：《韩国劳工运动之透视》，知识产权出版社2013年版，第9页。
② ［韩］具海根：《韩国工人——阶级形成的文化与政治》，梁光严、张静译，社会科学文献出版社2003年版，第34—35页。
③ Yin-Wah Chu, "Labor and Democratization in South Korea and Taiwan", *Journal of Contemporary Asia*, Vol. 28, No. 2, 1998, p. 194.
④ ［韩］具海根：《韩国工人——阶级形成的文化与政治》，梁光严、张静译，社会科学文献出版社2003年版，第36页。
⑤ 金克宜：《韩国劳工运动之透视》，财团法人中华经济研究院1990年版，第9页。

动做了进一步的限制。① 1973 年通过的《劳工纠纷调解法》修正案规定，劳工未经劳工委员会确认合法不得集体与资方进行讨价还价，该法赋予劳工署实质性的权力对劳工委员会进行监督，同时规定了各项程序由政府调解劳工纠纷。②

1980 年 11 月 3 日，国家保卫立法会议通过了《政治气氛改造法案》（The Political Climate Renovation Law），禁止任何人煽动骚乱；随后，又通过法案限制集会自由。③ 1980 年底，全斗焕政府大幅修改了《劳资协议会法》，规定凡员工数在百人以上的均需设有协议会，政府希望以此来代替工会。协议会除了要负责提高生产力，增进劳动者福利，教育训练劳动者，改善作业环境外，还要预防劳资纠纷的发生，处理劳动者的诉求，同时具有企业经营管理和团体交涉的功能。④ 同时，该法案规定：禁止一个工人同时参加多个工会组织；禁止第三方介入企业劳资纠纷，包括韩国劳总、教会（也就否定了教会对劳工的支持⑤）；禁止工会的政治行动，包括选举宣传活动和政治资金的募捐活动，企图使工会组织和工人运动非政治化；并且，通过运用法律裁决的方式解决劳资纠纷的方式，削弱工会组织的协商和调解作用，加强对劳工的控制。⑥ 新的《劳动法》出台后，工会职能进一步被限制，工会必须在韩国劳工总工会（Federation of Korean Trade Unions）的管辖之下，自发组织成立的工会被视为非法。⑦《工会法》再次被修订，把为集体讨价还价的谈判权威，从单个工会或工会联盟，转移到在工厂的劳工管理联合委员会（the Joint Labor-Management Councils）。该条

---

① ［韩］具海根：《韩国工人——阶级形成的文化与政治》，梁光严、张静译，社会科学文献出版社 2003 年版，第 36 页。
② 任晓：《韩国经济发展的政治分析》，上海人民出版社 1995 年版，第 123 页。
③ Sunhyuk Kim, *The Politics of Democratization in Korea: The Role of Civil Society*, Pittsburgh: University of Pittsburgh Press, 2000, p. 79.
④ 金克宜：《韩国劳工运动之透视》，财团法人中华经济研究院 1990 年版，第 10 页。
⑤ Sunhyuk Kim, *The Politics of Democratization in Korea: The Role of Civil Society*, Pittsburgh: University of Pittsburgh Press, 2000, p. 79.
⑥ 尹保云：《民主与本土文化——韩国威权主义时期的政治发展》，人民出版社 2010 年版，第 258 页。
⑦ Bret L. Billet, "South Korea at the Crossroads: An Evolving Democracy or Authoritarianism Revisited?", *Asian Survey*, Vol. 30, No. 3, 1990, p. 305.

款旨在分裂劳工运动,阻止劳工联盟的出现。① 此外,新工会的建立必须要从劳工部(the Ministry of Labour)获得资格认证书,没有资格证书的工会将被取消,从而对工会进行行政上的控制。1987年前,劳工部站在雇主的立场,常常以不符合某些规则为由,拒绝颁发证书;或在证书办理期间,运用各种恐吓策略,如贿赂、威胁等方式,阻止工会的建立。② 如果工会介入政治性的劳工纠纷或被指控煽动暴力罢工,也将会被取消合法地位。工会领导还必须向该部门报告他们的活动和年度预算,如果预算被用于非法活动,工会领导将被起诉。在控制工会介入劳工纠纷和争端中,行政检查是一个非常有效的方式。③

最后,军人威权政府通过扶持亲政府的全国性劳工组织,企图对劳工和劳工运动进行严密的监视和控制。朴正熙夺取政权的三个月后,新建立的韩国中央情报部挑选出了一批劳工领袖,建立了新的韩国劳工总工会(The Federation of Korean Trade Union,FKTU),用于执行政府的劳工政策,降低工人的要求,镇压好战的工人。④ 韩国劳总内部的一些行业工会在60年代和70年代初还曾为保护工人而工作过,例如帮助成立独立工会。但是1972年维新体制建立后,韩国劳总和行业工会完全变成了国家对劳工进行控制的工具,并不代表工人的利益。⑤ 韩国劳总下面是以行业为划分界限并组织起来工会联盟,官方批准的工会通过国家合作主义的方式被授予代表工人的排他性权利。其中大的工会联盟有6个,每个工会联盟中的专职人员不到15人。显然,韩国劳总这样的组织规模,难以有效地领导全国范围内的、数量庞大的工厂和企业。"无论是顶端的FKUT还是它下面的工联,都是松散的小寡头机构……而且即使这样小小单位中也是派系斗争十分复杂而无休

---

① Mine Eder, "Shop Floor Politics and Labor Movements: Democratization in Brazil and South Korea", *Critical Sociology*, Vol. 23, No. 2, 1997, p. 9.
② Ibid., p. 10.
③ Ho-gǔn Song, *Labour Unions in the Republic of Korea: Challenge and Choice*, Geneva: International Institute for Labour Studies, 1999, p. 4.
④ Bret L. Billet, "South Korea at the Crossroads: An Evolving Democracy or Authoritarianism Revisited?", *Asian Survey*, Vol. 30, No. 3, 1990, p. 305.
⑤ [韩] 具海根:《韩国工人——阶级形成的文化与政治》,梁光严、张静译,社会科学文献出版社2003年版,第96页。

无止。"① 而政府对这一情况并不在意,"行业工会实际上不允许作为有效的劳工组织发挥功能;行业内部各个地方工会之间只存在薄弱的横向联系,实际上所有集体讨价还价都是由单个企业的官方工会进行的;强制性加入官方韩国劳总的会员制度也未受到过鼓励,也从未实行过"。② 全斗焕在夺取政权后,对韩国劳总(FKTU)进行了改组,并对其下的部门工联和地区工会组织进行整顿,解除了近200名工会干部的职务。③ 由此可见,韩国劳总的组织架构不够完善,难以对广大的劳工和工会进行有效的领导和控制。劳工的需求得不到满足,利益得不到表达,这就使得威权政府和劳工之间陷入反抗、镇压、再反抗、继续镇压的恶性循环。

二 排斥战略

军人威权政体往往以某一军人集团为统治中心,通过政变上台后,对该集团以外的包括劳工团体在内的其他集团保持警惕,采取坚决的排斥态度。这样一个完全封闭的统治集团难以与反对势力达成和解,更不涉及合作问题。因此,军人威权政体的政策制定相对狭隘,统治基础薄弱,仅仅依靠军方领袖或一个较小的军人统治集团来进行统治,不能使政权得以长久维持。韩国军人威权政体的"排斥战略"主要有以下体现:

首先,军人威权政府本身具有极强的封闭性。表4—12反映了韩国各个总统专制化的程度。朴正熙的军政集团,权力限制在"小圈子"内部,在客观上排斥更大范围的参与。④ 在朴正熙的周围,总统府的秘书长、总统府侍卫长官、韩国中央情报部部长和一批特别助理,形成了韩国的权力中心。⑤ 特别是在"维新体制"下,朴正熙政权的

---

① 尹保云:《民主与本土文化——韩国威权主义时期的政治发展》,人民出版社2010年版,第256页。
② [韩]具海根:《韩国工人——阶级形成的文化与政治》,梁光严、张静译,社会科学文献出版社2003年版,第34页。
③ 尹保云:《民主与本土文化——韩国威权主义时期的政治发展》,人民出版社2010年版,第258页。
④ 房宁:《自由、威权、多元——东亚政治发展研究报告》,社会科学文献出版社2011年版,第135页。
⑤ 黄兆群:《韩国六大总统》,人民出版社2004年版,第103页。

权力集中程度进一步加强。"维新体制"的本质就是以"效率"和"国家安全"的名义反对自由、民主，将反政府的团体视为非法的、不道德的、侵犯政府的。① 在全斗焕领导下的民主正义党的权力顶端，是以党总裁为首的代表委员、事务总长、政策委员会议长和院内总务组成的"四人体制"，共同决策党内的重大事务。该领导体制不可避免地带有独裁和专断的作风，党内权力结构必然是中央集权式的，党内民主不过是口号。在基层党组织中设有指导长、副指导长、活动长、责任党员，各负责一定区域的党务，形成党内严密的组织管理体制。若想要成为一名民正党的正式党员，需要经过严格的资格审查，多轮的正规教育等复杂的选拔程序。② 由此可见，尽管新军部在幕后施行实际领导，但它依然将它的封闭特性复制到了民主正义党的身上，通过建立一个权力高度集中、内部组织严密的政党在前台代为进行统治。

表 4—12　总统对政治反对派的态度（压制、劝解、妥协三种态度）　（单位:%）

总统	压制	劝解	妥协
李承晚	68.3	25.6	6.0
张勉	2.6	20.5	76.9
朴正熙	90.2	7.4	1.0
全斗焕	91.6	8.4	0
卢泰愚	19.3	55.4	25.2
金泳三	38.6	36.1	25.2

资料来源：Byong-Man Ahn, *Elites and Political Power in South Korea*, Cheltenham: Edwerd Elgar Publishing Limited, 2003, p. 137.

其次，劳工被排除在政治之外，工会不能参与政党政治，也不能发展成为政党。③ 1963 年修订后的《工会法》规定，工会不能从会员中筹集政治资金或将工会会费用于政治目的，这意味着禁止了工会与

---

① Sunhyuk Kim, *The Politics of Democratization in Korea: The Role of Civil Society*, Pittsburgh: University of Pittsburgh Press, 2000, p. 58.
② 张光军等编：《韩国执政党研究》，广东世界图书出版公司 2010 年版，第 113、126、128、131—132 页。
③ Mine Eder, "Shop Floor Politics and Labor Movements: Democratization in Brazil and South Korea", *Critical Sociology*, Vol. 23, No. 2, 1997, p. 10.

各种政党进行任何形式的联合或合作。政府希望将劳工与反对党隔离开,使之无法成为反对政府的强大力量。相反,雇主组织,如韩国产业联合会、韩国贸易协会和韩国商工会等财阀或资本家团体则向威权政府捐献大笔政治资金。政府也就自然为财阀集团提供政治保护,严厉压制工人运动,以此保证财阀的高额利润。① 全斗焕攫取政权后,1980年5月27日,经国务会议决定,当时的总统崔圭夏发布了组建"国家保卫非常对策委员会"(简称"国保委")的总统令,由全斗焕任常务委员会委员长。从6月9日起至7月31日止,国保委对韩国劳总和17个部门工会以及全国的地区性支部中39个有问题的地区支部进行业务监察和处理,并在韩国劳总和部门工会中设立专门的"净化"委员会,使191名工会干部"自动"辞职。② 1980年11月,全斗焕指派9名成员组成了"政治革新委员会"(Political Renovation Committee),发布了一个567人的黑名单,以非法敛财、制造社会动荡、煽动劳工和学生运动为由,剥夺他们参与政治的权利。③ 不仅如此,全斗焕政府将新建立的独立工会一一废除,把工会领导层中的劳工活跃分子驱逐出工会;政府还决心将工会分子逐出产业领域,数千名积极参加民主工会运动的工会活跃分子被解雇,并被保安厅列入黑名单,禁止其他企业雇佣。讽刺的是,政府对劳工在政治和经济权利上的排斥,使工会积极分子成了铁了心的职业劳工运动组织者,并与持不同政见的团体之间加强了联系。④ 在他们的领导下,工人的组织化程度迅速提高,阶级意识不断明确。

劳工群体缺乏正常的渠道进行利益的表达和有效的沟通,更不用说政治上的参与。在这样的情况下,社会矛盾就容易通过极端的方式表现,矛盾一旦发生就只能用暴力实施镇压,暴力镇压导致人民更加反对统治者。这样的排斥型政权导致的结果就是,包括劳工群体在内

---

① 房宁:《自由、威权、多元——东亚政治发展研究报告》,社会科学文献出版社2011年版,第124页。
② 曹中屏、张琏瑰等编:《当代韩国史(1945—2000)》,南开大学出版社2005年版,第348页。
③ Seongyi Yun, "Democratization in South Korea: Social Movements and their Political Opportunity Structures", *Asian Perspective*, Vol. 21, No. 3, 1997, p. 154.
④ [韩] 具海根:《韩国工人——阶级形成的文化与政治》,梁光严、张静译,社会科学文献出版社2003年版,第25、107、128页。

的各种社会力量以及政治精英都只有"另起炉灶",在体制外构建自己的政治圈子,对政权发起挑战。当这些团体遭遇镇压和报复时,又一次强化了他们与统治势力对抗的决心,并且获得广大民众的支持和同情。最后,由于缺乏广泛的统治基础,军人统治者最终被人民抛弃。

第五节 新加坡一党制威权政府应对劳工的战略

20世纪五六十年代,新加坡的劳工状况并不稳定,工人罢工频频发生。对此,人民行动党采取了强硬的立场,逮捕了罢工运动的领导人,限制了工人罢工的权利。① 新加坡实现独立后,为了配合出口导向型的经济发展战略,以及为吸引外国资本创造更好的条件,新加坡政府必须让工会处在严密的控制下,稳定劳工状况。② 此外,政府努力促成工人阶层和公司管理阶层的合作,力求在全国范围内达成工人、管理者、国家三者利益一致的共识。到了70年代末,新加坡的劳资关系已基本实现了和平,劳工和工会也对政府有了超强的依赖和认同度。③ 在这一过程中,新加坡人民行动党综合运用柔性的强制战略和有效的包容战略,维持了一个稳定的劳工环境,进而保证了政权的稳定。

一 柔性的强制战略

相较于韩国军人威权采取的粗暴高压政治而言,面对不断崛起的劳工力量,以及与劳工相关的经济、社会问题,新加坡的一党制威权政体倾向于运用制度的建构和法律、政策的实施,以实现监督和引导,有预见性地对其进行控制,化解冲突与矛盾。我们将其归纳为强制战略的另一种形态——"柔性强制战略"。

---

① 吕元礼、黄锐波、邱全东、黄薇:《鱼尾狮的政治学》,江西人民出版社2007年版,第217页。
② Hans U. Luther, "Strikes and the Institutionalization of Labour Protest: The Case of Singapore", *Journal of Contemporary Asia*, Vol. 8, No. 2, 1978, p. 219.
③ Evelyn S. Wong, "BN", *Southeast Asian Affairs*, 1983, p. 264, 274.

首先，支持成立新的工会联合组织，将劳工问题引导到政府控制下的机制中，限制其可能存在的政治化倾向。① 1961 年，在李光耀的支持下，全国职工总会（National Trade Union Congress，NTUC）成立。职总成立后，接收了原新加坡职工总会（STUC）中的政府雇员工会和白领技术职员工会，与以下层华人劳工和商业雇主为主的"沙都"②（Singapore Association of Trade Unions，SATU）争夺新加坡工运的领导权。在人民行动党政府的扶持下，职总逐步发展成了新加坡工运的中心，在新加坡工会运动中起到绝对的领导作用。③ "按照法律规定，全国职总是独立的工会组织，并不受人民行动党政府的领导。但实际上在方针、路线和重大问题上它都要遵从政府的旨意，因此它在相当程度上受人民行动党的领导。"④ 政府给职工总会提供经费，派官员到职工总会执行委员会中任职，并且职工总会中掌握实权的秘书长一般由政府的副总理或其他高官来兼任。⑤ 政府透过职工总会加强与各工会的联系，配合维护产业秩序，加强劳动纪律，抑制工资增长，成为政府与劳工沟通的纽带和政府劳工政策推行的助推者。⑥ 1966 年 5 月 1 日李光耀号召职工总会带头制止工人参加极端的工人行动，帮助政府促进产业的扩展。⑦ 此外，根据国内产业和附属工会的发展情况，职工总会适时进行改组，以加强政府和职总中央对基层工会的控制。在 1967 年首次改组后，综合工会和产业工会迅速发展，实力的扩展使得职工总会中央难以控制。1976 年新加坡规模最大的前三家附属于职总的综合工会：新加坡产业职工联合会（Singapore Industrial Labour Organization，SILO）、公共雇员联合工会（Amalgamated Union of Public Employees's，AUPE）、新兴产业工友联合工会（Pioneer Industries Em-

---

① Hans U. Luther, "Strikes and the Institutionalization of Labour Protest: The Case of Singapore", *Journal of Contemporary Asia*, Vol. 8, No. 2, 1978, p. 219.
② "沙都"实际上是社会主义阵线的主要社会组织，两者的领导层成员基本重叠。
③ 郑振清：《工会体系与国家发展——新加坡工业化的政治社会学》，社会科学文献出版社 2009 年版，第 2、60、73 页。
④ 李路曲：《新加坡现代化之路：进程、模式与文化选择》，新华出版社 1996 年版，第 364 页。
⑤ 同上书，第 364—365 页。
⑥ 孙景峰：《新加坡人民行动党执政形态研究》，人民出版社 2005 年版，第 188 页。
⑦ 郑振清：《工会体系与国家发展——新加坡工业化的政治社会学》，社会科学文献出版社 2009 年版，第 77 页。

ployees Union，PIEU），会员总数达12万人，占职总会员总数的60%。在这种情况下，李光耀扶持国会议员林子安（Lim Chee Onn）担任职工总会秘书长，改组工会体系。在林子安担任秘书长期间（1981—1983年），成立专门的任务小组将SILO和PIEU拆解为九家中型产业工会，加快发展易受管理的公司工会，并且直接委任各附属工会的劳资关系谈判专员。这些改组措施"逐步实现了一个工厂、一个公司、一个产业只能有一个代表性工会组织的目标，提高了劳资谈判的效率和集体协议的合理性，从组织关系上加强了政府和职工总会对各工会的直接控制"。① 为了帮助基层工会更好地处理产业关系，1975年9月起，职总新成立的产业事务委员会（Industrial Affairs Council）招募并培训了大批拥有大学学士学位或工商管理硕士学位的产业关系专员（Industrial Relations Officers），再分批到其附属工会的基层支部，协助开展劳资谈判、申请劳工部调解和产业仲裁。② 人民行动党利用职工总会领导的工会组织和工会运动，巩固了统治基础；而职总也在人民行动党的支持下发展壮大。"它们的确相互帮助，但并不是共生的关系，因为它们的地位并不相等，人民行动党培养了职工总会，利用其来控制国内的工会组织。"③ 值得注意的是，与韩国劳总完全被威权政府控制不同，新加坡职总还是具有一定的自主性的，在不违背国家利益的前提下可代表劳工利益与政府和资方讨价还价。

其次，制定或修订与劳工和工会组织相关的法律、法规，进一步规范新加坡的劳工和工会组织。1966年8—9月劳工部长在国会提出《职工会（修正）法案》［Trade Unions（Amendment）Bill］，并获得通过。这一法案规定：非新加坡公民不得担任工会执委；有犯罪记录的人士，不得在工会任职；工会在罢工或采取产业行动前，必须举行秘密投票，并赋予注册官④有干涉秘密投票的大权。该法案通过之后，

---

① 郑振清：《工会体系与国家发展——新加坡工业化的政治社会学》，社会科学文献出版社2009年版，第90、216—217页。
② 同上书，第214页。
③ Diane K. Mauzy and Robert Stephen Milne, *Singapore Politics under the People's Action Party*, East Sussex: Psychology Press, 2002, p. 33.
④ 1940年《职工会法令》设定"职工会注册官"一职，负责检查工会的变动情况和常年账目，拥有拒绝或撤销工会注册的权力。

激进工会的领袖陆续被行动党政府以"非公民"或"有犯罪记录"为借口逮捕或者驱逐出境,加之秘密投票的限制,使得其罢工计划和其他产业行动难以开展,从而进一步清除了新加坡出口导向工业化战略的障碍。[①] 1967年,劳工部长易润堂又提出《职工会(修正)法案》,要求解散混合公共服务行业雇员和普通雇员的巨型综合工会,赋予劳工部长干预公共服务行业雇员的工会组织行动的权力。政府认为,在超大型服务行业工会中,小规模的产业纠纷容易被放大,传播到整个工会中去,导致整个公共部门的瘫痪。在李光耀的亲自说服下,职工总会中央委员会同意履行该法案。该法案的通过,不仅将混合工会"分而治之",削弱工会团结起来对付雇主的能力,而且强化了国家政权对工会的控制,预防危害社会稳定和经济安全的基本行业罢工问题。[②] 1967年1月,新加坡新的刑法规定,水、电和煤气等基础公共部门禁止罢工和雇主闭厂,随意的罢工行为视为违宪。[③] 虽然引起了职工总会和各工会组织的激烈反应,1968年新加坡国会还是通过了《雇佣法》(The Employment Bill),统一了不同行业不同雇佣条件的旧规,并对工作时数与假期、花红、津贴、退休年龄、病假等容易引起劳资纠纷的问题进行了强制性规定。[④] 同时,这一法案增大了劳工的工作强度,例如将劳动者的标准劳动时间从每周39小时增加到40小时,公休日由每年15天减少到11天,休假及病假日数也减少。[⑤] 不过,这些规定遏制了新加坡劳动力成本上升的趋势,为吸引外商投资创造了良好的条件。[⑥] 同年,新加坡还出台了《产业关系(修正)法》[Industrial Relations (Amendment) Bill],确立了雇主在雇员晋升、内部调配、录用、裁减、开除或复职、安排或分配职责等方面的自主决

[①] 郑振清:《工会体系与国家发展——新加坡工业化的政治社会学》,社会科学文献出版社2009年版,第147—148页。
[②] 同上书,第156—159页。
[③] 吕元礼、黄锐波、邱全东、黄薇:《鱼尾狮的政治学》,江西人民出版社2007年版,第214页。
[④] 郑振清:《工会体系与国家发展——新加坡工业化的政治社会学》,社会科学文献出版社2009年版,第159—163页。
[⑤] 卢正涛:《新加坡威权政治的研究》,南京大学出版社2007年版,第131页。
[⑥] Narayanan Ganesan, "Democracy in Singapore", *Asian Journal of Political Science*, Vol. 4, No. 2, 1996, p. 66.

定权,剥夺了工会就这些问题进行集体谈判的权力,劳资争端必须交由产业仲裁法庭(Industrial Arbitration Court)来处理。该法案配合《雇佣法》,不仅压低了管理成本和劳动力成本,还保护了雇主的经营管理权限,进一步限制了工会组织的集体谈判职能。[1] 这些修订的法案奠定了劳资关系和谐的基础,[2] 新加坡在70年代很少有劳资矛盾激化和罢工事件发生,并且工人也获得了经济上的繁荣。[3] 1982年,政府进一步修订了《劳资争端(修订)法》[The Trade Dispute (Amendment) Act],扩大了劳工非法行为的定义,之前仅包含罢工和停工,新法案规定消极怠工也会受到处罚。同年修订的《职工会(修正)法案》,强调了劳资关系的合作性,定义了工会的角色是帮助提升劳资关系,改善工作条件,提高生产力,去除了将组织罢工和停工作为工会的目标。关于《雇佣(修订)法》也进行了多次修订,雇主在劳工的工作时间、工作调配、安排妇女上夜班等问题上有了更大的决定权;另外,取消了12小时的倒班没有超时补贴的规定,休假之间的最小间隙从6天变为12天。[4] 对此,仅有一个反对党的议员惹耶勒南[5](J. B. Jeyaretnam)对此提出质疑,认为政府的这些法案侵蚀了工人的权力,完全是站在资方的立场上。职工总会的秘书长林子安回应说,劳工的确是在这些严格的法案和受控制的工会下工作,但是难道他们没有从经济发展中受益吗?[6] 这些法案的颁布,使得原本就处于弱势的劳工群体更加直接地暴露在国家的强权之下,国家在政治和经济层面对劳工的控制程度均大大加强。

---

[1] Iyanatul Islam and Colin Kirkpatrick, "Export-Led Development, Labour-Market Conditions and the Distribution of Income: the Case of Singapore", *Cambridge Journal of Economics*, Vol. 10, No. 2, 1986, p. 117.

[2] [新加坡]李光耀:《经济腾飞路:李光耀回忆录(1965—2000)》,外文出版社2001年版,第92页。

[3] 李路曲:《新加坡现代化之路:进程、模式与文化选择》,新华出版社1996年版,第369页。

[4] Iyanatul Islam and Colin Kirkpatrick, "Export-Led development, Labour-Market Conditions and the Distribution of Income: The Case of Singapore", *Cambridge Journal of Economics*, Vol. 10, No. 2, 1986, p. 117.

[5] 惹耶勒南,工人党候选人,在1981年的安顺补选中获胜,终结了人民行动党自1968年以来对所有国会议席的垄断。

[6] Evelyn S. Wong, "Industrial Relations in Singapore: Challenge for the 1980s", *Southeast Asian Affairs*, No. 1, 1983, pp. 265 – 266.

最后，宣扬劳资合作、利益共享、政府与工会和谐共生等意识形态，淡化工会的政治角色，强调其经济、社会角色。① 通过在思想上达成共识，让劳工和工会配合实施政府的相关政策，并愿意为新加坡的经济发展做出适当的牺牲。从 20 世纪 60 年代后期开始，李光耀、外交兼劳工部部长拉惹勒南、职工总会首任秘书长蒂凡那等人就积极倡导工会的"现代化"和"新角色"，"要求工会摆脱通过政治动员争取劳工支持以对抗雇主和殖民政府的斗争路线，转向引导劳工配合政府的工业化政策，提高生产力，走劳资合作道路"。② 1969 年 11 月 16—19 日，"劳工运动现代化"研讨会在新加坡大会堂（Singapore Conference Hall）召开。③ 担任研讨会主席的蒂凡那在致辞中说道："现代化的劳工运动绝不仅仅是一个谈判机构，而应该是一个重要的社会组织，能够通过工人教育、住房、消费者和生产者共建合作社、工人经济援助、参与经济计划以及合理运用人力资源等方式，为工人提供多种多样的服务。"④ 李光耀在会议上指出，过去高度政治化的工会运动已经不合时宜，在将新加坡改造成一个独立工业社会的征程中，工会应该扮演积极的角色。⑤ 随后，拉惹勒南在发言中对工会现代化进行了详尽的论述，"现代化与经济发展是压倒一切的考虑因素，需要工人和市民们严守纪律、适当约束和勇于牺牲才能实行……相信如果劳资政三方携手合作，新加坡就可能用最小代价、最低的痛苦实现现代化和快速经济增长"。⑥ 为了使工人对企业更加认同，1978 年职总领

---

① Albert A. Blum and Somsong Pataranapich, "Productivity and the Path to House Unionism: Structural Change in the Singapore Labour Movement", *British Journal of Industrial Relations*, Vol. 25, No. 3, 1987, p. 389, p. 390.
② 郑振清:《工会体系与国家发展——新加坡工业化的政治社会学》, 社会科学文献出版社 2009 年版, 第 185—187 页。
③ Hans U. Luther, "Strikes and the Institutionalization of Labour Protest: The Case of Singapore", *Journal of Contemporary Asia*, Vol. 8, No. 2, 1978, p. 223.
④ Devan Nair, "The Preconditions of Progress", NTUC ed., *Why Labour Must Go Modern: The NTUC Case for a Modernized Movement*. Singapore: NTUC Central Committee, 1969, pp. 6 – 7.
⑤ Kuan Tew Lee, "The Harsh Realities of Today", NTUC ed., *Why Labour Must Go Modern: The NTUC Case for a Modernized Movement*. Singapore: NTUC Central Committee, 1969, pp. 21 – 23.
⑥ Heng Chee Chan and U. Obaid., *The Prophetic and the Political: Selected Speeches and Writings of S. Rajaratnam*. Singapore: Graham Brash, 1987, pp. 273 – 274. 转引自郑振清《工会体系与国家发展——新加坡工业化的政治社会学》, 社会科学文献出版社 2009 年版, 第 188 页。

导开展了"了解你的公司和行业"的运动。① 随后，一系列培养团队精神、强调生产质量以及理解经济结构调整的活动陆续开展。② 职总的助理主任也宣称："新加坡的工会都承认，如果没有经济增长和生产率的提高，工人们渴望的、更好的生活质量是不可能实现的，因此工会参与到提高生产力的行动中是很必要的。"③ 而作为新加坡最高领袖，李光耀在统一劳工和工会的思想意识方面也发挥了重要作用。1966 年 10 月 12 日，李光耀在职工总会常年代表大会上致辞，通过渲染生产危机，向劳工宣传工业化共识："如果新加坡的经济发展计划失败了，那么第一个遭殃者必定是劳工。而如果这计划成功了，那么劳工阶层必定是第一个受益者。这是你们和我的义务。"④ 1977 年 5 月，在为亚洲劳工领袖会议主持开幕式时，李光耀称："发展中国家的工会活动不应该单单集中在争取更好的工作条件和额外利益这方面，而应该扩展到社会、教育和经济等更广泛的方面去。"⑤ 1979 年 5 月，李光耀在《新加坡月刊》中发表文章称："政府和职工总会之间的目标从来没有任何区别或差别。双方都力求废除不公平的旧殖民制度，以创立一个公平的社会……政府与职工领袖之间的密切合作，创立了一个现代化的新加坡……新加坡的前途有赖于我们对政府和工会之间的这种共生共存关系的加强。"⑥ 1983 年劳动节群众大会上，李光耀强调了职工总会在塑造劳工合作意识中的重要性，"全国职总能为新加坡作出的最重要贡献是什么？那是改变我国工人的态度。工人的态度必须是积极和富有合作精神，而不是消极和敌对的。劳资之间划分'他们'和'我们'的这种现象必须铲除"。⑦ 将劳工的斗争思维转型合作

---

① 马志刚：《新兴工业与儒家文化——新加坡道路及发展模式》，时事出版社 1996 年版，第 516 页。
② Evelyn S. Wong, "Industrial Relations in Singapore: Challenge for the 1980s", *Southeast Asian Affairs*, No. 1, 1983, pp. 266 – 267.
③ Albert A. Blum and Somsong Pataranapich, "Productivity and the Path to House Unionism: Structural Change in the Singapore Labour Movement", *British Journal of Industrial Relations*, Vol. 25, No. 3, 1987, p. 391.
④ [新加坡] 李光耀：《李光耀 40 年政论选》，现代出版社 1994 年版，第 268 页。
⑤ 同上书，第 287 页。
⑥ [新加坡] 李光耀：《政府和工会间的共生共存》，《新加坡月刊》1979 年第 149 期，转引自孙景峰《新加坡人民行动党执政形态研究》，人民出版社 2005 年版，第 187—188 页。
⑦ [新加坡] 李光耀：《李光耀 40 年政论选》，现代出版社 1994 年版，第 290 页。

思维，建立工会与政府的和谐共生关系，是新加坡社会经济飞速发展的一个关键因素。①

二 包容战略

跟韩国军人统治集团内部的封闭性不同，新加坡一党制的威权政体更具包容性，能更好地团结、吸收劳工以及工会组织，以合作的方式进行良性互动。李路曲将其称为"国家合作主义"，这既是一种意识形态，又是一种治理方式，同时它又具有很强的自主性，不受其他社团的干涉。② 新加坡人民行动党在与劳工和工会组织的合作过程中，不仅促进了经济发展目标的实现，还扩大了自身的统治基础，维护了统治的稳定。我们将其归纳为合作态度下的"包容战略"，具体表现在以下几个方面：

首先，安排工会领导人到政府机构中任职，既维护了劳工利益的合法表达，又保证了政府政策的有效落实。工会的成员被鼓励加入人民行动党，还有些被劝说成为人民行动党的候选人去参加议员竞选。③ 除了之前提到了政府官员会在职工总会中任职外，职工总会执行委员会的20名左右的成员也都是国会议员。④ 1980年10月，新加坡全国职工总会主席蒂凡那推动职总和人民行动党在劳资政三方合作机制的基础上建立"联络委员会"，双方互派四名重量级人物构成，专门负责加强人民行动党与工会的联系，确保职工总会推行政府的政策。⑤ 并且，针对最容易引起纠纷的工资问题，1972年政府还成立了专门的工资理事会（National Wages Council），由政府、职总、资方各派4名代表组成，政府再任命一名"中立"的主席作为召集人，共同协商制定工资和奖金提升幅度。⑥ 工资理事会根据生产率的增长、国内经济

---

① 吕元礼、黄锐波、邱全东、黄薇：《鱼尾狮的政治学》，江西人民出版社2007年版，第214页。
② 李路曲：《新加坡人民行动党政府的社会控制方式》，《东南亚研究》2006年第4期。
③ Diane K. Mauzy and Robert Stephen Milne, *Singapore Politics under the People's Action Party*, East Sussex: Psychology Press, 2002, p. 31.
④ 李路曲：《新加坡现代化之路：进程、模式与文化选择》，新华出版社1996年版，第365页。
⑤ 孙景峰：《新加坡人民行动党执政形态研究》，人民出版社2005年版，第190页。
⑥ Narayanan Ganesan, "Democracy in Singapore", *Asian Journal of Political Science*, Vol. 4, No. 2, 1996, p. 66.

的发展、全球和国内的通货膨胀、国际收支、劳资双方的要求以及新加坡的出口竞争地位等情况，提出全国年度加薪指导原则及与工资、就业有关的建议。① 当然，若工资委员会难以就工资调整的幅度达成一致时，政府拥有最后的决定权。② 这一制度建立后，由工资问题引起的争端极少发生。③ 此外，在政府创办的各类与劳工有关的官方机构中都有劳工法代表。职工总会秘书长蒂凡那一个人就兼任经济发展局（Economic Development Board）、中央公积金管理局（Central Provident Fund）、建屋发展局（Housing Development Board）、产业关系委员会国家生产力局（National Productivity Board of Industrial Relations Committee）、全国工资理事会以及新加坡航空有限公司（Singapore Airlines Group）等6个重要机构的劳工方代表。职总主席彭由国也兼任裕廊镇管理局（Jurong Town Corporation）、产业关系委员会国家生产力局、全国工资理事会3个重要机构的劳工方代表。④ 当要制定和出台与劳工利益相关的重要政策时，劳工的代表都可以通过正式的渠道和规范机制参与其中。⑤

其次，建立国有企业，为广大劳工提供工作机会。新加坡自脱离英国统治到独立建国之初，由于与印尼的对抗，又失去了新马共同市场，失业率居高不下，社会极有可能出现动乱。⑥ 因此，为了降低失业水平，人民行动党政府建立了一大批国有企业，既促进经济的快速发展，又提供就业机会。新加坡的国有企业分为两类：一是由政府控股投资的独资或非独资国有公司下属的企业；二是形式上隶属于政府各部门但又相对独立，且具有政府行政和企业的双重职能的法定机构

---

① Iyanatul Islam and Colin Kirkpatrick, "Export-led Development, Labour-market Conditions and the Distribution of Income: The Case of Singapore", *Cambridge Journal of Economics*, Vol. 10, No. 2, 1986, p. 115.
② Diane K. Mauzy, Robert Stephen Milne, "Singapore Politics under the People's Action Party", East Sussex: Psychology Press, 2002, p. 34.
③ Evelyn S. Wong, "Industrial Relations in Singapore: Challenge for the 1980s", *Southeast Asian Affairs*, No. 1, 1983, p. 264.
④ 郑振清：《工会体系与国家发展——新加坡工业化的政治社会学》，社会科学文献出版社2009年版，第215页。
⑤ 郑桥、张喜亮：《新加坡的劳资关系与工会运动》，《工会理论与实践》2003年第3期。
⑥ [新加坡]李光耀：《经济腾飞路：李光耀回忆录（1965—2000）》，外文出版社2001年版，第51页。

(Statutory Boards)及其投资的企业。① 在60年代初，政府建立的独资或非独资国有企业基本都属于劳动密集型产业，例如1961年建立的大众钢铁公司（National Iron and Steel Mills Ltd.）和百龄面粉厂（Prima Flour Ltd.），1963年建立的食糖工业公司（Sugar Industries of Singapore Ltd.）和新加坡纺织厂（Singapore Textile Industries Pte Ltd.）。② 1968年英军宣布撤离后，为了避免造成大量工人失业，新加坡政府将军用设施改造成了海运公司和国有造船厂，如1973年由前皇家海军造船厂改造而成的三巴旺船厂（Sembawang Holding Pte Ltd.），并接管了部分石油化工企业。③ 另外，一些法定机构也为缓解新加坡的就业压力做出了贡献。1960年，政府提供贷款成立了具有"半国营企业"性质的法定机构——建屋发展局。在该机构成立后的十年间，每年建设近十万单元房，进而为3万劳工在建筑及其相关行业提供了就业机会。同时，建屋发展局兴建的组屋（HDB estates）中成立了电子装配、纺织、服装、塑料、假发制造等轻工业企业。截至1972年，大约共有7.1万劳工在这些企业中工作，为新加坡的制造业贡献了22%的就业机会。④ 1968年新加坡政府又成立了裕廊镇管理局，负责促进裕廊工业区的发展。1963年，这一工业区内仅有2个工厂，而到了1972年，共有370个工厂在此设立，为4.5万劳工提供了就业机会。⑤ 在新加坡人民行动党政府的努力下，失业率从1961年的14%，下降到1966年的8.9%，到了1975年仅为4.5%，实现了经济上的充分就业。⑥

再次，完善劳工社会保障措施，通过经济利益的再分配提升劳工对国家的依赖度和忠诚度。中央公积金制度（Central Provident Fund）始建于1955年，新加坡独立建国后不断完善，它既是一种社会保障措

---

① 马志刚：《论新加坡的国营企业》，《世界经济与政治》1993年第5期。
② Chwee Huat Tan, "The Public Enterprise as A Development Strategy: the Case of Singapore", *Annals of Public and Cooperative Economics*, Vol. 46, No. 1, 1975, pp. 78 – 79.
③ 李俊江、史本叶、侯蕾：《外国国有企业改革研究》，经济科学出版社2010年版，第193页。
④ Chwee Huat Tan, "The Public Enterprise as A Development Strategy: The Case of Singapore", *Annals of Public and Cooperative Economics*, Vol. 46, No. 1, 1975, pp. 63 – 64.
⑤ Ibid., p. 66.
⑥ W. Gregg Huff, "The Developmental State, Government, and Singapore's Economic Development since 1960", *World Development*, Vol. 23, No. 8, 1995, p. 1426.

施，又是促进社会经济发展和稳定的一项重要政策。在新加坡，所有的雇主和雇员都必须按照雇员工资的一定比例缴纳公积金，例如1980年雇主的缴纳率时雇员工资的20.5%，雇员缴纳率为18%。虽然公积金不能自由地存取，但是随着社会经济的发展，公积金的用途也越来越广泛，雇员可以用于购买房屋、医疗保健、退休养老、投资股票、购买保险等。① 同时，公积金局又可以将集中起来的资金用于购买国债，投资基础设施建设，为国家的经济发展提供资金保障。因而，该项制度将广大劳工的切身利益同国家的兴衰结合起来，增强了社会和国家的凝聚力。同时，为了改善居民的住房问题，政府让建屋发展局对公共房屋进行统一计划、统一编配、统一建造、统一管理，并宣布实施"居者有其屋"政策，鼓励中低收入的阶层租赁或购买政府组屋。一方面，房屋的租金和售价由政府规定，往往低于市场价格；另一方面，住宅区环境优美，商店、医务所、托儿所等基础设施配备齐全。② 在购买权限上，仅有年满21岁，月收入低于500新元者（之后提高到1000新元、2500新元）才能申请购买公共组屋。若购买三房以下的组屋，政府将给予补贴。③ 并且，根据1968年公积金条例，居民可以提取公积金储蓄的50%作为购屋的首期付款，余款由每月所缴纳的公积金进行分期付款。④ 截至1973年6月，已有32万户动用113亿新元购买公共住房。⑤ 1965年，"建屋发展局"已建造54430个单元住房，解决了25万人的住房问题；1970年底该局共为60万人提供了12万个单元住房；到了1989年已有大约86%的新加坡人住在"建屋发展局"建造的公寓里。⑥ 20世纪六七十年代，人民行动党通过房地产开发和住房安置计划稀释了反对党在选举中的影响，特别是通过分

---

① 马志刚：《新兴工业与儒家文化——新加坡道路及发展模式》，时事出版社1996年版，第250—262页；郑维川：《新加坡治国之道》，第43页。
② 马志刚：《新兴工业与儒家文化——新加坡道路及发展模式》，时事出版社1996年版，第427、432、439页。
③ 李韶鉴：《可持续发展与多元社会和谐：新加坡经验》，四川大学出版社2007年版，第211页。
④ 吕元礼：《鱼尾狮智慧：新加坡政治与治理》，经济管理出版社2010年版，第310页。
⑤ Chwee Huat Tan, "The Public Enterprise as A Development Strategy: the Case of Singapore", *Annals of Public and Cooperative Economics*, Vol. 46, No. 1, 1975, p. 64.
⑥ Chwee Huat Tan, "Privatisation in Singapore: the Success of Public Sector Management", *International Journal of Public Sector Management*, Vol. 3, No. 1, 1990, pp. 48 – 49.

化劳工群体，避免其作为一支独立的力量威胁执政党的地位，并且获得了他们的选票支持。① 李光耀说道："公积金和居者有其屋计划确保了政治稳定，使新加坡持续不断发展了 30 多年。如果没有这些计划……工人工资高，却须花大钱租小房子……新加坡选民如果也这样，就不可能每次大选中以大多数票一再投选人民行动党。"② 此外，新加坡还以公积金为核心，陆续实施其他社会保障制度，如"家庭保障计划"（1981 年）、"保健储蓄计划"（1984 年）、"最低存款计划"（1987 年）等。③ 除了以上面对全社会的社会保障制度外，政府还积极发挥工会的社会福利功能，为劳工的生活提供便利。在"工会运动现代化"的倡导下，70 年代初职工总会设立了涵盖各个方面的合作社，如 1970 年的英康保险合作社和康复交通工友合作社，1972 年的平均合作社和牙科保健合作社，1977 年建立的托儿合作社等。工会会员既可以获得它们的服务，也可以购买其股份，成为小股东。④

最后，提升劳工的技术水平，促进产业结构升级，由劳动密集型升级到技术和资本密集型。早在 20 世纪 60 年代，新加坡就开始建立职业技术教育体制。1972 年，为了满足经济发展对技术型工人的需要，国家生产力局（The National Productivity Board）成立，并从世界各地邀请专家讨论可以用于新加坡的人力资源管理的技巧方法和理念。⑤并且，职总中央也配合设立了职总生产力服务处（NTUC Productivity Services Department），向劳工开办培训课程、研讨会和展览会，提升劳工的技术水平和工作效率。1973 年政府设立了产业训练局。1976 年后，在雇主的配合和政府的支持下，服务处以分行业、分工种的形式开展了一系列的劳工教育和培训活动。此外，在三方代表共同参与的情况下，政府还设立了技能发展委员会（Skill Development Council），

---

① Garry Rodan, "Singapore 'Exceptionalism'? Authoritarian Rule and State Transformation", *Working Paper*, No. 131, 2006, p. 8.
② ［新加坡］李光耀：《经济腾飞路：李光耀回忆录（1965—2000）》，外文出版社 2001 年版，第 114 页。
③ 匡导球：《星岛崛起：新加坡的立国智慧》，人民出版社 2013 年版，第 162—164 页。
④ 李路曲：《新加坡现代化之路：进程、模式与文化选择》，新华出版社 1996 年版，第 371 页。
⑤ Evelyn S. Wong, "Industrial Relations in Singapore: Challenge for the 1980s", *Southeast Asian Affairs*, No. 1, 1983, p. 269.

负责管理"技能发展基金"（Skill Development Fund, SDF）。① 政府规定，企业主必须将月工资低于 750 美元的工人工资总额的 4% 投入这个基金，用来资助企业和工会开展的各类劳工技术培训项目。例如，在该基金的资助下，职总发起的旨在向 62 万工人提供 6 项基础教育的"BEST"（Basic Education for Skills Training）项目得以开展。② 1979 年新加坡成人教育局和产业训练局合并为产业与职业训练局，加强了全国的职业技术教育和训练，同时还建立了各行业的雇主联合会、工会创办的训练局，政府与外国跨国公司合办的训练学院等。③ 到 20 世纪 80 年代，为了配合经济结构转型，政府进一步扩张并升级高等教育机构，建立了新的职业学院。④

小　　结

在韩国和新加坡的比较案例研究中，我们通过求异法来揭示初始威权类型作为条件变量如何制约国际贸易对政体变迁的影响。初始威权类型上的差异使两国政府在面对劳工运动的发展时采用了不同的战略组合。韩国的军人政权一方面在面对劳工的抗争时倾向于实施刚性的强制手段，另一方面基于军人统治集团的封闭性而难以和反对派合作。新加坡的一党制政权一方面在矛盾激化之前善于运用柔性的强制手段，另一方面通过实施包容战略来满足劳工的参政需求。这样，韩国的威权政体在遭遇危机时更容易崩溃，而新加坡的威权政体则更容易保持稳定。

20 世纪 60 年代初，朴正熙领导下韩国军人政府开始实行出口导向战略，并且在出口产品中，劳动密集型的轻工业品长期占据主导地

---

① 郑振清：《工会体系与国家发展——新加坡工业化的政治社会学》，社会科学文献出版社 2009 年版，第 221 页。
② Iyanatul Islam and Colin Kirkpatrick, "Export-Led Development, Labour-Market Conditions and the Distribution of Income: the Case of Singapore", *Cambridge Journal of Economics*, Vol. 10, No. 2, 1986, p. 117.
③ 王勤：《新加坡经济研究》，厦门大学出版社 1995 年版，第 139 页。
④ Evelyn S. Wong, "Industrial Relations in Singapore: Challenge for the 1980s", *Southeast Asian Affairs*, No. 1, 1983, p. 271.

位。在要素禀赋上，这一时期韩国属于土地要素和资本要素稀缺、劳动力要素充裕的国家，因此在发展国际贸易、实现经济的飞速发展的过程中，作为充裕要素的韩国劳工工资收入逐年提升，劳工群体在社会人口中的占比也显著提升。然而，收入的增加并没有与经济发展和通货膨胀速度相匹配，韩国劳工的生活状态改善并不明显，强烈的相对被剥夺感让韩国劳工选择以斗争的方式为自己争取权益。从20世纪60年代到80年代，韩国劳工运动由最初的关注经济和福利问题的单独斗争，演变为有明确政治诉求的、与其他团体和阶级的联合斗争。为了有效控制劳工群体、应对此起彼伏的反抗运动，韩国军人政权采取了暴力镇压、通过法律手段剥夺劳工政治和经济权益以及运用亲政府劳工组织严密控制的刚性强制战略，同时，建立以军人集团为核心的封闭政权，排除劳工政治参与的可能性。刚性强制导致韩国社会矛盾不断激化，排斥战略又极大地降低了利益表达、矛盾缓和的可能性。最终，韩国军人威权政府在包括劳工在内的民众力量和部分政治精英的合力反抗下崩塌了。

新加坡成为主权独立国家后，在人民行动党的领导下同样开始实行出口导向战略，并且逐步提升国产商品出口在出口总额中的比重。在60年代至70年代中期，在新加坡国产出口商品中，劳动密集型的初级工业制成品仍然占据主要地位，这一时期新加坡的要素禀赋同样属于劳动力要素充裕而资本要素较为稀缺。随着国际贸易的发展，作为充裕要素的新加坡制造业中的劳工群体迅速增长，同时工资水平保持合理增速。而新加坡的劳工运动主要体现在第二次世界大战后到60年代初，人民行动党上台后每年仅有零星的罢工。其中很重要的一个原因在于，新加坡人民行动党领导下的政府为了稳定劳工状况，采取了成立遵从政府但有一定自主性的工会联合组织、制订或修订相关法律规范劳工和工会以及宣扬和谐共生意识形态的柔性强制战略。同时，新加坡政府吸纳劳工或工会领导人加入人民行动党或到政府中任职，运用政府的力量发展国有企业为劳工提供就业机会，还建立了完善的社会保障制度并提供职业技能培训。这一系列包容性战略，有效地促成了劳工与人民行动党的合作与团结，从而扩大并巩固了新加坡一党制的统治基础，维护了政权的长久稳定。

第五章　劳动力要素充裕条件下的国际贸易与民主转型：对土耳其和泰国的比较研究

土耳其和泰国具有较为类似的政治现代化路径。土耳其和泰国都是较早建立民族国家并实行西方政治制度的非西方国家。1923年，土耳其军官凯末尔经过民族独立运动建立了土耳其共和国，实行代议共和制，开启了政治现代化进程。在泰国，1932年以披耶·帕凤为首主要由青年军官和留学归国知识分子组成的民党发动政变，推翻了君主专制，开始实行君主立宪制。土耳其与泰国都历经威权政府的统治，军队在国家的政治生活中扮演着重要的角色。两国军方都多次发动政变推翻政府，是国内政治中一股不可忽视的力量。

在政治现代化的进程中，土耳其和泰国逐渐形成了垄断政治权力和经济资源的既得利益团体。这些既得利益团体在威权统治时期利用其与威权政府的关系，逐渐把持了国家经济的各个主要部门。这种利益集团在土耳其表现为军方、世俗主义的官僚和与政府关系密切的大型企业集团，在泰国则表现为王室、军队、传统产业集团和官僚阶层。这些阶层是在政治现代化的早期推动国内政治变革和发展的主要力量，却在主导和垄断政治权力之后竭力维护其政治经济特权，政治倾向逐渐趋于保守。而占人口大多数的中下阶层则处于政治生活的边缘，且因经济基础较差、政治意识匮乏长期在国内政治中表现出政治冷漠。

国际贸易的扩张和经济的发展开始打破这一现状，为国内经济政治格局注入新的变量。土耳其和泰国在要素禀赋上都属于土地和资本稀缺而劳动力充裕的国家，20世纪80年代以来都在出口导向经济政策的基础上积极参与国际贸易，劳动密集型产业取得迅速发展。国际贸易的扩张改善了作为劳动力要素所有者的工人、城市贫民和部分农民的经济状况。随着经济社会的发展，土耳其和泰国中下阶层的政治视野得到拓展，政治意识逐渐提高。土耳其和泰国中下阶层在政治上不再沉默，开始通过参加政治结社、社会运动和投票选举等政治参与方式表达其利益诉求，要求分享国家政治权力维护自身利益。

在政治结社层面，中下阶层开始创建和参加各式各样的非政府组织，以组织形式来维护自身的经济利益，扩大其政治影响。在社会运动层面，中下阶层民众开始携手，以较为激进的方式对抗传统政治精英居于主导地位的政府。在土耳其，垄断政治权力的世俗主义精英对日益觉醒的中下阶层的伊斯兰政治诉求的压制，催生了伊斯兰复兴运动的产生和发展。在泰国，王室、军方和官僚集团等传统精英对农民阶层及其盟友新兴产业集团的压制，催生了泰国的红衫军群众运动。在政治选举层面，中下阶层已经开始意识到其手中政治选票所代表的含义，政治投票开始带有明显的倾向性。国内政治家为响应这种变化，开始组建代表中下阶层政治利益的政党，并逐渐在选举中占据优势地位。这类政党在土耳其表现为美德党、正义与发展党，而在泰国则表现为泰爱泰党、人民力量党、为泰党等亲农民政党。随着中下阶层的政治觉醒，响应中下阶层诉求、代表中下阶层政治利益的政党在选举中频频获胜，并上台执政。

第一节　导言

一　问题的提出

20世纪70年代以来，在世界范围内出现"第三波"民主化浪潮，一大批非民主国家开始向民主政体转变，土耳其和泰国均在此列。第二次世界大战之后，土耳其由一党专制转向多党制，开启了民主政治的尝试。但此后，土耳其军方多次发动政变，逆转民主进程，造成了威权的回潮。1980年政变后，土耳其军方还政于民，于1983年通过选举产生了一个文职政府，再次开启了民主化进程。80年代以来，政治选举成为政府产生的主要方式，政党政治和民主选举成为国内政治的主要现象。在泰国，1988年执掌泰国政局近十年的威权政体领导人炳·廷素拉暖辞职后，文官宪政战胜军人威权统治成为泰国政治的主要形式，泰国的民主化开始了较为深入的发展。

土耳其和泰国都属于亨廷顿所谓的"第三波"民主化浪潮中的国家，在民主化进程中表现出极为相似的共性特征：两国中下阶层政治参与程度和政治影响力的不断提高，开始挑战并压倒传统精英和既得利益集团掌控的政治权力。

在土耳其，表现为伊斯兰政党的崛起。自2002年以来，受到安纳托利亚农民、城市边缘阶层、中小工商业者支持的正义与发展党在2003年、2007年、2011年和2015年的大选中连续取胜，正义与发展党领导人埃尔多安也连续四届任土耳其总理。2014年8月10日，埃尔多安在土耳其首次总统直选中击败另外两名候选人，当选土耳其第12届总统。2015年11月1日，正义与发展党在土耳其议会选举中获胜，赢得单独执政地位。2017年4月16日，土耳其举行修宪公投。正义与发展党主导的支持修宪派阵营赢得51.4%的得票率，宪法修正案获得通过。正义与发展党虽然具有深厚的伊斯兰背景，但该党并不激进地推行伊斯兰文化传统，而是以"保守的民主党"自居，在强调伊斯兰教价值观念的同时认同国家政权世俗主义性质的重要性，主张在世俗与宗教之间寻求妥善的平衡。正义与发展党的执政纲领在获得安纳托利亚农民、城市贫民支持的同时也在一定程度上受到以军队为代表的世俗主义者的认可。正义与发展党执政十多年来，土耳其国内政治相对稳定，经济发展取得显著成绩，GDP增长了三倍，人均收入翻了一番。

在泰国，中下阶层力量的崛起则表现为他信领导的泰爱泰党的崛起。自2001年以来，受到北部、东北部农民和城市贫民支持的泰爱泰党及其继任政党在选举中接连取胜，深刻反映了中下阶层政治力量的觉醒。2001年，靠电信产业起家的他信·西那瓦作为新兴利益集团的代表，组建泰爱泰党并迎合日益壮大的农民阶层的利益诉求，在大选中脱颖而出。2001—2005年，他信第一任期内泰国经济迅速发展，政治相对稳定，他信也于2005年获选连任，成为泰国历史上第一个任期满一届的总理。但是，他信推行的草根惠农政策损害了王室、军队和城市精英的既有利益，引发了2006年的军事政变。军人集团接管国家政权后，并没有实施军人威权统治，而是还政于民，成立新的民主政府。政变之后，亲他信的沙马·顺卫达和颂猜·翁沙瓦相继当选泰国总理，显示出他信的政治影响力和农民在政治选举中的巨大作用。2011年，受到农民阶层拥护的他信妹妹英拉获选就任泰国总理。2013年8月开始，以英拉为首的为泰党向国会提交特赦法案，这引发了反对党民主党领导的大规模街头集会示威。持续的反政府示威引发英拉政府的执政危机，泰国总理英拉被迫于2013年12月9日宣布解散国会下议院，成立看守政府。2014年5月22日，泰国军方领导人巴育宣布接管政权，并出任代理总理。2014年8月25日，泰国国王正式任命巴育为泰国总理。但纵观历史，军事政变无法从根本上终结泰国的政治分裂。泰国政局动荡的根本原因，是以王室和军队为代表的传统精英阶层与逐渐崛起的中下阶层之间缺乏妥协。虽然泰国自2006年以来政局动荡，但2001年泰国大选以来，受到北部、东北部农民及城市下层群体支持的亲他信政党始终在选举中占据优势地位。

总体而言，土耳其与泰国是两个具有鲜明的政治经济文化差异的国家。从历史上来看，土耳其历史上曾是欧洲强国，20世纪后期土耳其的国家对外战略的一个重心即是加入欧盟（欧共体），融入欧洲；泰国则是东南亚大国，是东亚少有的几个未被完全殖民的国家。从文化角度看，土耳其与泰国具有迥异的文化传统。土耳其是个伊斯兰国家，伊斯兰教影响着国民生活的方方面面。伊斯兰教固有的政教结合的宗教属性也在深刻影响着土耳其的国内政治，世俗主义与伊斯兰主义的对立与冲突成为政治生活中的重要组成部分。而泰国虽然也是宗教氛围浓厚的国家，但是佛教更多的是对公民个人精神生活的指导，较少直接影响政治进程。从政体类型看，土耳其与泰国具有不同的政体类型。土耳其实行民主共和制，修宪前总统和总理均由选举产生。泰国则是君主立宪制，国王普密蓬·阿杜德自登基以来在国内树立了至高无上的权威，被称为"国父"，是人民的精神支柱。但与此同时也造成国王在国内政治中的独特地位，其权威已经超越了宪法赋予国王的法律地位。

虽然土耳其和泰国具有迥异的文化传统和政治体制，但却产生一个共同的政治现象，即城市中下阶层和农民的政治参与规模不断扩大，政治影响力逐步提高，开始挑战和限制传统精英把持的政治权力。因此，本章对土耳其与泰国的比较研究属于求同法，旨在于大相径庭的政治和文化环境中探索推动两国走向民主转型之路的共同因素——国际贸易是如何影响两国政治发展的。

二 既有文献及其不足

自20世纪90年代以来,土耳其政治参与的一个重要变化即中下阶层政治参与规模与范围的扩大,这也构成这一时期土耳其政治参与的主要内容。对土耳其民主转型中的中下阶层政治参与的研究散见于有关土耳其正义与发展党的崛起、土耳其的伊斯兰与民主、土耳其民主巩固的文献中。关于土耳其发生民主转型的原因,主要有以下观点:

第一,土耳其的民主转型与伊斯兰复兴运动有关。伊斯兰复兴运动集中体现在伊斯兰政党——正义与发展党的兴起壮大上。伊赫桑·达吉(Ihsan Dagi)通过对土耳其正义与发展党社会基础、公共形象和执政方针的研究认为,正义与发展党与其说是一个伊斯兰派系,不如说是一个全球主义的、市场导向的、亲西方的、民粹主义的政党。[1] 艾尔坦·艾丁(Ertan Aydin)和易卜拉欣·达米斯(Ibrahim Dalmis)对正义与发展党的社会基础进行了深入研究。他们通过对正义与发展党党员的文化水平和社会地位,以及对支持者的社会经济地位的分析得出,正义与发展党的主流意识形态有限地吸取了凯末尔主义的世俗化,同时更多包含了宗教的、保守的、伊斯兰主义的边缘认同。[2] 王林聪认为,埃尔多安时代是新版"土耳其模式",即奉行消极世俗主义、民主化、市场经济和对外自主性,强调尊重宗教传统价值观。新版"土耳其模式"是土耳其教俗力量较量的产物,具有一定的民主政治属性,显示出土耳其伊斯兰主义温和化以及伊斯兰与民主可以相容的特点。[3] 厄根·奥兹布登(Ergun Özbudun)通过对伊斯兰政党的渐变研究认为,土耳其政治核心变化是伊斯兰政党由激进向温和的保守民主党转变。以正义与发展党为代表,这种转变一定程度上构架了沟通世俗主义与伊斯兰主义的桥梁,推动了土耳其的民主巩固。[4] 哈全

---

[1] Ihsan Dagi, "Turkey's AKP in Power", *Journal of Democracy*, Vol. 19, No. 3, 2008, pp. 25 – 30.

[2] Ertan Aydin and Ibrahim Dalmis, *The Social Bases of the Justice and Development Party*, New York: Routledge, 2008.

[3] 王林聪:《"土耳其模式"的新变化及其影响》,《西亚非洲》2012年第2期。

[4] Ergun Özbudun, "From Political Islam to Conservative Democracy: The Case of the Justice and Development Party in Turkey", *South European Society and Politics*, Vol. 11, No. 3 – 4, 2006, pp. 543 – 557.

安认为,伊斯兰政党政治的兴盛正是土耳其民主化、现代化的重要体现。中东国家政治民主化进程的实质,是"民众通过广泛的政治参与而走向政治的解放"。①

第二,全球化促进了土耳其的民主转型。E. 阿特·科伊曼认为,全球化对土耳其的政治、经济和认同产生了重大的影响。2000年后土耳其的欧洲化、入盟谈判是国内民主政治进程的重要影响因素。②齐亚·欧尼斯(Ziya Öniş)通过对正义与发展党2002年与2007年选举的分析认为,经济全球化的发展推动了正义与发展党形成了包含崛起的中产阶级、社会贫民等在内的广泛的选举联盟。欧盟的影响也促进了土耳其政治民主的进步。③他在另一篇文章中称,全球化的国际力量和国内因素共同影响了土耳其伊斯兰政党的转变,而这种转变为正义与发展党吸引了超越阶层的广泛的选举联盟。④

第三,社会经济结构的变化推动了土耳其向民主转型。邓肯·玛卡戈(Duncan MaCargo)在对土耳其政治现代化的研究认为,当今土耳其政治的核心问题可以概括为旧的制度性联盟和新的社会力量之间的碰撞与冲突。⑤他认为,土耳其的现代化过程中形成了以军队、官僚精英、受到政策支持的经济部门和技术精英为代表的拥有政治经济特权传统的精英集团。而社会经济结构的转变产生了以城市化的农民、安纳托利亚中小企业阶层等为主的新的政治力量。这些新兴阶层通过选举在政治生活中拥有了政治权力。赛达·德米拉普(Seda Demiralp)从经济角度解读土耳其伊斯兰主义的兴起,认为伊斯兰主义的复兴从根本上讲是长期以来在国内社会处于弱势地位的阶层为谋求改善其经

---

① 哈全安:《中东国家的现代化历程》,人民出版社2006年版,第142页。
② [土耳其] E. 阿特·科伊曼:《土耳其的现代化、全球化和民主化——正义与发展党的经验及其局限》,杨皓编译,《国外理论动态》2011年第5期。
③ Ziya Öniş, "Conservative Globalism at the Crossroads: The Justice and Development Party and the Thorny Path to Democratic Consolidation in Turkey", *Mediterranean Politics*, Vol. 14, No. 1, 2009, pp. 21 – 40.
④ Ziya Öniş, "Globalization and Party Transformation: Turkey's Justice and Development Party in Perspective", In *Globalizing Democracy: Party Politics in Emerging Democracies*, edited by Peter Burnell, London: Routledge, 2006, pp. 1 – 27.
⑤ Duncan McCargo and Ayse Zarakol, "Turkey and Thailand: Unlikely Twins", *Journal of Democracy*, Vol. 23, No. 4, 2012, p. 72.

济状况而借助宗教力量做出的政治努力。① 尼卢菲尔·戈尔（Nilüfer Göle）认为，伊斯兰化可以认为是针对凯末尔现代化原则和西部精英的既得利益的反击。伊斯兰主义的工程师、知识分子和妇女因教育和城镇化的发展而成为新的精英阶层，同时也成为伊斯兰运动中抵制激进集权主义形式的主要力量。② 阿里·卡戈鲁（Ali Çarkoğlu）在《经济评价与意识形态：土耳其 2002—2011 选举变化的根源探析》一文中，详细分析了正义与发展党崛起的两个主要原因：短期经济表现和长期以来伊斯兰意识形态的号召力。③ 塞姆·巴斯利文特（Cem Başlevent）等人以正义与发展党为例对土耳其选举中的政党倾向和经济投票进行了分析，认为个人有关过去和不远将来的经济评价会影响他们的政党选择。④ 赛布努·谷姆苏库（Sebnem Gumuscu）等在《虔诚的资产阶级的力量：以土耳其的正义与发展党为例》一文中，认为正义与发展党不同于此前的伊斯兰政党，它的成功在于获得了自 20 世纪 80 年代的经济改革以来获得极大发展的虔诚的资产阶级的支持。正义与发展党和伊斯兰背景的独立工商业联合会的密切联系就是最好的例证。正义与发展党的自由经济、民主态度、公民权利和自由方面的倾向为虔诚的资产阶级商人提供了他们长期以来一直追求的政治基础。⑤ 德伍林·亚伍兹（Devrim Yavuz）通过对土耳其大企业集团和民主的相关研究发现，工商业组织通过制定更为自由民主的议程并预防短见的反应，有利于民主的巩固。但是要维持一个亲民主立场，商业协会必须要在保持一致性与多元化之间寻求一个有效的平衡。⑥ 刘云

---

① Seda Demiralp, "The Rise of Islamic Capital and the Decline of Islamic Radicalism in Turkey", *Comparative Politics*, Vol. 41, No. 3, 2009, pp. 315 – 335.
② Nilüfer Göle, "Secularism and Islamism in Turkey: The Making of Elites and Counter-Elites", *The Middle East Journal*, Vol. 51, No. 1, 1997, pp. 46 – 58.
③ Ali Çarkoğlu, "Economic Evaluations vs. Ideology: Diagnosing the Sources of Electoral Change in Turkey, 2002 – 2011", *Electoral Studies*, Vol. 31, 2012, pp. 513 – 521.
④ Cem Başlevent, Hasan Kirmanoğlu and Burhan Şenatalar, "Party Preferences and Economic Voting in Turkey (Now that the Crisis is Over)", *Party Politics*, Vol. 15, No. 3, 2009, pp. 377 – 391.
⑤ Sebnem Gumuscu and Deniz Sert, "The Power of the Devout Bourgeoisie: The Case of the Justice and Development Party in Turkey", *Middle Eastern Studies*, Vol. 45, No. 6, 2009, pp. 953 – 968.
⑥ Devrim Yavuz, "Testing Large Business's Commitment to Democracy: Business Organizations and the Secular-Muslim Conflict in Turkey", *Government and Opposition*, Vol. 45, No. 1, 2010, pp. 73 – 92.

认为，当代土耳其多党民主制与经济现代化的发展将广大的农村人口卷入现代化进程之中，同时经济精英也成长起来，土耳其的政治现代化有了国家体制之外的推动力量，权威主义的现代化模式遇到了挑战。①

20世纪80年代以来，泰国开始向民主政体转型，其中一个显著特点就是中下阶层政治参与的规模与范围扩大。泰国中下阶层力量的崛起表现为他信领导的泰爱泰党的崛起。自2001年以来，受到北部、东北部农民和城市贫民支持的泰爱泰党及其继任政党在选举中接连取胜，深刻反映了中下阶层政治力量的觉醒。泰国王室的至高权威、军队的独特地位、脆弱的民主制度、他信及其政党的崛起、2006年以来持续的政治动荡使其受到学术界的关注。有关泰国民主转型及政治参与影响因素的研究可以分为以下几个方面：

第一，全球化是促进泰国民主发展的重要因素。亨廷顿指出，国际环境对"第三波"民主化起到推动作用，其他国家的民主化有利于形成"滚雪球"或"示范效应"，从而带动一国的民主发展。② 以美国为首的西方国家支持发展中国家的民主化，并通过经济、政治压力来助力其他国家的民主化进程。亚洲金融危机发生后，新一轮民主化浪潮席卷东南亚，美国在这一地区花了相当大的精力来推进民主。在越南、老挝、柬埔寨，都有美国支持的"颜色革命"组织在活动。在全球化的背景之下，亚洲相邻国家的民主化也蔓延到了泰国。经济全球化和经济危机削弱了军队在泰国的地位，从而有利于泰国的民主化进程。尤克力斯特·帕思曼德（Ukrist Pathmanand）通过对泰国政治经济社会的三类主要行为体的分析，阐述了全球化与民主发展的关系：20世纪90年代，受到全球化的影响，泰国的公民社会取得了很大规模的发展，已经有能力挑战旧的社会政治秩序。③

---

① 刘云：《土耳其政治现代化的历史轨迹》，《西北师大学报》（社会科学版）2008年第1期。
② 塞缪尔·P. 亨廷顿：《第三波：20世纪后期的民主化浪潮》，欧阳景根译，中国人民大学出版社2012年版。
③ Ukrist Pathmanand, "Globalization and Democratic Development in Thailand: The New Path of the Military, Private Sector, and Civil Society", *Contemporary Southeast Asia*, Vol. 23, No. 1, 2001, pp. 24–42.

第二,他信的民粹主义政策推动泰国向民主转型。帕苏克·帕奇特(Pasuk Phongpaichit)和克里斯·贝克(Chris Baker)在他们的文章《他信的民粹主义》中称,他信的民粹主义政策是对几十年来资本主义发展催生的贫民诉求的回应。他信的民粹主义政策主要照顾的是农民的利益,因而引发城市中产阶级的不满,也因此逐渐产生了支持他信和反对他信的对立的政治势力。① 他信为响应在出口导向经济政策中逐渐形成的农民大众政治诉求而采取的民粹主义政策激发了农民阶层的政治参与意识,扩大了农民的政治参与水平。② 周方冶也认为,他信执政期间的草根惠农政策使广大农民受益的同时损害了包括军队、官僚等中上阶层的利益,深化了社会分裂的程度,但政治势力之间缺乏妥协,导致国内街头政治频仍。③

第三,红衫军运动推动了泰国的民主转型。一些学者认为,红衫军运动反映了泰国中下阶层的政治意识觉醒,是推动泰国民主化的重要原因。红衫军意识到自己在泰国现代化过程中没有公平分享社会发展成果,因此频繁发起群众运动。艾姆·辛彭(Aim Sinpeng)和埃里克·马丁内斯·库赫塔(Erik Martinez Kuhonta)在对泰国2011年选举的研究中指出,自2006年以来泰国兴起的以红衫军和黄衫军为代表的群众运动虽然造成了政局的混乱,但是却极大地动员了普通公民的政治参与意识,使普通民众意识到选举的重要价值。④ 那蒙·塔博彻波(Naruemon Thabchumpon)对红衫军的构成进行了分析,即红衫军的构成主要是由城市化的农民和之前在他信政策下获益的边缘阶层。⑤ 吉姆·泰勒(Jim Taylor)认为,红衫军社会运动是泰国处于边缘阶层的

---

① Pasuk Phongpaichit and Chris Baker, "Thaksin's Populism", *Journal of Contemporary Asia*, Vol. 38, No. 1, 2008, pp. 62 – 83.

② Ibid..

③ 参见周方冶《泰国政治持续动荡的结构性原因与发展前景》,《亚非纵横》2014年第1期;周方冶《泰国政治格局转型中的利益冲突与城乡分化》,《亚非纵横》2008年第6期;周方冶《泰国非暴力群众运动与政治转型》,《当代亚太》2007年第7期。

④ Aim Sinpeng and Erik Martinez Kuhonta, "From the Street to the Ballot Box: The July 2011 Elections and the Rise of Social Movements in Thailand", *Contemporary Southeast Asia*, Vol. 34, No. 3, 2012, pp. 389 – 435.

⑤ Naruemon Thabchumpon and Mccargo Duncan Source, "Urbanized Villagers in the 2010 Thai Redshirt Protests", *Asian Survey*, Vol. 51, No. 6, 2011, pp. 993 – 1018.

群体表达其经济和民主诉求的政治运动。①

第四，经济发展和经济不平等促进了泰国的民主转型。安德鲁·沃克（Andrew Walker）以实地调研的方法对泰国农村社会的研究认为，泰国农民政治参与规模扩大的基础是农民经济收入和教育水平的提高，而经济水平的提高又与泰国农业和农产品加工业的发展紧密联系。② 乌吉·巴玛南等人也认为，泰国近年来的经济发展提高了公众的参政意识，他们开始提出自身的利益诉求。③ 国内学者张锡镇、宋清润认为，泰国群众运动此起彼伏的深层次根源是经济上贫富分化导致的国内社会的分裂。④ 现有解释认为，在基本民主制度的框架内，经济发展提高了中下阶层的收入水平、教育水平，培养了其政治参与意识，国内不平等的社会经济结构催生了中下阶层的不满和表达诉求，在经济因素与社会政治因素的共同影响下，中下阶层开始频繁地进行政治参与，政治影响力逐渐扩大。

国内外学者围绕土耳其和泰国民主巩固、政党政治、社会运动等问题进行了比较全面细致的研究。但就土耳其和泰国民主转型这一主题而言，目前的研究还存在一些不足。

一是将土耳其和泰国的民主转型结合起来进行比较的研究较少。目前仅有一篇将土耳其与泰国国内政治参与共性特征进行比较分析的学术文章。邓肯·玛卡戈在《土耳其与泰国：迥异的双胞胎》一文中，将两国称为"双胞胎"，认为土耳其和泰国虽有诸多差异，但政治症结却很类似，都是经济社会结构变革催生的新的政治力量的觉醒，挑战传统政治精英垄断的政治权力⑤。于时语在一篇评论性文章《泰国：成为东南亚的土耳其?》一文中也提到，泰

---

① Jim Taylor, "Remembrance and Tragedy: Understanding Thailand's 'Red Shirt' Social Movement", *Journal of Social Issues in Southeast Asia*, Vol. 27, No. 1, 2012, pp. 120 – 152.

② Andrew Walker, *Thailand's Political Peasants: Power in the Modern Rural Economy*, Madison: University of Wisconsin Press, 2012.

③ Ukrist Pathmanand, "Globalization and Democratic Development in Thailand: The New Path of the Military, Private Sector, and Civil Society", *Contemporary Southeast Asia*, Vol. 23, No. 1, 2001, pp. 32 – 35; Neil A. Englehart, "Democracy and the Thai Middle Class", *Asian Survey*, Vol. 43, No. 2, 2003, pp. 253 – 254.

④ 张锡镇、宋清润：《泰国民主政治论》，中国书籍出版社2013年版。

⑤ Duncan McCargo and Ayse Zarakol, "Turkey and Thailand: Unlikely Twins", *Journal of Democracy*, Vol. 23, No. 4, 2012, p. 72.

国和土耳其民主化进程的最大共同点,便是平民和中下阶层的政治影响力不断上升,开始逐步压倒传统上层精英群体垄断和把持的政治权力[①]。除此之外,几乎没有将土耳其与泰国政治参与放到一起进行研究的文章。

二是对土耳其、泰国民主转型的解释多集中在国内层面,较少扩展到国际层面。现有的解释认为,在基本民主制度的框架内,经济发展提高了中下阶层的收入水平、教育水平,培养了其政治参与意识,国内不平等的社会经济结构催生了中下阶层的不满和表达诉求,在经济因素与社会政治因素的共同影响下,中下阶层开始频繁地进行政治参与,政治影响力逐渐扩大。这种解释忽略了国内政治的国际经济影响因素。在经济全球化迅速发展的国际社会,国际经济环境和国际贸易对经济总量较小的土耳其和泰国经济有深刻的影响。而国际经济因素通过作用于国内经济又进一步影响到国内政治。因而,对土耳其、泰国民主转型的解释性研究不应忽略国际经济因素。

第二节　土耳其和泰国的要素禀赋

一　土耳其的要素禀赋

土耳其位于欧亚大陆的交会处,国土面积为78.36万平方公里,其中可耕地面积为20.54万平方公里,占国土面积的26.69%。土耳其拥有人口约八千万,人口密度约每平方公里100人。2013年,土耳其GDP 7893亿美元,人均GDP超过1万美元。

对要素禀赋的分析只有在贸易发生国之间的比较中才有意义。因此,我们对土耳其要素禀赋的分析主要将土耳其与其贸易伙伴(见表5—1)进行对比分析。以下将从土地—劳动力要素状况、资本要素状况两方面对土耳其的要素禀赋结构进行分析。

---

① 于时语:《泰国成为东南亚的土耳其?》,2011年7月9日,联合早报网(http://www.zaobao.com/forum/expert/yu-shi-yu/story20110709－56399)。

表 5—1　　　　　　　土耳其 2012 年主要出口地区构成

以目的地划分的土耳其出口构成	单位（%）
1. 欧盟 27 国	47.0
2. 伊拉克	6.2
3. 俄罗斯	4.4
4. 美国	3.4
5. 阿联酋	2.7

资料来源：根据世界银行数据库整理制作。

首先需要分析土耳其的劳动力和土地要素。2000 年，世界平均人口密度为每平方公里 47.1 人，而土耳其则为 82.2 人（见附表 3）。土耳其的主要贸易伙伴首先是欧盟 27 国，其次是伊拉克、俄罗斯和美国。2000 年，俄罗斯的人口密度为每平方公里 8.9 人，美国为 30.8 人，伊拉克为 53.9 人，挪威为 12.3 人，芬兰为 17.0 人，瑞典为 21.6 人，西班牙为 80.7 人。通过对比可发现，土耳其与其主要贸易伙伴相比，劳动力要素充裕，具有劳动力的比较优势[①]。

仅以人口密度衡量土耳其的土地—劳动力、比略显不足，还有必要考察土耳其的人均可耕地面积及其在世界中所处的地位。随着人口的增长和建设用地的扩张，土耳其的人均可耕地面积从 1980 年的 57.75 平方公亩下降到了 2010 年的 29.57 平方公亩（见附表 4）。1980 年，土耳其的人均可耕地面积约为世界水平的两倍，到 2010 年，仅为世界水平的 1.46 倍。与美国、俄罗斯、乌克兰、罗马尼亚、保加利亚、匈牙利、丹麦等主要贸易伙伴相比，土耳其人均可耕地面积较少，并不具备土地要素的比较优势。

经过上述分析可知，土耳其拥有较低的土地—劳动力比，劳动力要素充裕而土地要素稀缺。

为完整地考察土耳其的要素禀赋状况，还需要分析土耳其的资本

---

① 这里需要说明的是，部分发达国家的人口密度在土耳其之上，如英国、德国、法国、葡萄牙等。但是这些国家在国际贸易结构中并不是基于劳动力要素的比较优势。这主要是因为相较于劳动力，这些发达国家经济总量大，资本存量丰富，技术先进，在资本和技术密集型产业更具比较优势。所以人口密度大、人均耕地面积小，并不总能作为一国劳动力要素充裕的可靠性指标。

要素充裕度（见附表1）。1970年以来，土耳其的人均资本形成总额虽然取得了较高的增长，但在各个时期均远低于世界平均水平。2000年，土耳其人均资本形成总额为1168美元[①]，而其主要贸易伙伴美国为9516美元，英国为6817美元，法国为7450美元，西班牙为6584美元，希腊为4552美元。由此可见，与其主要贸易伙伴相比，土耳其属于资本要素贫乏的经济体。

用人均GDP来衡量土耳其的GDP，可以得出同样的结果（见附表2）。土耳其人均GDP在世界上处于较低水平，远低于其主要贸易伙伴美国、德国、法国、英国、意大利、西班牙等国。综合人均资本形成总额和人均GDP两个指标的分析可以得出，土耳其在国际贸易体系中属于资本要素稀缺的落后国家。

综合土耳其的土地—劳动力比和资本要素禀赋可知，20世纪70年代以来，土耳其的要素禀赋状况为劳动力充裕而土地和资本稀缺，与其主要贸易伙伴相比，属于劳动力充裕但土地稀缺的落后经济体。

二 泰国的要素禀赋

对泰国要素禀赋构成的分析需要结合其主要贸易国进行比较研究。泰国的主要贸易伙伴是中国内地、欧盟、日本、美国和中国香港。2012年，泰国对中国内地的出口占其出口总额的12.0%，对欧盟27国的出口占其出口总额的10.6%，对日本的出口占其出口总额的10.5%。2012年，泰国对中国、欧盟、日本、美国等前五位贸易伙伴的出口约占其出口总量的50%（见表5—2）。以下将从土地—劳动力要素状况、资本要素状况两方面对泰国的要素禀赋结构进行分析。

表5—2　　　　　　　　　泰国2012年主要出口地区

以目的地划分的泰国出口构成	比例（%）
1. 中国内地	12.0
2. 欧盟27国	10.6
3. 日本	10.5

[①] 注：数据均为2005年定价美元。

续表

以目的地划分的泰国出口构成	比例（%）
4. 美国	9.6
5. 中国香港	7.2

资料来源：根据世界银行数据库整理制作。

首先分析泰国的土地—劳动力要素禀赋状况。2000 年，世界平均人口密度为每平方公里 47.1 人，泰国为 122.7 人。泰国主要贸易伙伴美国的人口密度为 30.8 人，澳大利亚为 2.5 人，俄罗斯为 8.9 人，西班牙为 80.7 人，法国为 111.2 人，葡萄牙为 112.5 人。与其主要贸易伙伴相比，泰国的人口密度要高很多[①]（见附表 3）。由此可初步判断泰国的土地—劳动力比较低，劳动力要素充裕而土地要素稀缺。

通过对泰国人均可耕地面积的分析可以进一步检验泰国的土地—劳动力要素状况。2010 年，泰国的人均可耕地面积为每人 23.63 公亩，而其主要贸易伙伴的人均可耕地面积加拿大为 127.62 公亩，俄罗斯为 83.30 公亩，乌克兰为 70.80 公亩，美国为 50.40 公亩，丹麦为 43.64 公亩，法国为 28.15 公亩，均高于泰国的水平（见附表 4）。由此可以进一步判定泰国的土地—劳动力要素结构为土地稀缺而劳动力充裕。

在考察泰国的土地—劳动力要素禀赋状况的基础上，还要进一步分析泰国的资本要素禀赋状况。首先按照人均资本形成总额指标来分析泰国的资本要素状况。1990 年至 2010 年，泰国的人均资本形成总额从 781 美元上升至 2010 年的 843 美元，但仍然低于 1990 年为 1380 美元、2010 年为 1769 美元的世界平均水平（见附表 1）。与其主要贸易伙伴中国、日本和美国相比，泰国的人均资本形成总额也相对更低。2010 年，中国的人均资本形成总额为 1373 美元，美国为 8329 美元，日本为 6890 美元，英国为 6855 美元，法国为 7460 美元，均远高于泰国的 843 美元。因此可以判定，与世界主要国家和地区相比，泰国属

---

① 在与泰国的劳动力—土地要素进行比较分析时，中国和日本是需要单独分析的两个国家。中国目前经济总量居世界第二，国内市场规模较大，市场需求较大，中国与泰国的贸易也主要是基于产品差异性的劳动密集型产业贸易。而日本国土面积狭小，虽然人口密度相对较高，但是相比于其雄厚的资本和技术实力，劳动力并不具备比较优势。

于资本稀缺的国家。

用人均GDP可以进一步验证泰国的资本要素构成。2010年，泰国的人均GDP为3150美元，远低于其主要贸易伙伴美国的43961美元、日本的36296美元、法国的35214美元和西班牙的26192美元（见附表2）。综合人均资本形成总额和人均GDP两个指标的分析，可知泰国属于资本要素稀缺的国家。

综上所述，泰国的要素禀赋结构为资本和土地稀缺，而劳动力相对充裕，属于劳动力充裕但资本和土地稀缺的落后经济体。

第三节 土耳其和泰国对国际贸易的参与

一 土耳其对国际贸易的参与

20世纪90年代以来，随着经济全球化的飞速发展，全球贸易量迅速增长，国际贸易在国民经济发展中的重要程度也在加大。土耳其早在其军人威权政府时期就积极发展对外经济关系，借以发展国内经济，增强其政府合法性。

自20世纪80年代以来，土耳其开始奉行出口导向型的贸易政策，出口占其GDP的比重逐渐增大。在经济学中，通常用对外贸易依存度（进出口总额与GDP的比）来表示一国经济与世界经济联系的紧密程度[1]。自20世纪80年代以来，土耳其的对外贸易依存度缓慢增长，从1980年的17.1%上升到2011年的56.4%，处于世界平均水平（见图5—1）。由此可见，土耳其GDP约一半以上与对外贸易紧密相关，国际贸易对土耳其的国内经济影响巨大。

分析土耳其的对外贸易依存度还有必要分析其出口依存度。出口依存度是指一国出口总值占GDP的比例，反映一国国民经济对世界市场的依赖程度。1980年至2010年，土耳其的出口依存度从5.16%上升到21.2%，在2001年达到峰值27.4%（见图5—2）。

综上所述，土耳其自实施出口导向的经济政策以来，对外贸易依存度、出口依存度都逐渐提高，其国民经济已经与世界经济紧密联系

---

[1] 佟家栋：《对外贸易依存度与中国对外贸易的利益分析》，《南开学报》2005年第6期。

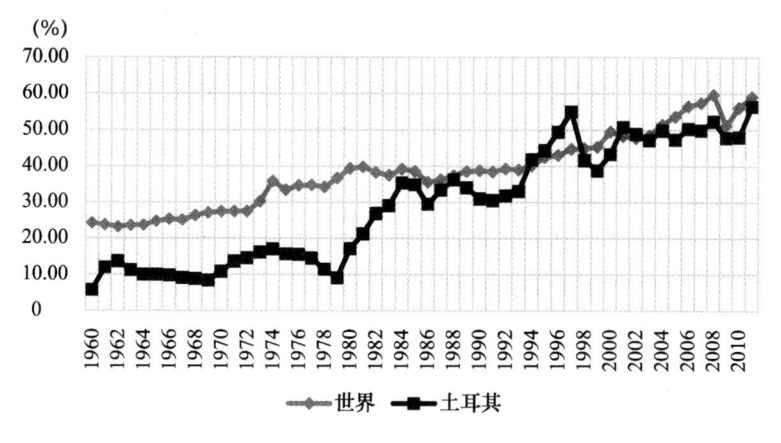

图 5—1　土耳其的对外贸易依存度

资料来源：根据世界银行数据库整理制作。

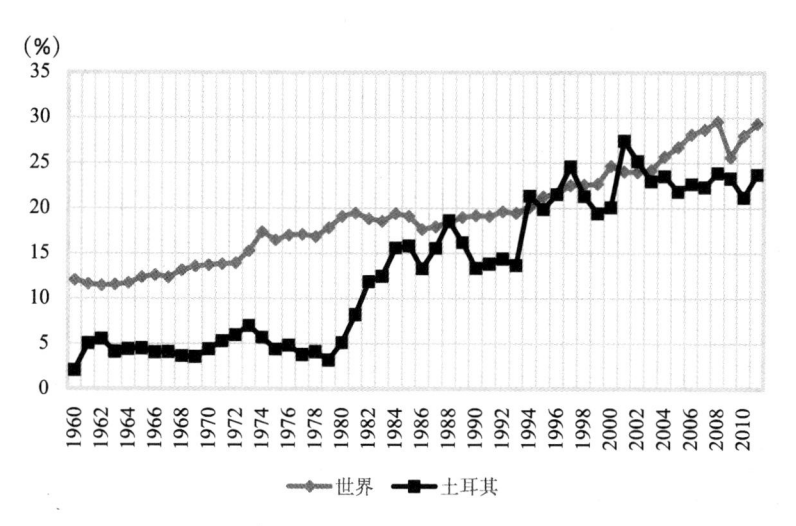

图 5—2　土耳其的出口依存度

资料来源：根据世界银行数据库整理制作。

为一体。为了完整地考察土耳其的国际贸易结构，我们还需在分析土耳其外贸依存度的基础上进一步分析土耳其的出口产业结构和商品结构。

土耳其的出口经济部门主要是制造业、农林业和采掘业，这三个部门的产品出口已经占到土耳其出口总量的98%以上（见表5—3）。其中，制造业出口占其出口比重均已经达到93.92%。由此可见，土耳其的出口产品按经济活动划分以制造业出口为主。

表5—3　　　　　土耳其2012年出口构成（以经济活动分）

经济部门	总值（百万美元）	比重（%）
制造业	143201	93.92
农业和林业	5189	3.40
采掘业	3161	2.07
批发和零售业	535	0.35
渔业	190	0.12
电力、煤气和水供应	190	0.12
其他商业活动	0.5	0
社会和个人活动	2	0
全部	152469	100

资料来源：根据土耳其数据中心数据整理制作，http：//www.turkstat.gov.tr/Start.do。

在制造业出口产品中，基本金属、机动车和拖车、纺织品、衣服、机械和设备制造、食物和饮料是主要的构成（见图5—3）。2012年，土耳其的劳动密集型产品出口占制造业出口的较大比重。其中，纺织

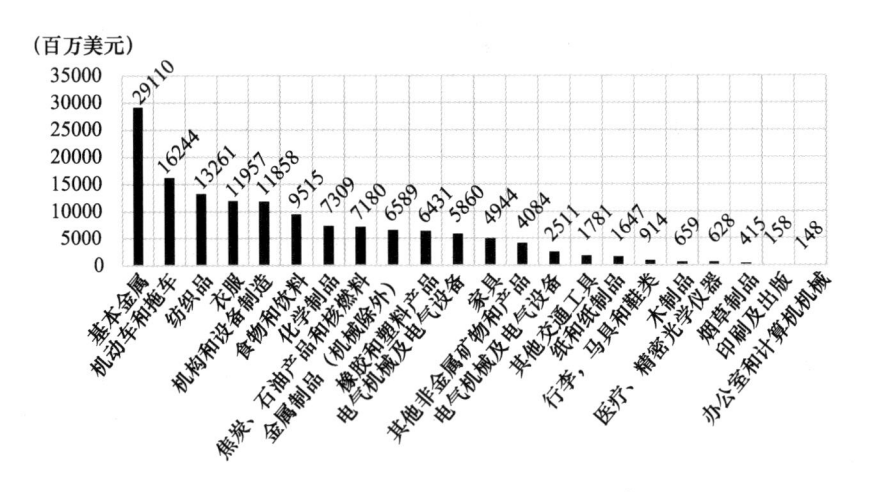

图5—3　土耳其2012年制造业出口结构

资料来源：根据土耳其数据中心数据整理制作，http：//www.turkstat.gov.tr/Start.do。

品出口为132.6亿美元,占制造业出口的9.3%;服装出口为119.6亿美元,占制造业出口总额的8.3%;食品和饮料出口为95.1亿美元,占制造业出口的6.6%;家具及木制品、鞋类等生活用品出口为65.17亿美元,占制造业出口的4.5%。仅以上几类产品出口总额已达到412.5亿美元,占到出口制造产品的38.8%。由此出口结构可以看出,土耳其在国家贸易分工中的比较优势是以劳动力要素为基础的中低端制造业。

土耳其充裕的劳动力要素决定了其参与国际贸易的出口商品结构。国际贸易的扩张推动了出口部门和行业的发展,提高了相关从业人员的收入水平和经济地位。

二 泰国对国际贸易的参与

通过对泰国的外贸依存度和出口商品结构进行分析可以得出泰国国际贸易结构的整体状况。

泰国从1972年就已经开始实行出口导向的经济政策。受益于主要发达国家的产业转移,泰国经济在20世纪八九十年代取得高速发展。泰国经济的高速增长与对外贸易紧密相关。从20世纪80年代中期开始,泰国的对外贸易依存度开始提高。1986年,泰国的对外贸易依存度为49.17%,1995年为90.43%,到2008年已经上升到150.33%,而同期世界水平仅为59.69%。2004年以来,泰国的对外贸易依存度在140%的水平上下浮动,是世界平均水平的2.5—3倍(见图5—4)。由此可见国际贸易对泰国经济发展的重要影响。

在出口导向经济政策下,出口是拉动国内经济增长的关键因素。20世纪80年代以来,泰国的出口依存度也随其参与国际贸易的程度不断提高。1983年,泰国的出口依存度与世界水平持平,为20.11%。2001年,泰国的出口依存度已经上升为65.86%,到2011年已经上升到76.94%(见图5—5)。2000年以来,泰国的出口依存度在70%的水平上下浮动,是世界平均水平的2.5—3倍。由此可见,泰国的出口依存度极高,泰国经济高度依赖世界市场。

经过以上分析可以得出,泰国的对外贸易依存度和出口依存度均远高于世界平均水平,泰国的国民经济严重依赖世界市场。在此基础上,还有必要对泰国的出口商品结构进行分析。

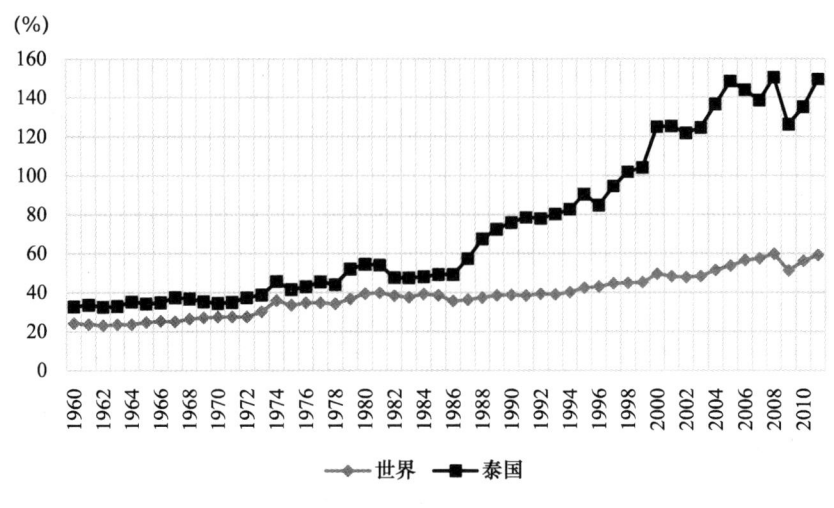

图5—4 泰国对外贸易依存度

资料来源：根据世界银行数据整理制作。

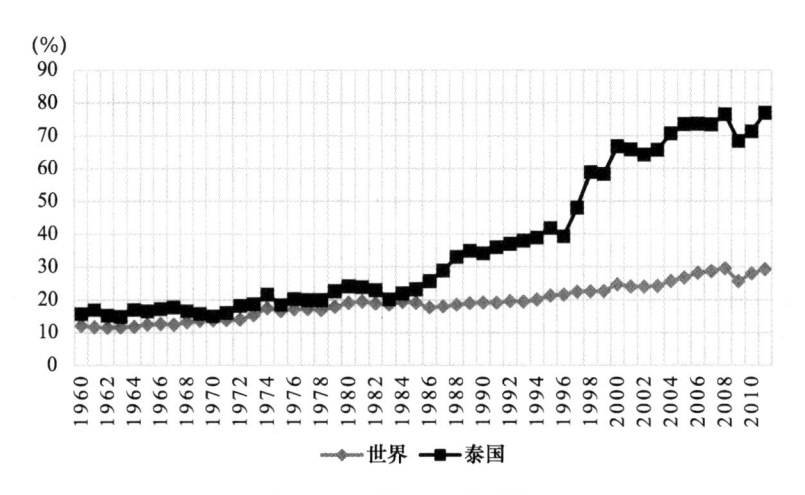

图5—5 泰国出口依存度

资料来源：根据世界银行数据库整理制作。

以经济活动划分，制造业是泰国最主要的出口经济部门，制造业出口占其出口总额的比重已经达到86.15%（见表5—4）。泰国农业出口在其出口中仍占重要地位，是第二大出口经济部门，占泰国出口总量的8.03%。泰国农业出口中很大一部分是优质稻米的出口，但因为稻米特殊的生产要求，应归为劳动密集型产品而非土地密集型产品。

第五章 劳动力要素充裕条件下的……和泰国的比较研究 215

由此可见，泰国的主要出口经济部门是劳动密集型的制造业和农业。

表5—4 泰国2012年出口构成（以经济活动分）

经济部门	价值（百万美元）	比重（%）
制造业	197737	86.15
农业	18442	8.03
其他出口	7339	3.20
林业	2853	1.24
采矿业	2057	0.90
渔业	1086	0.47
全部	229519	100

资料来源：根据泰国中央银行数据整理制作，https://www.bot.or.th。

在出口占比最高的制造业出口中，电子产品加工、汽车制造、农产品加工、石油化工产品、服装织造是主要构成。2012年，泰国电子产品加工业出口330亿美元，占泰国制造业出口总量的16.7%；农业加工产业出口286亿美元，占比14.6%；汽车类产品（包含轮胎等橡胶制品）出口293亿美元，占比14.8%（见图5—6）。由泰国制造业出口结构可以看出，泰国在国家贸易分工中的比较优势是以劳动力要素为基础的农业、农产品加工业和中低端制造业。

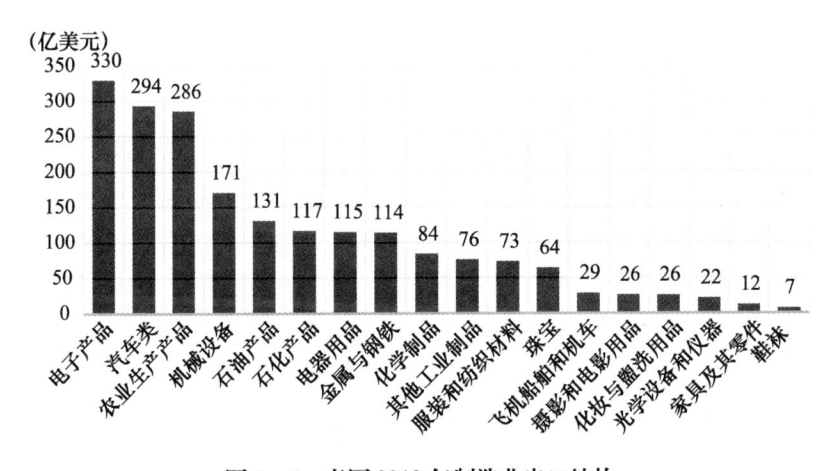

图5—6 泰国2012年制造业出口结构

资料来源：根据泰国中央银行数据整理制作，https://www.bot.or.th。

泰国充裕的劳动力要素禀赋决定了其参与国际贸易的国际分工。随着国际贸易的扩张，泰国劳动密集的农业、农产品加工业和制造业取得较大发展，作为劳动力要素所有者的农民和工人的收入也随之提高。占人口多数的中下阶层经济地位的改变也成为泰国国内政治变革的经济根源。

第四节　国际贸易与土耳其的民主转型

土耳其共和国建国后经历了几次重大的经济政策调整。土耳其建国之初，凯末尔学习苏联经验，奉行国家主义的经济政策，国家在私有制的基础上积极干预经济发展以扶持民族工业。在这一原则的指导下，土耳其优先发展国有企业，先后建立了涉及矿业、化工业、机械加工、交通等各个行业的数百个国有企业。这一时期，土耳其重点推动工业化的发展，并通过一系列的经济计划增强了国家控制整个社会经济领域的实力。在土耳其建国之初，国家主义经济政策对其经济发展发挥了重要作用，为土耳其经济的进一步发展奠定了基础。第二次世界大战之后，土耳其开始放松国家对经济的控制，侧重经济生活中市场的地位和作用。20世纪六七十年代，土耳其在经济上开始奉行自由主义经济原则，鼓励私人经济的发展，并实行进口替代的对外贸易政策。这一时期，土耳其的私人经济取得了很大发展，私人企业从1950年的660家增长到1960年的5284家，到1970年已经发展到17.5万家[①]。进口替代的贸易政策，也刺激了进口替代工业部门的迅速发展，汽车制造、化工和内燃机制造等工业部门粗具规模。这一时期国家对经济的控制仍然比较严格，国有经济在经济结构中的比重仍然比较大。20世纪80年代以来，土耳其转变已经过时的进口替代发展战略，开始实行出口导向型经济发展战略，一方面积极鼓励出口放宽进口限制，吸引外资；另一方面加快向市场经济过渡，对国有企业进行改革。出口导向型经济政策的实行，使得土耳其快速融入世界经济之中，国际贸易对国内经济发展的重要性也越来越大。

---

① 黄维民：《中东国家通史——土耳其卷》，商务印书馆2007年版，第267页。

出口导向的经济发展战略契合了当时的世界经济发展趋势。经济全球化的发展和发达国家劳动力成本的增加，使得跨国公司将制造业中的劳动密集型加工环节向发展中国家转移。这些大型跨国公司与第三世界的中小企业联系在一起，形成全球化的制造业网。土耳其有着临近欧共体的天然地缘优势，又具有廉价劳动力的要素禀赋和比较优势，劳动密集型产业获得极大发展。

这一时期，土耳其的国际贸易和商品出口发展迅速，1980年，土耳其的出口总额不到30亿美元，到2005年已经增长到70亿美元，约占GDP的20%。进出口总额占其GDP的比重从1979年的9.1%急剧上升到1989年的33.98%。商品出口占GDP的比重从1979年的2.6%上升到1990年的8.6%。这一增长中，80%是由制造业贡献的。

1980年之后，随着外向的自由经济政策的实施，私人经济部门取得很大发展，土耳其国有经济在关键工业和金融领域的支配地位开始改变，政府对市场价格和资源分配的影响也逐渐减小。国有经济在制造业增加值中的比例从1963年的53%降低到1980年的33%，雇佣的工人数量也从1963年的44%下降到1980年的23%；到2000年，这两项指标分别已经下降到了22%和10%[1]。与此相对应的是私人经济部门的快速扩张。

在经济全球化和国内经济政策的双重影响下，土耳其以机械加工、纺织业、食品和饮料、服装制造业等为代表的劳动密集型产业的发展十分迅速。制造业产品的出口额占出口总额的比重从1980年的36%上升到1990年的80%。制造业企业的数量也急剧增长。1980年，土耳其新增制造业企业1851家，1986年为3048家，1990年5242家，平均每年增加制造业企业数3109家。20世纪90年代，受益于苏联等国家加入世界经济市场，这种发展速度进一步提高。1991年至2000年，土耳其平均每年新增制造业企业11010家，1997年达到最大增速，新增制造业企业18539家。[2] 据统计，从1983年到2000年，土耳其约成立超过50万个企业。这些企业绝大多数是分布在安纳托利亚地区的中

---

[1] Metin Heper and Sabri Sayari, *The Routledge Handbook of Modern Turkey*, London: Routledge, 2012, p.355.
[2] 根据土耳其数据中心相关数据计算得出。

小企业，主要从事转包制造业务，主要承接国外公司和一部分国内公司的订单。至1990年，纺织品和服装经济部门所获得的外汇收入已经占全国外汇总收入的37.7%，该行业职工占全国职工总数的21%，产值占国民生产总值的9%，在制造业的产品出口中占20%，在制造业职工总数中占1/3[①]。

在地域上，土耳其的劳动力密集型产业主要分布在安纳托利亚地区的中小城市。土耳其国土面积较小，空间距离较小因而交通障碍较小，且西部发达城市如伊斯坦布尔、伊兹密尔等城市土地、劳动力成本均较高，再加上安纳托利亚地区人口稠密，劳动力价格较低，推动了劳动密集型产业在安纳托利亚地区的大发展。制造业出口的扩张推动了"安纳托利亚之虎"——区域性的工业中心的崛起。这些城市主要包括安纳托利亚地区的加齐安泰普、代尼兹利、开塞利、马拉蒂亚、科尼亚等。安纳托利亚地区良好的手工业传统、没有工会庇护的大量廉价劳动力极大地促进了这些城市的纺织业和其他劳动密集型产业的发展。大量的中小家庭式企业在这些城市大量涌现。作为国内和外国资本的转包制造商，这些安纳托利亚中小企业在国内和国际上都有批发和零售产业链条。它们在整个制造业出口中的份额也在不断增长，由1980年的31%上升到1994年的48%。[②]

表5—5　　　　　土耳其就业的部门构成（2000—2009年）

年份	2000	2001	2003	2005	2007	2009
总数（千人）	21580	21524	21147	20067	20738	21277
农业（%）	36.0	37.6	33.9	25.7	23.5	24.7
贸易、餐饮业（%）	17.7	17.4	19.2	21.6	22.0	21.3
制造业（%）	16.9	16.6	17.3	19.9	19.7	18.6
其他经济部门（%）	14.1	14.3	15.9	16.7	17.3	17.3
建筑业（%）	6.3	5.2	4.6	5.5	5.9	5.9
交通业（%）	4.9	4.8	4.8	5.4	5.5	5.1

---

① 黄维民：《中东国家通史——土耳其卷》，商务印书馆2007年版，第325页。
② Evren Hosgör, "Islamic Capital/Anatolian Tigers: Past and Present", *Middle Eastern Studies*, Vol. 47, No. 2, 2011, pp. 343–360.

续表

年份	2000	2001	2003	2005	2007	2009
金融和不动产（%）	3.3	3.2	3.5	4.3	5.1	6.3
采矿业（%）	0.4	0.5	0.4	0.5	0.6	0.5
公共事业（%）	0.4	0.4	0.5	0.4	0.5	0.4

资料来源：根据土耳其数据机构《家庭劳动力调查报告》整理制作，http://www.turkstat.gov.tr/Start.do。

相比于以伊斯坦布尔为中心的与政府关系紧密的经济集团，这些中小企业的崛起过程中很少受到国家政策的支持或者外国直接投资的赞助。随着安纳托利亚地区经济的发展，开始在这一地区形成新的商业精英。这些人主要来自地方小城镇，其父辈往往是个体小商贩、小店主、商人和农业资本家。安纳托利亚中小企业主的一个明显特征是具有浓厚的伊斯兰教色彩。这些企业在组织生产、融资、连接产业链各个层次的过程中，伊斯兰性质的宗教纽带关系发挥了巨大作用。

制造业的增长也带动了就业的增加。1980 年，纺织和服装制造业的从业人员为18.6 万人，到2000 年上升到38.3 万人。1980 年至1989 年间，纺织业和服装制造业雇佣的劳动力是整个经济部门中雇佣劳动力最多的部门，占整个经济部门的25.4%；其次是金属制造业的21.3% 和食品饮料行业的20.8%。1990—1999 年这一阶段，纺织业和服装制造业雇佣劳动力所占比重升至31.7%，金属制造业和食品饮料行业仍处在第二、三位，分别占21.7% 和17.4%[1]。1980 年，制造业提供的就业岗位为206 万，到1990 年为263 万，2000 年为363 万。工业的发展也带动了土耳其服务业的发展。批发零售、餐饮业的相关从业人员从1980 年的142 万上升到1990 年的215 万，2000 年的320 万。[2]

快速扩张的制造业出口强有力地带动了土耳其国内经济的发展，进一步推动了城市化的扩张，提高了居民的收入水平和文化教育水平。从收入角度讲，土耳其国民收入由1981 年的1540 美元上升为1995 年

---

[1] Metin Heper and Sabri Sayari, *The Routledge Handbook of Modern Turkey*, London: Routledge, 2012, p. 355.

[2] Turkey Statistical Indicators, 1923 – 2008, Turkish Statistical Institution, 2008, p. 164.

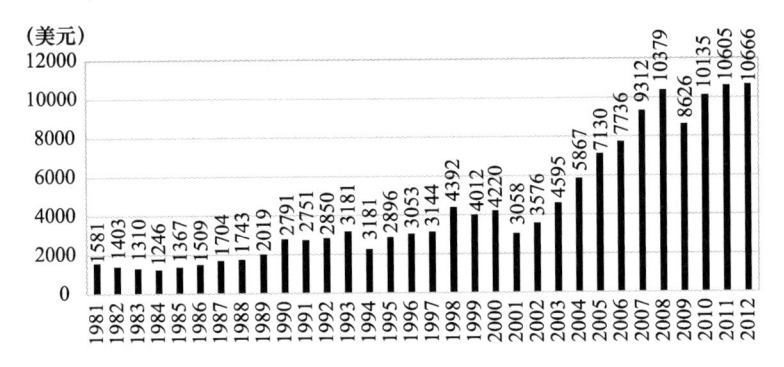

图5—7 土耳其人均国内生产总值（1981—2012）（单位：2014年美元）

资料来源：根据世界银行数据库整理制作。

的2713美元，2000年达到3500美元（见图5—7）。快速的经济发展也推动了城市化的发展。1950年，土耳其超过万人的城市人口约为390万，占人口总数的18.5%；1980年，土耳其农村人口2510万，占总人口的比重为56.1%。到1990年，城市常住人口占到总人口的59%，2000年达到65.03%。与此相对，从1980年到1990年，生活在农村地区的人口下降了约两百万。到2000年，生活在城市的人口约为4400万，生活在农村地区的人口约为2380万。成千上万的农村人口从农村移民到城市，加速了城市化进程，也形成了新的城市边缘阶层。受益于经济发展，土耳其的居民教育水平也有很大提高，从1980年到2000年，文盲的比例从占总人口的36.2%下降到2000年的12.5%，接受过高等教育的人也从1980年的8.6%提高到2000年的20.4%。此外，通信和交通状况的改善也增加了土耳其农村与外部世界的联系，越来越多的城乡接触改善了农民的观念。

国际贸易的扩张推动了以劳动密集型产业为主的安纳托利亚中小企业的发展，这些中小企业主们经济地位的变化提升了其在政治事务中的发言权，形成一种新的社会阶层。同时，随着经济发展水平的提高和城市化的推进，农民和进城农民的教育水平不断提高，并伴随着民主化的推进提高了阶层意识和政治意识。面对世俗主义精英对政治权力和经济资源的垄断地位，政治上日益觉醒的中下阶层开始频繁地进行政治参与，以维护和提高其政治经济利益。在土耳其，中下阶层进行政治参与主要表现为参加非政府组织、进行伊斯兰复兴运动和组建政党进行选举三种形式。

一 土耳其非政府组织的发展

20世纪80年代以来，随着经济市场化和政治民主化的改进，土耳其的公民社会取得了很大发展，各种社会组织纷纷成立。2000年至2011年间，土耳其的社会组织以年均44%的速度增长。2011年，土耳其共有非政府组织88210家，约有738.6万人是这些非政府组织的成员，其中妇女约为118.2万人①。这些新成立的社会组织多聚焦于人权、发展、个人自由、教育和艺术等领域。具体来讲，包含企业家协会、宗教协会、农业协会、工人协会、小手工业者协会、自由职业协会、社会援助协会、体育俱乐部、少数民族协会、文化协会、国家公务员、改善协会以及其他机构等类型②。其中，有15111个以区域为基础的社会组织，15289个运动组织，14789个救援组织，10291个聚焦于发展的组织。

在经济领域，土耳其工商业联合会和独立工商业联合会是最著名也是影响力最大的两个非政府组织，在国内的经济和政治生活中扮演着重要角色。土耳其以安纳托利亚中小企业为代表的新社会力量的崛起有着深刻的社会历史背景。土耳其共和国建国初期，凯末尔通过世俗化改革实现了权力重构和国家重组，开始了土耳其的现代化进程。土耳其的现代化奉行的是以国家为主导的现代化路径，在这个过程中形成了以军队、官僚精英、受到政策支持的经济部门和技术精英为代表的传统精英集团。在国家主义经济模式下，这些新兴的资产阶级精英在掌握国家政权的同时，也控制了大部分社会财富。而农民、少数民族和小企业家则是这种国家主导的现代化进程的失败者，在政治生活中被边缘化。这种自上而下的转变方式造成了二元分立的社会结构，即经济上处于优势地位，政治上享有特殊权利的西方化、世俗化的传

---

① Serkan Sağlam, "Turkey's civil society organizations increase by 44 percent in 10 years", 15 June 2011 (http://www.todayszaman.com/news-247462-turkeys-civil-society-organizations—increase-by-44-percent-in-10-years.html）。
② 土耳其的民间社会组织，土耳其广播电视总台官方网站，http://www.trtchinese.com/trtworld/zh/newsDetail.aspx? HaberKodu = 5e5c3db5-c9c8-441d-854f-b2484dad2461，援引日期：2014年3月25日。

统城市精英和伊斯兰色彩浓厚,依附于西部发达城市的农村平民。在经济上形成中心—边缘结构的同时,强制的世俗化政策也造成西部城市精英与东部农村地区政治生活上的不平等。

世俗的、城市的西方化精英的主要代表是成立于 1971 年的土耳其工商业联合会(TUSIAD),其成员大多是土耳其最大的 300 多家企业的首席执行官。土耳其的大型企业多是在国家主义政策时期就已经形成的大型国有企业和依托政府裙带关系而迅速发展起来的私有企业,这些企业在国民经济的主要经济部门居于支配地位,且由于在经济活动中受到政府的政策支持而在经济竞争中处于优势,在企业规模上保持着绝对领先地位(见表 5—6)。来自大企业的经济精英与军队及政府官僚集团有着密切的利益关系,许多大企业都与军队的经济支柱"军队互助协会"进行了联合。由于利益的一致性,土耳其的军官、官僚、政治家、大企业的代表控制了土耳其现代社会权力资源[1]。在进口替代政策时期,也正是这些大企业获得了国家的大量补助和大幅度的政策支持。

表 5—6 土耳其最大的工业公司的地域分布

	公司数量	数量百分比(%)	产出百分比(%)
马尔马拉地区	283	67.2	70.3
伊斯坦布尔	253	60.1	61.7
爱琴海地区	65	15.4	11.6
地中海地区	29	6.9	10.3
中央北部	34	8.1	6.5
中央南部	9	2.1	1.4
黑海区域	1	0.2	0
中央东部	0	0	0
东北部	0	0	0
东南部	0	0	0

资料来源:转引自 Yildiz Atasoy, *Turkey, Islamists and Democracy*, IB Taurus & Co Ltd. London (2005), p.118.

---

[1] 刘云:《土耳其政治现代化的历史轨迹》,《西北师大学报》(社会科学版) 2008 年第 1 期。

20世纪80年代，集中在制造业领域的中小企业大规模出现，新兴的商业精英为争取自身利益，于1990年成立独立工商业联合会（MUSIAD）。工商业联合会的主要宗旨即主张自由贸易，保护欠发达地区中小企业的利益。独立工商业联合会的成员自成立之后迅速增长，1991年其成员已经达到400人，1998年达到3000人。独立工商业联合会的成员遍布土耳其各个经济部门，特别是在纺织业、制造业、食品加工业、化工、冶金等行业，并与国内和国际资本中心都有密切的联系。不同于主要由大型企业集团组成的工商业联合会，它的成员主要是雇佣人数少于50人且多成立于20世纪80年达的安纳托利亚中小企业。它的首要目标是团结和协调内部成员在原料供应、商品外包、转包和零售方面的关系。对于融资渠道较窄的中小企业来说，这一仲裁调解作用就显得至关重要。

代表西部世俗化城市精英的土耳其工商业联合会和代表安纳托利亚新商业精英的独立工商业联合会存在明显的竞争对抗关系。第一，从资本量上看，属于大企业集团与中小企业的分野。土耳其工商业联合会主要与大型企业集团之间存在关联，这些长期存在的企业因为与政府官僚牢固的关系而在土耳其政治经济中处于优势地位。工商业联合会对会员的筛选也更为严格，规模较小的企业则被排斥在外。许多无法加入工商业联合会的企业转而组成独立工商业联合会，以抗衡工商业联合会。第二，从地域分布上看，属于西部大城市与东部小城市的分野。工商业联合会70%的成员位于伊斯坦布尔，而独立工商业联合会的成员主要分布在安纳托利亚的开塞利、科尼亚、马拉什、布尔萨等城市。第三，从经济部门的分布看，属于经济链条的上下游的分别。工商业联合会的成员主导着金融市场，融资能力强，在产品生产、营销环节都有很强竞争力。而独立工商业联合会的成员多以转包制造业为主，面临着资金链短缺的不足，在发展上很受束缚。

随着新商业精英的经济实践，他们对西部城市的大企业因受政策倾斜而享有的经济特权日益不满，要求改变与伊斯坦布尔传统商业资本集团的不平等竞争关系。在出口导向的政策下，一些大企业由于受到政府政策支持，享有高额的出口退税、政府贷款和投资鼓励而获得了巨大的经济利润①。而安纳托利亚地区的中小企业则缺乏与政府的联系而只能自力更生，自负盈亏。因此，安托利亚的新商业精英反对跨国公司、反对垄断，主要政策诉求是增加中部地区交通等基础设施投入，鼓励地方城市中小企业的发展，建立便利的出口制度。

安纳托利亚地区的商业精英在组建规模较大的独立工商业联合会的同时，也出现许多以省或区为单位的经济协会，例如迪亚巴克尔商业联合会和东南部商业联合会。这些新兴的商业协会成为安纳托利亚中小企业在区域和全国范围内表达政治诉求的重要通道。对公民经济生活有较大影响的还有土耳其欧洲基金会、消费者保护协会和土耳其工会联盟。土耳其工会联盟是土耳其各个行业工会的联合，约有成员1750万，主要包括森林工业工会、矿业工会、纺织品及服装行业工会、农业工会及石油、化学行业工会。土耳其工会联盟是土耳其最大规模的工会组织，在维护工人的权益，改善工人的工资待遇和工作环境上做了许多工作。

土耳其社会组织的发展得益于以下几点原因。第一，经济发展使得居民收入水平和生活条件得以改善，有了政治表达的社会基础。第二，从一党专制到多党制的民主化转变为社会提供了相对宽松的政治氛围。第三，开放的国际贸易和自由化的经济推动了多元的社会价值观的出现。此外，因为加入欧盟（欧共体）是土耳其20世纪后期以来的重要外交方针，欧盟的法律约束以及妇女地位的改变都很大程度地影响和推动了土耳其公民社会的成长和社会组织的增长。

土耳其社会组织的发展是公民自下而上进行政治参与的必然要求，也进一步推动和扩大了中下层民众的政治参与。蓬勃发展的社会组织成为表达公民政治和社会诉求的重要渠道，也在一定程度上缓和了由国家主义向市场经济过渡中产生的复杂的社会问题。

二 伊斯兰复兴运动

土耳其世俗主义的现代化改革在推进政治现代化的同时也造成国家在经济社会上的二元分立。世俗主义的政府在去伊斯兰化的同时也

---

① Seda Demiralp, "The Rise of Islamic Capital and the Decline of Islamic Radicalism in Turkey", *Comparative Politics*, Vol. 41, No. 3, 2009, p. 319.

造成对伊斯兰教发展的压制。随着经济社会的发展，世俗主义成为军队和官僚阶层垄断政治权力和社会财富的文化特征，而伊斯兰主义则成为农民、城市边缘阶层在经济上劣势地位的精神依托。厄基尔认为，当传统社会结构被资本主义发展的动力破坏，宗教便成为式微阶层寻求更公平社会秩序的动力[1]。20世纪80年代之后，随着出口导向经济政策的制定和发展，土耳其安纳托利亚的中小企业迅速发展起来。这些小资产阶级对与外国资本有联系且受政府保护的大企业家心存不满，他们不论在经济上还是文化上都趋向保守，把伊斯兰教当作精神慰藉和斗争武器[2]。因而，土耳其新兴商业精英和中下阶层进行政治参与的一个重要特征以伊斯兰宗教作为外在表现和斗争手段与世俗主义的、去宗教化的西部城市商业精英进行对抗。

伊斯兰的复兴经历了从文化到社会、从社会到政治的递进发展。伊斯兰教在土耳其有悠久的历史，伊斯兰文化已经深入到社会生活的方方面面。土耳其共和国建国后，世俗主义政权限制伊斯兰的发展，伊斯兰在土耳其社会政治领域收缩。20世纪50年代，随着政体由一党制向多党制的转变，政府对伊斯兰的控制也开始放松。此后，伊斯兰在宗教教育、宗教出版物、宗教活动、宗教传媒等领域都开始有新的发展。伊斯兰在文化领域的复兴在社会层面催生了更浓厚的宗教氛围和更多的宗教组织。1946—1968年间，为宗教事务服务的协会从11个增加到10730个，占协会总数的比例从1.3%增加到28.4%[3]。这些带有宗教性质的基金会和协会接受成功商人的资助，为失业者、残疾者、穷人等社会弱势群体提供保护，起着补充国家福利调节社会分配的部分职能。正义与发展党在崛起的过程中就受到许多宗教基金会的大量支持。这些基金会以提供宗教福利的形式为正义与发展党做了大量选举动员[4]。

土耳其新兴社会力量崛起的一个显著特点就是有伊斯兰宗教作为

---

[1] D. Ergil, "Secularization as A Class Conflict", *Asian Affairs*, Vol. 62, 1975, pp. 69–80.
[2] 刘云：《当代土耳其伊斯兰政治的变迁——从救国党到繁荣党》，《西北师大学报》（社会科学版）2000年第2期。
[3] David Shankland, *Islam and Society in Turkey*, Huntington: The Eothen Press, 1999, p. 58.
[4] Jenny B. White, *Islamist Mobilization in Turkey: A Study in Vernacular Politics*, Washington: University of Washington Press, 2011, p. 12.

其文化纽带和外在表现。独立工商业联合会从成立之初，就不仅仅是一个单纯的经济组织，还有着浓厚的伊斯兰色彩。世俗主义的国家现代化战略在农村的影响有限，对广大乡下农民来讲，伊斯兰教就是其生活方式。主要源于安纳托利亚小城镇的新商业精英，通常保留着传统的价值观和地方认同。因而作为私人经济部门的后发者，他们更倾向于一个由伊斯兰商人联合组成的组织来与西部沿海地区的旧精英进行竞争[1]。土耳其伊斯兰政党的兴起，如繁荣党、正义与发展党，其背后都有独立工商业联合会的支持。而支持政治观念相近的伊斯兰政党也成为新商业精英在政府部门寻求利益代表和游说的重要渠道。

  城市能够提供更多的就业岗位，因此吸引了大量农村人口向城市流动。土耳其城市化的一个重要特点就是城市棚户区逐年扩大，城市人口急剧膨胀。进入城市并没有改善农村移民的生活状况，艰苦的生活条件和较低的文化水平是这些边缘群体的共同特征。居住在棚户区的农村移民逐渐形成一个新的阶层，他们在经济上、社会上和政治上都处于孤立状态，共同的宗教信仰就成为他们的精神慰藉和认同基础。快速的经济增长在提高居民绝对收入的同时，也拉大了相对收入差距。美里·塞拉斯（Merih Celasun）于1986年所做的一份研究报告显示，在土耳其，最贫困的20%的人口的收入仅占总收入的2.63%，而收入最高的20%的人口则占到55.93%[2]。到1988年，土耳其最贫困的20%的人口收入仅占总收入的3.1%，而最富有的20%的人口则占总收入的59.1%[3]。同时，收入的不均衡也表现为地域的差别。1994年，马尔马拉海与爱琴海地区的收入占到总收入的52.5%，而东部和东南部安纳托利亚则仅占到10.2%[4]。贫富差别的另一个表现是城市和农村的差别。从2002年到2009年，土耳其城市贫困人口有所下降，但农村贫困人口仍居高不下（见表5—7）。这一时期，寻租收入占国民

---

[1] Reşat, Kasaba, *The Cambridge History of Turkey*, Vol. 4, Cambridge: Cambridge University Press, 2008, p. 291.

[2] Mükerrem Hiç, A Survey of Turkey's Economy And Politics, 1923–2007, Creatspace, Amazon Kindle edition.

[3] Emre Kongar, *Social Structure of Turkey in the New Millennium*, Istanbul: Remzi Kitabevi, 2002, pp. 609–693.

[4] Ibid..

收入的比重也从 1980 年的 1.9% 上升到 1988 年的 14.1%。正如亨廷顿所说，发展中国家面临的问题，不是经济增长的速度，而是经济增长的性质[1]。收入分配差距的扩大和政府的腐败引起了中下阶层普遍不满，他们倾向于求助伊斯兰宗教的精神束缚，进行自我道德约束。在农村地区，随着教育的进步和交流的增多，之前在政治上麻木的农村人口的政治意识也逐渐觉醒。

表 5—7　　　　　　　　　　土耳其的贫困率[2]

	贫困人口所占比例							
	2002	2003	2004	2005	2006	2007	2008	2009
	绝对贫困							
总数	27.0	28.1	25.6	20.5	17.8	17.8	17.1	18.1
城市	22.0	22.3	16.6	12.8	9.3	10.4	9.4	8.9
农村	34.5	37.1	40.0	33.0	32.0	34.8	34.6	38.7
	相对贫困							
总数	14.7	15.5	14.2	16.2	14.5	14.7	15.1	15.1
城市	11.3	11.3	8.3	9.9	7.0	8.4	8.0	6.6
农村	19.9	22.1	23.5	26.4	27.1	29.2	31.0	34.2

资料来源：Turkey Statistical Institute, 2009 Poverty Study, 转引自 Metin Heper and Sabri Sayari, eds., *The Routledge Handbook of Modern Turkey*, London: Routledge, 2013, p. 377.

政治意识觉醒的农民、城市的棚户区居民、新商业精英构成土耳其伊斯兰复兴的主要社会基础。[3] 伊斯兰主义和伊斯兰政治的兴起，作为土耳其共和国政治环境日趋宽松的逻辑结果和自下而上的历史运

---

[1] [美] 塞缪尔·亨廷顿、琼·纳尔逊：《难以抉择——发展中国家的政治参与》，华夏出版社 1989 年版，第 2 页。
[2] 绝对贫困是指处于维持生存所必需的食物和其他项目的消费水平以下的贫困人口。相对贫困是指生活在社会中位消费水平 50% 以下的贫困人口，这也是国际通用的贫困线标准。
[3] 哈全安、周术情：《土耳其共和国政治民主化进程研究》，上海三联书店 2010 年版，第 304 页。

动，集中体现了民众政治动员程度的提高和民众政治参与范围的扩大①。伊斯兰政治运动为处于国家边缘的群体提供了政治参与的渠道，一定程度上巩固了土耳其的民主。

三 中下阶层的代表政党与选举

土耳其中下阶层在政治选举中的优势地位主要表现为反映中下阶层宗教和经济诉求的伊斯兰政党的兴起，特别是进入21世纪之后正义与发展党的崛起。

伊斯兰在文化和社会领域的复兴与带有伊斯兰色彩的安纳托利亚新商业精英的崛起共同推动了伊斯兰政党的产生和发展。伊斯兰政党的产生是对受到世俗主义压制的伊斯兰色彩浓厚的中下阶层政治诉求的回应，他们不同于此前的激进的苏菲教团，通常具有合法的政党地位，也更认可现有的政治制度。

20世纪六七十年代，土耳其的伊斯兰政党开始产生。1961年成立的正义党（Justice Party，1961－1980）和1965年成立的民族行动党（National Action Party，1965－1980）是较早的具有伊斯兰色彩的政党。正义党的发展纲领是以私人企业、外国援助、自由主义和与西方的紧密联系为基础，加快资本主义发展②。民族行动党则宣传泛伊斯兰主义的政治思想，主张改进分配机制，实现社会公平。1970年，纳杰梅丁·埃尔巴坎创建了民族秩序党（National Order Party，1970－1971）。该党鲜明地主张恢复伊斯兰的官方意识形态地位，是土耳其第一个具有正式意义的伊斯兰政党。民族秩序党的支持者主要是在社会中处于边缘地位的阶层，如土耳其中东部较为保守的小商人、工匠，因而极力主张限制土耳其大商业资产阶级发展。1971年，民族秩序党被判定违反世俗主义的法律规定，被迫解散。1972年，埃尔巴坎的追随者建立救国党（National Salvation Party，1972－1981），其纲领与民族秩序党大体相同。1973年首次参加议会选举的救国党获得1265771张选票

---

① 哈全安、周术情：《土耳其共和国政治民主化进程研究》，上海三联书店2010年版，第320页。
② Weiker and Walter F., *The Turkish Revolution 1960－1961: Aspects of Military Politics*, Washington: Brookings Institution, 1963, pp. 94－95.

和 48 个议会席位,是议会中的第三大党,成为土耳其共和国历史上首个获准参政的伊斯兰教政党①。

六七十年代的伊斯兰政党处于伊斯兰政党发展的初期,为了吸引选民通常都宣扬反西方的伊斯兰立场,都或多或少地利用宗教来实现其政治目的②。但是,这些政党所做的选举活动也对动员农村民众的政治参与产生积极影响。

20世纪80年代以后,以繁荣党和美德党为代表的伊斯兰政党开始兴起。这一时期的伊斯兰政党受到逐渐发展壮大的安纳托利亚新商业精英、城市贫民等中下阶层的支持,开始在国内政治中发挥日益重要的影响力。1981年救国党被取缔后,埃尔巴坎于1983年创建了繁荣党(Welfare Party,1983-1998)。繁荣党主张恢复教法,保护劳动者的福利和权益,缩小贫富差距,促进区域平衡发展。繁荣党批评伊斯坦布尔的大企业集团在经济活动中的特权地位,认为工业化发展造成了区域的不平等。这一发展纲领对社会中下阶层具有较大的吸引力,其支持者也主要是小农场主、小商人、城市贫民和棚户区居民。同时,埃尔巴坎成功地将安纳托利亚的新商业精英吸引到伊斯兰运动中来。在埃尔巴坎的领导下,这些企业在20世纪八九十年代成为伊斯兰运动的先锋力量。繁荣党在1995年选举中赢得了全国24.6%的选票,获得550个议会席位中的158个席位,埃尔巴坎也成为联合政府的总理。由图5—8可知,繁荣党的选民基础主要集中于安纳托利亚地区。但是因为其伊斯兰主义的立场与军方等世俗主义者间的对立不断升级,埃尔巴坎于1997年被迫辞职,繁荣党也于第二年被判违宪而解散。1997年末,埃尔巴坎操纵成立了美德党(Virtue Party,1997-2001)。吸取之前的经验教训,美德党的纲领在宣扬伊斯兰方面有所收缩,继续在政治舞台上发挥影响力。2001年美德党被取缔后,党内的保守派与改革派出现分裂,忠于埃尔巴坎的库塔等保守派组建了幸福党(Felicity Party,2001年至今),仍然活跃在政坛上。

---

① Balkan, Neşecan, and Sungur Savran, eds., *The Politics of Permanent Crisis*, New York: Nova Science Publishers, 2002, p. 111.
② 哈全安、周术情:《土耳其共和国的政治民主化进程研究》,上海三联书店2010年版,第279页。

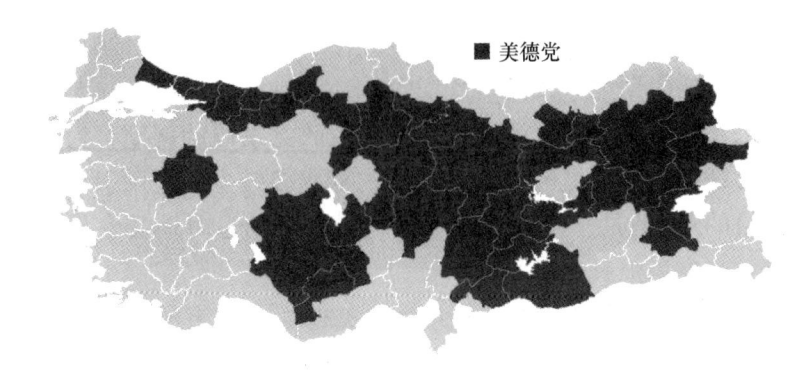

图 5—8　1995 年土耳其议会选举中的繁荣党获胜的省份①

资料来源：根据 Öniş Z., "The Political Economy of Turkey's Justice and Development Party", *The Emergence of a New Turkey: Islam, Democracy and the AK Party*, 2006, p.207 文中数据制作。

20世纪后期土耳其政党政治的一个主要现象就是代表新兴的安纳托利亚中小企业和城市贫民等中下阶层的伊斯兰政党的不断产生和被取缔。作为世俗主义守护者的军方与一部分官僚阶层竭力维护既得政治利益，维护国家的世俗主义属性，与新兴的伊斯兰政党形成正面对抗。世俗主义与伊斯兰主义成为这一时期政党派别的主要分野和外在表现，而其实质则是安纳托利亚新商业精英联合意识形态相近的城市化的农民组成的中下阶层的政治联盟对西部城市大企业集团这一既得利益集团的政治挑战。

正义与发展党（Justice and Development Party，2001 年至今）的崛起是中下阶层作为新兴政治力量登上政治舞台的重要标志。2001 年，以埃尔多安为首的美德党内年轻的改革主义者与保守派决裂，旋即脱离美德党，创建正义与发展党。尽管正义与发展党建立在美德党的废墟上，但他们努力表明他们与之前任何伊斯兰政党的不同。正义与发展党成立后，极力宣称自己为保守的民主党，淡化宗教色彩，将世俗

---

① 土耳其的选区按照省份划分，因此全国共分为81个选区。土耳其国会共有550个席位，给予每个选区一个议席，此后按照人口比例以比例代表制来划分议席，因此各选区的议席按照人口比例已经给定。土耳其选举中有10%的门槛标准，得票率未超过10%的政党不被授予席位，超过10%的政党以省选区为单位根据得票比例分配该选区议员数。在全国范围内也是如此，政党在全国范围内赢得的选票没有超过总数的10%，将不被授予席位。

主义作为基本原则，并在民主的框架内谋求政治合法性。可见，正义与发展党吸取之前伊斯兰色彩鲜明政党不断被世俗主义政权取缔的教训，极力掩饰宗教倾向，避免攻击世俗主义原则，希望更多地与当局的合作来发展壮大自己，并承诺不利用宗教或种族作为实现政治目标的工具[①]。正义与发展党以其更多元的政治纲领获得了巨大的成功，在2002年获得34.4%的选票和363个议会席位、2007年获得46.4%的选票和341个议会席位、2011年获得49.8%的选票和327个席位[②]，均成为议会第一大党，连续单独组政十多年，改变了土耳其20世纪90年代联合政府频现、政局不稳的政治局面。

正义与发展党有明显区别于繁荣党、美德党等传统伊斯兰政党的政治纲领。其政治纲领带有明显的自我约束和主动妥协的特点。在宗教方面，正义发展党强调宗教在个人生活中的作用，认为伊斯兰教是最重要的社会行为准则和道德标准，而世俗主义是国家政治制度运转的原则[③]。也就是说，在肯定宗教地位的同时尽量弱化世俗主义者的反对和质疑。与此前伊斯兰政党的宗教表述相比，正义发展党放弃激进的伊斯兰主义，弱化宗教色彩，努力寻求宗教与政治之间的平衡。这也是因为它既需要广大穆斯林的选票支持，也需要世俗主义精英的认可。在政治政党上，正义发展党认可现有政治体制，力求巩固和完善土耳其的民主制度。同时极力宣称自己保守的民主党属性，标榜为中间居右的保守政党，代表的是处于中间地位的自由派意识形态。在社会正义方面，正义发展党强调社会正义，承诺改进社会福利，缩小贫富差距，惩治腐败，改善工业发展中区域不平衡现象。在经济发展方面，正义与发展党高度认同资本主义和经济全球化、经济自由化，在加入欧盟问题上也更为积极。在文化上，强调多元主义的文化观念，尊重宗教、非宗教文化事业的发展。也正是得益于其独特的政治纲领，正义与发展党在仅仅成立一年之后的2002年大选中就获得34.28%的

---

① Fulya Atacan, "Explaining Religious Politics at the Crossroad: AKP-SP", *Turkish Studies*, Vol. 6, No. 2, 2005, pp. 187–199.

② Manuel Álvarez-Rivera, "Election Resources on the Internet: Elections to the Turkish Grand National Assembly" (http://www.electionresources.org/tr/).

③ R. Quinn Mecham, "From the Ashes of Virtue, a Promise of Light: the Transformation of Political Islam in Turkey", *Third World Quarterly*, Vol. 25, No. 2, 2004, pp. 339–358, p. 229.

选票，拥有 550 个议会席位中的 363 个，成为土耳其第一大党。

表 5—8　　　　　土耳其 2002 年选举中的主要政党及得票

政党	选票 数量	选票 比例（%）	议席
正义与发展党	10762131	34.28	363
共和人民党	6090883	19.40	178
正确道路党	2999528	9.55	0
民族行动党	2619450	8.34	0
青年党	2276271	7.25	0
民主人民党	1955298	6.23	0
新土耳其党	361284	1.15	0
其他	4333607	13.80	0
总数	31398452	100	550

资料来源：根据 Bacik, Gokhan, "The Parliamentary Election in Turkey, November 2002", *Electoral Studies*, Vol. 23, No. 4, 2004, pp. 821–828 文中数据整理。

正义与发展党的成功有多方面的原因：保守的宗教倾向获得了世俗主义精英的适度容忍；趋中的意识形态在吸纳社会边缘阶层的同时也扩大了其社会基础；而持续数年的政局混乱和 2001 年的经济危机则为其提供了难得的机遇。而其决定性因素，则是 20 世纪 80 年代以来土耳其深刻的经济变革和社会阶层变化。开放的经济体系推动了国内新的社会阶层的发展壮大，而正义与发展党的成功就在于反映了这些新兴阶层的政治诉求。正义与发展党建立的牢固的选举联盟，最首要的就是安纳托利亚的中小企业家；其次则是作为伊斯兰运动社会基础的中下阶层[1]，这一阶层主要包括伊斯兰商人、小店主、失业人员、农民和工人。

从正义与发展党的前身繁荣党、美德党到正义与发展党都与安纳托利亚的中小企业存在密切联系。伊斯兰政治复兴的旗帜代表、繁荣党和美德党的创建者埃尔巴坎就与安纳托利亚中小企业的组织独立工

---

[1] Seda Demiralp, "The Rise of Islamic Capital and the Decline of Islamic Radicalism in Turkey", *Comparative Politics*, Vol. 41, No. 3, 2009, pp. 331.

商业联合会有亲密的关系。独立工商业联合会为政党的选取提供资金资助,而繁荣党等受其支持的政党则在政策层面为中小企业发声。1997年政变后,土耳其独立工商业联合会考虑到持续的政局动荡并不利于其经济利益,开始与激进的伊斯兰政党保持距离。这也从根本上影响了美德党内的革新派,以埃尔多安为代表的革新派开始弱化政党的伊斯兰属性,以获得更广泛的社会认可。从纲领上看,正义与发展党的发展纲领与独立工商业联合会的宗旨有极大部分是重合的,在政治、经济和宗教上的目标基本一致。在宗教上,都认为应当尊重宗教自由,尊重伊斯兰教在个人生活中的地位;在经济上,都主张减少利益寻租、惩治腐败,促进区域平衡发展;在政治上,都开始弱化伊斯兰的政治特性。

正义与发展党作为处于上升阶段的中下阶层的代言人,从其成员的职业和社会地位上就可以看出来。2005年的一份对正义与发展党432个地方组织成员社会经济状况的调查详细地展现了正义与发展党的成员构成①。从教育背景上看,正义与发展党38.8%的成员仅接受过义务教育,33%的成员接受过高中教育,25.4%的人接受过大学教育。从成员职业上看,41%的成员是小商人和小零售商,15.9%是工人,15.6%是家庭主妇、退休人员、学生和无业人员。总体来看,作为经理人、行业专家等拥有一定社会地位的成员仅占20.9%。就成员的政治背景和政治倾向看,约有一半人此前在投票中支持繁荣党和美德党。1995年有48%的成员投票给繁荣党,在1999年有55.9%的成员投票支持美德党。在正义与发展党成立之前,有38.7%的人曾为繁荣党工作,16.1%的人为美德党工作②。由此可见,正义与发展党的主要构成是具有伊斯兰倾向的社会中下层成员。随着经济地位的提高和政治意识的觉醒,再加上政治家的组织动员,这些人开始在国内的选举政治中发挥举足轻重的影响力。

---

① Ertan Aydin and Ibrahim Dalmis, *The Social Bases of the Justice and Development Party*, New York: Routledge, 2008, p. 203.
② Ibid., pp. 207-212.

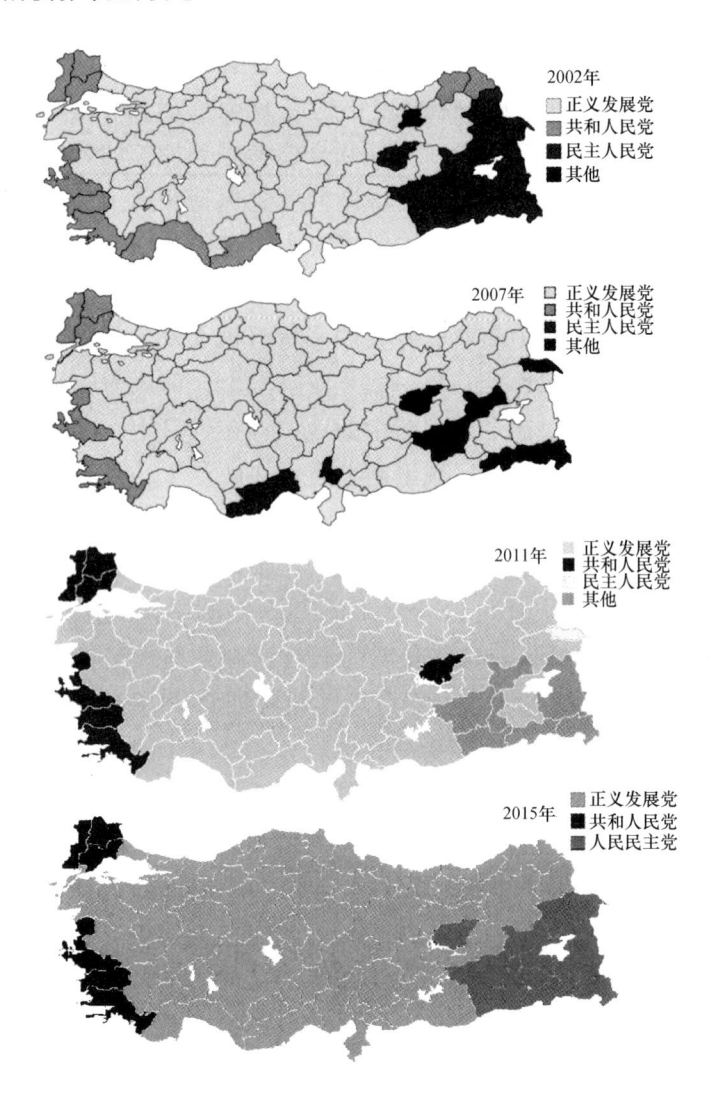

图 5—9 2002—2015 年土耳其国会选举中的政党与省份①

资料来源：Ziya Öniş, "Conservative Globalism at the Crossroads: The Justice and Development Party and the Thorny Path to Democratic Consolidation in Turkey", *Mediterranean Politics*, Vol. 14, No. 1, 2009, pp. 21 – 40; http://www.lib.utexas.edu/maps/; https://en.wikipedia.org/wiki/Tur-kish_general_e-lection,_2011; https://en.wikipedia.org/wiki/Turkish_general_election,_No-vember_2015。

---

① 2007 年选举中的民族行动党根源于 20 世纪六七十年代的民族行动党。该党 1980 年被取缔后，其成员于 1983 年成立保守党，到 1992 年重新更名为民族行动党，沿用至今。土耳其 2015 年 6 月的选举组阁谈判破裂，于 2015 年 11 月进行了第二次大选。本图中 2015 年部分是依据 2015 年 11 月的选举数据制作。

一份2002年大选前的选民调查显示,1999年大选中69%的美德党支持者、42.2%的民族行动党支持者、29%的祖国党支持者、23.1%的正确道路党支持者都倾向于支持正义与发展党。正义与发展党基本从所有的右翼政党中吸取了力量。支持正义与发展党的选民有别于其他政党的主要特征是宗教信仰(75.6%)、保守主义(61.9%)、伊斯兰主义(65.4%)、民族主义(76.5%)和穆斯林(96.8%)。

从地域角度看,正义与发展党获胜的选区也主要是土耳其中部安纳托利亚地区。正义与发展党作为代表安纳托利亚中小企业、乡村农民和城市贫民的政党,其选民的根据地也集中于土耳其中部。相比于之前的美德党,正义与发展党因为中右的政治纲领成功组建了更为广泛的选举联盟,在2002年的选举中获胜的选区也更多。由于卓越的执政能力,土耳其在2002—2007年经济全面复苏,政局相对稳定,这也促使正义与发展党的支持者在2007年选举中进一步扩大。而相比之下,代表共和国城市精英阶层、传统军队、政府官僚、世俗化商人的共和人民党的根基则主要集中在土耳其马尔马拉海和地中海沿岸,且其选举根基不断被正义与发展党等伊斯兰政党侵蚀。

表5—9　　　　　　　　土耳其选举数据(1983—2011)①

	注册选票	投票率(%)	有效投票	伊斯兰政党得票	伊斯兰政党支持率(%)	世俗主义政党支持率(%)
1983	19767366	92.3	17351510	0	0	45.1
1987	26376926	93.3	23971629	1717425	7.2	36.3
1991	29979123	83.9	24416666	4121355	16.9	34.8
1995	34155981	85.2	28126993	6012450	21.4	34.2
1999	37495217	87.1	31184496	10411964	33.4	35.4
2002	41407027	79.1	31528783	14229505	45.1	34.0
2007	42799303	84.2	35049691	22149449	63.2	20.9
2011	52806322	83.2	42941763	27528049	64.1	26.0

资料来源:Turkey Statistical Institute, *Turkey Statistical Indicators (1923-2012)*。

---

① 根据《土耳其统计数据(1923—2012)》整理,其中伊斯兰政党的支持率以繁荣党、美德党、民族行动党、正义发展党为主,世俗主义政党则以祖国党、共和人民党、民主左翼党(DLP)为主。

从伊斯兰政党的选票得票率的变化也可以明显地发现土耳其亲伊斯兰的中下阶层的崛起。从1983年开始，代表中下阶层的伊斯兰政党在选举中的得票率不断上升。从繁荣党到美德党，从美德党到正义与发展党，伊斯兰政党虽然屡屡被禁，但不断有新政党产生进行接力，其支持率也逐次提升。在2007年的大选中，以正义与发展党和民族行动党为代表的伊斯兰政党的得票率已经达到了63.1%，2011年更达到了64.1%（见表5—9）。在2014年总统选举中，总理埃尔多安以51.8%的得票率当选总统。在2015年议会选举中，正义与发展党得票率为49.4%，夺回单独执政地位。2017年宪法修正案的通过，更为正义与发展党和埃尔多安提供了长期主政土耳其的可能。伊斯兰性质的政党得票率的不断提高表明土耳其中下阶层的政治参与不断扩大，作为重要的选举力量已经开始在国内政治中起着决定性的作用。

第五节　国际贸易与泰国的民主转型

第二次世界大战之后，泰国的经济发展战略经历了从进口替代到出口导向的转变。1954—1971年间，泰国实行的是进口替代的经济发展战略。1954—1957年间，泰国政府大力扶持国营经济的发展，设立了几乎涵盖国家所有主要领域的几百家国有企业，为国民经济的发展打下了一定基础。1957年之后，泰国开始鼓励私营经济的发展，实行以民间主导的进口替代战略，泰国的农产品加工业、纺织业和制造业等轻工业迅速发展。到20世纪60年代末，进口替代的弊端逐渐暴露，已经无法满足泰国经济进一步发展的需求。从1972年开始，泰国政府开始实行出口导向的经济发展战略，促进企业出口，积极融入世界经济。自此，出口开始成为泰国经济增长的强劲动力。

农产品出口是泰国出口的重要组成部分。1978年，泰国最主要的15类出口产品中，有10类是农产品，其中最主要的是木薯、大米和橡胶。至2001年，虽然农产品数量有所下降，仍有5类是农产品及周边产品（见表5—10）。泰国最主要的出口农产品为大米和橡胶。泰国地处热带，降水充沛，且劳动力充足，水稻和橡胶种植业有得天独厚的条件。与其他农业类型相比，水稻和橡胶的种植生产过程比较复杂，所需要的劳动强度比较大，属于劳动密集型产业。橡胶和大米出口是泰国基于要素禀赋和比较优势在长期的贸易实践中的选择，这两种产品的商品化程度很高，泰国每年橡胶产量的90%、大米产量的50%用于出口。泰国大米的出口有严格的检验制度和品牌标准，且高度重视品牌建设，如泰国茉莉香米就在国际上有较高的知名度。2003年，泰国大米产量1780万吨，在全球大米生产国中占第六位，出口758万吨，是世界上最大的大米出口国，占亚洲大米出口总量的63.78%。泰国是最大的天然橡胶生产国，2003年天然橡胶产量261.5万吨，占全球橡胶总产量的35.2%。2003年泰国橡胶出口量310.8万吨，占世界橡胶出口量的一半左右。泰国的糖业也在世界食糖贸易中有重要地位。2003年，泰国食糖总产量450万吨，占全球糖业出口量的10%[①]。相比于其他新兴经济体，泰国农产品出口占总出口额的比例要高很多。

表5—10　　　　　1978—2001年泰国主要出口产品排名　　　（单位：百万泰铢）

1978年		2001年	
1. 木薯	10837	1. 电脑、零件	493450
2. 大米	10403	2. 服装	133002
3. 橡胶	8020	3. 汽车	101252
4. 锡	7225	4. 罐装鱼等	82811
5. 纺织品	6863	5. 塑料聚合物	73932
6. 玉米	4215	6. 宝石	66631
7. 糖	3913	7. 大米	65516
8. 电子电路	2148	8. 橡胶	60742
9. 宝石	1709	9. 虾、龙虾	20268
10. 冷冻虾	1448	10. 橡胶制品	42015
11. 豆类	1342	11. 家具	36793
12. 高粱	1195	12. 纺织物	34213
13. 烟草	1148	13. 鞋类	33478
14. 冷冻鱿鱼	1019	14. 电动马达	32431
15. 钨	945	15. 变压器	32013

资料来源：泰国国家统计中心，转引自戴维·K. 怀亚特《泰国史》，郭继光译，东方出版中心2009年版，第307页。

---

① 田禾、周方冶编：《列国志：泰国》，社会科学文献出版社2005年版，第175页。

出口导向的经济发展战略推动了泰国农产品的出口和农业的增长。1971年，泰国的农业产值仅为18亿美元，到1990年上升到107亿美元，到2012年已达449.04亿美元，增长了近25倍（见图5—10）。虽然占泰国GDP的比例因工业生产的扩张而在下降，但仅从农业部门来看，泰国的农业取得了突飞猛进的发展。

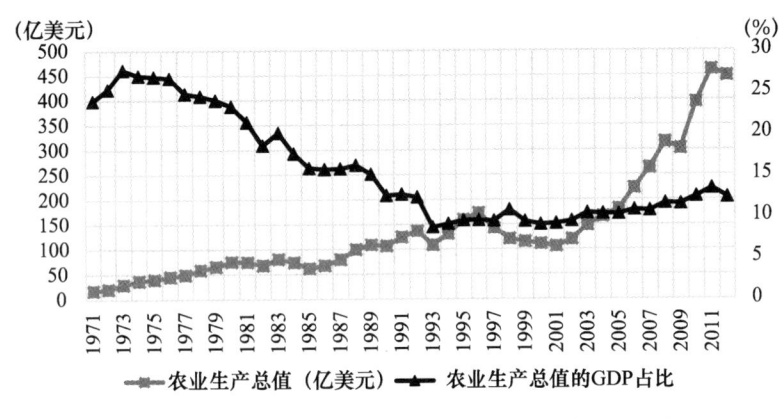

图5—10　泰国农业生产总值及占国内生产总值的比重

资料来源：根据世界银行数据库整理制作。

农业是泰国就业人口最多的经济部门。1960年，泰国农业产值约占GDP的40%，农业从业人口占劳动力总数的85%。1995年，农业产值占GDP的11.2%，但农业劳动力却占劳动力总数的51.3%。到2003年，泰国农业产值已经达139.6亿元，占GDP的10.2%，却拥有约1388万的从业人员，占劳动力总数的39.8%。到2010年，泰国农业的GDP占比小幅回升至12.4%，约有1580万从业人员，占总劳动人口的41.3%。可见，随着泰国工业化的发展，虽然农业产值占国内总产值的比重在逐年下降，但仍然是泰国最主要的就业部门。以出口为导向的农业经济的发展带动农产品出口相关产业的发展。稻米、橡胶、海产品的初步加工为泰国提供了大量就业岗位。虽然泰国工业产值已经远远超过农业，但从就业角度讲，工业的发展越来越趋向于采用更高的技术设备而雇佣更少的劳动力，从业人员远低于农业部门。以2004年泰国劳动力就业情况来看，约有39.8%的劳动人口从事农业生产活动，其次是服务业和零售业的13.6%，工业相关从业人员仅占10.9%。① 可见，农业的发展与稳定对泰国有至关重要的作用。

泰国出口导向的经济发展战略顺应了发达国家产业转移的经济发展趋势，承接的大量从发达国家转移出来的中低端制造业极大拉动了泰国经济的发展。随着高速的经济发展，泰国的国民收入水平极大提高。1980年，泰国人均国民生产总值为589美元，到1990年已经达到1508美元。1997年东南亚金融危机的发生严重影响了泰国的经济，居民收入也受到影响，人均GDP从1996年的3055美元降低到1998年的1837美元。进入21世纪，受益于他信得当的经济政策，泰国的居民收入水平迅速回升，人均GDP从2000年的1990美元迅速飙升到2012年的5479美元（见图5—11），在世界上已经属于中上等收入国家。

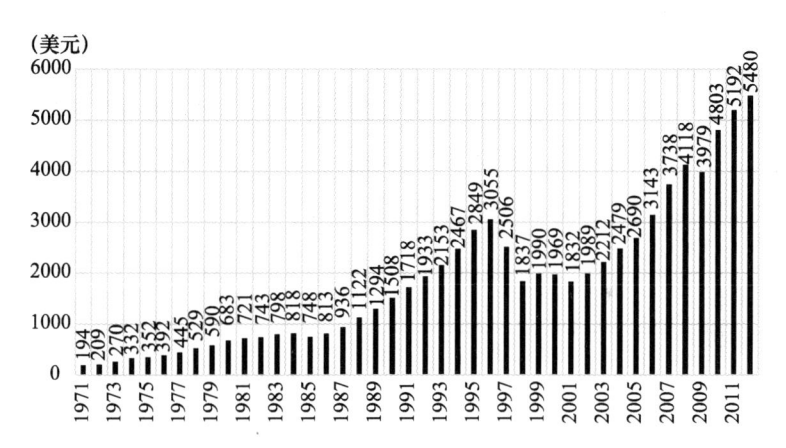

图5—11 泰国人均国内生产总值（1971—2011年）（单位：2014年美元）
资料来源：根据世界银行数据库整理制作。

开放的国际贸易与连年增长的农产品贸易拉动了农村经济的发展和农民收入的提高。农产品的高度商品化促进了农民的非农业收入的增长。以出口为导向的农业生产带动了与之相关的农产品加工业、家庭手工业、运输业的发展，许多农民种植农作物之余还从事其他经济活动以增加收入。泰国农村社会发展的一个重要表现就是农村绝对贫困人口数量的减少。从1988年到2010年，在泰国生活在贫困线以下

---

① Thailand National Statistical Office, *Statistical Yearbook of Thailand 2004*, p.71.

的人口从65%下降到了17%,到2011年为13.2%,底层人口的生活水平有了很大提高(见图5—12)。

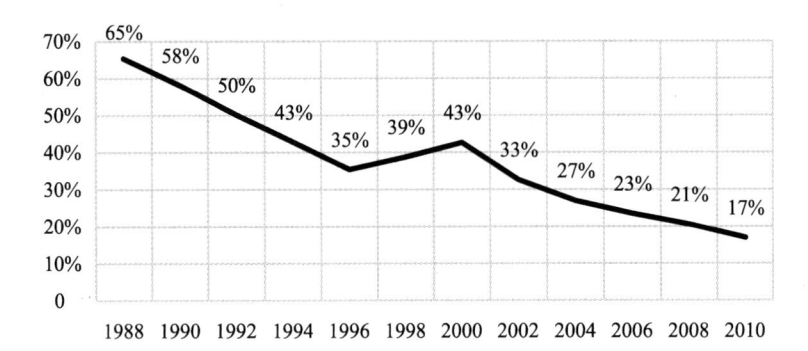

图5—12 生活在国家贫困线以下人口的百分比

资料来源:根据世界银行数据库整理制作。

从区域上看,泰国北部和东北部农村的平均收入低于中部和南部(见表5—11)。从农村地区家庭收入的整体上看,泰国农村家庭的平均收入已经远高于国家贫困线,农村家庭的经济状况有了很大改善。

表5—11　　　　　　　泰国收入分配数据　　　　　(单位:泰铢)

	家庭月平均收入	家庭年平均收入	家庭年平均贫困线	平均家庭大小
泰国	18660	223920	57143	3.3
曼谷	35007	420084	79296	3.2
中部农村	15586	187026	59674	3.2
北部农村	12977	155719	53456	3.1
东北部农村	13828	165940	62726	3.6
南部农村	14593	175121	62832	3.5
城市	28005	336060	65472	3.2
非城市	14307	171684	54386	3.4
拥有土地的农民	12488	149856	54386	3.4
佃农	12046	144552	54386	3.4
农业工人	9759	117108	54386	3.4

资料来源:National Statistical Office, "Report of the 2007 Household Socio-economy Survey", 转引自Andrew Walker, *Thailand's Political Peasants: Power in the Modern Rural Economy*, Madison: University of Wisconsin Press, 2012.

随着经济条件的改善，泰国农村社会发生了很大变化。泰国的农村公路网基本形成，交通和运输条件有了很大改善。收入的增加也推动了农村医疗卫生和教育事业的发展。20世纪70年代以来，泰国的儿童入学率有了很大提高。中学的入学率由1980年的28%已经提高到2012年的87%（见图5—13）。

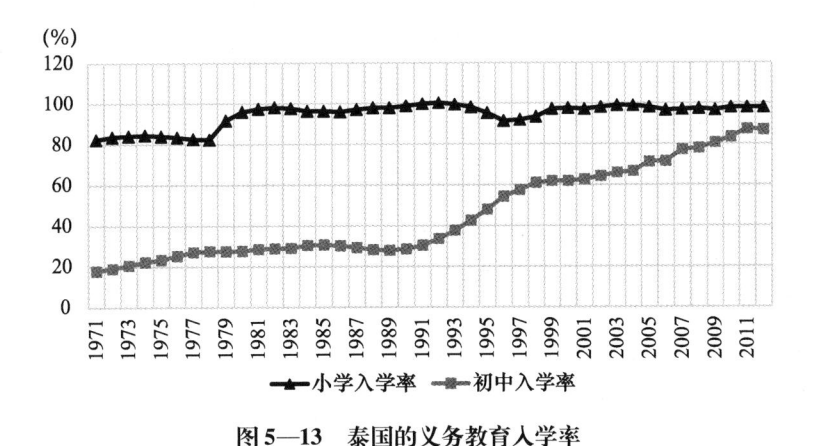

图5—13 泰国的义务教育入学率

资料来源：根据世界银行数据库整理制作。

在交通条件的改善、印刷出版物的增多、新型传媒的发展以及进城务工人员城乡互动等的共同作用下，泰国农民阶层的视野在不断开阔，知识在不断增长，已经不再是被泰国中上阶层认为的缺乏政治参与能力的下等人了。在多种力量的综合作用下，以农民阶层为代表的中下阶层在政治上日益觉醒，为维护和扩大其经济政治权益开始进行大规模的政治参与。在泰国，中下阶层政治参与的主要形式表现为参加非政府组织、进行红衫军群众运动和参加政党选举。

一 农村非政府组织的发展

1932年，以披耶·帕凤为首的泰国军官发动政变建立宪政，开启了泰国政治现代化和经济现代化进程。在泰国现代化进程中形成了以王室、军队和传统商业精英为代表的既得利益集团，他们垄断着国家的政治权力和社会财富，在国家政治和经济生活中竭力维护其既得利益。

王室在泰国有着非同寻常的政治经济地位。普密蓬国王于1946年继位以来，携专制王权的余威，在国内不同时期政治势力的斗争中择机而动，居中调停，逐渐确立了超越宪法、超越军队、超越政府的政治权力。今天，以王室为核心，以王室和枢密院为主要组成部分的政治权力中心已经成为泰国政治发展的主导力量①。在经济领域，泰国王室掌控着约300亿美元的财富，皇室名下的公司和基金会以享受特殊优待的地位涉足国内金融、旅游、房地产、公共设施等多个行业。②

军人集团在当今的泰国政治中是仅次于王室的政治力量。自1932年资产阶级军官的军事政变确立宪政以来，泰国军人集团以维护国家安定为名多次发动政变推翻现任政府，确立军政府的威权统治。长期的军人执政逐渐造成了泰国军队在政治经济上的独立地位：政治上，军队宣称效忠于国家和王室，有独立的晋升任命体系，不受政府制约；经济上，泰国军人集团在国家实施进口替代发展战略时期扶持和控制了涉及国内主要行业的一大批国有企业，且拥有自己的银行——泰国军人银行（TMB Bank），经济活动涉及军火交易、交通、金融、钢铁等各个领域。因为军事政变的机会成本较小，每当军队的经济利益和政治权力受到挑战时，高层将领往往寻求通过粗暴的军事政变来改变现状，成为泰国民主政治的最大变量。

曼谷传统产业精英集团是与军队和王室存在紧密联系的利益集团。通过与军队和政府高层建立紧密的家族关系网络所获取的政治庇护，这一集团得以在民间主导的进口替代阶段蓬勃发展，主要从事银行、农产品加工及制造业等行业。受到经济全球化的冲击，这一集团在国家发展路径上逐渐趋于保守。

与此同时，占总人口70%的农民则长期在国民经济中处于边缘地位。在国家政策上，泰国长期奉行的是重城市轻农村的发展路线，以农业促工业的工业化进程在使工业集中的城市获得极大发展的同时也

---

① 张锡镇、宋清润：《泰国民主政治论》，中国书籍出版社2013年版。
② Kevin Hewison and Kengkij Kitirianglarp, "Thai-Style Democracy: The Royalist Struggle for Thailand's Politics", in *Saying the Unsayable: Monarchy and Democracy in Thailand*, Eds. Soren Ivasson and Lotte Isager, Copenhagen: Nordic Institute of Asian Studies, 2010, pp. 179 – 202.

扩大了城乡之间的差距。泰国85%的工业集中在曼谷及周边地区，而占全国总人口一半的北部和东北部，却仅有不足12%的工业①。20世纪90年代，曼谷及其周边城市的人口占总数的15%，但却占总收入的48%。1992年，泰国最富有的20%的人口控制了54%的财富，而最贫穷的20%的人口则仅占有社会财富的5%②。据统计，2013年泰国540万贫困人口中有88%分布在农村地区，尤其是在北部和东北部地区③。农村和农业在泰国长期处于受压制和歧视的状态。

随着工业化的推进，高度发展的城市经济开始与农村争夺土地、水、森林等经济资源。从20世纪60年代开始，一些政治上活跃的人开始组建民间组织，围绕环保问题进行宣传教育，并组织农民抗议活动。各式各样的非政府组织对环保、贫困等社会问题的关注也带动了泰国农村地区的民主启蒙和政治动员。1990年，泰国从事农村发展类的正式非政府组织已经有250多个④。泰国农村发展类非政府组织的活动领域比较广泛，主要有农业发展、农村医疗、农民教育、少数民族等。农村地区非政府组织的发展一方面通过对发展议题的宣传和教育提高了农民的政治参与意识，另一方面也通过组织抗议活动推进了农民政治参与的实践。

农村发展类非政府组织为泰国的农村教育事业作了很多贡献。1969年，普义·翁帕功创建了"泰国皇家援农基金会"（TRRM），关注农村的贫困与发展问题。该基金会的工作主要集中于发展农民职业技能，是第一个真正意义上的农村发展类非政府组织，成为此后农村相关非政府组织的楷模。1981年，"农民媒体计划"成立，主要致力于农村的社区发展和农民的教育。此外，还有"教育与发展进步媒介团体""和平与发展计划""农村恢复基金会""农民学院计划"等许多致力于农村教育的非政府组织⑤。这些非政府组织在农民中发展教育的同时，也推动了民主意识的传播，推动了农民阶层政治意识的

---

① 周方冶：《泰国政局持续动荡的社会根源》，《学习月刊》2008年第19期。
② 世界银行数据，http://databank.worldbank.org/data/views/variableselection/selectvariables.aspx?source=world-development-indicators#。
③ Thailand Overview, The World Bank, Dec. 5, 2013（http://www.worldbank.org）.
④ 万悦容：《泰国非政府组织》，知识产权出版社2013年版，第73页。
⑤ 同上书，第76页。

觉醒。

关注农村发展和农民贫困的非政府组织则在提升农民维权意识、组织农民表达政治诉求方面发挥了重要作用。这类非政府组织有"农业改革与农村发展计划""农村发展研究基金会""农村发展志愿者社团""农村生活发展计划""雨滴协会""穷人议会"等。比较典型的有"泰国农村发展全国协调委员会"和"穷人议会",这两个组织在表达农民利益诉求和组织农民进行抗议活动上做了许多工作。

1985年,协调农村非政府组织关系的"泰国农村发展全国协调委员会"成立。该委员会曾多次参与政府农业政策的制定工作,是表达农民利益诉求的重要渠道。1992年,在非政府组织和大户农民的带领下,数千农民走进城市街道抗议政府的土地重新安置计划。1995年,主要关注贫穷和农村可持续发展问题的"穷人议会"(Assembly of the Poor)成立。这是一个全国性的协调机构,主要关注受大坝项目影响的农民、森林与土地侵占、城市贫民等弱势群体、反对政府占用公有土地、替代农业问题、因职业与环境污染患病者等几个领域。为敦促政府重视和解决农业与农民问题,穷人议会组织农民发动了多次抗议活动[1]。为表达对大米价格下跌和农民的债务问题的不满,"穷人议会"于1996年组织上千农民进入城市抗议,又于1997年组织约两万人在城市进行了为期99天的抗议活动,最终迫使政府退让,达成了相关协议。

泰国非政府组织的特点在于,它们不仅作为民间团体在各领域内从事与发展事业相关的活动,而且还通过各种网络,形成了集体行动策略,从而对政府和某些商业机构的不合理政策和措施造成持续性的挑战[2]。

二 以农民为主要构成的红衫军运动

2006年9月19日,在官僚阶层、传统产业集团、官僚阶层、保守

---

[1] 万悦容:《泰国非政府组织网络与政府互动关系——以穷人议会的政策参与为例》,《云南社会主义学院学报》2012年第6期。

[2] 龚浩群:《泰国的非政府组织与公民社会的演进》,载张蕴岭、孙士海主编《亚太地区发展报告No.8》,社会科学出版社2008年版,第228页。

的城市中产阶级的支持和王室的默认下,泰国陆军将领颂提发动政变,推翻了实行民粹主义惠农政策的民选的他信政府。这引发了以北部和东北部农民和城市贫民为代表的在他信执政期间获益的中下阶层的不满。2006年9月,作为军事政变的直接后果,支持他信的反独裁民主联盟(National United Front of Democracy Against Dictatorship,俗称红衫军)成立,主要领导人为纳塔武(Nattawut Saikua)、温格(Weng Tohjirakam)和乍都蓬(Jatupom Promphan)。它的主体成员是泰国北部和东北部的农民、城市贫民以及不满于军队精英和王室控制泰国政治的新兴产业精英。自成立以来,为反对军人临时政府、对抗黄衫军,反独裁民主联盟举行了多次游行示威活动。以农民为主要构成的红衫军群众运动开始在泰国政治中发挥影响,表明民众的力量已经从泰国几十年的精英统治的阴影中走了出来①。

2006年9月军事政变后,成立了以素拉育为总理的临时政府。红衫军在2006—2007年以反对政变和军人政府为目标,组织了多次抗议示威。他们不承认军人政府的合法性,要求解散政府举行国会选举。迫于压力,临时政府于2007年举行大选。在2007年的大选后,由泰爱泰党发展而来、与红衫军有紧密联系的人民力量党上台执政,红衫军停止了抗议活动。

2007年12月,亲他信的沙马政府成立。在选举中受挫的代表传统精英的民主党不甘失败,组成由王室支持者、军官、商人、中产阶级等构成的黄衫军于2008年5月开始进行大规模抗议,指责沙马政府是他信的傀儡。针对黄衫军的抗示威,红衫军举行了针锋相对的反示威活动,支持亲他信政府。9月,反政府的黄衫军和支持政府的红衫军爆发大规模冲突,造成3人死亡,20多人受伤。

2008年12月,人民力量党被宪法法院判定在选举中舞弊而被解散,代表传统势力的阿披实上台执政,这引发红衫军的又一轮大规模示威。从2009年2月到4月,红衫军多次举行大规模反政府示威,指责阿披实政府是在军队和司法机构等非民主的精英集团的支持下非法

---

① Jim Taylor, "Remembrance and Tragedy: Understanding Thailand's Red Shirt Social Movement", *Journal of Social Issues in Southeast Asia*, Vol. 27, No. 1, 2012, pp. 120–152.

取得政权，要求解散国会，举行新的大选①。在2010年4—5月的示威活动中，阿披实政府在军方支持下，发动武力镇压红衫军示威活动，造成84人死亡，约1800人受伤，红衫军运动暂时受挫。此后，红衫军又多次举行街头集会进行抗议，指责阿披实政府非民选政府。迫于各方的压力，阿披实于2011年5月解散国会，提前举行大选。

在2011年选举中，红衫军的政治联盟、亲他信的为泰党赢得选举，他信的妹妹英拉出任泰国总理。2013年10月，英拉推动的特赦法案引发黄衫军的又一轮大规模抗议活动。2013年11月，支持英拉政府的红衫军在曼谷一个球场集会，抗衡黄衫军的反政府示威。2014年4月5日，为应对黄衫军持续的反政府示威，红衫军组织约10万人在曼谷举行大规模集会，以表示对看守政府和英拉的坚定支持②。

因为缺乏表达他们的状况和损失的语言，红衫军在示威活动中就以他信的名字来代替。"他信"已经成为中下层民众共享的具有独特意义的文化体系，即建立和维持惠及中下阶层的公正的经济和社会秩序③。纵观这些年来的红衫军群众运动，虽然有小规模的暴力冲突，但多数情况下是和平抗议活动。红衫军的主要政治诉求也主要是解散非民选的政府，进行全国大选以及声援民选政府。

红衫军运动是冷战之后泰国最重要的社会运动之一，第一次从根本上挑战了精英阶层有关社会秩序和社会规范的认知根基。这种社会运动也赋予了在政治生活中没有发言权的农民阶层和城市贫民表达其话语的平台。红衫军的抗议活动也多次迫使传统精英支持的非民选政府提前解散组织大选，是占人口多数的农民阶层在政治上的胜利。

三 农民在选举中对亲他信政党的支持

开放的国际贸易提高了作为国内密集要素拥有者——农民阶层的收入。随着出口导向战略的实施和国民经济的发展，农民的经济条件得以改善，农村的阶层意识也开始形成。逐渐觉醒的农民对他们的经

---

① 张锡镇、宋清润：《泰国民主政治论》，中国书籍出版社2013年版，第251页。
② 邓晨曦：《泰国红衫军结束集会月底或举行新一轮示威》，国际在线（http://gb.cri.cn/42071/2014/04/08/7371s4494607.htm）。
③ Jim Taylor, "Remembrance and Tragedy: Understanding Thailand's Red Shirt Social Movement", *Journal of Social Issues in Southeast Asia*, Vol. 27, No. 1, April 2012, pp. 120–152.

济现状越来越不满，开始产生自己的政治诉求。

泰国民主政治的演进进一步增强了农民阶层的政治意识。20世纪70—80年代以来，泰国的选举制度和政党制度逐步确立，各式政党为了自身利益开始重视占全国人口绝大多数的农民的选票。泰国早期的选举充斥着贿选，农民的投票在地方豪强的组织下也成为换取金钱的一次性买卖，而将政府政策重点放在城市和工业化上的政府也很少考虑农村的长远利益。随着政治意识的增强，在拥有大量土地的种植大户的带领下，农民开始重视关切自身利益的政府政策。拥有大量土地的农民也因而成为农民阶层政治意识觉醒的先锋。这是因为，这些地区廉价和便捷的贸易会使城市和农村的劳动力从中获益，政客们会把这些新兴优势团体迅速组织起来，为他们争取更大的政治和经济权利。①

20世纪80—90年代，受益于新一轮的经济全球化，以他信为代表的新兴产业集团迅速崛起，这些新兴的商业精英为寻求更为开放的经济政策开始积极参与到国内政治中来。1998年，他信·西那瓦成立泰爱泰党，开始角逐最高政治权力。新兴产业精英拥有雄厚的资本力量和社会资源，为获取政治选举的胜利开始积极与拥有全国70%选票的农民阶层联合。新商业精英的资本、组织能力结合有数量优势的农民，实现了优势互补，迅速成为泰国政治中的新生力量。

农民阶层作为占国内人口多数的阶层，最重要的政治参与途径就是选举。也正是通过选举，农民阶层在泰国政治中开始发挥重要的影响力。在他信的泰爱泰党出现之前，选举对农民而言不过是换取几百泰铢收入的一次性买卖。贿选的盛行也导致历届民选政府对农民问题的长期忽略，也因此虽然农民阶层拥有人数优势，但在政治力量上属于缺乏有效组织的绝对劣势。尽管农民群体在泰国选民中占据压倒性优势，但长期以来却在政治中始终保持沉默，其中很重要的原因，就是缺乏有效的政治动员和组织渠道，使得形同散沙的农民群体难以凝聚成为统一的政治力量②。

---

① Ronald Rogowski, *Commerce and Coalitions: How Trade Affects Domestic Political Alignments*, Princeton: Princeton University Press, 1989, p. 107.
② 周方冶:《泰国政局持续动荡的社会根源》,《学习月刊》2008年第19期。

他信·西那瓦与泰爱泰党的出现改变了这一局面。作为新兴产业成功商人出身的他信拥有高超的组织管理技能，他将现代化的企业管理经验运用到政党组织中来，极大提高了政党在宣传拉票上的运作效率。有着深远政治眼光的他信意识到占人口大多数的农民在政治上拥有强大的潜力。他信领导的泰爱泰党树立务实改革的形象，深入农村建立基层政党组织，制定亲农民的政治竞选纲领，以最大限度地获取农民阶层的认可。

他信领导的泰爱泰党的政治纲领主要包括：发展金融市场和资本市场，重组国家经济和债务；发展教育，解决失业问题，富裕农民；铲除毒品，铲除腐败；改革医疗卫生体系[①]。他信的竞选纲领宣称要惠及大商人、中小企业主、中产阶级和广大农民等社会各个阶层，但是其重点仍然放在超过半数选民的农民身上。为此，他信提出了"百万泰铢发展基金计划""30铢治百病计划"等一揽子农村发展政策，而不仅仅是为农民提供一次性的几百泰铢的贿选金。他信的新纲领在腐败现象严重、经济增长乏力的背景下吸引了大量的农民选票，成功地赢得了大选（见表5—12）。2001年，他信凭借其带有惠农性质的施政纲领裹挟着大量的农民选票在选举中大获全胜，其执政时期的草根惠农政策在加强政府与农村关系的同时也在很大程度上提升了农民的参政意识。泰爱泰党在选举中的胜利也标志着泰国农民阶层作为一股重要的政治力量开始登上政治舞台。

表5—12　　　　　　　　　　泰国2001年大选数据

以地区分的议席	曼谷	中部	北部	东北部	南部	选区席位	比例席位	总席位
泰爱泰党	29	47	54	69	1	200	48	248
民主党	8	19	16	6	48	97	31	128
泰国党	0	21	3	11	0	35	6	41
新希望党	0	3	1	19	5	28	8	36
国家发展党	0	4	2	16	0	22	7	29

---

① 张锡镇、宋清润：《泰国民主政治论》，中国书籍出版社2013年版，第108页。

续表

以地区分的议席	曼谷	中部	北部	东北部	南部	选区席位	比例席位	总席位
自由正义党	0	0	0	14	0	14	0	14
公民党	0	1	0	1	0	2	0	2
祖国党	0	0	0	1	0	1	0	1
社会行动党	0	0	0	1	0	1	0	1
选区议席总数	37	95	76	138	54	400	100	500

资料来源：转引自 Chanintira na Thalang,"Parliamentary Elections in Thailand, July 2011", *Electoral Studies*, Vol. 31, No. 3, 2012, pp. 633-636。

从2001年泰国大选的选票统计来看，泰爱泰党的选票主要来自以农村人口为主的北部和东北部地区，分别获得北部选区席位的71%和东北部席位的69%，而在城市化水平较高的南部和中部则支持率较低。农民阶层的支持是泰爱泰党赢得大选的关键因素。

2001年他信上台执政后，积极兑现其竞选承诺，大力推行具有民粹主义性质的"草根惠农"政策，以进一步巩固其选举联盟。此外，他信政府还在全国继续推行土地改革计划，向拥有大量土地但未利用者征税，同时将荒芜土地分发给无敌农民耕种①。为实行这些计划，政府拨款约2834亿泰铢，实现对农民的政策性再分配。"百万铢乡村基金计划""30铢治百病计划""一村一特产计划""暂缓农民三年债务计划"等一系列草根惠农政策使农民获得了实际利益，推动了农村的发展。他信当政五年，农民收入提高了60%，人均GDP增长了70%，生活在贫困线以下的人口也从2000年的1270万降低到了2004年的710万②。

---

① 他信草根经济政策的具体方案参见刘志杰《泰国总理塔信传奇》，世界知识出版社2005年版，第120—144页；陈利《从泰国前总理他信治国政策解读泰国政治风波》，《东南亚纵横》2009年第7期；段立生《他信政府与泰国经济复苏》，《东南亚纵横》2003年第3期；田禾、周方治编著《列国志——泰国》，社会科学文献出版社2009年版，第119页。

② 陈利：《从泰国前总理他信治国政策解读泰国政治风波》，《东南亚纵横》2009年第7期；《他们渴望分享政治权力》，《新京报》2010年5月23日，转引自张锡镇、宋清润《泰国民主政治论》，中国书籍出版社2013年版，第253页。

表5—13　　　　　　　　泰国2005年大选数据①

议席	北部	东北部	中部	南部	曼谷	比例议席	总席位
泰爱泰党	70（+18）	126（+42）	79（+35）	1	32（+4）	67（+19）	375（+126）
民主党	5（-12）	2（-3）	8（-12）	52（+4）	4（-5）	25（-6）	96（-34）
泰国党	0（-3）	6（-5）	11（-8）	1（+1）	1（+1）	8（+2）	26（-13）
伟大人民党	1	2	0	0	0	0	3
总数	76	136	97	54	37	100	500

资料来源：Psephos：Adam Carr's Electoral Archive（http://psephos.adam-carr.net/countries-/t/thailand/thailandseatsindex.shtml）。

他信的一系列政策为农民带来了实际收益，泰国农民开始不遗余力地支持他信。在2005年选举中，泰爱泰党获得61.1%的选票和500个议席中的376个，他信也成为首个任满4年并获得连任的民选总理。在以农民为主的北部和东北部地区，泰爱泰党获得了选举的绝对胜利，获得了北部选区76个席位中的70个，比2001年增加了18个席位；获得东北部选区136个席位中的126个，比2002年增加了42个席位（见表5—13）。

但是，他信的一系列草根政策在密切了农民阶层与政治权力的联系的同时也深化了泰国的社会分裂程度。他信的偏向农民的草根经济政策给城市中产阶级等团体造成了相对剥夺感，略显急躁的一系列改革也侵犯了王室、军人集团、传统产业集团等既得利益集团的利益，招致他们的联合反对。这些在1992年反独裁运动中发挥中坚力量的中产阶级，在拥有相对优势的经济和社会地位的时候，逐渐站在了民选政府的对立面。

但是，经过他信执政期间的政治动员，农民阶层作为一股政治力量已经觉醒。泰爱泰党在农村广泛建立的基层政党组织在历次选举中的政治宣传选举动员，极大提高了农民的政治参与热情，泰国国会大选的投票率也逐年增加（见图5—14）。

分地区而言，泰国曼谷地区、东部地区和北部地区投票率的提高最为显著。1986年，曼谷地区投票率仅为38.1%，到2005年已经提升到71.2%。东部地区的投票率也从1986年的55.5%提升到了2000

---

① 括号中的数字表示的是相比于2001年泰国大选各政党在特定地区赢得席位的增减。

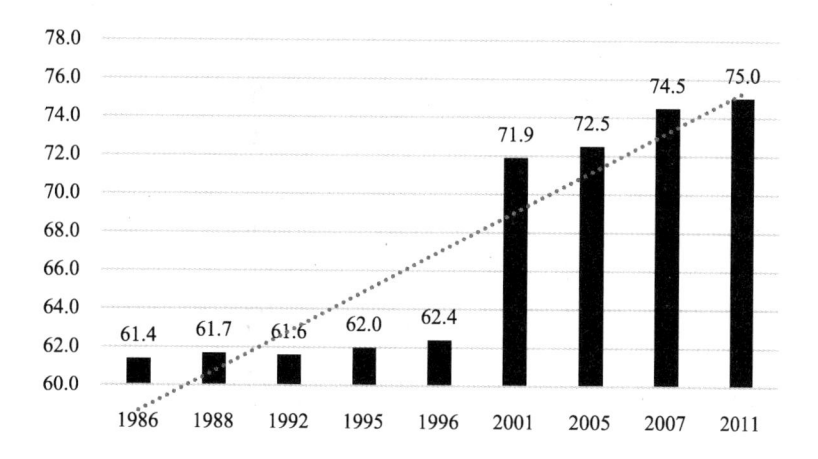

图 5—14　泰国国会大选投票率（1986—2011 年）（单位：%）

资料来源：根据泰国国家数据中心（http://web.nso.go.th/index.htm）数据和 Chanintira na Thalang,"The Parliamentary Election 2011"① 文中数据制作。

年的 69.9%。1986 年，泰国北部选民投票率仅为 65.8%，到 2005 年已经上升到 76.4%（见表 5—14）。

他信惠农的经济政策使农民阶层成为亲他信势力的坚固后盾。此后，脱胎于泰爱泰党的人民力量党、为泰党等亲他信政党继续受到农民的大力支持，逢选必胜。在 2007 年大选中，由泰爱泰党转化而来的人民力量党（2006—2008）在大量农民选票的支持下，获得 41.1% 的选票，以及 500 个议会席位中的 233 个。在 2011 年的泰国大选中，由人民力量党转化而成的为泰党在他信妹妹英拉·西那瓦的带领下，在农民的支持下获得选举胜利，获得 44.3% 的选票和下议院 500 个席位中的 265 个，英拉也顺利当选泰国总理。

表 5—14　　　　泰国大选投票率（1986—2005 年）

地区	1986	1988	1992	1995	1996	2000	2005
曼谷	38.1	37.5	47.4	49.8	48.9	71.7	71.2
中部	57.3	58.6	58.8	62.6	63.4	75.3	79.1

---

① Chanintira na Thalang,"Parliamentary Elections in Thailand, July 2011", *Electoral Studies*, Vol. 31, No. 3, 2012, pp. 633–636.

续表

地区	1986	1988	1992	1995	1996	2000	2005
东部	55.5	57.8	58.9	62.9	66.1	69.9	—
西部	57.2	56.0	59.2	65.8	68.3	74.6	—
北部	65.8	69.1	63.9	64.3	65.6	73.3	76.4
东北部	73.7	77.6	67.8	63.2	63.2	68.0	72.0
南部	61.0	63.8	60.1	63.4	60.9	76.5	77.0
全国	61.4	63.6	61.6	62.0	62.4	71.9	72.5

资料来源：转引自 Aurel Croissantand Jörn Dosch, "Parliamentary Elections in Thailand, March 2000 and January 2001", *Electoral Studies*, Vol. 22, No. 1, 2003, pp. 153 – 160, 2005 年数据来自 Aurel Croissantand Daniel J. Pojar, "The Parliamentary Election in Thailand, February 2005", *Electoral Studies*, Vol. 25, No. 1, 2006, pp. 184 – 191。

由图 5—15 可以清楚地看出，亲他信政党的选民基础主要分布在泰国北部和东北部地区。泰国北部和东北部地区以农业为主，农村人口是主要的人口构成。2003 年，泰国北部区域拥有人口 1208.89 万人，东北部拥有人口 2166.1 万人，这两个区域加起来共占全国总人口的 53.5%[①]。

进入 21 世纪以来的四次大选已经证明农民阶层开始通过选举在泰国政治中发挥重要的影响，成为泰国政治中的一支重要力量。以农民为代表的中下阶层政治参与的快速发展成为泰国政治中的新现象。日益觉醒的占人口多数的农民阶层要进入政治领域分享政治权力，而拥有社会多数财富的少数精英阶层则竭力维护自己的既得利益。社会的分裂也成为 2006 年军事政变之后泰国国内政治动荡、街头政治此起彼伏的根源。2014 年 5 月 22 日，泰国军方领导人巴育宣布接管政权，并出任代理总理。2014 年 8 月 25 日，泰国国王正式任命巴育为泰国第 29 任总理。自军事政变以来，政治权力斗争使泰国局势动荡不安。军队与王室的特殊地位成为泰国民主发展的重要阻碍，泰国政治和社会中两大派别对立争斗的深层次原因没有解决，民主政治文化发展依然滞后，泰国的国内政治分裂也难以从根本上得到改变。[②]

[①] Thailand National Statistial Office, *Statistical Yearbook of Thailand 2004*, p. 26.
[②] 张锡镇：《泰国政治动荡的原因及未来政局走向》，《亚非纵横》2010 年第 4 期；宋清润：《泰国动荡政局评析》，《国际研究参考》2013 年第 12 期。

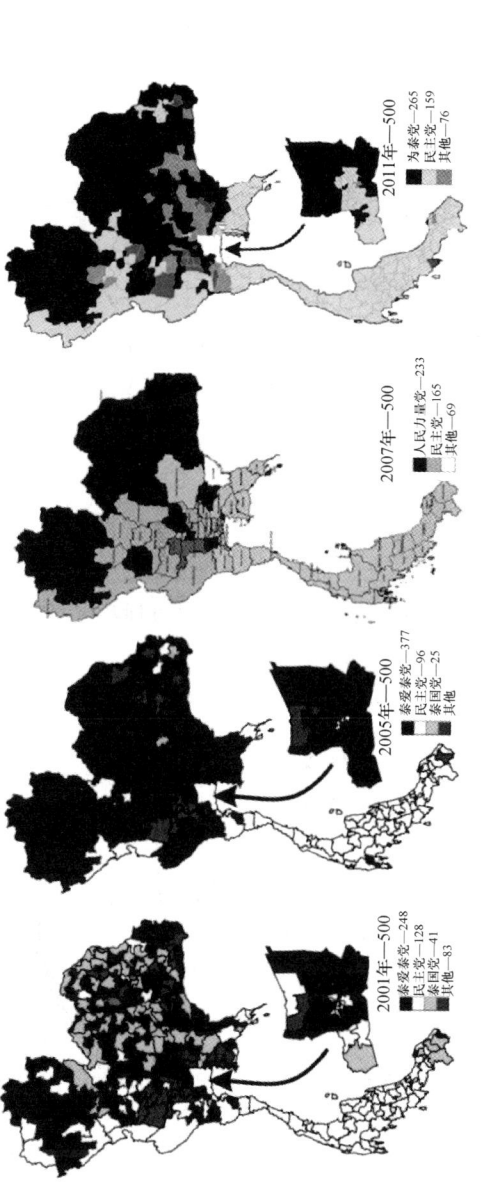

第五章 劳动力要素充裕条件下的……和泰国的比较研究　253

图 5—15　泰国 2001—2011 年国会选举中的政党和选区①

资料来源：Chris Baker and Pasuk Phongpaichit, *A History of Thailand*(Second Edition), Cambridge: Cambridge University Press, 2009; Electroal Geography Website(http://www.electoralgeography.com/new/en/); Pasuk Phongpaichit and Chris Baker, "Reviving Democracy at Thailand's 2011 Election", *Asian Survey*, Vol. 54, No. 3, 2013, pp. 607–628; WikipediaThai General Election (https://en.wikipedia.org/)。

① 2001 年和 2005 年的选举按照泰国 1997 年宪法进行，众议院共有 500 个席位，其中 100 个席位根据政党名单制配给，其余 400 席通过小选区制从全国选举产生。小选区制将全国划分为 400 个选区，每个选区产生一名议员。政党名单制是将泰国全国视为单一选区，所有选民对政党投票，而后得票率高于 5% 的政党依照得票率分享 100 个议席。这一选举制度对大党有利而压制较小的政党。2007 年宪法为防止一党独大的局面，恢复了大选区制，并废除全国划分为 157 个选区，每个选区产生 2—3 个议席，并实行全额连记制；政党名单上，议席由 100 席减少到 80 席，单一选区改为 8 个选区，政党名单制恢复全国单一选区制，并将议席由 80 席调整为 125 席。2011 年选举中又废除大选区制，实行小选区制，且议席由 400 席降为 375 席；政党名单制议席分配的规定，除了不足 5% 不得参与政党名单制议席分配的规定。

小　　结

本章通过求同法来分析在劳动力要素充裕的条件下国际贸易影响土耳其和泰国两国民主转型的因果机制。土耳其和泰国都是新兴民主国家，在民主转型进程中建立了竞争性的选举制度。20 世纪 80 年代以来，泰国和土耳其都开始奉行出口导向型的对外贸易政策，对外贸易规模不断扩大，国际贸易开始对国内政治经济产生越来越重要的影响。土耳其和泰国的要素禀赋都属于劳动力充裕而资本和自然资源稀缺的经济体。在国际贸易分工中的主要比较优势是劳动密集型产业。随着国际贸易的扩张，两国参与国际贸易的程度也日益加深。这就导致两国劳动力要素的所有者在国际贸易中获益，经济状况相对于资本和自然资源要素所有者得到更多的改善。随着经济状况的改善和阶层意识的增强，劳动力要素所有者通过政治结社、组织社会运动和参与政治选举等政治活动逐渐在国内政治领域成为一股新兴的政治力量。新兴政治力量的崛起开始挑战既得利益团体对政治权力的垄断，并逐渐形成新的国内阶级均势，推动了国内的民主转型。

在土耳其，开放的国际贸易催生了拥有要素禀赋优势的安纳托利亚中小企业的发展。经济地位的变化和社会经济的发展推动了他们的政治意识的形成，产生要改变在政治中处于边缘地位的诉求。垄断政治权力的世俗主义精英对日益觉醒的中下阶层的伊斯兰政治诉求的压制，催生了伊斯兰复兴运动的产生和发展。独特的文化政治传统使土耳其形成了世俗主义的西部城市精英和伊斯兰色彩浓厚的东部中下阶层之间的政治对抗。社会的政治诉求催生了代表中下阶层的伊斯兰政党的出现。在与世俗主义既得利益集团的政治博弈中，伊斯兰政党逐渐从激进走向中庸，实现自我改良，在广大城市贫民、农民和中小企业主的拥护和世俗主义精英的容忍下开始执掌国家政权。正义与发展党就是其主要代表。正义与发展党代表了边缘群体的期望和要求，同时又成熟地将边缘选民的政治诉求转化为适合国家发展的政治纲领，因而取得了政治选举中的胜利。土耳其民主逐渐巩固的一个重要原因是传统政治势力和新兴社会阶层之间的相互妥协。

在泰国，国际贸易的扩张推动了劳动力要素的主要所有者——农民阶层的经济地位的提高，而经济状况的改善和社会的进步又进一步培养了农民阶层的政治意识。王室、军方和官僚集团等传统精英对农民阶层及其盟友新兴产业集团的压制，催生了泰国的红衫军群众运动。基本选举制度的建立为下层民众提供了表达其利益的渠道，日渐觉醒的农民阶层以其人数优势通过竞争性选举开始在泰国政治生活中发挥重要的作用。他信执政期间的一系列政策使此前在政治生活中处于边缘地位的农民真正意识到选举与政治权力可以带来的切身利益。他们渴望继续分享政治权力带来的好处，也更多地意识到他们手中的选票所代表的意义。但是，传统精英不甘放弃对政治权力的垄断，而政治上逐渐觉醒的在人口上拥有优势的农民阶层则要进一步分享政治权力。两种政治力量的互不妥协的争斗成为泰国政治动荡的主要表现。

第六章 自然资源要素充裕条件下的国际贸易与威权巩固：对委内瑞拉和哈萨克斯坦的比较研究

20世纪70年代以来，以南欧的葡萄牙、西班牙和希腊等国家进行民主转型为开端，"第三波"民主化浪潮席卷了世界各地，即使是一些没有民主经验的非洲国家也迅速经历了自由化、民主化甚至民主巩固的过程，民主也逐渐成为很多国家信奉的普世价值。虽然此次民主化浪潮来势汹猛，但是在20世纪90年代后期却停滞不前，部分国家甚至开始了民主倒退。此外，另一部分更为特殊的国家日益引起关注——它们不仅没有发生民主转型，恰恰相反，它们的非民主政体在长期稳定的存在中日益得到巩固，诸如伊朗、沙特阿拉伯等中东国家、委内瑞拉等部分拉丁美洲国家和哈萨克斯坦、阿塞拜疆等中亚国家。

在这些非民主国家中，委内瑞拉和哈萨克斯坦虽然都建立了选举制度这一民主政治形式，并以政治选举决定执政权力的归属，但是其国内广泛存在着统治者的监管和控制，因此两国本质上都是多党选举竞争形式下一党独大的威权政体。在这种"选举式威权主义"的政体中，统治者允许最高国家机关由定期选举产生，独立的反对党派可以参与竞选；但同时，统治者又通过媒体审查（Media Censorship）、选民恐吓（Voter Intimidation）、禁止某些党派及候选人参选或选举舞弊等策略，系统化地操纵选举①，因此选举的自由和公平有限，当权者

---

① Andreas Schedler, "Electoral Authoritarianism", *Emerging Trends in the Social and Behavioral Sciences: An Interdisciplinary, Searchable, and Linkable Resource*, Hoboken: John Wiley & Sons, 2015, p. 1.

在其中拥有显著的竞争优势。① 此类国家中的选举制度并未削弱统治者的权力,反而帮助他们维持了威权统治。与传统的威权政体依赖强制和镇压等暴力控制手段不同,选举式威权借助普遍的博弈规则,以及宪法、选举、政党和利益团体等工具,② 更能够有效地阻止领导层的分裂,管控统治精英和民众之间的矛盾,并确保社会遵从一定的规范。在这种政体中,一旦当权者能够凭借足够的支持在历次选举中连续胜出,就可以长久地维持统治权力。委内瑞拉和哈萨克斯坦就是在各自执政党的长期统治下,日渐巩固了威权政体——从1998年开始至今,查韦斯领导下的统一社会党作为唯一的执政党成功实现了对委内瑞拉的连续统治(查韦斯于2013年病逝后仍由统一社会党主席马杜罗执政);而纳扎尔巴耶夫带领的"祖国之光"党也自1991年起一直统治哈萨克斯坦,已长达20多年的时间。

委内瑞拉和哈萨克斯坦的选举式威权政体能够巩固,诚然离不开国内各方面因素的共同影响,但不可忽视的是,国际贸易在其中发挥了关键作用。作为重要的石油输出国,委内瑞拉和哈萨克斯坦的石油要素相对于资本、劳动力要素都更为充裕,因此20世纪90年代后半期至21世纪初蓬勃的国际石油贸易扩充了两国石油要素所有者的财富,提升了他们参与国内政治的积极性,并使得该群体能够利用更多资源来克服集体行动的困境进行政治动员,扩大他们的政治影响力。由于国家在石油等能源领域普遍拥有相对更大的干预性力量,因此石油要素所有者通常由威权政体的当权者所决定,或者他们本身就是统治联盟的核心成员。无论是这两种情况的哪一种,石油要素所有者的收益都得益于既有政体的保障,因此他们更偏好于延续或至少鲜有动机推翻这一政体。

在委内瑞拉和哈萨克斯坦这样的选举式威权政体中,总统及执政党需要经由选举而产生,选举的结果也受到不同要素所有者在国内政治中的实力对比的影响。在政治实力上更有优势的石油要素所有者能

---

① Yonatan Morse, "The Era of Electoral Authoritarianism", *World Politics*, Vol. 64, No. 1, 2012, p. 165.
② Thomas Ambrosio, "Beyond the Transition Paradigm: A Research Agenda For Authoritarian Consolidation", *Demokratizatsiya: The Journal of Post-Soviet Democratization*, Vol. 22, No. 3, Summer 2014, p. 485.

够帮助其所支持的当权者在选举中保持领先地位。成功获得连任的总统可以运用其政治权力和政治支持,通过公民表决修宪等措施进一步扩大自身权力,通过在法律上取消连任限制、扩大总统相对于议会的权力、限制议会中反对党派的席位等,增强其威权统治的合法性;同时,当权者在一定程度上利用其所控制的传媒、社会团体和政党等进行社会渗透,可以将威权文化进一步传播,从思想观念上深化政权的合法性。通过上述路径,委内瑞拉和哈萨克斯坦的一党制威权政体得以巩固。

第一节 导言

一 问题的提出

位于拉丁美洲被称为"黄金之国"的委内瑞拉玻利瓦尔共和国(República Bolivariana de Venezuela),是一个历史悠久、自然资源丰富的国家,北临加勒比海,南与巴西接壤,东与圭亚那相邻,西与哥伦比亚交界。委内瑞拉占据着南美洲北海岸广阔的土地,是世界上人口密度最低的国家之一。[①] 在西班牙殖民者入侵以前,委内瑞拉居住着处于原始公社阶段的奇步查、阿拉瓦克和加勒比等族的印第安人。在16世纪中叶沦为殖民地后,委内瑞拉的社会民族构成变得日渐复杂;经济上可可、咖啡、烟草等种植业和畜牧业以及采矿业得到了发展,并出现了最早的一批城市,包括现在的首都加拉加斯。委内瑞拉于1810年发生了推翻殖民地都督的不流血政变,次年成为首批获得独立的殖民地国家。此后在经历了20年的叛乱、革命和战争后,委内瑞拉于1830年摆脱了西班牙的控制并宣布成立共和国。20世纪中期以前该国一直由军事强人统治,其民主政治始于1958年,由民主行动党、民主共和联盟、基督教社会党组成的三党联合政府执政。

在20世纪90年代以前,委内瑞拉不仅被视为拉美的民主典范,其民族经济也有较快发展,特别是石油和一些新兴工业部门,帮助委

---

① [美]迈克尔·塔弗、朱丽亚·弗雷德里克:《委内瑞拉史》,黄公夏译,东方出版中心2010年版,第1页。

内瑞拉进入拉丁美洲经济水平较高的国家之列,在国际事务中委内瑞拉也发挥着重要作用。但是很快深层次的社会分裂和政治体系的弊病暴露了出来。为了改善国内情况、解决一系列的经济、政治和社会矛盾,委内瑞拉政府于1989年采取了紧缩计划,但却引发了广泛的群众反对运动,1992年11月国内更是爆发了两场未成功的军事政变,导致了委内瑞拉的民主走向衰落。在整个90年代,许多政治领导人乐观地认为委内瑞拉的政治并没有巨变的可能,因此传统的统治阶层都急于对整个体系进行表面的修复,而忽视了从根本上解决问题。这种错误的看法直接导致了当时主要的政党候选人在和乌戈·查韦斯(Hugo Chávez)的选举竞争中惨败。虽然查韦斯自1998年在选举中获胜以来,屡屡遭受反对派的挑战,但他仍然连续执政直至2013年因病逝世,在他的统治下委内瑞拉的威权政体也经历了从建立到逐渐巩固的过程。

在经济上,委内瑞拉过去以可可、咖啡和牛皮作为主要出口品,而自20世纪初发现石油以来,石油迅速成为出口商品的主导。作为拉丁美洲最重要的产油国家,委内瑞拉境内主要的石油蕴藏区是位于西北角的马拉开波湖和奥里诺科重质原油带。已开采的油田主要集中分布在马拉开波湖周围以及瓜里科、安索阿特吉和莫纳加斯三个联邦州。作为石油输出国组织四个创始国之一,委内瑞拉凭借其丰富的石油产量成为世界上最重要的石油出口国之一。20世纪末到21世纪初,国际石油市场上日益增加的需求和快速上涨的价格为委内瑞拉带来了丰富的石油收益,石油业也因此成为该国经济收入的主要来源和经济发展的支柱性产业。

地处中亚地区的哈萨克斯坦则是世界上最大的内陆国,领土面积约270万平方公里,国土辽阔、人口相对稀少,与俄罗斯、中国、吉尔吉斯斯坦、乌兹别克斯坦和土库曼斯坦等国接壤,并与伊朗和阿塞拜疆隔里海相望。15世纪时,哈萨克人建立了自己的民族国家——哈萨克汗国。18世纪30年代到40年代哈萨克斯坦开始逐步被俄罗斯帝国吞并。自19世纪20年代起,沙俄在沦为殖民地的哈萨克地方行政上实行阿卡苏丹制,并要求哈萨克人承担各种赋税和劳役,这种改制引起了哈萨克人的反抗和反殖民起义。十月革命之后,为实现哈萨克斯坦苏维埃政权的自治,1920年成立了吉尔吉斯苏维埃社会主义共和国，1925年则因中亚各国按照民族划界，改称为哈萨克苏维埃自治共和国，成为苏联加盟共和国之一。苏东剧变后，哈萨克斯坦于1991年12月宣布独立并以创始国身份加入"独联体"，改称为哈萨克共和国并由纳扎尔巴耶夫担任首任总统。在政治上，哈萨克斯坦经历了汗国、沙俄行省、苏联加盟共和国到独立国家的过程，并且在纳扎尔巴耶夫及其带领的"祖国之光"党连续执政的过程中，逐渐形成了稳定的威权政体。①

哈萨克斯坦境内蕴藏着丰富的矿藏、石油、天然气等重要的自然资源。其陆上石油可开采储量约为40亿吨，属里海地区的石油可采储量则高达80亿吨，是世界上主要的石油生产国，同时也是世界上主要的石油出口国。哈萨克斯坦的石油资源主要集中于西部和西北部，探明储量的主要部分在阿特劳州、曼格斯套州、西哈萨克斯坦州、克孜勒奥尔达州和里海。②哈萨克斯坦全国已经查明的油气田共有218个，其西部地区集中了全国油气预测资源的95%以上。③和委内瑞拉相同，石油和天然气部门及其相关产业是该国经济增长的基础，也是该国最主要的经济来源和经济支柱。

表6—1　　　　已探明石油储量最多的国家排名

序号	国家	储量（亿桶）	储量（亿吨）	占全球总储量的百分比	产量（千桶）	R/P比（储量/产量）
1	沙特阿拉伯	2646	363	19.8	9713	75
2	委内瑞拉	1723	248	12.9	2437	194
3	伊朗	1376	189	10.3	4216	89
4	伊拉克	1150	155	8.6	2482	127
5	科威特	1015	140	7.6	2481	112
6	阿拉伯联合酋长国	978	130	7.3	2599	103
7	俄罗斯	742	102	5.6	10032	20.1
8	利比亚	443	58	3.3	1652	73

---

① 赵常庆：《列国志哈萨克斯坦》，社会科学文献出版社2004年版，第26—42页。
② 同上书，第11页。
③ 刘燕平：《哈萨克斯坦国土资源与产业管理》，地质出版社2009年版，第16页。

续表

序号	国家	储量 （亿桶）	储量 （亿吨）	占全球总储量 的百分比	产量 （千桶）	R/P 比 （储量/产量）
9	哈萨克斯坦	398	53	3.0	1682	65
10	尼日利亚	372	52	2.8	2061	49
11	加拿大	332	50	2.5	3212	28
12	美国	284	34	2.1	7196	11
13	卡塔尔	268	28	2.0	1345	55
14	中国	148	20	1.1	3790	11
15	安哥拉	135	18	1.0	1784	21
	石油输出国组织	10249	1404	77.2	33076	85
	全球	13331	1817	100	79948	46

资料来源：《世界能源统计年鉴》英国石油，2010（BP, 2010, Statistical Review of World Energy）。

在对委内瑞拉和哈萨克斯坦政权性质的衡量上，民主检测组织自由之家（Freedom House）1999—2017年的民主等级评分[①]显示两国的民主程度较低，而非民主的特征更为明显，可被视为威权政体（见表6—2），并且威权程度在近几年有所加强。虽然委内瑞拉和哈萨克斯坦都允许反对党参与竞选，但执政党一家独大；虽然社会享有一定的自由度，公民在政府的影响、指导和干预下有组织、有限制地进行政治参与，但政府通过法律的制定能够很大程度地控制工会、学校、媒体等社会组织。

表6—2　委内瑞拉和哈萨克斯坦的"自由国家"民主程度等级

国家	指标	1999	2001	2003	2005	2007	2009	2011	2013	2015	2017
委内瑞拉	自由评级	4.0	4.0	3.5	3.5	4.0	4.0	5.0	5.0	5.0	5.5
	公民自由	4	5	4	4	4	4	5	5	5	5
	政治权利	4	3	3	3	4	4	5	5	5	6

---

① 纽约的民主检测组织——自由之家（Freedom House），每年会根据政治权利和公民自由，给世界上每个国家确定从1（高）到7（低）的等级。

续表

国家	指标	1999	2001	2003	2005	2007	2009	2011	2013	2015	2017
哈萨克斯坦	自由评级	5.5	5.5	5.5	5.5	5.5	5.5	5.5	5.5	5.5	6.0
	公民自由	5	5	5	5	5	5	5	5	5	5
	政治权利	6	6	6	6	6	6	6	6	6	7

资料来源：自由之家年度报告（1999—2017 年），https://freedomhouse.org/。

在这种制度特征下，委内瑞拉的执政党统一社会主义党主席查韦斯的统治长达近十五年，而哈萨克斯坦执政党"祖国之光"的领袖纳扎尔巴耶夫则更是成功执政近三十年，两国的选举式威权政体逐渐走向了巩固。衡量威权是否得到巩固的临界值（Thresholds）标准认为，当一个威权政体能够在一系列危机诸如严重的经济衰退或未遂的政变中幸存下来时，则可以称为威权的巩固。① 就此而言，查韦斯政权和纳扎尔巴耶夫政权都是成功渡过政治和经济危机后巩固的威权统治。

首先看委内瑞拉。一方面，查韦斯政权成功克服了多次政治危机，包括渡过了 2002 年美国支持的国内政变，协调解决了 2002—2003 年国内石油总公司高层官员、工会和商贸联盟发起的反抗和在此期间的罢工，以及在 2004 年凭借人口众多的中下层无固定工作或无业的贫民的支持，以接近 60% 的得票率成功赢得了旨在罢免他的全民公决（recall referendum）。② 在有惊无险地渡过这一系列危机之后，查韦斯为了进一步巩固自身统治，对国家最大的石油公司——委内瑞拉国家石油公司（PDVSA）进行了国有化改革，加大了对石油企业和石油资源的掌控能力，并且替换了石油公司的高层人员，极大削弱了反对派的经济能力和政治实力，减少了来自反对派要求民主化改革的潜在威胁。另一方面，在经济上查韦斯政权也抵御了严峻挑战，其中最具代表性的莫过于 2008 年的金融危机，受此次全球范围内的巨大危机影响，委

---

① Thomas Ambrosio, "Beyond the Transition Paradigm: A Research Agenda for Authoritarian Consolidation", *Demokratizatsiya*: *The Journal of Post-Soviet Democratization*, Vol. 22, No. 3, Summer 2014, p. 481.

② [美] 查尔斯·蒂利：《民主》，魏洪钟译，上海世纪出版集团 2009 年版，第 166 页；John L Hammond, "The Resource Curse and Oil Revenues in Angola and Venezuela", *Science and Society*, Vol. 75, No. 3, July 2011, p. 365.

内瑞拉国内经济也不可避免地出现衰退，甚至负增长；同时国内通货膨胀率居高，消费价格指数平均达到 24.65%，2011 年时更高达 28.9%；资本外逃现象同样严重，2010 年外逃资本占 GDP 的 59%，使得本来资本就相对稀缺的委内瑞拉资本状况更为紧张。① 虽然经济衰退对查韦斯的执政形成不小挑战，但在他采取了一系列卓有成效的经济政策以积极应对之后，委内瑞拉国内的经济危机得到缓和，民众的激烈行为和剧烈冲突得以避免。尽管在 2012 年总统选举中选民投票率有所下降，查韦斯仍然能够凭借微弱优势获胜。

对于哈萨克斯坦来说，一方面，纳扎尔巴耶夫政权成功渡过了国内的诸次政治危机。国内反对派联盟的构建无疑是对其政权的最大挑战。为了赢得总统和议会选举，反对派之间尝试了数次的联合协作以期壮大自身力量，譬如 2007 年议会下院选举时真正的光明道路民主党和社会民主党的合并；2012 年总统大选前，社会民主党、共产党和未在司法部注册的"前进"党在阿拉木图联合组建的"为了公正的哈萨克斯坦联盟"。② 尽管通过联合，反对派力量获得一定提升，但纳扎尔巴耶夫仍然凭借高得票率赢得历次选举，成功抵御了反对派的政治挑战。而在面对另一重大挑战——2011 年由罢工演化为工人示威和骚乱的"扎瑙津事件"时，纳扎尔巴耶夫成功通过问责与任免官员、解决失业工人的经济诉求、发放物资稳定民心等手段平稳解决了此次危机。③ 另一方面在经济上，2008 年的全球金融危机同样给哈萨克斯坦的经济带来衰退影响，其出口收入下降，宽松的货币政策又给国内带来大量的流动性资金，通货膨胀严重影响人们的生活水平，民众对总统和政府的不满情绪上升，然而这依旧没有影响纳扎尔巴耶夫在 2011 年获得连任。

因此，尽管委内瑞拉和哈萨克斯坦都举行过多次行政和立法权的选举，却并没有发生民主转型，反而实现了选举式威权政体的巩固。毋庸置疑，委内瑞拉和哈萨克斯坦是两个具有明显差异性的国家：从

---

① 方旭飞：《试析查韦斯执政 14 年的主要成就与失误》，《拉丁美洲研究》2012 年第 6 期。
② 张宁：《哈萨克斯坦独立后的政治经济发展（1991—2011）》，上海大学出版社 2012 年版，第 82 页。
③ 雷琳、罗锡政：《"扎瑙津事件"：哈萨克斯坦政治现代化进程的拐点》，《新疆社会科学》2012 年第 6 期。

地理位置上看，前者是位于南半球临海的热带国家，而后者则是身处北半球内陆的温带国家。历史上来看，委内瑞拉在19世纪初期起就成为一个独立的国家，在查韦斯政权之前，依次历经军政府和民主政权的统治，是拉美地区非常具有代表性和特殊性的国家之一；相比而言，地处"心脏地带"的哈萨克斯坦作为一个独立国家的历史则要短得多，其在苏联解体之前一直作为加盟共和国处于苏维埃政权的统治下，在苏东剧变之后崛起为中亚地区具有影响力的大国之一。从文化角度看，两国在宗教文化、传统习俗等方面也十分不同。委内瑞拉国内主要由土著印第安人和欧洲后裔组成，因而文化上也反映为印第安文化和西班牙文化的结合。宗教对委内瑞拉文化的成型发挥着重要作用。作为罗马天主教占主导的国家，委内瑞拉的文化中更多崇尚家庭和社群关系，并且确立了强大的男权主义思想，男性被视为最强有力的社会力量①。而哈萨克斯坦昔日作为苏联加盟国，在社会文化和风俗礼仪等方面与俄罗斯有相近之处，并且保有游牧民族特有的基本精神和价值取向，国内存在着伊斯兰教、东正教、基督教和佛教等多种宗教，其中东正教在哈萨克斯坦的北部占据优势，伊斯兰教则在南部占据优势。相较于宗教，多民族的组成对哈萨克斯坦的文化影响更为深远，多民族的构成也使得其国内文化丰富多样又存在冲突。

诚然，委内瑞拉和哈萨克斯坦的地缘环境、历史文化和政治传统迥异，但两国在经济上却具有重要的相似之处：作为石油输出国，他们都具备丰富的石油储量和石油开采量，石油及石油产品占据出口结构的主要部分，是整个国家经济发展的支柱产业。从生产要素角度来看，两国都是石油要素充裕的国家。因此，虽然委内瑞拉和哈萨克斯坦的具体情况不尽相同，值得分别深入而具体地研究，但是两国的共性却足以引起更多的思考：由于两国都重点依赖于石油产业，那么经济上20世纪末和21世纪初石油价格的飞速上涨和国际市场上需求的扩大，同两国政治上在此时期威权政体日益巩固之间是否具有因果联系？换句话说，国际石油贸易的扩张是否影响了两国的国内政治？这种影响又是通过何种因果机制发生的，并且经由什么途径促进了两国

---

① ［美］迈克尔·塔弗、朱丽亚·弗雷德里克：《委内瑞拉史》，黄公夏译，东方出版中心2010年版，第12页。

政体的巩固?

二 既有文献及其不足

委内瑞拉和哈萨克斯坦政权的特殊性也引起了学界的关注，在对查韦斯统治下的委内瑞拉和纳扎尔巴耶夫执政下的哈萨克斯坦所属政权类型这一问题上，既有研究基本达成了一个共识：这两个国家既不是失败的民主也不是转型中的民主，而可被视为精心构建和维护的威权政体。① 虽然学者们也承认很难在实践中清晰地界定民主选举和威权选举②，但是他们普遍都将委内瑞拉和哈萨克斯坦归于威权政体一类。拉里·戴蒙德（Larry Diamond）曾提出世界上23个石油占经济主导地位的国家都是非民主国家的观点，认为所有石油资源丰富的国家在1974年后都转回或者继续保持威权统治。其中委内瑞拉就是个典型的例子，伴随着21世纪初石油价格的上升该国日益远离民主。③ 而查尔斯·蒂利在其《民主》一书中，也按照国家能力和民主程度将国家大致划分为四种类型，并将委内瑞拉和哈萨克斯坦都归于高能力不民主的国家。④ 他认为在委内瑞拉，查韦斯以玻利瓦尔式民主的名义创造的自治的权力中心实际上使他的政权去民主化，一个高能力不民主的政权已经出现；同样，当纳扎尔巴耶夫巩固了他的家族权力之后，哈萨克斯坦就作为一个高能力和低民主的国家在运行。⑤

在解释委内瑞拉或哈萨克斯坦的政体形态时，一些学者探究了石油与这两国威权政体间的宏观联系，其中以"食利国家（Rentier State）"这一解释最为常见。侯赛因·马大为（Hossein Mahdavy）最早将石油资源丰富、以石油商品出口作为主要经济收入来源、从外国

---

① Steven Levitsky and Lucan Way, "The Rise of Competitive Authoritarianism", *Journal of Democracy*, Vol. 13, No. 2, April 2002, p. 51.
② Andreas Schedler, *The Politics of Uncertainty: Sustaining and Subverting Electoral Authoritarianism*, Oxford: Oxford University Press, 2013, p. 77.
③ Larry Diamond, *The Spirit of Democracy: The Struggle to Build Free Societies Throughout the World*, New York: Macmillan, 2008.
④ [美] 查尔斯·蒂利:《民主》，魏洪钟译，上海世纪出版集团2009年版，第16页。
⑤ 同上书，第19、168页。

行为体获得大量"租"的国家定义为"食利国家"①,比布拉维和卢西亚尼进一步将这些国家按照不同类型的租金收入分为两类:"第一等级"或完全食利国家(Pure Rentier States),即主要通过油气自然资源获得租金收入的国家,如哈萨克斯坦和委内瑞拉;以及"第二等级"或半食利国家(Half Rentier States),即没有这些自然资源而以其他方式获得租金收入的国家。② 史密斯(Smith Benjamin)认为前者相较于后者更容易形成威权政体,因为统治者们可以通过掌握石油租金的收入配置,从而建立一种恩庇侍从网络(Patron-Client Networks)来维护政治稳定并且获取政权的合法性。③ 一些中东研究学者认为石油出口收入可以帮助政府减少来自社会层面的压力,从而能够实行威权统治:即当政府从石油售出中获得足够收入时,很有可能减少对民众的征税,公众也相应地会减少扩大政治代表权的诉求和对政府担负责任的要求;④ 同时,政府可能利用石油财富增加对精英阶层的赞助,使得该阶层的分配性影响力扩大,从而减少了来自广大的普通民众的潜在民主压力;此外,石油收入向政府提供了足够的经济财富来防止独立于国家且要求民主的社会团体的形成。基于这种"食利效应"的解释路径,集中研究委内瑞拉的学者布里塞尼奥(Briceño)认为由于查韦斯政府继承了之前民主政府时期以利润为导向,但较之更加依赖石油收入的民粹主义发展模式,所以20世纪中期使民主成为可能的石油收入同样可被视为20世纪末转向威权统治的基础。⑤ 对于哈萨克斯坦,埃里克·麦克格林奇(Eric McGlinchey)同样使用"食利国家"的概念,集中阐释了石油与其威权政治之间的关系,认为哈萨克斯坦的统治者依靠出口石油商品从外国行为体获得大量的租金,得以忽视社会成员

---

① Hossein Mahdavy, "The Patterns and Problems of Economic Development in Rentier States: The Case of Iran", *Life*, Vol. 1000, No. 1, 1970, p. 438.
② Hazem Beblawi, "The Rentier State in the Arab World", in Hazem Beblawi and Giacomo Luciani, eds. *The Rentier State*, London and New York: Routledge, 2016, pp. 49 – 63.
③ Benjamin Smith, "Oil Wealth and Regime Survival in the Developing World, 1960 – 1999", *American Journal of Political Science*, Vol. 48, No. 2, April 2004, p. 232.
④ Giacomo Luciani, "Allocation vs. Production States: A Theoretical Framework", in Giacomo Luciani, eds. *The Arab State*, Oakland: University of California Press, 1990, pp. 65 – 84.
⑤ Roberto Briceño-León, "Petroleum and Democracy in Venezuela", *Social Forces*, Vol. 84, No. 1, September 2005, pp. 1 – 23.

诉求、隔绝社会压力,形成威权政体。①

一些既有研究也注意到两国威权政体稳定存在的现象。对于委内瑞拉,哈维尔·科拉莱斯(Javier Corrales)认为查韦斯刻意追求的两极分化政策和石油收入对于政党的影响导致了日益稳定的威权政体。他指出,从当权者角度来说,查韦斯政权可以利用石油贸易扩张时期的巨大收益为行政机构增加行政人员,扩充政治实力;而从寻租者的立场分析,由于石油资源被统治者垄断,寻租者没有动机站到反对派的阵营中,而是往往选择支持既有政体以获得政府合同、工作或者拨款。② 哈维尔·科拉莱斯和麦克·彭福尔德(Michael Penfold)进一步认为,虽然奥唐奈提出的当权者由于担心自身执政危机(Chronic Governability Crisis)可能带来的可怕后果而选择集中政治权力这一观点,可以解释2004年之前委内瑞拉政体走向威权的过程,但是对于2004年之后查韦斯在没有明显的政治威胁下仍然选择进一步构建威权政体这一现象,奥唐奈的观点则缺乏说服力。他们认为国家对于经济资源的垄断和脆弱的代表制度是导致威权稳定的原因。查韦斯通过使用两极分化政策(Polarization)和庇护主义(Clientelism)、给予支持者腐败且不受惩罚的机会、为支持者提供政府所掌握的工作机会,以及使用大量政府开支奖励支持者和惩罚反对者等手段,削弱了反对派的实力而加强了当权者的控制。尤其体现在2003年下半年起查韦斯将石油收入广泛地用于财政支出,为自己在2004年的选举中赢得大量选票,保障了日后执政地位的长期稳定。③ 沃依切赫·奥斯特洛夫斯基(Wojciech Ostrowski)同样认为哈萨克斯坦的石油工业在其国家的政治和经济生活中均扮演着重要的角色。不同于研究哈萨克斯坦国内政治的学者常用的玉兹或部落的划分方法,他从石油企业的角度入手,认为哈萨克斯坦政权能够稳固存在的两个原因是:统治者控制了国家的石

---

① Eric Max McGlinchey, *Paying for Patronage: Regime Change in Post-Soviet Central Asia*, Princeton: Princeton University, 2003.

② Javier Corrales, "Polarization, Oil and Regime Change in Venezuela", in Jon Eastman and Thomas Ponniah, eds. *Revolution in Venezuela*, Durham: Duke University Press, 2008, Book Manuscript.

③ Javier Corrales and Michael Penfold-Becerra, "Venezuela: Crowding Out the Opposition", *Journal of Democracy*, Vol. 18, No. 2, April 2007, pp. 99 – 113.

油工业，以及统治者保障了从石油收入中的可持续汲取。他详细地阐述了纳扎尔巴耶夫成功维持巩固的原因在于其牢牢控制了石油公司和国内石油丰富的地区。而这种控制是通过正式的社团主义（Corporatism）和非正式的庇护关系（Patron-Client）而得以形成和维持的。[1] 同时，一些学者指出，石油收入丰富的领导人可以使用石油利益来增加选举前支出，扩大群众的支持、阻止潜在反对者的形成并增强精英阶层的忠诚度。这些支出进一步提高了他们连任的预期，并且保障他们对于国家自由的持续控制。[2] 此外，还有观点认为哈萨克斯坦的威权得以巩固是因为他们强调国内广泛存在的贫困以及他们为解决贫困做出了巨大努力，通过这种方式使大众相信他们提供了民主政府无法提供的公共物品。[3]

虽然现有研究关注了自然资源尤其是石油对于两国威权政体的形成及存续的作用，但仍然存有一些不足。首先，对于选举式威权政体的形成机制，既有文献的解释力比较薄弱。学者们在探究石油和非民主政体的关系时，除了选取委内瑞拉和哈萨克斯坦作为研究对象外，更为普遍的是以沙特阿拉伯、伊朗等中东石油输出国为案例，例如国际关系中的区域研究专家通常使用石油与民主不能共存的说法来解释高收入的中东阿拉伯国家实行的非民主政体。因此相较而言，对于"选举式威权主义"政体的集中研究比较有限，且尚未形成统一的解释框架，其中尤其缺乏针对威权式选举竞争中微观博弈过程的研究，比如政党组织、选举联盟、选举运动、媒体内容、选民行为等。[4] 实际上，委内瑞拉和哈萨克斯坦这类选举式威权国家的统治者并非如既往研究所认为的，凭借租金收入和庇护主义而将国内社会成员的诉求置之不顾，恰恰相反，民众通过结社、游行等政治参与过程所提供的支持是统治者在政治选举中得以获胜和维持政权稳定的关键力量来源，

---

[1] Wojciech Ostrowski, *Politics and Oil in Kazakhstan*, New York: Routledge, 2010, p. 14.
[2] Andrea Kendall-Taylor, "Purchasing Power: Oil, Elections and Regime Durability in Azerbaijan and Kazakhstan", *Europe-Asia Studies*, Vol. 64, No. 4, May 2012, p. 737.
[3] Marina Ottaway, "Civil Society", in Peter Burnell, Vicky Randall and Lise Rakner, eds. *Politics in the Developing World*, Oxford: Oxford University Press, p. 156.
[4] Andreas Schedler, "Electoral Authoritarianism", in Robert Scott and Stephen Kosslyn, eds. *Emerging Trends in the Social and Behavioral Sciences*, Hoboken: John Wiley & Sons, 2015, p. 9.

因而在石油与非民主政体关系的宏观分析基础之上,国际贸易对于国内政治博弈的微观影响机制不可忽略。

其次,相对于"民主巩固","威权巩固"的概念提出时间较短、相关研究有限,案例相对稀少和分散,理论上也不尽完善。一方面,由于深受民主化研究的影响,一些文献将民主视为政体的理想形态,而将偏离民主的政体如委内瑞拉描述为民主恶化或民主崩溃[1],简单地认为非民主国家必将走向或正处于民主转型中。但实际上,部分威权政体越来越能够抵御国内外要求政治变革的压力,在政治上表现得相当稳定,中短期内转向民主的可能性非常低,反而呈现出"威权巩固"的状态。另一方面,虽然威权研究由来已久,但学者们集中探讨的是石油等因素如何导致威权政体的形成。除了最为常见的"食利效应(Rentier Effect)"这一解释,罗斯(Michael L. Ross)通过回顾此类文献,还总结出"抑制效应(Repression Effect)"和"现代化效应"这两种因果机制,其中食利效应重点强调政府利用财政手段降低公众的政治动员率,抑制效应侧重于政府使用武力压制公众政治动员,而现代化效应则关注阻碍政治动员的社会力量。[2] 与此不同,相较于学者们对于威权的形成这一问题已经日益成熟的研究,威权长期稳定存在这一现象近些年才愈发引起关注,目前对于"威权巩固"的概念和界定仍存在模糊与争议,更遑论对于委内瑞拉和哈萨克斯坦等选举式威权政体巩固的深入研究。

因此,针对现有研究所存在的空白和不足之处,我们旨在从新的视角入手,即重点关注国际层面上贸易因素和国内政治中的微观参与过程,并更加具体地以委内瑞拉和哈萨克斯坦两国为案例,在本书统一的理论框架下通过重点分析自然资源中石油要素所有者参与国际贸易情况,解释国际石油贸易作用于两国国内政治,并进一步促进威权

---

[1] Michael Coppedge, "Explaining Democratic Deterioration in Venezuela through Nested Inference", in Frances Hagopian, Scott P. Mainwaring, eds. *Advances and Setbacks in the Third Wave of Democracy in Latin America*, New York: Cambridge University Press, 2005, pp. 289 – 316; Paul W. Zagorski, "Democratic Breakdown in Paraguay and Venezuela: The Shape of Things to Come for Latin America?", *Armed Forces & Society*, Vol. 30, No. 1, Fall 2003, pp. 87 – 116.

[2] Michael Ross, "Does Oil Hinder Democracy?", *World Politics*, Vol. 53, No. 3, April 2001, pp. 332 – 337.

政体得以巩固的机制。

第二节　委内瑞拉和哈萨克斯坦的要素禀赋

一　委内瑞拉的要素禀赋

委内瑞拉境内共有四个沉积盆地：东部、西部、北部和石油主产区巴里纳斯—阿普尔（Barians-Apure）盆地，它们蕴含丰富的石油、铁矿、煤等自然资源，其中石油又是最主要的矿物资源。

委内瑞拉石油资源主要分布在西部马拉开波湖地区，东部安索阿特吉州（Anzoategui），莫那加斯州（Monagas）地区和中部的巴里纳斯州（Barinas）以及阿普雷州（Apure）等地区。素有"石油湖"之称的马拉开波湖面积约1.43万平方公里，湖区储油量约50亿桶，有1.6万口油井，原油日产量达到200万桶以上，湖底铺设有1.4万公里的原油和天然气管道。委内瑞拉有六大主要油田：马拉开波湖港（Lagunillas）油田、巴查克罗（Bachaquero）油田、埃尔法瑞尔（El Furrial）油田、森特罗（Centro）油田、慕兰潭（Mulata）油田和拉马（Lama）油田。此外，还有储量尚未被委列入常规石油储量内的，位于委内瑞拉南部奥里诺科的重油带，它包括马切特（Machete）、苏阿塔（Zuata）、哈姆艾卡（Hamaca）和塞罗内格罗（Cerro Negro）四个油区。这条面积共5.4万平方公里、油层厚度150—300英尺的重油带是委内瑞拉今后石油产量增长的潜力地区，并且已经有若干在计划中或已经实行的开发项目。[1]

委内瑞拉石油具有很高的可获得性。[2] 90年代下半期，委内瑞拉是世界第五大石油生产国，西半球第二大石油生产国。2003年，委内瑞拉已探明石油储量为778亿桶，居世界第六位，到2011年时，该国石油储量已经上升至2965亿桶，成为世界上已探明石油储量最大的国家。在产油能力上，自从20世纪初发现大量石油资源以来，委内瑞拉

---

[1]　《委内瑞拉石油工业简介》，中华人民共和国驻委内瑞拉玻利瓦尔共和国大使馆网站，http://ve.chineseembassy.org/chn/wnrljj/t206456.htm。

[2]　石油可获性由石油资源、石油储量和产油能力三个要素决定。

的石油产业历经一个多世纪的发展，已经形成以原油生产为主体的石油产业链，并且具有相当的产油能力，据 2001 年委内瑞拉国家石油公司统计，原油日产能力达到 356 万桶，日出口能力为 278.4 万桶[①]。

衡量一国要素禀赋情况需要将该国与其贸易发生国进行比较，只有这样才能够较为准确地判断出该国的比较优势，从而分析其参与国际贸易的情况。因此，我们除了从丰富的石油储量上直观地判断委内瑞拉石油要素充裕，还有必要选取以美国、中国、巴西、哥伦比亚等国为代表的委内瑞拉十大贸易伙伴，对它们在资本、劳动力和石油要素上的充裕或稀缺程度进行对比分析。

表 6—3　　　　委内瑞拉十大贸易伙伴（2013 年数据）

排名	国家	进出口贸易总额（千美元）
1	美国	11037803
2	中国	7899285
3	巴西	4676079
4	哥伦比亚	2494282
5	墨西哥	2274118
6	阿根廷	1946905
7	德国	1314712
8	意大利	1178542
9	西班牙	1058242
10	厄瓜多尔	1001596

资料来源：世界银行集团 World Integrated Trade Solution （WITS） 数据库，https://wits.worldbank.org/CountryProfile/en/Country/VEN/Year/2013/TradeFlow/EXPIMP/Partner/by-country。

首先，与国内丰富的石油要素相比，委内瑞拉的劳动力要素和资本要素相对稀缺。一方面，经济实力整体落后的拉丁美洲国家相对于世界其他许多地区的国家来说资本积累本身就相对缺乏；另一方面，委内瑞拉作为发展中国家，其资本形成水平与美国等主要贸易伙伴相比也明显落后。当使用国内资本形成总额和人口总数的比值作为衡量

[①] 焦震衡：《委内瑞拉》，社会科学文献出版社 2015 年版，第 157、159—161 页。

资本要素充裕程度的指标时，不难发现在20世纪末至21世纪初这段时期内，委内瑞拉的人均资本形成额整体而言低于其十大主要贸易伙伴，如附表1所示。

以1995年为例，除中国（324美元/人）之外，委内瑞拉其余九大贸易伙伴的人均资本形成额都高于委内瑞拉（679美元/人），其中美国（6889美元/人）和德国（6902美元/人）的这一指标更高达委内瑞拉的十倍之多；虽然在之后的15年间，委内瑞拉的人均资本形成额呈现出翻倍的增长，并在2010年达到了1685美元/人，但是仍然落后于其十大贸易伙伴中的七个国家。委内瑞拉的资本不仅相对于西方发达国家来说处于稀缺状态，即使和同地区的巴西、墨西哥等国相比，其资本量也几乎不占优势。因此总体而言，委内瑞拉国内生产要素中的资本要素处于相对稀缺的状态。

其次，委内瑞拉的劳动力要素也并不充裕。第一，虽然该国的人口以每年1.5%左右的增速增长，但其总人口基数仅有3000万左右，位于世界第47名上下，接近划分人口小国和人口中等国的临界线。第二，尽管1999年到2014年间，委内瑞拉的正式就业人员比例从45.0%上升至60.3%，[①] 但仍有近一半的人没有正式工作，劳动力来源和数量有限。最后，当与其主要贸易伙伴比较时，委内瑞拉劳动力相对稀缺的情况则更为明显。以人均石油产量这一指标来衡量石油—劳动力的相对充裕情况（即以国内原油总产量/总人口），我们发现委内瑞拉该项指标的数据明显大于其贸易往来国（见表6—4）。

表6—4　　委内瑞拉及其十大主要贸易国人均石油产量

（单位：吨油当量/人）

国家	1995	2000	2005	2010	2015
委内瑞拉	7.101	6.980	6.755	5.574	4.785
美国	1.256	1.054	0.893	0.903	1.477
中国	0.125	0.129	0.139	0.152	0.156

---

① 委内瑞拉 Ultimas Noticias 报：《委内瑞拉公布2014年12月份失业率为5.5%》，中华人民共和国商务部网站，http://www.mofcom.gov.cn/article/i/jyjl/l/201501/20150100884580.shtml。

续表

国家	1995	2000	2005	2010	2015
巴西	0.220	0.364	0.451	0.541	0.612
哥伦比亚	0.812	0.884	0.632	0.890	1.085
墨西哥	1.537	1.569	1.706	1.236	0.966
阿根廷	1.056	1.067	0.867	0.759	0.633
德国	0.037	0.039	0.043	0.031	0.030
意大利	0.092	0.080	0.105	0.086	0.090
西班牙	0.017	0.006	0.004	0.003	0.005
厄瓜多尔	1.788	1.649	1.884	1.631	1.707

资料来源：根据 OECD 数据库和世界银行 WDI 数据库整理得出。https：//data.oecd.org/energy/crude-oil-production.htm，http：//databank.worldbank.org/data/reports.aspx?source=world-development-indicators#。

从表6—4中不难发现，2000年时，委内瑞拉的人均石油产量高达7吨油当量，位于其主要贸易伙伴之首，并且差距显著；到2015年，即使无法再生的石油资源出口已历经十年时间，委内瑞拉的人均石油产量仍然是美国、哥伦比亚、墨西哥等国的四倍左右。石油/劳动力的比值越高，越意味着劳动力要素相对于石油要素的不足。

因此，可以得出结论：在20世纪末到21世纪初，委内瑞拉石油要素相对充裕，而劳动力和资本要素相对稀缺。

二 哈萨克斯坦的要素禀赋

和委内瑞拉一样，哈萨克斯坦也拥有着非常丰富的自然资源。其境内已探明的矿藏有90多种，煤、铁、铜、铅、锌的产量丰富，并享有"铀库"的称号。此外，哈萨克斯坦地处里海这一蕴含丰富石油资源的区域，油气资源更为充足，被誉为"能源和原材料基地"。哈萨克斯坦是世界第十一大油气资源国，也是里海地区仅次于俄罗斯和伊朗的第三大油气资源国。[1]

石油和天然气部门是哈萨克斯坦经济增长的基础，也是该国最主

---

[1] 中国贸易促进网：《哈萨克斯坦石油产业概述》，中华人民共和国商务部网站，http://shangwutousu.mofcom.gov.cn/aarticle/ddgk/zwrenkou/ba/201003/20100306804849.html。

要的经济来源和经济支柱。21世纪后，哈萨克斯坦的石油产量开始增加，2005年超过了6000万吨，2006年则高达6500万吨。①世界十大油田中有两大油田位于该国境内，并且哈萨克斯坦储量在一亿吨以上的油田有七个之多，即田吉兹油田（Tengiz）、乌津油田、卡拉恰干那克油田（Karachaganak）、卡拉姆卡斯油田、热得拜依油田、让那诺儿油田、库姆科尔油田，此外还有卡沙甘（Kashagan）、卡拉让巴斯、北布扎奇、阿里别克莫拉等八个特大型油气田。据哈萨克斯坦政府称，未来该国石油产量的增长将主要来自四个巨大的油田：田吉兹油田、卡沙甘油田、卡拉恰干那克油田和库姆曼加奇（Kurmangazy）油田。②

早在苏联时期，哈萨克斯坦的石油天然气工业就已得到发展。1911年阿特劳州马特加地区打出了第一口油井，到20世纪50年代时该国的石油产量就达200万吨，60年代末到70年代中期，由于曼格什拉克半岛新油区的开发，石油产量大幅度提高，到1988年达2550万吨。苏联解体后，哈萨克斯坦进一步加强石油天然气资源开发，1995年，该国石油产量为414000桶/每日，到2000年时日产量升至707000桶，2004年，则达到了1180000桶/每日。1999—2004年间，石油产量以每年15%的速度增长③，2009年，石油年产量由1991年的2653.1万吨增加到7640万吨，增幅高达1.88倍。④

为了进一步明晰哈萨克斯坦资本、劳动力和石油要素充裕或稀缺的情况，同样需要将其要素禀赋结构和贸易伙伴国进行对比。和委内瑞拉一样，我们依旧选取俄罗斯、意大利、中国和瑞士等哈萨克斯坦十大进出口贸易伙伴作为衡量其要素禀赋的主要参照。

---

① ［俄］罗伊·麦德维杰夫：《无可替代的总统纳扎尔巴耶夫》，社会科学文献出版社2009年版，第71—73页。
② 《2013年哈萨克斯坦大型油田石油增产现状》，中华人民共和国商务部网站，http：//www.mofcom.gov.cn/article/i/dxfw/jlyd/201312/20131200437833.shtml。
③ Mark J. Kaiser and Allan G. Pulsipher, "A Review of the Oil and Gas Sector in Kazakhstan", *Energy Policy*, Vol. 35, No. 2, February 2007, p. 1302.
④ 中国贸易促进网：《哈萨克斯坦石油产业概述》，中华人民共和国商务部网站，http：//shangwutousu.mofcom.gov.cn/aarticle/ddgk/zwrenkou/ba/201003/20100306804849.html。

表6—5　　　　　哈萨克斯坦十大贸易伙伴（2016年数据）

排名	国家	进出口贸易总额（千美元）
1	俄罗斯	12638936
2	意大利	8309102
3	中国	7880578
4	荷兰	3538153
5	瑞士	2797815
6	法国	2459122
7	美国	1894849
8	德国	1705685
9	乌兹别克斯坦	1510333
10	土耳其	1469230

资料来源：世界银行集团 World Integrated Trade Solution（WITS）数据库，https://wits.worldbank.org/CountryProfile/en/Country/KAZ/Year/2016/TradeFlow/EXPIMP/Partner/by-country#。

相比而言，首先哈萨克斯坦在资本方面的积累相对匮乏。由于20世纪90年代苏联解体时的资本状况不容乐观，独立后哈萨克斯坦的资本积累本身就十分薄弱。而同样采取人均资本形成额这一指标来衡量资本要素的充裕程度时，对比哈萨克斯坦与其十大贸易伙伴，可以看出哈萨克斯坦的资本情况远远落后于其他国家，如附表1所示。

其中，2000年的数据显示，和所有贸易伙伴国相比，哈萨克斯坦是人均资本形成额最少的国家（471美元/人），其中瑞士（13553美元/人）、意大利（6283美元/人）、荷兰（9011美元/人）、法国（7450美元/人）等国家的这一指标远远高于哈萨克斯坦数十倍。即使到2010年时哈萨克斯坦的人均资本形成额有了近4倍的增长，达到1603美元/人，却仍然落后于其七个主要的贸易伙伴国。以此指标来衡量资本要素禀赋情况，明显看出哈萨克斯坦的资本要素相对稀缺。

此外，哈萨克斯坦是一个地广人稀的国家，其人口总数位列世界第62名，属于人口小国，人口中的劳动力数量则更为稀少。表6—6仍然以人均石油产量这一指标来衡量哈萨克斯坦石油要素和劳动力要素的相对充裕或稀缺情况。

表 6—6　　哈萨克斯坦及其主要贸易国人均石油产量（单位：吨油当量/人）

国家	1995	2000	2005	2010	2015
哈萨克斯坦	1.335	2.426	4.161	4.999	4.638
俄罗斯	2.010	2.134	3.145	3.410	3.559
意大利	0.092	0.080	0.105	0.086	0.090
中国	0.125	0.129	0.139	0.152	0.156
荷兰	0.180	0.092	0.093	0.063	0.084
瑞士	0	0	0	0	0
法国	0.042	0.023	0.017	0.014	0.013
美国	1.256	1.054	0.893	0.903	1.477
德国	0.037	0.039	0.043	0.031	0.030
乌兹别克斯坦	0.329	0.306	0.207	0.133	0.088
土耳其	0.059	0.043	0.033	0.037	0.034

资料来源：根据 OECD 数据库和世界银行 WDI 数据库整理得出。https://data.oecd.org/energy/crude-oil-production.htm，http://databank.worldbank.org/data/reports.aspx?source=world-development-indicators#。

通过国家间的比较可以发现，1995 年时哈萨克斯坦约 1.3 吨油当量的人均石油产量领先于其十大贸易伙伴中的九个国家；自 2000 年起哈萨克斯坦已发展成为人均石油产量最多的国家，更是远远高于意大利、美国和中国等。通过该石油/劳动力要素比重可以得出，哈萨克斯坦的石油资源比较充裕，而劳动力资源则相对匮乏。

因此，可以得出结论：在 20 世纪末到 21 世纪初，哈萨克斯坦的要素禀赋为资本和劳动力相对稀缺，石油相对充裕。

第三节　委内瑞拉和哈萨克斯坦对国际贸易的参与

20 世纪末至 21 世纪初这段时间内，世界许多国家都致力于大力发展本国经济，尤其以中国、印度和俄罗斯等为代表的国家经济增速明显、经济形势良好，在工业发展和战略部署上都加强了对于能源，尤其是石油的需求。然而石油资源在地理上分布的不均衡性、各国开采石油能力的差异和部分国家保护国内资源和环境的政策考量，推动了国与国之间石油进出口贸易的快速发展,委内瑞拉和哈萨克斯坦也在这一时期内广泛地参与到了国际贸易中。国际石油市场日益扩大的需求和石油资源自身不可再生性的特点,也推动着石油价格日益走高,尤其是21世纪初期,油价以十分惊人的速度持续增长。图6—1是美国能源资料协会统计的自从1968年以来原油价格变化情况的数据,相对于1998年18.37美元一桶的实际价格,到2005年已经涨至62.13美元一桶,2008年更是突破一百美元大关。①

图6—1 石油价格年度变化(2018年数据)

资料来源:EIA网站数据库,http://www.eia.gov/。

除了石油价格的成倍增长,世界上各国尤其是以中国、印度等为代表的发展中国家对石油需求量的日益扩大,使得石油资源丰富的出口国的石油出口量不断增加,为他们带来了巨大的经济收入。委内瑞拉和哈萨克斯坦作为石油大国,石油出口均是其参与国际贸易的主要内容,它们也都从此次的国际石油贸易扩张期中获益。

一 委内瑞拉对国际贸易的参与

委内瑞拉自从1990年加入"关税和贸易总协定"以来,至今已

---

① 来自EIA Short-Term Energy Outlook, January 2018, Annual Average Imported Crude Oil Price。

和世界100多个国家和地区建立起了贸易联系,参与国际贸易的程度日益加深。委内瑞拉的经济和政治政策也鼓励发展进出口贸易。以进出口总额同GDP的比例来计算,委内瑞拉的对外依存度在50%—60%左右,高于世界的平均水平,因此国际贸易的变化对其国内经济乃至政治都能够产生较大的影响。

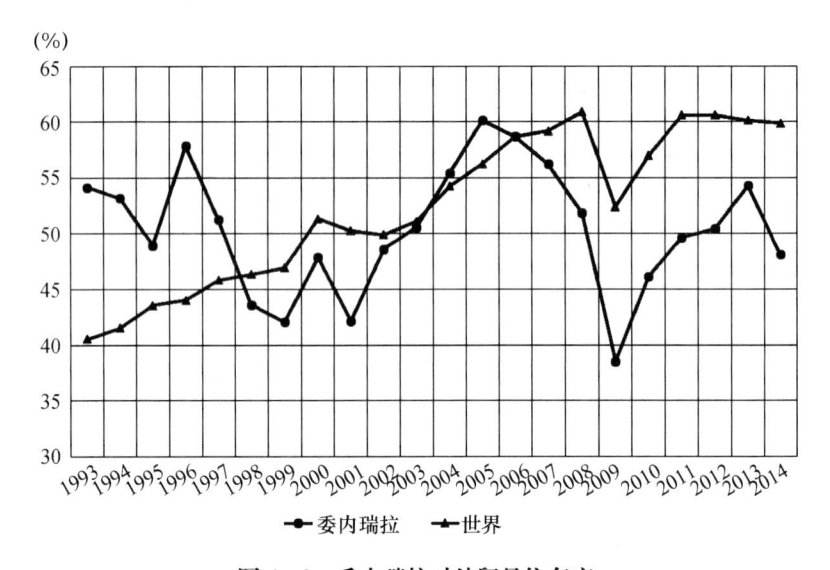

图6—2 委内瑞拉对外贸易依存度

资料来源:根据世界银行WDI数据库制作,对外贸易依存度为商品和服务进出口总额占GDP比重。

委内瑞拉不仅经济整体上对外贸易依存度高,其中出口依存度也较高。尤其是在油价高涨的2001—2008年间,出口总额占GDP的比值始终高于世界平均水平。其中在2005年委内瑞拉的出口依存度更是高达40%,远超于当年世界水平的27%。

除了其高度依赖国际贸易以外,委内瑞拉的出口商品结构也值得分析。作为OPEC的四大创始国之一,委内瑞拉在国际石油市场上占据着重要的位置。20世纪90年代以来,委内瑞拉政府积极制定了一系列旨在振兴石油工业、恢复经济的石油政策,积极推进石油工业的对外合作。其措施包括重油带的合作开发,边际油田的二次开发以及国内天然气资源的开放计划等。在多种措施的共同努力下,石油的可

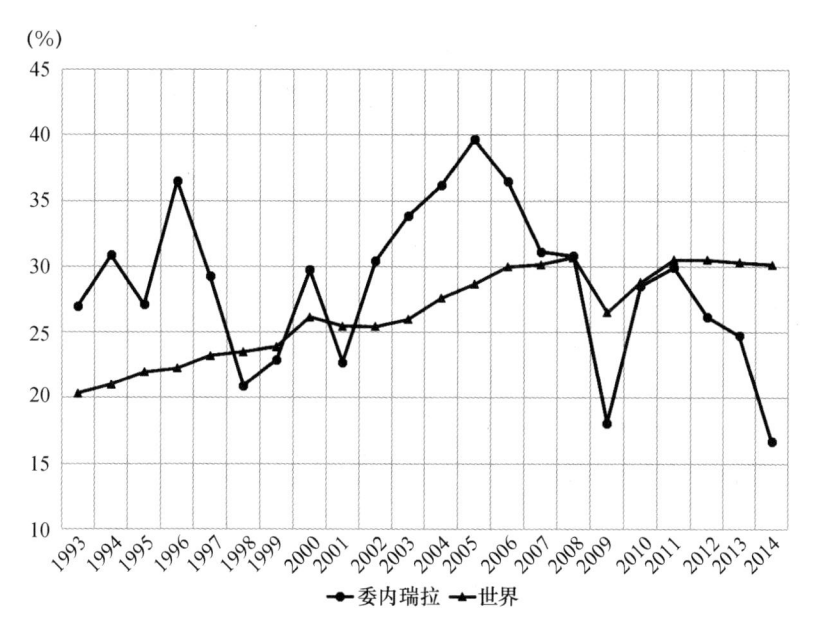

图6—3 委内瑞拉出口依存度

资料来源：根据世界银行 WDI 数据库制作，出口依存度为商品和服务出口占 GDP 比重。

获得性有了极大提高，委内瑞拉的油气产量增量显著。成立于1975年的国家石油公司 PVDSA 为委内瑞拉国内控制石油生产的企业，是委内瑞拉最大的国有企业，也是世界石油业中重要的企业。石油工业占据委内瑞拉出口价值总额的75%以上。[①] 其中，1999年和2000年委内瑞拉石油工业产值分别占其 GDP 的28%和27%，占其出口总额的81%和84%。[②] 相较于世界10%左右的平均水平，委内瑞拉出口商品结构中能源产品占比始终保持70%以上水平，2006年后这一比例更突破90%（见图6—4）。其他出口产业如铝锭、钢材、铁矿砂、金属制品等则占比很小。

委内瑞拉的石油产品主要出口到美国、拉美与加勒比地区、中国和欧洲，以2010年为例，向美国、加勒比海地区和欧洲三个地区出口的原油分别占到委内瑞拉原油出口总量的43%，34%和7%，向中国

---

① [美]迈克尔·塔弗、朱丽亚·弗雷德里克：《委内瑞拉史》，黄公夏译，东方出版中心2010年版，第21页。
② 《委内瑞拉石油工业简况》，中华人民共和国驻委内瑞拉玻利瓦尔共和国大使馆经济商务参赞处网站，http://ve.mofcom.gov.cn/article/ztdy/200303/20030300075365.shtml。

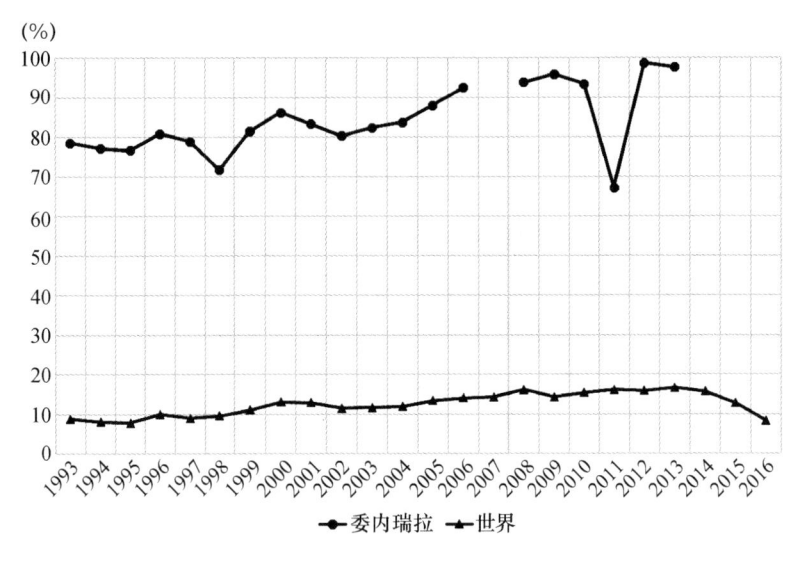

图 6—4　1993—2016 年委内瑞拉能源出口占商品出口比重

资料来源：根据世界银行 WDI 数据库制作。

和其他亚洲地区出口比例分别为 6% 和 7%。[①] 2004 年，委内瑞拉日均向美出口石油及其制品 138.5 万桶，其中原油 119.3 万桶，分别是美第三大石油及其制品出口国和第四大原油供应国。[②]

因此，在 20 世纪 90 年代到 21 世纪初期这段时间内，委内瑞拉对于国际贸易有着广泛的参与。并且，在采取以石油出口为导向的经济政策指导下，委内瑞拉输出了大量的原油和石油产品到庞大的世界市场中，对国际石油贸易的参与度日渐加深。能源商品占出口贸易比重的增加和油价的上涨也使得在这一时期，能源贸易相对于其他出口商品贸易获得了更多的收益。

二　哈萨克斯坦对国际贸易的参与

自从独立以来，哈萨克斯坦的对外贸易依存度始终保持高于世界平均水平。2001—2008 年，该国进出口总额占 GDP 的比重有所增加，普遍维持在 90% 左右，几乎是世界水平（50% 左右）的两倍。

---

① 数据来自 EIA，APEX Database，FACTS Global Energy。
② 《委内瑞拉石油工业简介》，中华人民共和国驻委内瑞拉玻利瓦尔共和国大使馆网站，http://ve.chineseembassy.org/chn/wnrljj/t206456.htm。

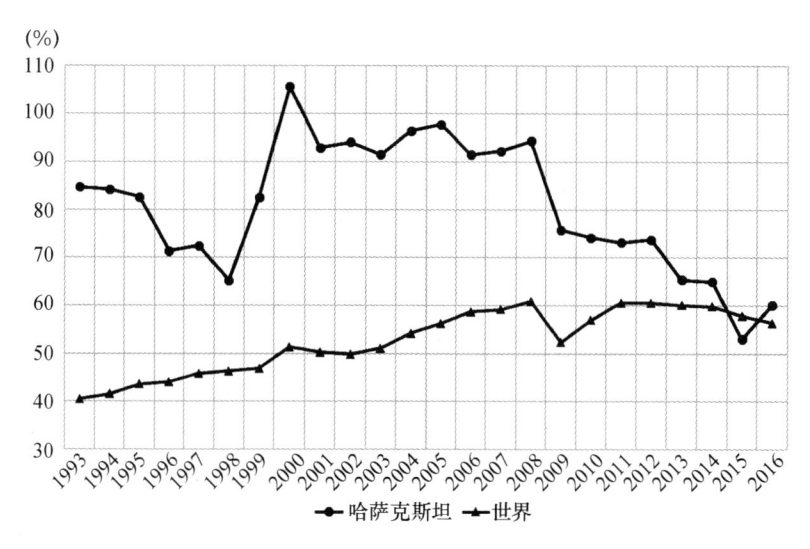

图6—5 哈萨克斯坦对外贸易依存度

资料来源：根据世界银行WDI数据库制作，对外贸易依存度为商品和服务进出口总额占GDP比重。

和委内瑞拉一样，哈萨克斯坦也大力发展了出口产业，其出口的依存度更是高达50%—60%，同样远高于世界平均水平的20%—30%。2000年时哈萨克斯坦出口贸易总额占GDP的58%，为当年世界水平的两倍多。以出口为主的经济结构导致国际贸易的波动直接影响到国民经济的整体情况和国内多个产业的经济收益。既有学者也通过计量分析，指出石油出口对于委内瑞拉国民收入的重要性：如果一国政府主要通过石油生产和出口获取大量收入，那么石油价格的变化将会直接影响收入规模。例如在2002年，哈萨克斯坦石油价格每一美元的变化导致大约一亿美元的预算收入变化。①

在出口的商品结构方面，作为世界十大产油国之一和中亚地区主要的石油出口国，尽管哈萨克斯坦力图多样化其经济产业，但其GDP收入的1/3来自石油出口，仍然对石油产业有着很深的依赖。同样，哈萨克斯坦的出口结构也与委内瑞拉类似，国内的石油等能源生产有很大一部分是用于出口，2000年所有商品出口中有一半为能源产品，

---

① Svetlana Tsalik and Robert E. Ebel, *Caspian Oil Windfalls: Who Will Benefit?*, New York: Open Society Institute, Central Eurasia Project, 2003, p. 135.

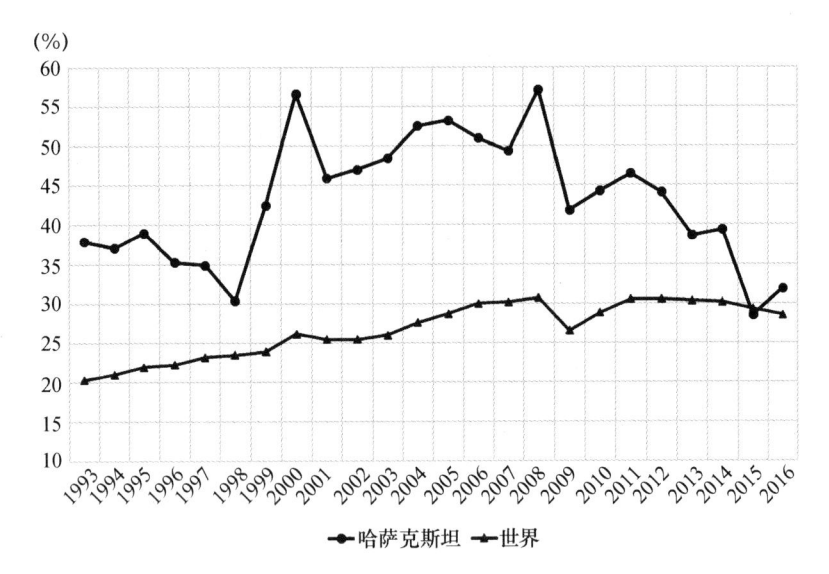

图6—6 哈萨克斯坦出口依存度

资料来源：根据世界银行 WDI 数据库制作，出口依存度为商品和服务出口占 GDP 比重。

21世纪后这一比重一直维持在70%左右，尽管2014年后所有下降，但仍然远超过10%左右的世界平均水平（见图6—7）。

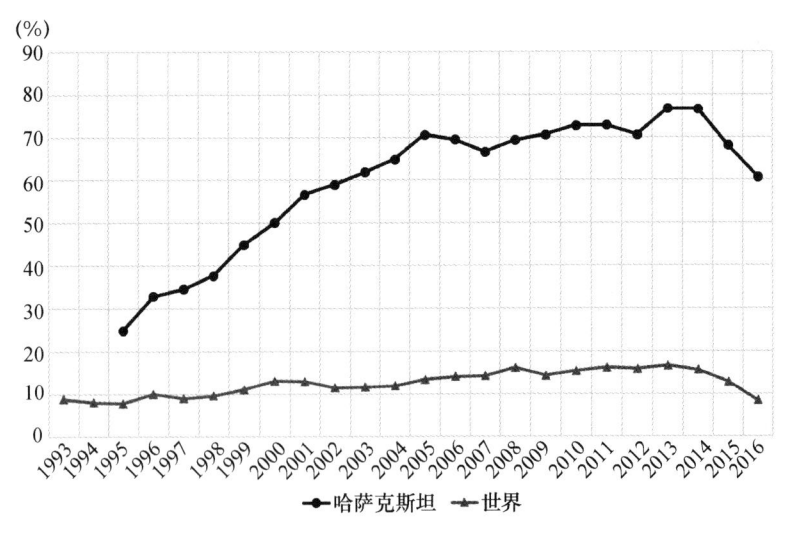

图6—7 1993—2016年哈萨克斯坦能源出口占商品出口比重

资料来源：根据世界银行 WDI 数据库制作。

主要的出口对象国为独联体国家、欧洲市场和亚洲市场。其中出口到中国约占20%，俄罗斯约占9%，意大利、荷兰和法国也是其主要出口国。哈萨克斯坦现有的石油管线基础设施保障其石油产品输送到世界市场中：通过里海国际石油财团管线管道和铁路向西出口，向北可通过阿特劳—萨马拉管道至俄罗斯新罗西斯克港口并继续出口至欧洲地区，向南通过与伊朗的互换交易可至波斯湾，向东则可输送到中国。2004年，哈萨克斯坦每日942000桶的石油产量用于出口，占比79.8%。[1] 2005年到2009年，石油出口增加了17%，同时以布伦特油价计算哈萨克斯坦的石油价格增加了27%，[2] 因而给哈萨克斯坦带来了巨额的石油收益。

除石油外，哈萨克斯坦的非贵重金属及其制品出口约占15%，化学制品塑料和橡胶占比4%。除了石油业，哈萨克斯坦的服务业和劳动力集中的农业也有活力地发展中，但是都几乎不涉及出口。[3] 以2009年为例，哈萨克斯坦出口业中石油及矿产品的比例已经由2004年的68.3%增加到了74%，远远领先于动植物产品、非金属制成品和化工产品等的比重。[4] 自1995年到2005年，在原油等能源产品出口占比增长的同时，哈萨克斯坦第二大出口物含铁金属品的占比则由19%下降至12.9%。

综上所述，哈萨克斯坦一直是国际贸易中积极的参与者，尤其是国际石油出口贸易。哈萨克斯坦对石油贸易的依赖程度高，其石油业也是相对于主要贸易伙伴的比较优势。因此，在国际石油贸易扩张的时期，石油贸易相对于其他产业的对外贸易而言收益也更为显著。

第四节　国际贸易与委内瑞拉的威权巩固

委内瑞拉的要素禀赋为石油要素相对充裕，密集使用石油要素的

---

[1] Energy Information Administration, 2004, "Caspian Sea Region: Survey of Key Oil and Gas Statistics and Forecasts", Available at http://www.eia.doe.gov/emeu/cabs/caspian.html.
[2] Shynara Jumadilova, "The Role of Oil and Gas Sector for the Economy of Kazakhstan", *International Journal of Economic Perspectives*, Vol. 6, No. 3, September 2012, p. 295.
[3] Ibid..
[4] 哈萨克斯坦统计署《统计年鉴2004—2008》相关数据。

产品参与国际贸易的程度相对更深,因此,在20世纪末到21世纪初这一国际石油贸易扩张时期内,国内石油要素所有者相对受益,而资本和劳动力要素所有者相对受损。相对而言,资本和劳动力要素所有者容易辨认,而石油要素所有者需要结合石油业所有制结构和收益分配结构加以分析。与同样属于自然资源的土地不同,石油矿产在收益分配上往往和国家政权的分配政策直接相关。迪特里希·瑞彻迈耶、艾芙琳·胡贝尔·史蒂芬斯和约翰·D. 史蒂芬斯就认为这一差异导致矿产品出口增长与农产品出口增长可能具有截然相反的效应:"来自出口部门的地方收益,以及因矿产出口扩张而带来的进口税收收入,主要由国家机器获取。所以,控制国家以获取资源始终是突出现象,争夺国家控制权的斗争一直都很激烈。"① 因此,不同的国家政权采用的石油业所有制结构和收益分配结构不同,石油要素的所有者也会不同。

在20世纪90年代初期,委内瑞拉实行的是"石油开放政策",即为了吸引投资,一方面批准私人资本进入该国石油市场,成立私有石油公司;另一方面减少财政收入以增加对石油产业的投资。比如委内瑞拉国家石油公司(PDVSA)就通过与跨国石油企业或国内私营企业签订合作合同引进了大量资金。实际上,自20世纪80年代到查韦斯就任之前,PDVSA一直实行的是以成为国际上重要且有竞争力的石油公司为目标的"国际化战略"。

然而,查韦斯上台后认为该战略实际上是将公司私有化,PDVSA与外国石油公司建立的运营服务协议和战略联盟使得国内大量的石油收入流入这些国际石油公司,严重损害了国家和人民的利益与福祉。因此,查韦斯终止了"国际化战略",转而实行"完全石油主权政策"。他决定对委内瑞拉国家石油公司进行国有化,来加强对公司的控制,并且通过提高税收,要求其承担更大的社会责任。此后,2001年委内瑞拉颁布的《碳氢化合物法》中规定,国家拥有所有有关碳氢化合物的活动的权力,在新成立的合资公司中,委内瑞拉国家石油公

---

① [美]迪特里希·瑞彻迈耶、艾芙琳·胡贝尔·史蒂芬斯和约翰·D. 史蒂芬斯:《资本主义发展与民主》,方卿译,复旦大学出版社2016年版,第230—231页。

司必须控股50％以上。① 2006年和2007年，政府又分别将运营服务协议和战略联盟国有化，将其转变为合资公司，新合资公司由委内瑞拉国家石油公司掌控不低于60％的股份。改革使得委内瑞拉在这些合资项目中的平均股份已由39％上升至78％。这些举措帮助政府取得了对石油产业中关键性活动的绝对控制权。2008年，委内瑞拉国家石油公司正式开始重油带战略合作项目和风险开发项目的国有化进程，并且接管了奥里诺科重油带项目的控制权，至此查韦斯宣布委内瑞拉已全部收回石油主权。②

在上述措施之外，2002年查韦斯还通过更换国家石油公司的领导层和重组1.8万余名员工，进一步控制了公司。新的委内瑞拉石油公司的收入更多地被用于公共事业，公司的目标、战略和预算必须与能源和石油部共同制定，并经股东大会审议通过。公司董事会成员任期为2年，是否延期需由总统决定。③ 查韦斯还通过其家族成员再度加强了对国家石油公司的掌握。他的表亲负责该公司的运输部门，而其亲兄弟则作为驻古巴的大使帮助协调国家石油公司在加勒比海附近的石油贸易。此外，国家石油公司与地方上的分承包商（subcontractors）建立了紧密的联系，这些分承包商在规模上和实力上难以与国家石油公司竞争，但也作为拥护查韦斯政权的力量在政治选举中扮演了重要的角色。④

自查韦斯执政起，尤其是在2004年到2008年间，委内瑞拉石油净收益中的78.3％为政府所得。⑤ 总统一方面将石油收入的一部分注入国家发展基金中，另一方面要求国家石油公司更多地服务于公众目的，比如作为一些社会项目经费来源的预算外基金，从而将国内石油收入主要分配给了广大中下层民众。⑥ 到2008年时国有石油收入对社

---

① 方旭飞：《试析查韦斯执政14年的主要成就与失误》，《拉丁美洲研究》2012年第6期。
② 徐世澄：《中国学者对拉美左翼政府的政策分析》，《拉丁美洲研究》2009年第2期。
③ 赵重阳：《查韦斯执政以来的委内瑞拉国家石油公司》，《拉丁美洲研究》2010年第5期。
④ Roberto Briceno-Leon, "Petroleum and Democracy in Venezuela", *Social Forces*, Vol. 84, No. 1, September 2005, pp. 21-22.
⑤ Osmel Manzano and Monaldi Francisco, "The Political Economy of Oil Contract Renegotiation in Venezuela", in William Hogan and Federico Sturzenegger, eds. *The Natural Resources Trap: Private Investment without Public Commitment*, Massachusetts: MIT Press, 2010, pp. 443.
⑥ John L. Hammond, "The Resource Curse and Oil Revenues in Angola and Venezuela", *Science & Society*, Vol. 75, No. 3, 2011, p. 365.

会项目的资助增长为1998年的三倍。①

总体上看，查韦斯上台后委内瑞拉政府提高了对国有石油公司的控股，并通过将石油收入直接转移至社会项目等分配政策将石油收入集中流向中下层无固定工作或无业的城市和农村贫困人群，因此，可将这部分实际获得石油收益的无业的中下层民众视为委内瑞拉石油要素的所有者。作为石油要素所有者，委内瑞拉中下层民众的经济实力也随着石油出口的增加有了显著的提升——占委内瑞拉人口60%以上的城市和农村贫民日益摆脱贫困，贫困人口占总人口的比重从20世纪90年代中后期的75%下降到26%，极端贫困人口比重则从42%减少至9.5%。② 经济状况的相对改善直接促进了中下层贫民在政治上的觉醒，他们参与政治生活的热情也日益高涨。该群体通过广泛组建并参与非政府组织、社区组织、社区媒体等政治性社团，通过发动游行、示威等社会运动，以及通过作为选民参与政治选举等方式，加深了对国内政治的参与程度。由于查韦斯实行的经济政策保障了这些中下层民众在经济上的获益，因而查韦斯政权得到了该群体的大力拥护。

而在查韦斯上台之前，委内瑞拉国家的财富主要集中于大地主、大财团、金融寡头、原官方工会、企业家协会和传统政治精英手中，这些密集使用资本要素或劳动力要素的群体在石油贸易扩张时期的经济利益相对受损，他们中的一部分构成了反对查韦斯政权的力量，比如委内瑞拉企业家商会联合会、委内瑞拉工人联合会等。这些群体在政治反对派的带领下，同样希望参与政治性社团、社会运动和政治选举等国内政治过程，挑战查韦斯的统治或对其政策提出反对意见，比如由银行、商业、建筑、保险、房地产等14个商业群体组成的委内瑞拉企业家商会联合会（Fedecamaras）主席卡莫纳就曾希望利用2002年全民公决推翻查韦斯政权。然而，正是因为该群体经济实力的相对下降，他们在与石油要素所有者的政治实力较量中落于下风，可以为反对党提供的选举支持也相对有限。

---

① Mark Weisbrot, "Venezuela in the Chavez Years: Its Economy and Influence on the Region", in Thomas Ponniah and Jonathan Eastwood, eds. *The Revolution in Venezuela: Social and Political Change under Chavez*, 2011, p. 202.

② 徐世澄：《查韦斯缘何能在修宪公决中获胜》，《当代世界》2009年第3期。

和民主政体一样，选举式威权政体若想得到巩固，当权者也需要赢得国内民众的强有力支持，需要通过鼓励支持者积极参与政治活动来提高自身的选举得票率，从而利用民主程序增强执政的合法性，有效巩固自身统治。查韦斯政权的巩固离不开石油要素所有者通过多种政治参与途径提供的有效支持，政治参与程度的加深和政治地位的提高增强了该群体对当前政权的认同感，促使这些中下层民众或自发或在总统的号召下，更加积极地采用宣传、动员等方式，唤起更大范围内的公民群体对威权政体的认可。因此，在石油贸易扩张的影响下，委内瑞拉国内民众在政治结社、社会运动和政治选举等方面的政治参与上就体现出了有利于威权政体巩固的特点。

一 玻利瓦尔小组等政治性团体的发展

委内瑞拉的石油要素所有者能够通过多种途径参与国内政治，而其中最具代表性的方式就是组建公社委员会（Consejos Comunales）、玻利瓦尔小组（Circulos Bolivarianos）和选战小组（UBE）等政治性社团。在委内瑞拉的城市中，每200—400户家庭即可建立一个公社委员会，在农村则为每10—20户。[①] 截至2007年底，委内瑞拉全国共成立了3.3万个公社委员会，共计约800万人参与，该公民组织在促进自身利益与社区发展的公共工程方面表现积极，扩大了广大民众自身的政治参与和政治影响力。玻利瓦尔小组则主要是由中下层贫民组成的群众性政治动员组织，每个小组人数通常在7—11人之间，部分小组的人数则多于11人。自从2000年成立后，经过四年的发展，委内瑞拉国内已形成20万个小组，成员达到220万人。除了为基层社区提供服务和帮助外，玻利瓦尔小组还旨在通过学习委内瑞拉的历史与宪法，为委内瑞拉的国内问题寻求解决方案，并且自下而上进行政治动员。[②]

作为一个基层选举团体，玻利瓦尔小组在动员民众支持查韦斯政

[①] 方旭飞：《试析查韦斯执政14年的主要成就与失误》，《拉丁美洲研究》2012年第6期。
[②] María Pilar García-Guadilla, "Civil Society: Institutionalization, Fragmentation, Autonomy", in Steve Ellner and Daniel Hellinger, eds. *Venezuelan Politics in the Chávez Era*, Boulder and London: Lynne Rienner Publishers, 2003, p. 98.

权，并且鼓励支持者参加选举投票活动中扮演了重要的角色。① 学者霍金斯（Hawkins）和汉森（Hansen）曾经深入委内瑞拉当地进行过一项针对玻利瓦尔小组的调查，当被问及该组织的主要活动时，该小组的许多成员均提到为支持查韦斯总统而开展的政治活动是其所有活动中非常频繁和重要的一部分。其中40%的受访者表示他们所在的玻利瓦尔小组每天都会参加为查韦斯提供支持的会议、游行和运动；另有44%的受访者表示他们参与此类活动的频率也至少保持在每月数次。从此次调查中不难看出，玻利瓦尔小组实际上与总统和政府有着紧密的联系，是查韦斯政权的强有力支持者；此外，即使某段时间内，玻利瓦尔小组的主要活动并不集中于政治方面，他们仍能够非常容易地被随时动员起来，表达对政权的足够忠诚和支持。②

除此之外，委内瑞拉国内还开展了一系列"社会使命（Social Mission）"项目，提供医疗保健、教育、职业培训、住房和基础设施的社会计划，其国内有近七成的民众广泛地加入到这些计划的执行中，组织、建设和管理自身的社区，参与基层政治。③

除了这些基层民众的社团组织外，委内瑞拉中下层公民中更为弱势的女性和占人口少数的印第安人也有了更多的政治参与行为。在经济方面，女性发展银行（BANMUJER）的建立为许多委内瑞拉女性提供了低利率、小额贷款的资金支持；社区实施了社区母亲救助计划，并且国内通过了妇女保护法等一系列改革措施，大大保障了女性的权利，提高了女性的经济地位和政治地位，并且在推动女性参政议政中发挥更积极的作用。印第安人的政治参与情况也明显改善，例如在全国代表大会中他们也有了固定席位。而在印第安人口密度最大的亚马孙州，印第安人自发组建了政党"亚马孙州多种族人民团结党"，并且作为查韦斯领导的"第五共和国运动"的联盟党参与到国内政治中，在地方选举、议会选举以及总统选举中为查韦斯提供了有力的支

---

① 王鹏：《委内瑞拉公民社会新发展：从社区自治会到公社》，《拉丁美洲研究》2012年第3期。
② Kirk Andrew Hawkins and David R. Hansen, "Dependent Civil Society: The Círculos Bolivarianos in Venezuela", *Latin American Research Review*, Vol. 41, No. 1, 2006, p. 109.
③ John L. Hammond, "The Resource Curse and Oil Revenues in Angola and Venezuela", *Science & Society*, Vol. 75, No. 3, July 2011, p. 366.

持。印第安人通过积极的政治参与，还推动了维护印第安人权益的《土著人民和社区组织法》和《"印第安人市"政府法》和保护其权益不受外国跨国公司侵犯的法律的颁布和施行。①

总体而言，自查韦斯政权开始后，由于国际贸易带来的石油收益广泛造福于中下层贫民，改善了其经济状况和政治地位，该群体政治结社热情和积极性得到了极大的提高，参与政治的能力也较之前有了明显的增强，体现出对查韦斯政权的有力支持。这些组织通过积极动员更多的民众，在与由工业阶级和金融行业组成的公民团体的竞争和对抗中形成明显优势。作为政治动员的执行者、政治参与的组织者，这些新兴的社会团体成为支持查韦斯威权政体的微观基础。

二 社会广播和贫民阶层社会运动

发动和参加社会运动是委内瑞拉民众参与国内政治的另一重要方式。由于国际石油贸易扩大了不同要素群体之间收益的不平衡、加深了委内瑞拉国内社会的分化，因此不同的社会群体对查韦斯及其执政党的态度截然相反，国内一些反对的力量和拥护的力量往往也会通过非制度的社会运动方式相互较量。

一方面，利益受损的一方例如传统的委工联、大学生团体和医学协会、金融行业等中上层阶级团体通过罢工和游行向查韦斯政府提出抗议或反对。另一方面，因石油收入的再分配政策而获益、占委内瑞拉人口过半的贫民阶层的社会运动也逐渐兴起，形式包括社会广播、非裔委内瑞拉人组织的地方宗教节日、健康委员会等，统称为"查韦斯支持者运动"。正如查尔斯·蒂利所说，"传播媒介的变革与扩展，为社会运动提供了前所未有的机遇和展示"②，因而随着委内瑞拉国内大众传媒的快速发展，社会运动在政治生活和民众动员方面的作用日益显著，尤其是社会广播方面。

自从委内瑞拉2000年的立宪议会中通过了一个具有里程碑意义的电信法规，授予了许多社区广播（Community Broadcasters）的合法性

---

① 方旭飞：《试析查韦斯执政14年的主要成就与失误》，《拉丁美洲研究》2012年第6期。
② ［美］查尔斯·蒂利：《社会运动1768—2004》，胡位均译，上海世纪出版集团2009年版，第116—117页。

以来，越来越多的社区广播公司建立起来。例如在委内瑞拉首都加拉加斯的西部就成立了一个以中下层贫民阶层为基础的、支持查韦斯总统执政的上星高清电视台卡提亚电视台（Catia Tve），它早期以社区广播公司的身份成立于 2001 年。该电视台的主要电视节目有介绍社区组织和委内瑞拉文化生活的数字视频纪录片等，并且具有其自身的政治目标，即与拉丁美洲早前激进的先锋运动一样，旨在提高大众的觉悟和意识。但是，该电视台同时也对旧有的先锋主义提出修正。与 20 世纪 60 年代古巴电影中所追求的"提升大众品位"目标不同，卡提亚电视台希望民众能够亲身参与到电视节目的制作中，并通过此方式以表达自身意志和观点。正如该电台的口号"别光看，来制作！（Don't watch television, make it!）"所说的，希望社区民众能够亲身记录和反映其日常政治、社会生活，提高民众的政治热情和参与积极性。以卡提亚电视台为代表的委内瑞拉国内私人电视台一方面没有抛弃传统的家长制和维持公共秩序的追求，另一方面也与时俱进地披上了"公民社会"的外衣。凭借其临近首都的地理位置和快速的发展势头，卡提亚电视台成为联结委内瑞拉当地从南部安第斯山脉小村庄内的卢比奥电视台（TV Rubio）一直到北部巴基西梅托市贫民区的拉腊电视台（TV Lara）在内的全国党派电视台网络的非政治领导者，在进行社会动员方面起到了核心作用。例如该电视台的中心工作组 ECPAIs 就承担着负责沟通和教育民众的双重职责，除了制作与这两项职责相关的节目外，该工作组还不定时地播放总统查韦斯的演讲和查韦斯的全国竞选口号，从而在委内瑞拉广大社区内努力为总统争取更多选票。[①]

除此之外，委内瑞拉也不乏街头示威游行。以 2002 年为例，委内瑞拉的部分反对派精英阶层发动政变，限制了查韦斯的自由并逼迫其签署辞职信。在僵持的过程中，委内瑞拉的中下层民众发动了支持查韦斯的抗议并包围了总统府，最终成功阻止了政变。事态演变到 2004 年时，爆发了长达两个月的罢工和参与人数高达五十万人的大规模游行，利益受损的群体支持反对派并要求以公民投票的方式决定总统去留。而支持查韦斯政权的贫民为帮助总统赢得全民公投，发动了大规

---

① John Patrick Leary, "TV Urgente Urban Exclusion, Civil Society, and the Politics of Television in Venezuela", *Social Text*, Vol. 27, No. 2 (99), Summer 2009, p. 27.

模的运动来动员选民进行投票。比如贫民区的广播、电视台和报纸开辟专栏解释公民投票的重要性并鼓励将选票投予查韦斯；社区积极分子在所有教区建立选民登记中心动员选民投票等。① 基于贫民社会运动带来的支持，查韦斯赢得了全民公投，战胜了此次支持反动派的罢工威胁和政变企图。从2004年起直至今天，仍不乏国际贸易中相对于繁荣的石油贸易而言经济受损的群体，如旧有大地主、金融行业、部分白领雇员、企业管理人员等，通过罢工或游行等方式对当前政府的经济和政治政策提出反对或强烈抗议，而针对此情况，因石油贸易获益的中下层无固定工作或无业的贫民同样采取走上街头、举行游行的方式来表达自己对政府的拥护。② 在庞大的贫民阶层的社会运动中，查韦斯政权得到强有力支持，在抵御和抗衡反对派社会运动中处于优胜地位。

查韦斯正是由于中下层民众的支持才得以维持统治，当其在任内因病逝世后，同为执政党统一社会主义党的一员、查韦斯的接任者马杜罗也得到了该群体公民的游行支持。比如2014年农村妇女、家庭保姆、女大学生和女职工等弱势群体参与了支持马杜罗政府的示威游行。在委内瑞拉的特鲁希略州、拉腊州和阿拉瓜州，民众也举行大规模示威游行，并在城市广场上举办各种文体活动。表示支持民主选举产生的马杜罗政府。③ 总的来说，在委内瑞拉频繁组织的社会运动中，支持查韦斯政权的游行运动次数要远高于反对者的运动，在这一非制度化的正式参与中，石油要素所有者更为积极的表现帮助了查韦斯政权的巩固。

三 石油要素所有者在选举中对查韦斯政权的支持

随着经济实力的上升，委内瑞拉国内中下阶层民众参与政治选举的机会相较于过去也有了极大的增长。从整体上看，委内瑞拉全国有

---

① 苏加萨·费尔南德斯：《城市贫民区贫民的代表——乌戈·查韦斯》，http://www.vezeruelanalysis.org。
② 王珊：《委内瑞拉动荡持续，五个问题解读委政治乱局》，http://gb.cri.cn/42071/2014/02/21/6071s4432422.htm。
③ 人民网：《委内瑞拉各界妇女举行和平示威游行》，http://world.huanqiu.com/regions/2014-02/4852722.html。

投票权的人口由 1998 年的 79% 提高到了 2010 年的 92%；在总统选举中选民的参与率则从 1998 年的 65.5% 增加到了 2006 年的 74.6%，这其中新增的选民主要来自受益于石油收入的群体，多数中下层民众甚至是初次参与，他们过去往往被排除在政治参与之中。①

石油要素所有者在政治选举中参与率的提高帮助查韦斯政权在 5 次全民公决、3 次总统选举和若干次全国代表大会选举和地方选举中获胜（除了 2007 年举行的宪法修正案公投失败）。1998 年查韦斯依靠 56.2% 的有效选票，成功击败此前民主政体时期的主要政党民主行动党（Acción Democrática）和独立选举政治组织委员会（the Christian Democratic Comité de Organización Política Electoral Independiente）的候选人当选总统；2000 年的总统选举中，他以 56.76% 的支持率再度当选。在 2004 年的全民公投中，即使反对派规模庞大，总统仍然获得 59.25% 的支持率得以留任。② 在 2006 年的总统选举中，查韦斯在每个州的支持率都超过了 50%，其中在五个产油州中的四个都获得了高选票支持。③

除了作为选民参与投票外，石油受益者群体自身也逐渐组成了多个支持查韦斯的政党和组织，其中，代表中下层劳动者、城乡生产者、无固定工作或无业贫民的组织如人民选举运动、我们必胜独立运动、委内瑞拉人民团结、图帕马洛运动、民族共同体独立人士和社会主义同盟④逐渐发展壮大，并且在 2006 年合并成为委内瑞拉统一社会主义党（Gran Polo Patriótico），在与代表其他要素所有者利益的多个反对党如一个新时代党、民主行动党、基督教社会党、委内瑞拉计划的竞争中处于优势地位，从而减少了反对派在议会中的席位。反对党派内

---

① Gregory Wilpert, "An Assessment of Venezuela's Bolivarian Revolution at Twelve Years", *Venezuelan Analysis*, 2011, retrieved August 20, 2015, from http：//venezuelanalysis.com/analysis/5971; Lopez Maya and Lander, Venezuela's Bolivarian Democracy, in David Smilde and Daniel Hellinger, eds. Venezuela's Bolivarian Democracy：Participation, Polit. Durham：Duke University Press, 2011, p. 76.

② ［美］迈克尔·塔弗、朱丽亚·弗雷德里克：《委内瑞拉史》，黄公夏译，东方出版中心 2010 年版，第 163 页。

③ Javier Corrales, Michael Penfold-Becerra, "Venezuela：Crowding Out the Opposition", *Journal of Democracy*, Vol. 18, No. 2, April 2007, p. 104.

④ 袁东振：《委内瑞拉政党的特点与发展动向》，《当代世界》2013 年第 1 期。

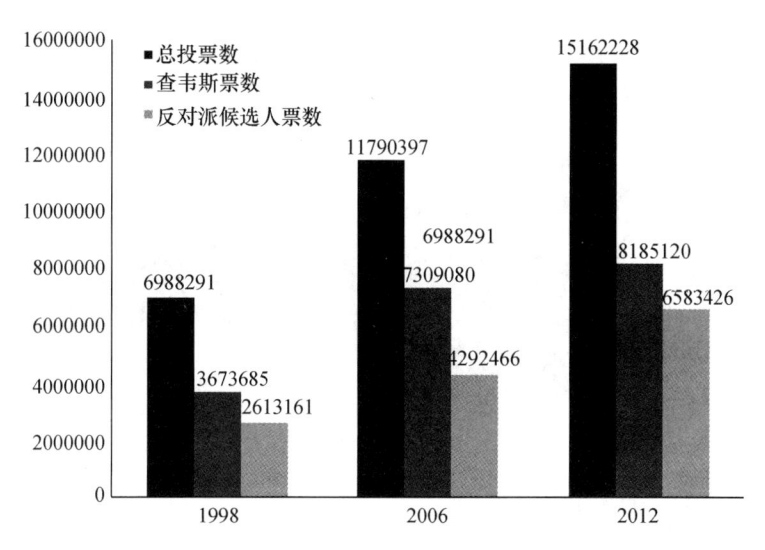

图6—8 1998—2012年委内瑞拉三次总统选举结果

资料来源：IFES, 1998, "Election Profile for Venezuela-Results", Election Guide, CNE, 2006. "Elección Presidencial – 3 De Diciembre De 2006", Poder Electoral, 2012, "Divulgación Elección Presidencial – 07 De Octubre De 2012", Poder Electoral。

部利益的分歧也导致其政治倾向的差异，增加了组成选举联盟的难度，或削弱了选举联盟的影响力。例如在对其政权最具挑战的2012年的总统选举前夕，反对派联盟——民主团结联盟中就有三个组织选择退出。① 而在当年11月的地方选举中，尽管由反对派组成的全国团结联盟在米兰达州和首都获胜，但是由统一社会主义党领导的执政党联盟在委内瑞拉22个联邦州中的17个都取得了胜利②。因此即使支持反对党正义第一党（Mesa de la Unidad Democrática）候选人恩里克·卡普里莱斯·拉东斯基的反对派选民力量强大，地方选举和议会选举的胜利仍然保障了查韦斯在总统选举中的优势。面对卡普里莱斯这一较大威胁，查韦斯最终以7444082的票数、54.42%的得票率赢得选举，第四次当选委内瑞拉总统直至病逝。回顾历次政治选举过程，虽然多次受到反对派政党及其背后利益集团的挑战，查韦斯及其所在的统一社

---

① 徐世澄：《查韦斯大选获胜的原因及面临的挑战》，《拉丁美洲研究》2012年第6期。
② 袁东振：《政治：稳定因素有所增长新的挑战不断出现》，《拉丁美洲研究》2009年第1期。

会主义党仍然赢得这些政治选举,继续稳固地保持着执政的地位。

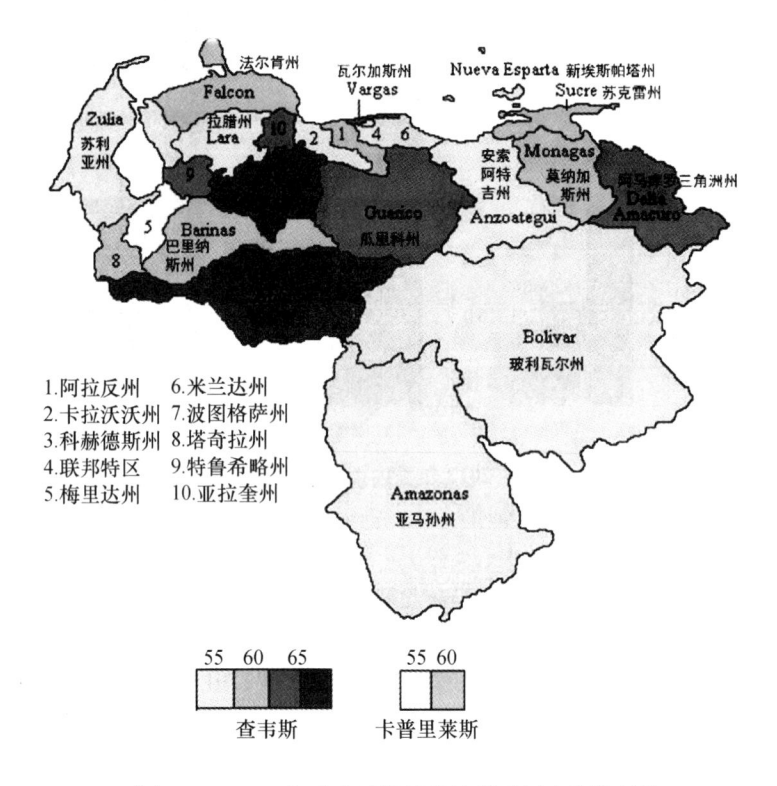

图6—9 2012年委内瑞拉总统选举地区支持情况①

资料来源:http://www.languagesoftheworld.info/geography/fracas-caracas-maduro-wins-election-capriles-refuses-concede-defeat.html。

依靠中下层民众对其的支持,查韦斯也多次赢得了旨在修改宪法等法律条文的全民公投。仅仅在被选为总统的第二年,他就成功修改宪法,将总统任期由五年延长至六年,并且可以连任一次。如果按照此宪法规定,那么查韦斯在2013年任期结束后就将不得再度竞选总统了,因此为了延长其执政的时间,查韦斯试图再次修改宪法。2009年2月,委内瑞拉再度就新的宪法修正案举行全民公投,此次公投共有半数以上的民众参与,尽管反对派加强了联合并且组建了"联合委员

---

① 图中仅有梅里达州(5)和塔奇拉州(8)为卡普里莱斯支持率过半的州,其余州均为查韦斯支持率过半的州。

会"来进行抗争，但在统计的94.2%的选票中支持者仍然占有54.36%，领先于反对者的45.63%，最终查韦斯赢得了此次全民公投，取消了对总统连选连任次数的限制，从宪法上保障了如果不受到反对派的挑战他可以无限期地担任总统一职的合法性。

解决了法律上连选连任的问题后，查韦斯还通过制度的变革有效抑制了反对派的政治参与程度和政治影响力，以进一步保证其政权的稳定性。1999年，仅在其上台后的第二年，查韦斯就组建了新的国民议会，将原有的两院制国民议会改为一院制。此次改革主要目的是抑制反对派所控制的旧国会发挥作用。变革后的立法团体共设165席，当时的查韦斯第五共和运动党和亲查韦斯的争取社会主义运动党一共赢得了55.8%的席位，保证了在议会中相对于反对派的人数优势。而在其后的委内瑞拉国内政治中，查韦斯所在的统一社会主义政党和亲查韦斯的政党仍然在议会中占有绝对数量的优势。因此，通过改革宪法和制度设计，查韦斯成功保障了自身的连选连任，也加强了政权的合法性和继续执政的能力。在经过多次经济和政治危机的考验后，其威权统治得以巩固。

第五节 国际贸易与哈萨克斯坦的威权巩固

从要素禀赋来看，哈萨克斯坦是石油要素相对充裕，而劳动力和资本要素相对稀缺的国家。哈萨克斯坦国内主要分为三大较为松散的部落，即大玉兹、中玉兹和小玉兹。大玉兹主要位于南部地区，中玉兹分布于中部和北部地区，小玉兹则位于石油资源较为丰富的西部地区。然而不同于其早期的历史情况，虽然20世纪末期以来哈萨克斯坦仍然存在着一些以部落划分的精英政治矛盾，但是随着该国对国际贸易参与程度的加深，新旧精英间（而非部落因素）的政治和经济利益冲突成为国内政治的主要构成。尤其是伴随着国际石油贸易的快速增长，以新生企业家为代表的小玉兹部落的政治力量日益壮大，政治诉求也日益明确,他们希望对国家的政治发展和政策制定发挥影响。[①]因此,以不同的生产要素所有者来划分哈萨克斯坦国内群体并研究其国内政治符合该国的实际情况。由于国际石油贸易的收益主要由哈萨克斯坦油气企业中的"石油精英"群体获得,因此他们可被视为该国石油要素的所有者。

哈萨克斯坦国内的石油业经历了从国有到私有化再回归国有化的过程。总统纳扎尔巴耶夫在上台后,首先进行了经济自由化改革,包括对外资开放国内市场,成立了诸如"田吉兹雪佛龙联合运营公司"等合资公司。这些合资公司的存在迫使哈萨克斯坦政府加快国内部门的重组,政府建立了必要的部委和国有公司来整合不同的石油公司。1992年首次成立的哈萨克斯坦国家油气公司(Kazakhstanmunaigaz)将所有从事油气开采生产和提炼加工的国有经营单位纳入旗下,并作为单一的国有公司代表政府处理油气开采合同。1994年,该公司更名为哈萨克斯坦油气公司(Munaigaz),再次经历了重组,仍保留国有公司的属性,从而成为一家垂直一体化的国家石油公司——哈萨克石油公司(the Kazakh Oil Company),由此将所有国家石油公司纳入一个整体。此后在经济自由化的指导下,哈萨克石油公司的部分资产被私有化,而绝大多数资产将继续由国家控制。1995年起,政府通过建立关于石油开采生产的法律框架,加速了哈萨克斯坦油气公司的私有化,最具代表性的包括纳扎尔巴耶夫就规范石油开采和与外国投资者签订协议而颁布的两项基本法律——1995年6月26日的《石油法》和1996年1月27日的《地下资源及其使用法》;1997年3月纳扎尔巴耶夫又颁布了名为"改革哈萨克斯坦共和国国家实体机构的补充措施"的法令,解散了负责石油工业的有关部委,并以"哈萨克国家石油天然气公司"(Kazakhoil National Oil and Gas Company)取而代之,使得该公司在石油交易中的权力得到极大扩张,能够代表国家利益与外国投资者谈判合资公司和产品分成协议;同时,90%的哈萨克斯坦油气公司的国有石油生产商被转移到该公司中。2002年2月,纳扎尔巴耶夫签署了一项法令,对能源部门的国有资产进行新的重组,将"哈萨

[①] 包毅:《简析中亚国家政治转型中的部族政治文化因素》,《俄罗斯中亚东欧研究》2009年第5期。

克斯坦国家石油天然气公司"(Kazakhoil)与"石油天然气运输公司"(Transportation of Oil and Gas)合并为"哈萨克国有石油天然气公司"(National Company Kazmunaigaz)。然而自从2004年起,该公司代表们批评私有化过程带来的石油利益外流损害了民族利益,要求加快国有化进程,并获得了在石油和天然气项目中的优先权。① 国有化改革发展至2010年时,哈萨克斯坦能矿部改组为石油天然气部,进一步加强了对油气工业的管理;同时政府重新修订了《资源法》,赋予了哈萨克斯坦国家油气公司(KazMunaiGas,KMG)在获得新油田开发许可证和任何哈萨克斯坦出售的油气资产的优先购买权;而对于外企如田吉兹雪佛龙公司(Tengizchevroil JV LLP,TCO)则以违反许可证深度划拨为由处以高额罚款,从而纳扎尔巴耶夫政府在政治上强化了对油气资源的控制、经济上积极争取了国家利益。②

与委内瑞拉一样,哈萨克斯坦威权政体的巩固也离不开石油要素所有者在选举中为当权者提供的支持,而这一群体主要是由哈萨克斯坦油气企业中的"石油精英"群体所构成。他们中70%的人在进入石油业时同时担任着地区行政负责人或地方党委的领导,在被中央派遣到能源行业的各个公司从事管理工作的过程中与政治决策层和大公司管理人员均建立了联系,从而巩固了自身的实力。自从独立以来,哈萨克斯坦的石油企业所有权结构也发生了数次变动,2004年时七家企业拥有哈萨克斯坦超过90%的石油产量。在这些石油公司中,有些与总统纳扎尔巴耶夫个人、其家人或其亲信具有紧密的联系,例如中亚石油公司和安舍尔(Ansdell)发展公司;而纳扎尔巴耶夫的女婿帖木儿·库里巴耶夫(Timur Kulibayev),则从2005年起掌管着哈萨克斯坦石油垄断企业哈萨克斯坦国家石油天然气公司(KazMunaiGaz),并且成为哈萨克能源(KazEnergy)这一能源实体的主管,同时他更是石油精英团体的带头人,而该团体是哈萨克斯坦国内

---

① Sebastien Peyrouse, "The Kazakh Neopatrimonial Regime: Balancing Uncertainties among the 'Family', Oligarchs and Technocrats", *Demokratizatsiya*, Vol. 20, No. 4, Winter 2012, p. 352.
② 石油观察网:《解读哈萨克斯坦的石油权贵阶层》,http://oilobserver.com/friend/article/895。

最有影响力的团体。①

表6—7　　　　　　　哈萨克斯坦主要的石油生产企业

企业名称	2004年产量（百万桶）	占比（%）
田吉兹石油公司（TCO）	13.6	23
哈萨克斯坦石油公司（PKK）	9.9	17
哈萨克斯坦国家石油天然气公司（KMG）	8.9	15
卡拉恰干那克石油公司（KIO）	8.5	14
曼吉斯套州油气公司（MMG）	5.3	9
中油国际—阿克托别油气公司（AMG）	4.8	8
卡拉让巴斯石油公司（KM）	2.3	4
其余	5.9	10

资料来源：Mark J. Kaiser and Allan G. Pulsipher, "A Review of the Oil and Gas Sector in Kazakhstan", *Energy Policy*, Vol. 35, No. 2, February 2007, p. 1303.

在20世纪90年代初的石油公司私有化阶段，石油精英能够通过经济上的特许权，在几乎没有竞争的情况下低价收购产油区的石油公司，再通过向外国人出售国有公司，从而通过境外公司控制着这些企业的资产。② 并且哈萨克斯坦国家石油公司所受的外部监督非常有限，这些石油企业的管理者拥有众多转移收入的机会，石油精英可以轻而易举地划掉大笔资金而不受任何惩罚。③ 由于现有的纳扎尔巴耶夫政权保障了石油精英丰富的经济收入和较高的政治地位，因此他们无意对目前的政体提出挑战，而是持拥护态度。国际石油贸易的扩张使得石油精英的经济实力明显提升，尤其是一些在政治上作为统治联盟成员的石油精英，他们强有力的支持是纳扎尔巴耶夫得以成功竞选并且顺利实施政策的基石。

---

① Anja Franke, Andrea Gawrich and Gurban Alakbarov, "Kazakhstan and Azerbaijan as Post-Soviet Rentier States: Resource Incomes and Autocracy as a Double 'Curse' in Post-Soviet Regimes", *Europe-Asia Studies*, Vol. 61, No. 1, 2009, p. 115.

② 石油观察网：《解读哈萨克斯坦的石油权贵阶层》，http://oilobserver.com/friend/article/895。

③ [美]玛莎·布瑞尔·奥卡特：《中亚的第二次机会》，李维建译，时事出版社2007年版，第105页。

与此相反，在哈萨克斯坦独立后未能获得石油贸易红利、主要集中于私人资本、金融业或银行业中的精英和资本家与现有政权间关系紧张，尤其是在石油价格高涨、国内经济也实行了再集中化政策的2002—2005年这段时间。① 这些精英团体，连同在国际贸易中利益受损的工人阶级虽然有意推动政治改革，但经济实力的限制导致其政治力量的薄弱，在有限的政治参与中难以发挥足够影响力，因而在与石油精英的政治较量中落于下风。

与委内瑞拉一样，哈萨克斯坦实行的是多党制民主选举形式下、实质为"祖国之光"一党独大的威权政体模式。因此纳扎尔巴耶夫要巩固自己的政权，离不开石油要素所有者在国内政治中所提供的支持。凭借石油要素所有者在政治结社中起到的动员和宣传作用、在社会运动中的非制度化参与以及在政治选举中的鼎力支持，纳扎尔巴耶夫和其带领的"祖国之光"党成功统治哈萨克斯坦已长达20多年的时间。

一　哈萨克斯坦的非政府组织

哈萨克斯坦国内公民的政治结社是民众试图参与政治最重要的途径之一。纳扎尔巴耶夫政府对于国内公民社会的发展整体上持鼓励和支持态度，但同时也对各类社会组织包括政党、工会、非政府组织等加以约束。哈萨克斯坦议会曾陆续通过新版《社会团体法》（1996年）、《非营利组织法》（2001年）和《国家社会采购法》（2005年）等法律，而哈萨克斯坦政府也于2002年出台了《2003—2005年国家扶持非政府组织发展实施纲要》，并且在2006年通过了《2006—2011年公民社会发展构想》。② 这些法律或文件都旨在对国内的民众政治结社行为加大规范和监管，限制了其中一些团体参与政治的可能性。由于议会中代表石油精英的执政党占主要席位，因此这些法令的出台与实施，体现了该群体和总统希望一定程度上约束和控制政治结社的方向和内容的想法。

---

① Sebastien Peyrouse, "The Kazakh Neopatrimonial Regime: Balancing Uncertainties among the 'Family', Oligarchs and Technocrats", *Demokratizatsiya*, Vol. 20, No. 4, Winter 2012, p. 345.

② 张宁：《哈萨克斯坦独立后的政治经济发展（1991—2011）》，上海大学出版社2012年版，第69页。

一方面，哈萨克斯坦国内的确存在着许多非政府组织。例如人权组织哈—美人权联合办事处（Kazakh-America Bureau on Human Rights）的建立、工会的复苏，以及针对石油业带来的环境破坏问题建立的内瓦达—塞米巴拉金斯克（Nevada-Semipalatinsk），阿拉木图绿色救助（Almaty's Green Salvation），国际绿十字和新月（Green Cross and Crescent International）和生态启蒙协会（the Association for Ecological Enlightenment）等非政府组织。总体而言，哈萨克斯坦的非政府组织主要在两大领域开展活动：关注城市问题并要求与威权统治者进行对话，以及要求资源政策更大的透明度。后一领域的行动包括成立公共政策研究中心（Public Policy Research Centre）和非政府组织联盟"石油收入—在公众监督下（Oil Revenue-Under Public Oversight）"等①。并且，哈萨克斯坦公民社会中的一些不同团体尝试着与政府建立持续的对话。例如索罗斯基金会的财政观察研究项目（the Revenue Watch Programme of the Soros Foundation）中就包含当地 NGO 与行政部门代表就地方预算透明度问题展开的常规性圆桌会议，此外，该基金会的主要宗旨也是聚集当地政府、非政府组织和公共图书馆的力量来提高信息技术系统和增加公民对于公共事务的参与。②

但另一方面，尽管哈萨克斯坦国内非政府组织在 20 世纪后期得到了较快发展，整体上有三个特点仍然制约其在国内政治中发挥足够的作用，尤其是在反对当权政府这一方面。第一，虽然非政府组织的数量在 20 世纪 90 年代后期有了绝对增长，但是它们的个体规模却大大缩小了，碎片化和小团体的形式导致了它们组织基础的薄弱和行动能力的不足。因此，在政治领域中大规模或者民粹主义式的运动减少了。③ 第二，非政府组织数量上的庞杂也导致了这些组织有着多种多样的目的和宗旨，从而难以集中力量对国内政治的某一方面起到重要

---

① Pauline Jones Luong and Erika Weinthal, "The NGO Paradox: Democratic Goals and Non-Democratic Outcomes in Kazakhstan", *Europe-Asia Studies*, Vol. 51, No. 7, 1999, p. 1269.
② Anja Franke, Andrea Gawrich, and Gurban Alakbarov, "Kazakhstan and Azerbaijan as Post-Soviet Rentier States: Resource Incomes and Autocracy as a Double 'Curse' in Post-Soviet Regimes", *Europe-Asia Studies*, Vol. 61, No. 1, 2009, p. 131.
③ Pauline Jones Luong and Erika Weinthal, "The NGO Paradox: Democratic Goals and Non-Democratic Outcomes in Kazakhstan", *Europe-Asia Studies*, Vol. 51, No. 7, 1999, p. 1270.

影响。第三，哈萨克斯坦的公民社会缺乏强大的制度、金融和知识支持，不仅是来自国内支持的短缺，国外的支持同样不足①，尤其是那些以保护遭到石油贸易破坏的环境为宗旨的组织，它们的经济实力难以与石油精英抗衡，缺少足够的活动经费以支持其动员群众来发挥政治影响或对现有政权提出挑战或修正。同时，由于缺少资金支持，哈萨克斯坦国内许多非政府组织转向国外，尤其是西方非政府组织寻求经费支援，因而在这些组织的日常工作中，面向国内民众的政策宣传（policy advocacy）也更多地以传播国际事务为核心，比如提供环境信息和教育等，导致它们对国内政治更加难以发挥影响。

所以，哈萨克斯坦国内虽然政治结社现象频繁、政治团体数量上升，但是由于石油精英的控制和制衡，难以真正对现有政体形成威胁、反对的声音也相对弱小——即使非政府组织有实力发挥作用，他们也努力在现有政治体系内和社会中，而不是在反对党阵营中扮演更有影响力的角色。② 唯一有政治动机的非政府组织绿色救助（Green Salvation）希望通过立法程序影响政策的制定也只在1994年的议会选举中参与到了环境相关的立法中，1995年该组织就解散了。③ 此外，哈萨克斯坦国内并没有代表工人阶级的记者工会，只成立了记者协会和广电协会以及几家国际非政府组织传媒代表处。总体而言，由于缺乏足够资金支持，这些非政府组织难以克服集体行动的困境协调起来，因此他们的政治积极性也日益减弱，几乎不再关注国内及政治敏感问题，同时也不再努力游说政府。相反，多数哈萨克斯坦的非政府组织将注意力转到通过教育提高民众对于生物多样性的关注等非敏感问题上，从而避免和国内石油精英的冲突，并且便于获得国际组织的资金支持。也正因为非政府组织的重点转向国外、缺乏国内民众支持，他们逐渐走向碎片化甚至是 NGI（Non-governmental Individuals）的形态。④

---

① Frederick Starr, "Civil Society in Central Asia", in M. Holt Ruffin and Daniel Clarke Waugh, eds. *Civil Society in Central Asia*, Seattle and London: University of Washington Press, 1999, p. 29.
② Pauline Jones Luong and Erika Weinthal, "The NGO Paradox: Democratic Goals and Non-Democratic Outcomes in Kazakhstan", *Europe-Asia Studies*, Vol. 51, No. 7, 1999, p. 1271.
③ Ibid. .
④ Ibid. , p. 1274.

总的来说，哈萨克斯坦的公民社会表面上看起来得到了比较自由的发展，保证了社会团体和公民能够一定程度上实现参与政治选举和表达政治诉求的愿望，但实际上该国的非政府组织及其他团体在一定的约束和规范下参与政治活动，并且由于其缺乏足够的经济实力，难以形成集中的政治诉求或足够的政治影响力，其本质是缺少活力的，从而也难以撼动既有的威权政体。

二 "石油精英"的传媒动员和社会运动

哈萨克斯坦国内各要素所有者群体同样通过传媒和发动社会运动来参与国内政治，表达各自的政治诉求。由于国际石油贸易的扩张，资本、劳动力等相对稀缺要素所有者收益受损。因此以金融业、工商业精英为主的利益集团通过发动社会运动来表达他们的利益诉求，[①]以工人为代表的群体也通过罢工、示威等社会运动提出抗议。比如1996年1月，卡拉干达和埃斯巴斯图的矿工举行罢工要求增加工资；2011年5月，部分油气企业职工基于改善工资和待遇的要求多次举行罢工和集会；2011年12月，在哈萨克斯坦西部曼吉斯套州扎瑙津市，工人阶级为争取改善工资的罢工进一步演化成为示威和骚乱。诸如此类的社会运动一方面显示出相对稀缺要素所有者政治力量的薄弱，他们难以通过正式渠道满足自身的利益诉求，而寄希望于通过参与罢工、游行等非正式的社会运动改善现有处境。另一方面，因为国际石油贸易扩张给其造成的利益损害制约了该群体的政治影响力，他们的罢工示威通常是出于经济目的，而缺少改变既有政体的政治诉求。一旦他们的经济诉求得到一定政策补偿，例如得到政府提高工资或提供经济补偿的承诺后，这些群体则会停止罢工及示威行为。比如纳扎尔巴耶夫政府就成功通过补发工资、进行一定经济补偿和安抚措施平定了扎瑙津的骚乱行动。这些经济性的罢工、游行是哈萨克斯坦社会运动的主要性质。

同时，哈萨克斯坦也出现了各种各样具有一定活力和政治目的的社会运动，统治者对政治性的社会运动也采取一定的包容态度，诸如"光明道路"社会运动、"进步"社会运动、"阿扎特"公民运动、

---

① 韩隽：《哈萨克斯坦政党体制变迁的影响因素分析》，《新疆社会科学》2010年第2期。

"拉特"运动、"争取选举"社会运动、"新一代"、工人运动、共和国战争和劳动老战士苏维埃、俄罗斯人联盟、支持改革人民联盟等，其中既有支持纳扎尔巴耶夫政权的如"光明道路"，也有提出反对和抗议的如"拉特"运动、"争取选举"等。"光明道路"社会运动成立于1998年11月，其领导人努·奥拉扎林表示该社会运动的目的是支持共和国总统的政治方针，并且认为纳扎尔巴耶夫提出的"哈萨克斯坦——2030"发展战略就是自己团体的纲领。①

此外，传媒组织也是哈萨克斯坦动员社会运动的重要方式，更是宣传纳扎尔巴耶夫政权的政治理念的重要平台。哈萨克斯坦传媒组织在国家独立后得到极大发展。截至2010年1月1日，哈萨克斯坦共注册2994家大众传媒企业，其中报纸1863家、杂志863家、电视台63家、广播电台42家、卫星电视6家和通讯社11家。② 这些传媒企业中的大多数都为私营媒体，然而独立程度都有限，容易受到不同政治阵营和政治团体的影响。传媒网（MediaNet）国际记者中心2009年的报告显示，这些媒体中，只有不到10家位于现有政体反对派的阵营中，绝大多数媒体则在石油精英广泛的影响和掌控下采取支持政府的态度。③ 因此，反对派在媒体中通常难以获得关注。在选举期间，许多独立的监测机构发现用来报道总统纳扎尔巴耶夫的媒体篇幅远远高于报道反对派候选人的。最好的情况是在纸质媒体中，三家支持反对派的报纸均获准正常发行。但即使如此，这三家报纸也遭受到了不小的挑战——选举前两个月，这三家反对派报纸的印刷厂家，时间（Vremya）印刷厂，决定不再承接他们的订单。时代（Epokha）报的总编姆卡舍夫（Bakhytzhan Mukashev）将Vremya推掉客户、有钱不赚的举动比作"蜂与蜜作对或海关官员拒绝贿赂"。在反对派报纸的编辑们短暂绝食抗议后，虽然另一家印刷厂接下了订单，但是这家印刷厂却与政府方面有着紧密联系——一旦发现敏感文章便提前报告给纳扎尔

---

① 吴宏伟：《哈萨克斯坦的多党政治体制》，《东欧中亚研究》2000年第4期。
② 张宁：《哈萨克斯坦独立后的政治经济发展（1991—2011）》，上海大学出版社2012年版，第71页。
③ Dosym Satpaev, "An Analysis of the Internal Structure of Kazakhstan's Political Elite and An Assessment of Political Risk Levels", in Tomohiko Uyama, ed. *Empire, Islam, and Politics in Central Eurasia*, Hokkaido: Slavic Research Center, 2007, p. 295.

巴耶夫政府，从而极大限制了反对派利用媒体进行宣传动员的能力和效果。

电视台方面更是如此，总统的亲信掌握着这一普通民众获取新闻的主要平台。例如总统女儿达丽嘉·纳扎尔巴耶娃（Dariga Nazrbayeva）曾是哈萨克斯坦哈巴尔（Khabar）新闻电视台台长，即使是离职后该职位仍由她的亲信掌管，因此达丽嘉对哈巴尔电视台和KTK电视台的节目规划具有重要的影响力。即使是一些反对派成员认为最具包容性的31频道电视台也被纳扎尔巴耶夫政府安全委员会秘书布拉特·乌特姆拉托夫（Bulat Utemuratov）买下。[①] 欧安组织的媒体监测机构进行的一项调查结果同样证实了在电视台方面纳扎尔巴耶夫政权的优势：在2005年选举时期内，哈萨克斯坦国内49%—77%的主要电视台的媒体节目是关于纳扎尔巴耶夫的，并且在性质上对于他的描述是普遍持"中立"或"整体正面积极"的态度，而对反对派候选人图亚克拜的描述则是从"中立或积极"到"负面消极"的态度。其他组织如CST监测机构同样得出类似结论。

表6—8　　　　　　　　OSCE对于媒体覆盖的分析

	对纳扎尔巴耶夫的报道	对纳扎尔巴耶夫的描述	对图亚克拜的描述
哈巴尔电视台	49%*	"中立或正面积极的"	"负面消极，乃至……经常歪曲的"
哈萨克斯坦第一频道	59%	"中立或正面积极的"	"中立或正面积极的"
KTK	77%	"完全是正面积极的"	"大多是负面消极的"
31频道	74%	"中立或正面积极的"	"稍许负面消极的"

*但是，对于总统活动的报道"过于广泛"并且报道方式"类似于竞选活动"

资料来源：Ryan Kennedy, "A Colorless Election: The 2005 Presidential Election in Kazakhstan, and What It Means for he Future of the Opposition", *Problems of Post-Communism*, Vol. 53, No. 6, 2006, p. 53.

---

① Ryan Kennedy, "A Colorless Election: The 2005 Presidential Election in Kazakhstan, and What It Means for the Future of the Opposition", *Problems of Post-Communism*, Vol. 53, No. 6, 2006, pp. 52–53.

毋庸置疑，一国的电视、广播、报纸和网络等传媒平台在传播政治文化中起着举足轻重的作用，在哈萨克斯坦国内石油精英的影响或掌管下，拥护纳扎尔巴耶夫政权的文化和思想得以广泛传播。此外，纳扎尔巴耶夫在法律中加入了新的媒体限制条文，收紧对记者和出版物的许可证制度，同时政府宣布了严格监管网络出版物的计划，并且已经实现了对电视、报刊和电台的监管。在媒体被纳扎尔巴耶夫政权掌控的情况下，当民众被问到媒体自由与公共秩序之间如何更为平衡这一问题——"一些人认为生活在一个具有严格秩序，即使需要限制言论自由的社会中更好；另一些人则认为，人们应该有随意表达自己想法的自由，哪怕其言论加剧社会紧张。哪种观点与您的更接近？您是深切感受到这一点还是仅仅有那么一点？"时，非常支持或比较支持公共秩序的占58.8%，赞同媒体自由的占37.7%，3.9%的人表示不清楚。① 该结果在一定程度上表明威权政治文化得到了其国内大多数人的认可。

最后，在石油精英通过传媒等手段进行号召、宣传和组织下，哈萨克斯坦国内出现了众多旨在为总统竞选宣传的社会组织和社会运动，支持纳扎尔巴耶夫的社会运动占据了主导地位。2005年，统治联盟中的石油精英将石油贸易收入以政府支出的形式集中补贴学生，包括支付数万名大学生学费，提供贷款和奖学金帮助等具体措施。② 因此在2005年选举期间，许多大学校董"自发地"为总统张贴竞选宣传标语。仅在阿拉木图，便有阿拉木图州立大学、哈萨克斯坦国立工业大学、哈萨克斯坦国际商业大学、哈萨克斯坦国家音乐学院和哈萨克斯坦师范学院等院校在其校园外张贴着纳扎尔巴耶夫的大幅画像和竞选标语③，大学生们也通过在校外张贴候选人海报、在阿拉木图潘菲洛夫第二次世界大战纪念碑附近的旗杆上悬挂支持祖国之光党的"必须

---

① Ryan Kennedy, "A Colorless Election: the 2005 Presidential Election in Kazakhstan, and What It Means for the Future of the Opposition", *Problems of Post-Communism*, Vol. 53, No. 6, 2006, p. 54.
② Wojciech Ostrowski, "The Legacy of the Coloured Revolutions, the Case of Kazakhstan", *Journal of Communist Studies and Transition Politics*, Vol. 25, No. 2–3, 2009, p. 351.
③ Ryan Kennedy, "A Colorless Election: The 2005 Presidential Election in Kazakhstan, and What It Means for the Future of the Opposition", *Problems of Post-Communism*, Vol. 53, No. 6, 2006, p. 51.

向前进（Only Forward）"口号。尽管当权者和反对派的支持者都制作了支持各自阵营候选人的广告牌和灯箱来为选举动员，但其中支持纳扎尔巴耶夫的数量远远超过支持反对派候选人图亚克拜的数量[①]。

总体而言，虽然哈萨克斯坦政治性社会运动发生的频率和数量有限，但同样对政体稳定和巩固起到一定影响：首先，不同的社会运动都有各自主张的适度表达，在一定程度上保障了普通民众的申诉渠道，削弱了民众对于威权政体的抵触情绪；其次，态度不同的社会运动之间形成相互竞争与制衡，因此反对既有政体的社会运动难以发挥撼动作用；再次，整体而言哈萨克斯坦社会运动的规模不大，政治性的社会运动更为有限，因而其对政权和政体的影响力也相对较小；最后，社会媒体有侧重地对当权者进行宣传，动员了支持性的社会运动而抑制了反对的声音，保障威权政体免于遭受重大挑战。

三 "石油精英"的代表政党和选举

相比于非制度化的社会运动，哈萨克斯坦公民更多参与到了制度化的政治选举过程中。一方面，在国际石油贸易扩张中，石油精英的崛起对大地主、金融业和工商业精英、新兴企业家等其他许多团体的利益造成了损害。这些利益受损者不满现有的国内经济和政治政策，为了保护自身的政治经济利益，他们自1991年以来陆续成立了多个反对性的政党，希望通过参与选举挑战总统纳扎尔巴耶夫的领导。成立于2001年的"哈萨克斯坦民主选择党"（Democratic Choice of Kazakhstan Party）就是其中最主要的代表。该党聚集了纳扎尔巴耶夫威权统治下石油财富获益者以外的许多群体，如资本和劳动力要素所有者。在巴甫洛达尔州长扎克雅诺夫（Galymzhan Zhakyanov）、副总理占多索夫（Uraz Dzhandosov）、电力工业和贸易部长阿布利亚佐夫等旧有寡头的领导下，民主选择党作为反对党参与到哈萨克斯坦国内的政治选举中。除了民主选择党之外，更多的反对党广泛参与了2005年和2011年的总统选举。例如在2005年的选举中，"为了公正的哈萨克斯坦

[①] Ryan Kennedy, "A Colorless Election: the 2005 Presidential Election in Kazakhstan, and What It Means for the Future of the Opposition", *Problems of Post-Communism*, Vol. 53, No. 6, 2006, p. 52.

(For a Just Kazakhstan)"的候选人图亚克拜（Zharmakhan Tuyakbai）是纳扎尔巴耶夫最有力的竞争对手。反对派阵营还包括其他三个政党，其候选人分别是得到商业财团支持的哈萨克斯坦光明道路党主席拜梅诺夫（Alikhan Baimenov）、哈萨克斯坦共产主义人民党主席阿贝尔卡瑟莫夫（Erasil Abylkasimov）和以个人名义参选的"自然生态联盟"领导人叶列乌西佐夫（Mels Eleusizov）。在2011年的选举中，爱国者党领导人卡瑟莫夫、共产主义人民党党委书记艾哈迈德别科夫和"自然生态联盟"领导人叶列乌西佐夫参与到总统一职的角逐中。

表6—9　　　　　　　　　哈萨克斯坦反对党年表

党派或运动名称	成立年份	主要构成	可及资源	政治平台
"阿扎特"运动（Azat）	1991	占大多数城市和各地区受过中学教育的哈萨克族	资金有限，组织涣散	文化和语言上的哈萨克民粹主义
人民大会党	1991	知识分子	缺少资金支持和资助人	中间派代替民粹主义和社会主义
Azamat	1996	边际化，人员局限于城市中心	缺少资金支持和资助人	亲民主，反纳扎尔巴耶夫
哈萨克斯坦共和国人民党（RNPK）	1998	知识分子与不同政见者	卡热格尔金个人收入、哈以外独立的资金基地、西方支持	亲民主，反纳扎尔巴耶夫
哈萨克斯坦民主改革运动（DCK）	2001	技术专家、商人、寡头	奠定者和支持者的大量财富	法制，经济改革，民主化，激进反对派
光明道路党	2002	DCK成员中的温和派	奠定者和支持者的大量财富	批判政府政策，建设性的反对派（起初寄望于政府自身改良）

续表

党派或运动名称	成立年份	主要构成	可及资源	政治平台
为了公正的哈萨克斯坦	2004	反对党联盟	众多反对党派和反对派人物的经验和资源	受乌克兰鼓舞，共同蓄积资源，发动单一平台，提出唯一候选人，参与2006年12月总统大选

资料来源：Barbara, Junisbai, and Azamat Junisbai, "The Democratic Choice of Kazakhstan: A Case Study in Economic Liberalization, Intra-elite Cleavage, and Political Opposition", *Demokratizatsiya: The Journal of Post-Soviet Democratization*, Vol. 13, No. 3, Summer 2005, p. 373.

另一方面，由于国际石油贸易的扩张，哈萨克斯坦国内财富分配向石油精英倾斜，该团体的政治参与程度和政治实力都得以提升，在与上述大地主、工人阶级和新兴企业家等其他政治参与者的博弈中有更大的获胜机会。"石油精英"在现有政体的庇护下获得国际石油贸易的绝大部分收益，他们也利用充足的资源，为纳扎尔巴耶夫所在的祖国之光党在选举中获胜提供了强有力的支持。

哈萨克斯坦的石油精英自身组建或资助多个政党，在议会选举中扩大了既有政权和执政党的优势地位。自从独立以来经过几年的分化组合，在哈萨克斯坦国内成立的政党中，到1995年获准登记的共有9个，包括人民一致党、民主党、社会党、共产党、国民大会党等。其中拥戴总统的人民一致党、民主党、国民大会党在1995年组成的议会中占有较多席位；共产党等反对派则势单力薄。反对派政党和利益团体虽然希望通过政治选举扩大政治影响，但执政党以其庞大的规模和超过90%的支持率捍卫了其统治。2004年祖国党（Otan）第一次参加议会选举就获得了60.71%的得票率，同时，纳扎尔巴耶夫的女儿达丽嘉·纳扎尔巴耶娃领导的阿萨尔党（Asar）作为对政权的支持党，和祖国党一起共获得下议院77个席位中的3/4，而代表普通劳动者利益的光明道路民主党（Ak Zhol）则仅获得一席。① 此后，阿萨尔党与祖国党合并成为祖国之光党，这一新的政党在2007年议会选举中的得票率扩大到88.05%，共获得议会下院98个席位，而反对党全国社会民主党和光明道路民主党等全部落选。2007年到2012年间，祖国之光党是具有议会代表资格的唯一政党，即使在2012年的选举中，代表工人阶级的哈萨克斯坦共产主义人民党凭借议会下院选举中7.19%的得票率获得7个席位以及由工会主席领导的光明道路民主党以7.43%的得票率获得8席，但有限的席位和薄弱的政治力量使得这两个反对党也难以和祖国之光党所拥有的83席形成竞争。此外，石油精英们还利用自身在地区上的影响力，通过对反对党施以制约，为总统提供强有力的支持。例如他们禁止哈萨克斯坦民主选择党在自己"地盘"上的活动，极大限制了该反对党的政治影响力，并最终迫使该党在2005年被解散。②

在广泛的选民支持中，"祖国之光"人民民主党的党主席纳扎尔巴耶夫成功赢得多次全民公投和总统选举，从而实现了长达二十多年的统治。1991年12月，他通过全民直选成为哈萨克斯坦独立后的首位总统，1995年又经全民公决将其任期由1996年延长至2000年，并于1999年以79.78%的支持率连任。在2005年的选举中，纳扎尔巴耶夫仍然在地方选举中取得绝对优势，并且在最终选举中也以官方公布的91.15%的支持率连任，其支持率也远远领先于其他四位候选人。即使以各个选区中的结果来看，纳扎尔巴耶夫在每个选区都以80%左右的支持率远远领先反对党主席（见表6—10）。到2011年选举时，纳扎尔巴耶夫仍然以95.55%的绝对优势取胜，2015年大选中他的支持率更是扩大到了97.7%，远远领先其他两位候选人哈萨克斯坦"共产人民党"代表杜尔古·瑟兹德科夫以及"共和国工会联合会"领导人阿别里冈斯·库萨伊诺夫。在2016年的议会下院选举中，执政党也仍然保持第一大党地位。2019年3月20日，纳扎尔巴耶夫辞去总统职务，

---

① Bhavna Dave, "Kazakhstan's 2004 Parliamentary Elections, Managing Loyalty and Support for the Regime", *Problems of Post-Communism*, Vol. 52, No. 1, 2005, p. 3.
② Julia Kusznir, "Elites in Energy Sector of Kazakhstan and Their Influences on Energy Policies", *Russian Studies*, No. 1, 2012, p. 144.

但仍担任"祖国之光"人民民主党主席。

表6—10　　　　　　　　2005年选举各选区结果（%）

地区	纳扎尔巴耶夫	图亚克拜	拜梅诺夫	阿贝尔卡瑟莫夫	叶列乌西佐夫	无效选票	结果
阿克莫拉	93.49	3.21	1.38	0.43	0.26	1.24	79.05
阿克托别	91.51	4.27	1.69	0.29	0.29	1.94	86.60
阿拉木图	93.46	3.63	0.98	0.24	0.21	1.49	85.41
阿特劳	84.30	11.19	0.25	0.38	0.25	2.13	71.28
东哈萨克斯坦	88.46	7.14	1.54	0.47	0.31	2.08	71.36
江布尔	90.48	6.08	0.84	0.22	0.18	2.21	81.74
西哈萨克斯坦	85.19	9.28	2.30	0.59	0.29	1.81	70.29
卡拉干达	89.24	4.98	3.49	0.41	0.30	1.58	74.80
克孜勒奥尔达	80.11	15.92	1.73	0.25	0.18	1.81	78.82
科斯塔奈	93.33	3.11	1.36	0.40	0.22	1.59	83.92
曼格斯套	75.03	19.83	1.83	0.30	0.20	2.81	60.72
巴甫洛达尔	90.86	4.82	0.96	0.43	0.24	2.68	73.53
北哈萨克斯坦	94.40	2.05	1.31	0.49	0.26	1.49	84.50
南哈萨克斯坦	88.75	7.74	1.18	0.18	0.17	1.99	80.58
阿斯塔纳市	91.68	4.99	1.78	0.22	0.22	1.11	68.03
阿拉木图市	86.20	8.80	2.00	0.31	0.85	1.84	51.96
各地区平均值	88.53	7.31	1.54	0.35	0.27	1.86	75.16

资料来源：Central Electoral Commission，www.election.kz；http：//election.kz/portal/page?_pageid=73,88928&_dad=portal&_schema=PORTAL/。

在顺利经过了全民公决以及多次政治选举后，纳扎尔巴耶夫在宪法条文、国内政党、政治团体、非正式的政治参与者和政治文化中都增强了自身的影响，因而其执政地位和威权政体日渐巩固。以2005年的总统选举为例，在成功应对反对派"为了公正的哈萨克斯坦"党的挑战后，纳扎尔巴耶夫认识到旧有寡头拥有足够的财富对现有政权发起攻击，因此他一方面加强了石油收益所有者中亲信的比例，另一方面则加紧了对精英阶层中潜在反对派的控制。同样，纳扎尔巴耶夫也在法律上约束了反对派政党的作用，分别于1996年5月和7月颁布了新的《社会团体法》和《政党法》，对政党和社团活动进一步做出了明确的规定。为严格规范政党活动，2002年7月15日，纳扎尔巴耶夫总统再度签署新的《政党法》，对政党的党员人数和地区分支机构做出更加严格的规定。此外，宪法第5条还对意识形态和政治多元化做出了规定：哈萨克斯坦"承认意识形态和政治多元化"，但不允许将社会制度和国家制度混为一谈。国家机关中不得建立政党组织。该条文规定，"社会组织在法律面前一律平等"，国家不得干涉社会组织的事务，社会组织也不得干涉国家事务，因此限制了反对性的政党或社会团体的作用。

在宪法层面上纳扎尔巴耶夫政权的合法性也得到了保障。1995年总统成功通过全民公决修改宪法，确认哈萨克斯坦实行总统制，议会主要行使立法职能，而原属最高苏维埃的诸多权力转移给了总统。[①]新的宪法赋予了总统相对议会更大的权力，虽然哈萨克斯坦建立了有反对派议员团参与的多党议会，但是当议会与总统意见发生冲突时，总统有权解散议会。相反，议会作为立法机关则不得过多地干预行政机关的事务。1998年宪法再次进行改革，内容包括扩大政党在议会中的作用、参议院任期改为6年、马日利斯（议会下院）议员任期改为5年，将总统任期延长至7年。这意味着选举政治更集中于政党整体实力的较量，并且获得议会席位优势的政党将具有更长的任期以实现该政党的政治偏好。此外，2000年《首任总统法》的通过进一步在法律上扩大了首任总统纳扎尔巴耶夫的个人权力。经过宪法层面和议会选举制度的改革，总统和其所在党愈发巩固了他们在选举中的优势地位，成功应对一系列政治和经济上的挑战，使得哈萨克斯坦的威权政体难以被动摇。

小　　结

本章旨在通过委内瑞拉和哈萨克斯坦这两个选举式威权政体的对

---

① 张宁：《哈萨克斯坦独立后的政治经济发展（1991—2011）》，上海大学出版社2012年版，第41页。

比，以求同法来揭示当要素禀赋这一条件变量为自然资源要素充裕时，国际贸易如何促进威权巩固的因果机制。国际贸易的扩张使得一国充裕要素所有者受益，在国际贸易中经济相对获益的群体由于具备更多的资源可以利用，因此在争取权力的政治中容易占据优势，从而在政体类型的选择上更易实现自身偏好。国际石油贸易的扩张也正是通过影响国内收入分配和社会分化，从而促进了选举式威权政体的巩固。相较于其他贸易品领域，由于国家在能源领域拥有更大的干预性力量，威权政体中石油要素所有者的组成通常是由当权者决定，或者他们就是统治联盟的核心成员。上述两种情况中，石油要素所有者的收益都得益于威权统治的保障，因此他们的政治偏好是延续这一政体。石油贸易的扩张无疑增强了委内瑞拉和哈萨克斯坦国内石油要素所有者相对于其他群体的政治力量，他们在政治结社、社会运动和政治选举等集体行动中发挥优势。凭借这些优势，当权者极有可能赢得选举实现连任，继续利用法律、选举和制度等工具控制社会矛盾、分配政治资源、加强自身执政合法性，从而帮助应对一系列政治和经济挑战，巩固威权统治。

对于委内瑞拉而言，查韦斯上台后实行了"完全石油主权政策"，提高了石油资源的国有化水平，并将国有石油公司贸易所得分配给中下层无固定工作或无业的城市与农村贫困人口以及掌握国有石油公司的总统亲信。在20世纪末至21世纪初的石油贸易扩张期内，石油受益者们的经济实力相对增强，从而具备更多资源发起政治集体行动，帮助查韦斯所在的统一社会主义党赢得数次选举。政治结社方面，石油要素所有者自身逐渐组成"亚马孙州多种族人民团结党"、玻利瓦尔小组等政治性团体，扩大了本身的政治参与和政治影响力；社会运动方面，该群体通过公社委员会等组织和所控制的大众传媒自下而上地进行政治动员并发起街头示威游行等运动，强化了执政党的优势地位；政治选举方面，该群体作为选民的参与率提高，在地方、议会和总统选举中为查韦斯提供有力支持。得益于石油要素所有者更为积极和有效的政治集体行动，查韦斯获得了历次选举胜利，制定了对其统治有利的法律和制度，成功渡过国内政治和经济等危机，巩固了一党独大的选举式威权政体。

进入21世纪后，哈萨克斯坦的纳扎尔巴耶夫政权同样开始了石油国有化进程，油气企业中的"石油精英"是该国主要的石油要素所有者。国际石油贸易的扩张使得这些石油精英的经济实力相对于其他贸易群体有了明显提升，特别是其中属于统治联盟的成员，他们同样通过有效的政治集体行动，为纳扎尔巴耶夫的成功连选连任提供支撑。政治结社方面，公民社会在一定约束下的发展保障了基本的政治表达，而反对当权政府的组织由于资金的有限难以构成实质性挑战；社会运动方面，石油精英投入更多资金号召并组织了旨在为总统竞选宣传的政治运动，并且利用传媒扩大了民众对于纳扎尔巴耶夫领导的政治认可；政治选举方面，石油精英自身组建或资助的多个政党和团体相对于国际贸易受损群体组成的反对党派具有更强的政治影响力。凭借着石油要素所有者政治集体行动中的优势，纳扎尔巴耶夫收获了广泛的选民支持，在赢得历次选举后通过修正宪法条文、取消连任限制等措施进一步强化了自身权力，压制了反对派力量，强化了所在党的执政优势地位，实现了选举式威权政体的巩固。

第七章 国际贸易与政体变迁:计量检验

在前面的四章中,我们根据求同法或求异法对四对案例进行了比较分析,不过本书的理论并非仅仅适用于这些案例。尽管这些案例具有相当的代表性,但本书的理论还有必要通过计量模型来检验其一般性,从而考察这些案例所验证的前提条件和因果机制在世界上其他国家和地区是否也具有启示性含义。

本章采用的分析数据为时间序列截面数据,此类数据是对相同单元不同时间的重复观测。考虑到第二次世界大战后经济全球化进程的加速及其所伴随的跨国经济因素影响力的上升,并由于数据的可获得性,我们将因变量考察的时间段选定为1945年至2010年。我们将主要使用芭芭拉·格迪斯、约瑟夫·赖特(Joseph Wright)和埃里卡·弗朗茨(Erica Frantz)所整理的威权类型数据库(下文简称GWF数据库)[①]。GWF数据库涵盖了157个国家(地区)[②]的政体变迁情况。由于本书的讨论范围是威权政体的变迁,故我们的研究未纳入1945年至2010年间均为民主政体的国家样本,如美国、法国、芬兰等,而是挑选出其中118个有过威权政体经历的国家建立"国际贸易与威权政体变迁数据库"(下文简称数据库,如无特别说明下文中数据库均指该数据库)进行经验检验。数据库采用"国家—年份—政体类型"编码的数据,总计6111个样本。

本章分为三节。第一节根据理论提出可检验的假说并通过描述性

---

① Barbara Geddes, Joseph Wright and Erica Frantz, "Autocratic Breakdown and Regime Transition: A New Data Set", *Perspective on Politics*, Vol. 12, No. 2, 2014, pp. 313–331.

② 为行文简洁,文中涉及国家(地区)、国(地区)、国别(地区)等表述时均省略括号内容。

统计来寻找一些初步的证据。第二节以贸易额、贸易开放度及出口依赖度衡量一国参与国际贸易的程度，通过计量模型来讨论不同要素禀赋下国际贸易对政体变迁产生的异质性影响。第三节同样通过计量模型来分析初始威权类型的不同如何影响了国际贸易的国内结果。

第一节 描述性统计

根据第二章第三节提出的理论，国际贸易对不同要素禀赋国家的政体变迁存在异质性影响。为了与理论和案例分析部分保持一致，本章所讨论的生产要素仍包括资本、自然资源与劳动力三种。本章试图检验如下假说。

　　假说1：其他条件不变，国际贸易使劳动力要素充裕的威权国家更容易发生民主转型。
　　假说2：其他条件不变，国际贸易使自然资源要素充裕的国家更容易发生政体巩固。

根据第二章第四节提出的理论，国际贸易对不同威权类型国家的政体变迁存在异质性影响。为了与理论和案例部分保持一致，本章在接受"一党制、军人政权和个人独裁"三分法的基础上仍集中关注军人政权和一党制这两种初始威权类型。本章试图论证如下假说。

　　假说3：其他条件不变，军人政体在该国参与国际贸易下更容易发生民主转型。
　　假说4：其他条件不变，一党制政体在该国参与国际贸易时更容易发生威权巩固。

我们在本节中将对上述假说进行描述性统计分析，然后在后面两节对上述假说进行计量检验。

一 相对劳动力要素禀赋与政体变迁：描述性统计

为检验假说 1，我们在数据库中需要使用可操作化的指标来测量一国的劳动力要素禀赋的相对充裕程度。与爱德华·利默尔（Edward E. Leamer）、保罗·米德福德（Paul Midford）、约翰·阿尔奎斯特等人的研究一致①，我们构建了一个相对劳动力要素禀赋（relative labor endowments, RLE）变量，其计算方式为：（某国人口/世界人口）/（某国 GDP/世界 GDP）。之所以认为这一测量是合理的，是因为在使用比较优势概念理解国际贸易时，涉及要素禀赋的分析都是在跨国比较意义上展开的。

从表 7—1 的描述性统计可以看出，在相对劳动力要素禀赋第一个百分位以内的样本中，没有发生一例民主转型；而相较而言，第九十九个百分位以上的样本中则有三次民主转型的案例，分别是 1995 年的马拉维、2006 年的利比里亚以及同年的布隆迪。总数上来看，有更多的民主转型案例在相对劳动力要素禀赋在中位数以上时发生。② 这为我们的假说提供了初步证据。

表 7—1　　　　　　　　相对劳动力要素禀赋与民主转型案例

百分位	案例数	合计
≤1	0	
1—5	2	
5—10	3	38
10—25	9	
25—50	24	

---

① Edward E. Leamer, *Sources of International Comparative Advantage: Theory and Evidence*, Cambridge: MIT Press, 1984. Paul Midford, "International Trade and Domestic Politics: Improving on Rogowski's Model of Political Alignments", *International Organization*, Vol. 47, No. 4, 1993, pp. 535 – 564. John S. Ahlquist and Erik Wibbels, "Riding the Wave: World Trade and Factor-Based Models of Democratization", *American Journal of Political Science*, Vol. 56, No. 2, 2012, pp. 447 – 464.

② 需要注意的是，数据库中一共有 102 个民主转型案例。不过，由于数据可得性，并不是每个样本都有对应的相对劳动力要素禀赋的数值，故此处的案例总数为 82 例。

续表

百分位	案例数	合计
50—75	13	
75—90	17	
90—95	7	44
95—99	4	
99—100	3	
0—100	82	82

资料来源：作者自制。

除了在国家间比较意义上衡量劳动力要素的相对充裕程度外，还可以计算某国国内的资本—劳动比（capital-labor ratio）。我们数据库中国家的资本—劳动比数据来自宾州世界表（Penn World Tables）。① 其计算方式为资本存量（以2011年不变美元计）除以就业人数。② 故资本—劳动比越大，说明一国劳动力要素的相对充裕程度越小，更容易发生威权巩固。若假说1成立，则我们可能观察到的结果是：资本—劳动比越大，则威权崩溃的可能性越小。在147个威权崩溃案例中，如图7—1所示，66%的案例发生在资本—劳动比的前五十个百分位，是剩余案例的近一倍。

类似地，资本—劳动比的另一种测量亦可参见宾州世界表扩展版（Extended Penn World Table）。③ 其描述性统计结果与上文一致，我们同样可以发现，拥有较大资本—劳动比的国家总体而言更不容易发生威权崩溃。以上用资本—劳动比测量一国的劳动力要素相对充裕程度从另一个侧面为我们的假说提供了描述性统计上的初步证据。

---

① Robert C. Feenstra, Robert Inklaar and Marcel P. Timmer, "The Next Generation of the Penn World Table", *American Economic Review*, Vol. 105, No. 10, 2015, pp. 3150–3182.
② 这一操作化方式与达克斯和马吉相同，参见 John A. Doces and Christopher S. P. Magee, "Trade and Democracy: A Factor-Based Approach", *International Interactions*, Vol. 41, No. 2, 2015, p. 413。
③ Extended Penn World Tables, available at https://sites.google.com/a/newschool.edu/duncan-foley-homepage/home/EPWT. 关于其应用可参见 Jia Chen, "Liberalize or Not? Societal Conflict, Plural Political Competition, and the Political Economy of FDI Liberalization", *Fudan Journal of the Humanities and Social Sciences*, Vol. 9, No. 1, 2016, pp. 147–175。

```
        34%
              66%
```

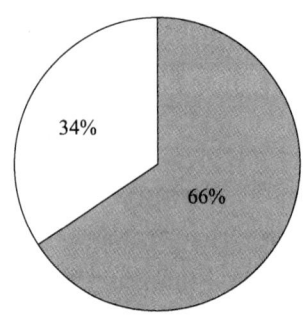

■ 资本—劳动比前50个百分位

图 7—1 资本—劳动比与威权崩溃案例

资料来源：作者自制。

二 资源出口比与政体变迁：描述性统计

接下来，我们将尝试为假说 2 寻找相应证据。该假说与"政治资源诅咒"（the Political Resource Curse）理论密切相关。迈克尔·罗斯（Michael L. Ross）为该假说的实证检验做出了开创性的贡献。[①] 石油能延长威权执政者的在位时间。[②] 作为资源诅咒的一个面向，有学者通过对 1800 年至今的数据进行检验，发现并不存在所谓的资源诅咒。[③] 不过迈克尔·罗斯和乔根·尤尔·安徒生（Jørgen Juel Andersen）通过重复其检验发现，这种关系在 20 世纪 70 年代之后不再成立，石油财富在 20 世纪 70 年代后的确成为民主转型的阻碍因素。[④] 罗斯在其关

---

① Michael L. Ross, "Does Oil Hinder Democracy?", *World Politics*, Vol. 53, No. 3, 2001, pp. 325 – 361. 对这篇经典论文的重复和再检验可参见 Sven Oskarsson and Eric Ottosen, "Does Oil Still Hinder Democracy?", *Journal of Development Studies*, Vol. 46, No. 6, 2010, pp. 1067 – 1083。在此之前，来自罗伯特·巴罗（Robert J. Barro）的另一项关于民主的跨国统计研究中亦强调了石油出口国对提高民主程度的消极作用。参见 Robert J. Barro, "Determinants of Democracy", *Journal of Political Economy*, Vol. 107, No. S6, 1999, pp. S158 – S183。

② Jesus Crespo Cuaresma, Harald Oberhofer and Paul A. Raschky, "Oil and the Duration of Dictatorships", *Public Choice*, Vol. 148, No. 3/4, 2011, pp. 505 – 530. Joseph Wright, Erica Frantz and Barbara Geddes, "Oil and Autocratic Regime Survival", *British Journal of Political Science*, Vol. 45, No. 2, 2015, pp. 287 – 306.

③ Stephen Haber and Victor Menaldo, "Do Natural Resources Fuel Authoritarianism? A Reappraisal of the Resource Curse", *American Political Science Review*, Vol. 105, No. 1, 2011, pp. 1 – 26.

④ Jørgen Juel Andersen and Michael L. Ross, "The Big Oil Change: A Closer look at the Haber-Menaldo Analysis", *Comparative Political Studies*, Vol. 47, No. 7, 2014, pp. 993 – 1021.

于政治资源诅咒的综述文章中谈到,学界关于该议题所获得的稳健的证据显示,石油会使得威权国家更为持久。① 在对影响民主转型和民主巩固的 59 个因素进行了超过三百万次回归演算后,有学者发现能源(主要指石油)出口国要发生民主转型将更为困难。② 另一项关于石油与民主问题的元分析(meta-analysis)显示石油对民主有着重大且稳健的负面效应。③ 韦恩斯、波斯特和克拉克运用 1816—2006 年的数据发现对资源的依赖程度增加会降低威权政府民主化的概率。④ 约翰·安亚武(John Anyanwu)和安德鲁·尔希雅克坡(Andrew E. O. Erhijakpor)对 1955—2008 年非洲的研究发现石油财富阻碍了非洲国家的民主化。⑤ 另一项对非洲的研究也得出了相似的结论。⑥ 作为非税收入(nontax revenue)的一种,石油收入会影响财富的再分配。其他非税收入,如外国援助亦有相似的因果机制。⑦ 而莎拉·布洛杰特·贝尔梅奥(Sarah Blodgett Bermeo)的研究显示,石油和援助对民主化的效果并不相同。援助的特殊性在于它们如何使用要受到援助方偏好的约束,冷战结束后,援助几乎不具有政体巩固的功效。石油收入则并非如此。⑧ 值得一提的是,自然资源因素不仅有助于威权政体

---

① Michael L. Ross, "What Have We Learned About the Resource Curse?", *Annual Review of Political Science*, Vol. 18, 2015, pp. 239–259.
② Martin Gassebner, Michael J. Lamla and James Raymond Vreeland, "Extreme Bounds of Democracy", *Journal of Conflict Resolution*, Vol. 57, No. 2, 2013, pp. 171–197.
③ Anar K. Ahmadov, "Oil, Democracy, and Context: A Meta-Analysis", *Comparative Political Studies*, Vol. 47, No. 9, 2014, pp. 1238–1267.
④ David Wiens, Paul Poast and William Roberts Clark, "The Political Resource Curse: An Empirical Re-evaluation", *Political Research Quarterly*, Vol. 67, No. 4, 2014, pp. 783–794.
⑤ John Anyanwu and Andrew E. O. Erhijakpor, "Does Oil Wealth Affect Democracy in Africa?", *African Development Review*, Vol. 26, No. 1, 2014, pp. 15–37.
⑥ Luc Désiré Omgba, "On the Duration of Political Power in Africa: The Role of Oil Rents", *Comparative Political Studies*, Vol. 42, No. 3, 2009, pp. 416–436.
⑦ Kevin M. Morrison, "Oil, Nontax Revenue, and the Redistributional Foundations of Regime Stability", *International Organization*, Vol. 63, No. 1, 2009, pp. 107–138. Kevin M. Morrison, "Natural Resources, Aid, and Democratization: A Best-Case Scenario", *Public Choice*, Vol. 131, No. 3/4, 2007, pp. 365–386.
⑧ Sarah Blodgett Bermeo, "Aid Is Not Oil: Donor Utility, Heterogeneous Aid, and the Aid-Democratization Relationship", *International Organization*, Vol. 70, No. 1, 2016, pp. 1–32.

的稳固，同样也对民主政体的巩固有所裨益。[1] 不过后者并非本章重点关注的问题。

既有文献在讨论自然资源与政体变迁时，主要关注的是以石油为代表的自然资源。我们在数据库中同样纳入了与石油相关的指标来测量一国自然资源要素的充裕程度。其中一个指标是燃料出口占货物出口的比例。[2] 如表7—2所示，与七十五个百分位以上的样本相比，威权崩溃和民主转型的案例更多地发生在前二十五个百分位的样本中。从直观上看，百分位高于九十的样本国家，如安哥拉、沙特阿拉伯、阿联酋等，其威权政体都相对更为巩固。

表7—2　　　　　　　　燃料出口比例与政体变迁案例

百分位	威权崩溃案例数	民主转型案例数
0—25	28	20
25—50	24	16
50—75	26	16
75—100	11	5
0—100	89	57

资料来源：作者自制。

此外，石油要素的充裕程度亦可以石油出口比的哑变量形式呈现，例如在詹姆斯·费伦（James D. Fearon）和戴维·莱廷（David D. Laitin）2003年发表的论文中，将石油出口占一国出口三分之一及以上的样本取值为1，否则为0，并对变量的缺失值进行了插补。[3] 不过其数据只更新到1999年。将费伦和莱廷的数据库与本文数据库加以整合后发现，威权崩溃更有可能在石油出口占比较小的样本中发生。不过需要注意的是，这一差异并不十分明显。

---

[1] Mehmet Gurses, "Elites, Oil, and Democratization: A Survival Analysis", *Social Science Quarterly*, Vol. 92, No. 1, 2011, pp. 164-184.
[2] 数据来源于世界银行，参见 https://data.worldbank.org/indicator/TX.VAL.FUEL.ZS.UN?view=chart。
[3] James D. Fearon and David D. Laitin, "Ethnicity, Insurgency, and Civil War", *American Political Science Review*, Vol. 97, No. 1, 2003, pp. 75-90.

表 7—3　　　　　　　石油出口占比与威权崩溃案例

石油出口占比＼威权崩溃	0	1	总计
0	4018	152	4170
1	701	20	721
总计	4719	172	4891

注：作者自制。其中第一行中"0"代表威权未崩溃，"1"代表威权崩溃；第一列中"0"代表石油出口占比未及三分之一，"1"代表石油出口占比三分之一及以上。

三　威权类型与政体变迁：描述性统计

GWF数据库将威权政体划分为一党制、军人政权、个人统治、君主制、少数统治、间接的军人政权和前三种类型的混合政体。该数据库通过判断决策、领导人选择和暴力机构掌握在谁手中来划分政权类型，即如果掌握在单一政党手中即为一党制，如果掌握在以某个人为核心的小圈子手中即为个人统治，如果掌握在军队手中即为军人政权，如果掌握在皇室手中即为君主制。这几类政体及其混合构成了一般意义上的威权政体。少数统治是指那些领导人通过竞争性选举产生，但大多数人没有选举权的政体。间接的军人政权指的是那些领导人通过竞争性选举产生，但军队禁止一些能吸引大量选票的政党参选的政体。[1]

我们在GWF数据库的基础上整理而成的数据库中将政体类型分为五种：民主制、一党制、军人政权、个人独裁和君主制。数据库记录的政体变迁共267次，其中民主崩溃74次，威权崩溃193次；威权崩溃中民主转型102次，威权接续91次。进一步细分的信息可见表7—4，表中第一列即为发生民主转型的案例数量。[2]

---

[1] Barbara Geddes, Joseph Wright and Erica Frantz, "Autocratic Breakdown and Regime Transition: A New Data Set", *Perspective on Politics*, Vol. 12, No. 2, 2014, pp. 313–331.

[2] 当然，这并非包括数据库中的全部案例。表7—4中第一列的合计值为79，而总的民主转型案例数为102。在剩下的23次中，有21次为临时政府发生的民主转型。若考虑临时政府前的政体类型则一党制4次、军人政体5次、个人独裁12次。余下的两个案例为1947年的希腊由外国占领（foreign-occupied）变为民主制，1962年的叙利亚由未独立（not-independent）变为民主制。

表 7—4　　　　　　　数据库中政体变迁案例数量一览表

前一年政体类型 \ 当年政体类型	民主制	一党制	军人政权	个人独裁	君主制
民主制	NA	11	32	30	1
一党制	20	3	15	10	0
军人政权	43	7	9	7	0
个人独裁	14	8	17	0	0
君主制	2	2	2	4	0

注：NA 表示数据不可得，即数据库中不存在前一年民主制崩溃后当年仍是民主制的情况。

从描述性统计可以初步看出，不同政体在发生变迁时，其情形是多样化的。所以在讨论国际贸易与民主转型的关系时，加入对初始威权类型的考虑是必要的。从表 7—4 中也可以看出，相较于一党制，军人政权发生民主转型的案例数量是其两倍多，由此为假说 3 和假说 4 提供了初步证据。

上面所展示的描述性统计分析有助于我们增加对待检验假说的信心。接下来，我们将运用计量模型对上述假说进行检验。

第二节　不同要素禀赋下国际贸易对政体变迁的影响：数据、模型与发现

为了检验不同要素禀赋下国际贸易对政体变迁的影响，本节的因变量为"$democratization_{it}$"（民主转型）和"$breakdown_{it}$"（政体崩溃）。两者均为哑变量，如果第 t 年国家 i 发生了民主转型，则"$democratization_{it}$"取值为 1，否则为 0。如果第 t 年国家 i 发生了政体崩溃，则"$breakdown_{it}$"取值为 1，否则为 0。自变量为一国参与国际贸易的相关指标、其要素禀赋以及两者的交互项。国际贸易的相关指标包括贸易量的自然对数值、对外贸易依存度、出口依存度。关于自变量名称、数据说明、数据来源等信息见表 7—5，自变量特征值见表 7—6。

表 7—5　　　　　　　自变量名称、数据说明及来源（I）

变量名称	数据说明	数据来源
trade	上一年贸易量的自然对数值	World Bank Data
openness	上一年进出口占 GDP 的百分比（%）	World Bank Data
export	上一年出口额占 GDP 的百分比（%）	World Bank Data
rle	上一年（某国人口/世界人口）/上一年（某国 GDP/世界 GDP）	World Bank Data
fuel	上一年燃料占货物出口的百分比（%）	World Bank Data

资料来源：作者自制。

表 7—6　　　　　　　　　自变量特征值（I）

变量	观测值	均值	标准差	最小值	最大值
trade	4138	26.72	2.00	21.59	32.24
open	4269	64.21	43.06	0.02	439.66
export	4269	29.46	22.63	0.01	230.27
rle	4352	6.90	8.18	0.05	83.42
fuel	3126	37.51	37.51	0	722.76

资料来源：作者自制。

除自变量外，我们还纳入了部分可能对一国民主转型产生影响的控制变量。包括一国 GDP 的自然对数值、人均 GDP 的自然对数值、人均 GDP 增长率、人均耕地面积。关于控制变量名称、数据说明、数据来源等信息见表 7—7，控制变量特征值见表 7—8。

表 7—7　　　　　　　控制变量名称、数据说明及来源（I）

变量名称	数据说明	数据来源
gdp	上一年 GDP 的自然对数值	World Bank Data
pgdp	上一年人均 GDP 的自然对数值	World Bank Data
growth	上一年人均 GDP 增长率（%）	World Bank Data
arableland	上一年人均耕地面积（公顷）	World Bank Data

资料来源：作者自制。

表 7—8　　　　　　　　控制变量特征值（I）

变量	观测值	均值	标准差	最小值	最大值
gdp	4355	22.67	1.92	17.53	28.16
pgdp	4352	6.66	1.36	3.62	10.91
growth	4352	1.84	6.77	−65.00	92.36
arableland	5003	0.32	0.28	0.00	3.29

资料来源：作者自制。

在计量方法上，由于无法假定自变量和作为因变量的民主转型之间存在线性关系，并且基于数据形态，故我们将使用面板数据 logit 模型来估计因变量——民主转型或政体崩溃——发生的概率。该模型为面板二值选择模型的一种，采用的是最大似然估计（MLE）。在各计量模型中，我们根据豪斯曼检验结果，分别拒绝了混合回归和随机效应的原假设，认为应使用固定效应模型。

首先我们讨论不同劳动力要素禀赋对民主转型的影响。以某国该年是否发生民主转型作为二值因变量，国际贸易的相关变量、相对劳动力要素禀赋以及两者的交互项作为自变量，进一步控制相关变量，并考虑到年份和国别的效应，以下使用面板 logit 模型的固定效应进行了回归结果展示（见表 7—9）。

表 7—9　　　　不同劳动力要素禀赋下民主转型的回归结果

	(1) rle	(2) rle	(3) rle	(4) rle>M	(5) rle<M	(6) rle>M	(7) rle<M	(8) rle>M	(9) rle<M
rle	0.125*** (0.0393)	0.123*** (0.0390)	0.124*** (0.0382)						
trade	−0.0454 (0.413)			−0.180 (0.594)	−0.240 (0.706)				
open		0.00217 (0.00610)				−0.0321** (0.0145)	−0.0117 (0.0235)		
export			0.0134 (0.0146)					−0.0466 (0.0322)	0.00373 (0.0444)

续表

	(1) rle	(2) rle	(3) rle	(4) rle>M	(5) rle<M	(6) rle>M	(7) rle<M	(8) rle>M	(9) rle<M
trade * rle				0.00687***	0.00806				
				(0.00237)	(0.0192)				
open * rle						0.00202***	0.00426		
						(0.000715)	(0.00814)		
export * rle								0.00414**	0.00439
								(0.00183)	(0.0166)
gdp	−0.552	−0.641	−0.713	−1.300	−0.0490	0.201	−0.258	0.541	−0.0591
	(1.021)	(0.890)	(0.892)	(1.901)	(2.025)	(1.466)	(1.772)	(1.416)	(1.735)
pgdp	0.839	0.858	0.893	2.681	0.293	0.513	0.268	−0.0510	−0.0817
	(1.129)	(1.129)	(1.128)	(2.411)	(2.406)	(2.043)	(2.187)	(1.987)	(2.132)
growth	−0.0297	−0.0303*	−0.0295	−0.0532**	0.00466	−0.0651***	0.00517	−0.0663***	0.00531
	(0.0181)	(0.0182)	(0.0182)	(0.0226)	(0.0337)	(0.0243)	(0.0336)	(0.0249)	(0.0342)
arableland	0.840	0.812	0.792	0.0432	1.540	−0.225	1.599	−0.525	1.652
	(1.132)	(1.137)	(1.138)	(2.303)	(2.752)	(2.097)	(2.741)	(2.240)	(2.738)
N	2268	2268	2268	1057	914	1057	914	1057	914

注：括号内为标准误。*$p<0.1$，**$p<0.05$，***$p<0.01$。其中 M 为 rle 变量的中位数。

由于贸易量的自然对数值、对外贸易依存度、出口依存度这三大测量贸易的自变量彼此之间存在共线性（VIF 值大于 10），故单个回归模型中只纳入其中的一项。模型 1—3 讨论的是未加入交互项的情形，反映一国劳动力要素相对充裕程度的指标为相对劳动力要素禀赋（rle）。可以看出，在模型 1—3 中，相对劳动力要素禀赋的估计系数为正且具有统计上的显著性（$p<0.01$），说明劳动力要素相对充裕的国家更有可能发生民主转型，而衡量国际贸易参与的变量均未显著。模型 4—9 讨论的是加入交互项之后，国际贸易对劳动力要素禀赋不同的国家的民主转型产生的影响。很明显，该影响是异质性的。对于劳动力要素相对充裕的国家（rle>M）而言，参与国际贸易会增加其发生民主转型的概率。而这一影响对劳动力要素相对稀缺的国家并不显著。就控制变量而言，对于劳动力要素相对充裕的国家，良好的经济增长形势会减小民主化的概率。

接下来，我们讨论不同自然资源禀赋对政体巩固的影响。此处的因变量为"$breakdown_{it}$"，若政体未发生崩溃，则我们可以认为原有政体得到了巩固。此处的自变量为国际贸易的相关变量、自然资源禀赋以及两者的交互项，同时纳入相应的控制变量。关于自变量和控制变量的名称、数据说明、数据来源、特征值等信息可参见表 7—5、表 7—6、表 7—7、表 7—8。回归模型仍然采用的是面板数据 logit 模型，计量结果见表 7—10。

表 7—10　　　　　　不同自然资源禀赋下政体巩固的回归结果

	(10)	(11)	(12)	(13)	(14)	(15)	(16)	(17)	(18)
	fuel	fuel	fuel	fuel > M	fuel < M	fuel > M	fuel < M	fuel > M	fuel < M
fuel	-0.0219**	-0.0218**	-0.0228**						
	(0.00935)	(0.00934)	(0.00938)						
trade	0.154			0.0670	0.110				
	(0.371)			(0.578)	(0.519)				
open		0.00661				0.0145	0.00146		
		(0.00756)				(0.0144)	(0.0113)		
export			0.0154					0.0479	0.00414
			(0.0143)					(0.0305)	(0.0225)
trade * fuel				-0.000845*	-0.0131*				
				(0.000478)	(0.00770)				
open * fuel						-0.000375**	-0.00485		
						(0.000191)	(0.00381)		
export * fuel								-0.000730**	-0.00809
								(0.000369)	(0.00815)
gdp	-0.603	-0.518	-0.488	-0.524	-1.487	-0.551	-1.359	-0.729	-1.374
	(0.749)	(0.588)	(0.578)	(1.395)	(1.123)	(1.078)	(0.928)	(1.045)	(0.920)
pgdp	0.153	0.199	0.153	-0.168	1.411	-0.105	1.397	0.0459	1.393
	(0.739)	(0.737)	(0.734)	(1.256)	(1.183)	(1.265)	(1.183)	(1.234)	(1.182)

续表

	(10) fuel	(11) fuel	(12) fuel	(13) fuel > M	(14) fuel < M	(15) fuel > M	(16) fuel < M	(17) fuel > M	(18) fuel < M
growth	−0.0748***	−0.0755***	−0.0745***	−0.0377	−0.107***	−0.0379	−0.104***	−0.0376	−0.104***
	(0.0215)	(0.0215)	(0.0213)	(0.0343)	(0.0301)	(0.0341)	(0.0301)	(0.0337)	(0.0300)
arableland	−1.711	−1.778	−1.761	−7.620*	−2.204*	−7.134*	−2.080	−6.985*	−2.044
	(1.136)	(1.149)	(1.144)	(4.213)	(1.335)	(3.946)	(1.305)	(3.916)	(1.294)
N	1801	1801	1801	673	893	673	893	673	673

注：括号内为标准误。* $p<0.1$，** $p<0.05$，*** $p<0.01$。其中 M 为 fuel 变量的中位数。

模型 10—12 讨论的是未加入交互项的情形，反映一国自然资源充裕程度的指标为燃料占货物出口的百分比。可以看出，在模型 10—12 中，燃料出口的估计系数为负且具有统计上的显著性（$p<0.05$），说明自然资源相对充裕的国家发生政体崩溃的可能性更小，而衡量国际贸易参与的变量均未显著。模型 13—18 讨论的是加入交互项之后，国际贸易对自然资源禀赋不同的国家的政体崩溃产生的影响。对于自然资源要素相对充裕的国家（fuel > M）而言，参与国际贸易会降低其政权崩溃的概率。关于控制变量，我们发现良好的经济增长形势会在一般意义上显著减小政权崩溃的可能性。并且对于自然资源要素相对充裕的样本，人均耕地面积越小，则政权崩溃的可能性更大。这与我们假说 1 是契合的，因为较小的人均耕地面积通常意味着更为充裕的劳动力要素禀赋，而其他条件相同，劳动力要素充裕的国家在参与国际贸易时更可能发生民主转型。

需要承认的是，在资源诅咒的怀疑论者看来，几乎任何关于资源开采的数据都有内生性风险。以威权巩固为例，可能正是威权主义的统治导致了该国发现更多的石油，或者加速开采它们的石油储备。①不过上述指责是有失公允的。因为从既有的经验研究来看，威权统治

---

① Stephen Haber and Victor Menaldo, "Do Natural Resources Fuel Authoritarianism? A Reappraisal of the Resource Curse", *American Political Science Review*, Vol. 105, No. 1, 2011, pp. 1–26. Romain Wacziarg, "The First Law of Petropolitics", *Economica*, Vol. 79, No. 316, 2012, pp. 641–657.

往往减少了国家的石油勘探和石油生产。① 并且，相较于因变量，我们所采用的自变量均保有一年的时滞，这也可以在一定程度上缓解内生性。

接下来，我们开展了一系列稳健性检验。一是使用不同来源的政体测量，包括何塞·安东尼奥·柴巴布等（José Antonio Cheibub et al.）的"民主与专制数据库"；② 扬·特奥雷尔等（Jan Teorell et al.）的"政府质量数据集"；③ 以及卡莱斯·鲍什等（Carles Boix et al.）的"二分法民主编码"。④ 替换因变量编码后相对劳动力要素禀赋、燃料出口占比及其与贸易的交互项依然具有统计意义且影响方向不变。二是将由临时政府、外国占领、未独立转变为民主制的情况排除，并将因苏联、南斯拉夫和捷克斯洛伐克解体而成为民主国家的案例除去，这包括亚美尼亚、阿塞拜疆、白俄罗斯、波斯尼亚和黑塞哥维那、捷克、格鲁吉亚、哈萨克斯坦、吉尔吉斯斯坦、俄罗斯、塞尔维亚、斯洛伐克、塔吉克斯坦、土库曼斯坦、乌兹别克斯坦。这种处理也并未影响自变量的显著性和影响方向。三是进一步控制地区因素。民主转型的发生不仅取决于一国内部的因素，在世界历史的视野下，"波（waves）"这一概念在民主化研究中十分盛行。特定地区范围内的相关因素以及国际因素对解释民主化亦十分重要，⑤ 故本书在世界银行对地区分类的基础上，借鉴爱德华·曼斯菲尔德（Edward

---

① Henning Bohn and Robert T. Deacon, "Ownership Risk, Investment, and the Use of Natural Resources", *American Economic Review*, Vol. 90, No. 3, 2000, pp. 526 – 549.

② José Antonio Cheibub, Jennifer Gandhi and James Raymond Vreeland, "Democracy and Dictatorship Revisited", *Public Choice*, Vol. 143, No. 1 – 2, 2010, pp. 67 – 101. https://sites.google.com/site/joseantoniocheibub/datasets/democracy-and-dictatorship-revisited.

③ Jan Teorell, Nicolas Charron, Stefan Dahlberg, Sören Holmberg, Bo Rothstein, Petrus Sundin and Richard Svensson, "The Quality of Government Dataset", 2013, http://www.qog.pol.gu.se/data/datadownloads/qogstandarddata/. Axel Hadenius and Jan Teorell, "Pathways from Authoritarianism", *Journal of Democracy*, Vol. 18, No. 1, 2007, pp. 143 – 157.

④ Carles Boix, Michael Miller and Sebastian Rosato, "A Complete Data Set of Political Regimes, 1800 – 2007", *Comparative Political Studies*, Vol. 46, No. 12, 2013, pp. 1523 – 1554. https://dataverse.harvard.edu/dataset.xhtml?persistentId=doi:10.7910/DVN/FJLMKT.

⑤ Kristian Skrede Gleditsch and Michael D. Ward, "Diffusion and the International Context of Democratization", *International Organization*, Vol. 60, No. 4, 2006, pp. 911 – 933.

D. Mansfield）和海伦·米尔纳（Helen V. Milner）的研究进行了微调，①将数据库中各国分别归为东亚与太平洋、欧洲与中亚、拉丁美洲及加勒比海、中东与北非、北美洲与中美洲、南亚、撒哈拉以南非洲、西欧8个地区，并作为哑变量纳入模型中。加入地区哑变量后并未改变自变量的方向和显著性。四是变换计量模型。除前文采用的面板 logit 模型的固定效应，我们还使用了固定效应 probit 模型，并放松模型中对年份和国家的固定效应；将是否发生民主转型或政体崩溃作为线性变量，进行面板数据的多元线性回归分析。结果显示，自变量依然具有统计上的显著性且方向不变。

第三节 不同威权类型下国际贸易对政体变迁的影响：数据、模型与发现

为了检验国际贸易对不同初始政体类型国家民主转型的影响，本部分的因变量"$democratization_{it}$"（民主转型）和"$autobreakdown_{it}$"（威权崩溃）均为哑变量。同上一节的编码保持一致，如果第 t 年国家 i 发生了民主转型或威权崩溃，则因变量取值为 1，否则为 0。自变量为一国参与国际贸易的相关指标、政体类型以及两者的交互项。国际贸易的相关指标包括贸易量的自然对数值、对外贸易依存度、出口依存度。关于自变量名称、数据说明、数据来源等信息见表 7—11，自变量特征值见表 7—12。

表 7—11　　　　自变量名称、数据说明及来源（II）

变量名称	数据说明	数据来源
trade	上一年贸易量的自然对数值	World Bank Data
open	上一年进出口占 GDP 的百分比（%）	World Bank Data

---

① Edward D. Mansfield and Helen V. Milner, *Votes, Vetoes, and the Political Economy of International Trade Agreements*, Princeton: Princeton University Press, 2012, pp. 106 – 107.

续表

变量名称	数据说明	数据来源
export	上一年出口额占 GDP 的百分比（%）	World Bank Data
party	哑变量,若上一年政体类型为一党制,则取值为 1,否则为 0	GWF Autocratic Regime Data
military	哑变量,若上一年政体类型为军人政体,则取值为 1,否则为 0	GWF Autocratic Regime Data
personal	哑变量,若上一年政体类型为个人独裁,则取值为 1,否则为 0	GWF Autocratic Regime Data
monarch	哑变量,若上一年政体类型为君主制,则取值为 1,否则为 0	GWF Autocratic Regime Data

资料来源：作者自制。

表 7—12　　　　　　自变量特征值（Ⅱ）

变量	观测值	均值	标准差	最小值	最大值
trade	4138	26.72	2.00	21.59	32.24
open	4269	64.21	43.06	0.02	439.66
export	4269	29.46	22.63	0.01	230.27
party	5994	0.34	0.47	0	1
military	5994	0.11	0.31	0	1
personal	5994	0.19	0.39	0	1
monarch	5994	0.10	0.30	0	1

资料来源：作者自制。

除自变量外,我们还纳入了部分可能对一国民主转型产生影响的控制变量。包括一国 GDP 的自然对数值、人均 GDP 的自然对数值、人均 GDP 增长率、人均耕地面积、相对劳动力要素禀赋、燃料占货物出口比重。关于控制变量名称、数据说明、数据来源等信息见表 7—13,控制变量特征值见表 7—14。

表7—13 控制变量名称、数据说明及来源（Ⅱ）

变量名称	数据说明	数据来源
gdp	上一年GDP的自然对数值	World Bank Data
pgdp	上一年人均GDP的自然对数值	World Bank Data
growth	上一年人均GDP增长率（%）	World Bank Data
arableland	上一年人均耕地面积（公顷）	World Bank Data
rle	上一年（某国人口/世界人口）/上一年（某国GDP/世界GDP）	World Bank Data
fuel	上一年燃料占货物出口的百分比（%）	World Bank Data

资料来源：作者自制。

表7—14 控制变量特征值（Ⅱ）

变量	观测值	均值	标准差	最小值	最大值
gdp	4355	22.67	1.92	17.53	28.16
pgdp	4352	6.66	1.36	3.62	10.91
growth	4352	1.84	6.77	-65.00	92.36
arableland	5003	0.32	0.28	0.00	3.29
rle	4352	6.90	8.18	0.05	83.42
fuel	3126	37.51	37.51	0	722.76

资料来源：作者自制。

在模型选择上，本节同样使用了面板数据logit模型。我们根据豪斯曼检验结果，分别拒绝了混合回归和随机效应的原假设，认为应使用固定效应模型。需要说明的是，尽管我们相信所采取的计量模型是恰当的，但其揭示的依然是统计学意义上的相关关系而非因果关系。

必须承认，在讨论国际贸易与民主的相互作用时，内生性是十分棘手的问题。当研究者们得出参与贸易越多的国家有着更高的民主程度这一结论时，他们往往需要说明为什么不是相反的故事，即民主程度高的国家往往倾向于更多地参与贸易。例如，约翰·阿尔奎斯特与埃里克·维贝尔斯以世界贸易的开放程度作为工具变量来解决内生性问题;① 约翰·达克斯（John A. Doces）和克里斯托弗·马吉（Christopher S. P. Magee）运用两阶段最小二乘估计的方法尝试解决贸易开放与民主程度间的内生性问题。② 但上述方法也并非无可挑剔。前者用世界贸易量占世界生产总值的比例而非国别数据来衡量对外贸易依存度，尽管这在一定程度上有助于解决内生性问题，但我们很难说在同样的世界贸易开放度下，朝鲜和韩国面对的民主转型压力是相同的。后者在经验检验时讨论的因变量仅是民主程度而非民主转型，而且其数据库中既包括民主国家也包括威权国家，这在某种意义上亦属瑕疵。

在本部分，我们采用的因变量为民主转型而非民主程度。毕竟历史地看，民主转型通常是涉及政体变迁的重要事件，若使用Polity IV数据库③中对民主程度的测量，其数值在-10—10之间的变化则可能并不总是意味着政体类型上的变化。④ 在变量的操作化上，相较于民主程度增加，很难说民主转型本身导致了贸易量的增加。此外，所有因变量均延迟了一年，而非直接采用当年的数据，这同样可在一定程度上缓解内生性问题。当然，对于因果机制仍需进一步通过过程追踪式的定性分析加以确证，这可以从本书韩国和新加坡的比较案例研究中呈现。

以某国该年是否发生民主转型或威权崩溃作为二值因变量，政体类型、国际贸易及两者的交互项作为自变量，进一步控制相关变量，并考虑到年份和国别的效应，以下使用面板logit模型的固定效应进行了回归结果展示（见表7—15）。

---

① John S. Ahlquist and Erik Wibbels, "Riding the Wave: World Trade and Factor-Based Models of Democratization", *American Journal of Political Science*, Vol. 56, No. 2, 2012, pp. 447–464.
② John A. Doces and Christopher S. P. Magee, "Trade and Democracy: A Factor-Based Approach", *International Interactions*, Vol. 41, No. 2, 2015, pp. 407–425.
③ Polity IV Project, "Political Regime Characteristics and Transitions", http://www.systemicpeace.org/inscrdata.html，访问时间：2017年3月10日。
④ Min Tang, Narisong Huhe and Qiang Zhou, "Contingent Democratization: When Do Economic Crises Matter?", *British Journal of Political Science*, Vol. 47, No. 1, 2017, p. 81.

表7—15 国际贸易条件下不同威权政体民主转型的回归结果

	(19) 民主转型	(20) 民主转型	(21) 民主转型	(22) 威权崩溃	(23) 威权崩溃	(24) 威权崩溃
military	−23.05**	2.415**	2.360**	24.87	25.27	25.25
	(9.453)	(1.054)	(0.993)	(6857.1)	(6536.4)	(6011.8)
party	2.876***	3.861***	3.794***	16.08	27.29	27.20
	(0.940)	(1.066)	(1.053)	(6857.1)	(6536.4)	(6011.8)
trade	0.714			1.292**		
	(0.680)			(0.628)		
trade * military	1.030***					
	(0.362)					
trade * party				0.375		
				(0.416)		
open		0.00695			0.0400***	
		(0.0141)			(0.0134)	
open * military		0.0417**				
		(0.0212)				
open * party					−0.0278*	
					(0.0160)	
export			0.0133			0.0777***
			(0.0290)			(0.0242)
export * military			0.0937**			
			(0.0425)			
export * party						−0.0536*
						(0.0302)
personal	1.264*	1.656**	1.676***	23.51	23.84	23.84
	(0.655)	(0.646)	(0.649)	(6857.1)	(6536.4)	(6011.8)
monarch	−13.38	−5.477	−5.897	2.175	3.117	3.104
	(16196.8)	(1024.0)	(926.5)	(629835.9)	(472641.4)	(465585.3)
gdp	0.346	1.450	1.518	−2.236	−1.415	−1.740
	(1.612)	(1.359)	(1.364)	(1.581)	(1.481)	(1.488)
pgdp	−1.049	−1.130	−1.205	2.055	2.637	3.166
	(1.649)	(1.650)	(1.665)	(1.888)	(1.927)	(1.947)

续表

	(19)民主转型	(20)民主转型	(21)民主转型	(22)威权崩溃	(23)威权崩溃	(24)威权崩溃
growth	-0.0371	-0.0351	-0.0354	-0.0549**	-0.0616**	-0.0588**
	(0.0335)	(0.0339)	(0.0340)	(0.0274)	(0.0276)	(0.0272)
arableland	-1.063	-0.927	-0.731	-3.273	-4.205	-3.443
	(2.285)	(2.466)	(2.325)	(2.686)	(2.626)	(2.339)
rle	0.0688	0.101*	0.0946	0.113	0.117	0.150**
	(0.0590)	(0.0604)	(0.0597)	(0.0702)	(0.0727)	(0.0694)
fuel	-0.0491**	-0.0441**	-0.0486**	-0.0490***	-0.0510***	-0.0564***
	(0.0208)	(0.0191)	(0.0203)	(0.0147)	(0.0151)	(0.0160)
N	1513	1513	1513	1702	1702	1702

注：括号内为标准误。* $p<0.1$，** $p<0.05$，*** $p<0.01$。

模型19—21讨论的是军人政体的调节效应。若不考虑初始威权政体的调节效应，一国参与国际贸易并不会对民主转型产生显著影响。并且结果显示，军人政体与民主转型的相关性也是不确定的（模型19的系数显著为负而模型20—21的系数则显著为正）。但当我们纳入国际贸易变量和军人政体的交互项时，其关系呈现出更大的一致性。模型19—21都在一定程度上构成了对假说3的验证，即国际贸易本身并不必然带来民主转型，军人政体在参与国际贸易时更容易发生民主转型。在模型19—21中，军人政体与国际贸易变量的交互项系数为正，且均具有统计意义。

模型22—24讨论的是一党制政体的巩固与崩溃问题。计量结果显示，贸易量、贸易开放度、出口占GDP的比重均与威权崩溃呈正相关关系，且具有显著性。然而一党制与对外贸易依存度、一党制与出口依存度的交互项则呈现了另一番场景。对于一党制国家来说，更多地参与国际贸易会减少威权崩溃的可能性，从而一定程度上为假说4提供了支撑，即一党制政体在国际贸易条件下更容易发生政体巩固，而非政体崩溃。

控制变量上，一国GDP增速越大，其发生威权崩溃的可能性就越小，不过GDP增速对民主转型无显著影响。模型20和模型24的证据显示,劳动力要素相对充裕的国家更容易发生民主转型和威权崩溃,这与假说1相符。此外,模型19—24均有较强的证据表明一国若是自然资源要素充裕,则更不容易发生民主转型和威权崩溃,这与假说2相符。甚至我们有理由相信"国际贸易使自然资源要素充裕的国家更容易发生威权巩固"这一观点也已得到有力的支持。

与上一节相似,我们对上述结果进行了一系列稳健性检验。一是使用不同来源的政体测量。替换因变量编码后相应政体类型与贸易变量的交互项依然具有统计意义且影响方向不变。二是将由临时政府、外国占领、未独立转变为民主制的情况排除,并将因苏联、南斯拉夫和捷克斯洛伐克解体而成为民主国家的案例除去。这种处理也并未影响交互项的显著性和影响方向。三是进一步控制地区因素。军人政体与国际贸易变量的交互项仍然在统计上具有显著性且影响方向不变。东亚与太平洋地区哑变量和民主转型呈显著的负相关关系。四是变换计量模型。除前文采用的面板 logit 模型的固定效应,我们还使用了固定效应 probit 模型,并放松模型中对年份和国家的固定效应;将是否发生民主转型作为线性变量,进行面板数据的多元线性回归分析。结果显示,相应政体类型与国际贸易变量的交互项仍在统计上具有显著性且影响方向不变。

第八章 结论

一 研究总结

作为整个世界逐步在经济上结合成为一个整体的过程，经济全球化至少从资本主义生产方式产生之日就已经开始："资产阶级，由于开拓了世界市场，使一切国家的生产和消费都成为世界性的了。"① 在马克思和恩格斯看来，世界市场的形成不仅会使各个国家之间的相互依赖不断加深，而且会使各国的国内政治经济发生前所未有的深刻变化。正如他们所指出的："单是大工业建立了世界市场这一点，就把全球各国人民，尤其是各文明国家的人民，彼此紧紧地联系起来，以致每一国家的人民都受到另一国家发生的事情的影响。"② 作为经济全球化中最重要的一个维度，国际贸易也会深刻地影响到参与国的政治发展和制度变迁。正是在马克思、恩格斯以及深受马克思主义影响的巴林顿·摩尔的分析范式下，我们结合国际政治经济学、比较政治学以及国际经济学的相关理论建立了一个分析框架来说明国际贸易导致民主转型或者威权巩固这两种不同的国内政治结果各自需要的前提条件及其因果机制。

马克思和摩尔的阶级分析强调了阶级分化对政治制度选择的决定性作用。我们在此基础上将罗纳德·罗戈夫斯基关于国际贸易与政治分化的因果链条延伸到国际贸易对政体变迁的影响上。由于国际贸易的结果将有利于世界范围内要素价格的均等化，国际贸易对不同要素所有者的收入和财富产生不同的影响。随着贸易的开放，充裕要素的所有者将会运用他们增加了的收入和财富来更有效地克服集体行动的

---

① 《马克思恩格斯选集》（第一卷），人民出版社1995年版，第275—276页。
② 同上书，第241页。

困境，从而积聚了更多的政治资源。由于是否转向民主取决于阶级之间的权力对比，国际贸易带来的上述变化将会直接影响威权政体的走向，即民主转型还是威权巩固。这样，当初始政体为威权政体时，在不同的要素禀赋下国际贸易会对落后经济体政体变迁产生不同的影响：当劳动力要素充裕时，国际贸易往往会促进民主转型；当自然资源要素充裕时，国际贸易往往会促进威权巩固。

同马克思和摩尔一样，我们的理论框架在强调阶级分化时也没有忽视政治制度的相对独立性。作为政治博弈的基本规则，政治制度决定了政治行为体战略选择的范围以及相互作用的结果。随着国际贸易所带来的经济发展和人均收入的增长，威权政体会面对不断扩大的政治参与需求。作为威权国家两种不同的政体模式，军人政权和一党制政权在使用强制和合作两种战略工具来化解反对势力的能力上存在着显著的差异，从而限制了有关政治行为体的战略选择。正是由于在不同的政治制度下战略选择集合的差异，当初始威权类型为军人政权时国际贸易更容易推动民主转型，而初始威权类型为一党制政权时国际贸易难以推动民主转型，威权政体容易巩固。

为了检验上述理论，我们主要采用比较研究中的求异法或求同法考察了四对案例：19世纪末的巴西和20世纪70年代的巴西、韩国和新加坡、土耳其和泰国、委内瑞拉和哈萨克斯坦。在巴西两个历史时期的比较案例研究中，我们通过求异法来揭示要素禀赋作为条件变量如何制约国际贸易对政体变迁的影响。19世纪末，巴西劳动力要素稀缺，土地要素充裕。这一时期巴西对国际贸易的参与使土地收益提高，收入和财富集中于地主阶层特别是咖啡种植园主。凭借经济上的优势地位，这些土地要素所有者通过操纵选举、镇压农民起义等方式加强了对政权的控制。因此，国际贸易在19世纪末巩固了巴西的威权统治。在20世纪70年代，巴西土地—劳动力比明显降低，劳动力要素变得充裕起来。这一时期巴西对国际贸易的参与会提高劳动的收益率，增强了工人阶级的力量。通过组建工会、发动罢工和争取直接选举等，巴西工人阶级极大地推动了民主化进程。因此，国际贸易在20世纪70年代促进了巴西的威权政体向民主转型。

在韩国和新加坡的比较案例研究中，我们通过求异法来揭示初始威权类型作为条件变量如何制约国际贸易对政体变迁的影响。在20世纪60、70年代，韩国和新加坡均采取了出口导向型战略，工人阶级都随着国际贸易的扩张而力量增强。但在政治上，尽管两国均采取了威权政体，但是属于不同类型的威权政体，即前者为军人政权，而后者为一党制政权。这种初始威权类型上的差异使两国政府在面对劳工运动的发展时采用了不同的战略组合。韩国的军人政权一方面在面对劳工的抗争时倾向于实施刚性的强制手段，另一方面基于军人统治集团的封闭性而难以和反对派合作。新加坡的一党制政权一方面在矛盾激化之前善于运用柔性的强制手段，另一方面通过实施包容战略来满足劳工的参政需求。这样，韩国的威权政体在遭遇危机时更容易崩溃，而新加坡的威权政体则更容易保持稳定。

在土耳其和泰国的比较案例研究中，我们通过求同法来揭示在劳动力要素充裕条件下国际贸易促进民主转型的因果关系。土耳其和泰国都是劳动力要素充裕而土地要素稀缺的落后经济体。20世纪80年代以来，随着对外贸易的发展，两国劳动力要素所有者的收入与财富不断增长，中下阶层在政治上的影响力逐渐提升。在政治结社层面，两国中下阶层开始创建和参加各式各样的非政府组织，以组织形式来维护自身的经济利益并扩大自身的政治影响。在社会运动层面，中下阶层民众以较为激进的方式对抗传统政治精英居于主导地位的政府。在土耳其，世俗主义政治精英对中下阶层的伊斯兰政治诉求的压制催生了伊斯兰复兴运动的产生和发展。在泰国，王室、军方和官僚集团等传统精英对农民阶层及其盟友新兴产业集团的压制催生了红衫军运动。在政治选举层面，代表中下阶层利益的政党在选举中频频获胜并上台执政。在土耳其，代表安纳托利亚农民、城市边缘阶层、中小工商业者等中下阶层利益的正义与发展党在2002年以来的选举中连续取胜。在泰国，代表北部、东北部农民和城市贫民利益的泰爱泰党及其继任政党在进入21世纪的四次大选中都赢得了胜利。

在委内瑞拉和哈萨克斯坦的比较案例研究中，我们通过求同法来揭示在自然资源要素充裕条件下国际贸易促进威权巩固的因果关系。在20世纪末、21世纪初国际石油贸易蓬勃发展的时期，作为石油资源丰富并以石油出口为支柱的国家，委内瑞拉和哈萨克斯坦国内不同群体间的政治力量对比发生了变化。石油这一相对充裕要素的所有者在收入和财富上的增加使得他们具有更多资源进行政治动员，帮助其所支持的当权者巩固其威权统治。在委内瑞拉,从石油收入中获益的贫民建立了公社委员会、玻利瓦尔小组和选战小组等非政府组织以支持查韦斯政权,并发起了包括社会广播等社会运动在内的"查韦斯支持者运动",他们在政治选举中参与率的提高帮助查韦斯政权在5次全民公决、3次总统选举中获胜。在哈萨克斯坦,凭借石油要素所有者在政治结社中起到的动员作用、在社会运动中的非制度性参与以及在政治选举中的鼎力支持,纳扎尔巴耶夫带领的"祖国之光"党成功统治哈萨克斯坦已长达20多年的时间。

上述四对案例研究或者说八个案例研究在空间和时间上的分布具有相当的广泛性。一方面,案例研究中所涉及的国家在地区分布上相当广泛,包括三个东亚国家(韩国、新加坡、泰国)、两个拉美国家(巴西、委内瑞拉)、一个中东国家(土耳其)和一个中亚国家(哈萨克斯坦)。另一方面,这些案例研究在时间跨度上从19世纪末到21世纪初,包括19世纪末的巴西,20世纪70—80年代的巴西、韩国和新加坡,20世纪80年代以来的土耳其和泰国,20世纪末21世纪初的委内瑞拉和哈萨克斯坦。鉴于这些案例在历史背景、文化传统、经济发展水平、政治制度和国际环境上的显著差异,案例研究对我们的理论的支持说明我们的理论具有较强的解释力。

不过相对于小样本的案例研究而言,大样本的计量分析对于展示理论的一般性仍更有价值。我们在计量分析中采用面板数据logit模型来估计因变量——民主转型或政体崩溃——发生的概率。首先考虑要素禀赋的调节效应。在未加入交互项的情形下,衡量国际贸易参与的变量——贸易量、对外贸易依存度、出口依存度与民主转型的关系均未显著。在加入国际贸易的相关变量与相对劳动力要素禀赋的交互项之后,国际贸易对劳动力要素禀赋不同的国家的民主转型产生了异质性的影响:对劳动力要素相对充裕的国家而言,参与国际贸易会增加其发生民主转型的概率;对劳动力要素相对稀缺的国家而言,参与国际贸易与其发生民主转型的关系并不显著。在加入国际贸易的相关变量与自然资源禀赋的交互项之后,国际贸易对自然资源禀赋不同的国家的政体崩溃产生了影响。对于自然资源要素相对充裕的国家而言,参与国际贸易会降低其政权崩溃的概率。

然后我们在计量模型中考虑初始威权类型的调节效应。在未加入交互项的情形下，计量结果显示，一国参与国际贸易并不会对民主转型产生显著影响，并且军人政体与民主转型的相关性也是不确定的。但当我们纳入国际贸易变量和军人政体的交互项时，军人政体与民主转型的关系呈现出更大的一致性。当没有纳入交互项时，计量结果显示贸易量、贸易开放度、出口依存度均与威权崩溃呈正相关关系，且具有显著性。但当我们纳入一党制与国际贸易的相关变量的交互项后，我们发现一党制国家更多地参与国际贸易会减少威权崩溃的可能性。

二　本书的主要创新之处

毋庸置疑，国际贸易与政体变迁的关系并非一项新课题。作为影响民主转型的一个外部因素，国际贸易在近二十年来已经被纳入民主转型的研究中。从导论中的文献回顾部分不难看出，关于国际贸易与民主转型的研究已经积累了相当丰富的文献，并且提出了很多有价值的洞见。与这些既有的文献相比，我们对国际贸易与政体变迁的研究具有以下几个方面的特点，从而使本书形成了一定的创新。

首先，国际政治经济学和比较政治学的主流理论将国际贸易看作施压手段、制度安排或者文化载体，进而探讨国际贸易对民主转型的推动作用。但是，这些理论没有重视贸易自身的特点，也没有对贸易本身所发挥的作用进行细致探讨。如果仅仅是来自外国或国际组织的物质性或规范性压力，而没有国内权力对比的相应变化，国际贸易就很难真正促进民主转型。正如瑞彻迈耶、史蒂芬斯等学者指出的："国际压力仅能带来甚至不具备形式内容的民主体制，而这可能会用来掩盖将部分群体排斥在政治过程之外的事实。如果民主的国际正当性是一个国家建立民主的主要原因并且没有适当的权力平衡来支撑，该国的'民主'就可能会是赝品或者将在拥有强大经济与政治权力的群体感受到威胁时遭到终结。"[①] 本书就着眼于国际贸易对国内社会分化和政治联盟的影响，具体说明了国际贸易是如何改变国内权力平衡的，从而为国际贸易作用的有效性提供了更微观的分析。

其次，国际政治经济学和比较政治学的主流理论认为国际贸易会

---

① ［美］迪特里希·瑞彻迈耶、艾芙琳·胡贝尔·史蒂芬斯和约翰·D. 史蒂芬斯：《资本主义发展与民主》，方卿译，复旦大学出版社2016年版，第384页。

促进民主转型,但无法解释那些相反的情况,即国际贸易为什么会促进一些国家的威权巩固。尽管"食利国家"等理论文献对这些相反的情况进行了探讨,但又与上述主流的文献相脱节。我们的研究则通过对要素禀赋和初始威权类型这两个条件变量的揭示说明了国际贸易在不同的条件下分别会促进民主转型或者威权巩固,从而解决了上述理论与经验之间的不一致之处,并且将民主转型和威权巩固这两个传统上分开研究的问题置于一个统一的理论框架之中。

再次,基于马克思、摩尔和罗戈夫斯基的阶级分析,我们强调了要素禀赋在国际贸易导致政体变迁中的制约作用。尽管卡莱斯·鲍什、达龙·阿塞莫格鲁和詹姆士·罗宾逊也都强调了要素禀赋在国际贸易影响民主制选择中的作用,但是他们在因果机制上过于强调再分配压力而没有充分重视阶级之间的政治权力对比。实际上,国际贸易所带来的收益分配最直接的政治后果就是不同要素所有者随着其拥有的财富的增减而相应地增加或减少了其采取有效的集体行动和政治动员的能力。因此,我们用"基于要素禀赋的阶级均势模型"替代了他们的"基于要素禀赋的再分配模型"来说明要素禀赋在政体变迁上的作用机制。这种替代可以使我们聚焦于充裕要素所有者在政治结社、社会运动和政治选举中具体采取的政治行为,从而通过对微观博弈的展示增强了影响机制的微观基础,并且便利了对相应实证资料的搜集。

复次,在强调要素禀赋重要性的同时,我们也没有忽视初始威权类型的重要性。阿塞莫格鲁和罗宾逊坦诚指出,他们关于民主起源的分析抽象掉了不同的威权体制的差异,"然而,引入关于非民主制度结构的更丰富的模型无疑产生许多新的见解"。[①] 实际上,在当前国际政治经济学的主流范式"开放经济政治学"(Open Economy Politics,OEP)中,就强调经济利益和政治制度在对外经济政策的制定中都很重要。[②] 基于马克思和摩尔对政治制度相对独立性的阐述,我们在理论框架中将初始威权类型作为与要素禀赋并列的条件变量。这样,我

---

① [美]达龙·阿塞莫格鲁、詹姆士·罗宾逊:《政治发展的经济分析——专制和民主的经济起源》,马春文等译,上海财经大学出版社2008年版,第305页。
② David Lake, "International Political Economy: An Emerging Interdiscipline", in Barry Weingast and Donald Wittman, eds., *The Oxford Handbook of Political Economy*, New York: Oxford University Press, 2006, pp. 757–777.

们就可以对国际贸易影响政体变迁的问题提供更加周延的解释。比如，尽管新加坡属于劳动力要素充裕的国家，但由于其一党制政权更强的基础性能力和更加包容的制度结构，在积极参与国际贸易的同时可以有效维持其威权政体。

最后，尽管我们通过定性和定量的混合研究方法来说明国际贸易与民主转型的关系，但是更偏重于定性的比较案例研究方法。近10年间，关于本书主题较有深度的几项研究都是通过建立计量模型来揭示国际贸易与民主化的关系。① 但定量分析只能揭示变量之间的相关性，而不能说明变量之间的因果机制。为了充分检验国际贸易与民主转型之间的因果关系，需要一定数量的案例研究。作为全球化与民主化相关性计量分析的倡导者，巴里·艾肯格林和戴维·利朗坦言："关于国家的跨部门统计工作能够发现一般的模式。但是倾向于这种路径的研究者也承认，仅仅当其为具体案例的详细研究所充实时完整的图景才会展现。"② 我们在遵循"最大相似"或"最大差别"的设计原则下通过四对比较案例研究检验了本书的理论框架，从而确定了相关的条件变量或因果关系。此外，这些案例研究中所涉及的国家在本地区都是具有相当影响的国家，韩国、土耳其、哈萨克斯坦等国家在世界政治舞台上属于中等强国，巴西甚至具有一定的全球性大国色彩，即使是"蕞尔小国"新加坡也经常在国际事务中发挥"四两拨千斤"的作用。因此，对于这些国家的研究不仅在案例研究上符合相关的方法论要求，而且就理解这些国家的政治经济逻辑本身而言也具有一定的意义。

三　本书的不足之处

作为一项探索性研究，本书还会存在一些局限性或不足之处。这

---

① Barry Eichengreen and David Leblang, "Democracy and Globalization", *Economics and Politics*, Vol. 20, No. 3, 2008, pp. 289 – 334; J. Ernesto López-Córdova and Christopher M. Meissner, "The Impact of International Trade on Democracy: A Long-Run Perspective", *World Politics*, Vol. 60, No. 4, 2008, pp. 539 – 575; Mikhail Balaev, "The Effects of International Trade on Democracy: A Panel Study of the Post-Soviet World-System", *Sociological Perspectives*, Vol. 52, No. 3, 2009, pp. 337 – 362; John S. Ahlquist and Erik Wibbels, "Riding the Wave: World Trade and Factor-Based Models of Democratization", *American Journal of Political Science*, Vol. 56, No. 2, 2012, pp. 447 – 464.

② Barry Eichengreen and David Leblang, "Democracy and Globalization", *Economics and Politics*, Vol. 20, No. 3, 2008, p. 320.

些局限或不足有的是基于理论建构简约性的需要而不得不做出的取舍，有的是囿于相关理论模型的研究假定，有的则是由于作者能力之不逮。

第一，我们关于国际贸易在不同的要素禀赋下如何影响政体变迁的理论探讨在很大程度上基于赫克歇尔—俄林模型和斯托尔珀—萨缪尔森定理。两者都假定商品可以在国家间自由流动，但生产要素在国家间不能自由流动。尽管劳动力要素由于移民的障碍仍缺乏国际上的流动性，资本要素随着金融全球化的迅猛发展在国家间已经具有了越来越大的流动性。和商品一样，资本要素在国家间的流入和流出也会明显影响到国内政治发展，包括政体变迁。此外，随着金融工具的创新和大范围使用，区分生产要素所有者的困难程度也会增加。正如罗纳德·罗戈夫斯基所举的例子："阿根廷的地主可以在国际市场上将他们的土地转化为证券资产，同时购买世界上任何地区、任何领域的企业的股份。"[①] 这样，由于没有考虑到资本要素在国家间的自由流动，本书的理论框架可能难以有效解释政体变迁中的一些新现象。

第二，我们在探讨国际贸易所导致的国内社会分化时聚焦于阶级分化，但国际贸易在国内政治中既可能导致阶级分化，也可能导致行业分化。根据迈克尔·希斯考克斯（Michael Hiscox）的模型，如果要素能够在不同行业间自由流动，那么贸易会对不同要素所有者的收入产生不同的影响，使不同生产要素所有者的立场不同；如果要素在不同行业之间不能够自由流动，那么贸易就会对不同行业的收入有不同的影响，使得不同行业中同一要素的所有者在政策方向上立场不同。[②] 换言之，在要素行业间流动程度高的环境中更易于形成以阶级为基础的政治联盟，而在要素行业间流动程度低的环境中更易于形成以行业为基础的政治联盟。在后面一种环境中，因为社会分化是以行业为基础的，而不同行业在威权和民主政体的选择上很难说有什么特别的偏好，国际贸易所引起的社会分化对政体变迁的含义将变得模糊不清。

第三，尽管我们对罗戈夫斯基所采用的三要素模型进行了一定的

---

① ［美］罗纳德·罗戈夫斯基：《商业与联盟：贸易如何影响国内政治联盟》，上海人民出版社2012年版，中文版序言，第Ⅲ页。
② ［美］迈克尔·希斯考克斯：《国际贸易与政治冲突——贸易、联盟与要素流动程度》，中国人民大学出版社2005年版，第6页。

改造，用内涵更广的自然资源要素替代土地要素，但这个新的三要素模型仍难以充分反映变化了的现实，特别是人力资本要素在重要性上的增长。人力资本要素已经从传统的劳动力要素中分离出来，使劳动者分为熟练工人、半熟练工人和不熟练工人。阿塞莫格鲁和罗宾逊指出："在现代经济中，技能收益的提高，以及更一般地说，人力资本的更重要的作用，可以在我们的三阶级模型中进行更有意义的分析。在这一模型中，我们可以将熟练工人视为中产阶级的重要组成部分。这意味着贸易开放和技能倾斜型技术的转移一起，增加了中产阶级的收入。"① 由于本书的三要素模型中并没有包含人力资本，我们在分析阶级分化时也难以包含中产阶级，在探讨政体变迁时也没有说明中产阶级在其中的作用。

第四，尽管我们的理论强调了国际贸易对政治类型变迁的影响，但这并不意味着国际贸易是政体变迁的唯一动力。实际上，一国的威权政体是否会发生民主转型，受到了政治、经济、文化等多种因素的影响。比如罗伯特·达尔就总结了有利于民主制度的5个条件：(1) 选举出的官员控制军队与警察；(2) 民主信仰和政治文化；(3) 没有强大的敌视民主的外部势力；(4) 现代的市场经济和社会；(5) 弱小的亚文化多元主义。② 吉列尔莫·奥唐奈与菲利普·施密特也认为，任何国家或地区的民主转型都是各种因素复杂作用的结果，甚至普遍存在着不确定性："意外（幸运）、信息的不足、匆忙与冒进的抉择、对于动机和利益的混淆、可塑性、甚至是政治认同的无法定义，还有特定个人的能力（美德）等等因素，所有这些都对结果可能产生决定性影响。"③ 在对"第三波"民主化的文献进行梳理后，《世界政治》的一篇文献综述强调，一国民主的出现是多种原因共同作用的结果，任何单一因素都不是民主出现的必要或充分条件。④ 因此，

---

① [美] 达龙·阿塞莫格鲁、詹姆士·罗宾逊：《政治发展的经济分析——专制和民主的经济起源》，马春文等译，上海财经大学出版社2008年版，第295页。
② [美] 罗伯特·达尔：《论民主》，李风华译，中国人民大学出版社2012年版，第124页。
③ [美] 吉列尔莫·奥唐奈、[意] 菲利普·施密特：《威权统治的转型：关于不确定民主的试探性结论》，景威、柴绍锦译，新星出版社2012年版，第3页。
④ Don Chull Shin, "On the Third Wave of Democratization", *World Politics*, Vol. 47, No. 1, 1994, p. 151.

本书只是提供了一个国际贸易影响政体变迁的一般性分析框架，各国政体变迁还需要结合各国具体情况进行分析。

第五，本书考察了国际贸易的扩张对政体变迁的影响，而没有考察国际贸易的收缩对政体变迁的影响。尽管这样做的理由在第二章第三节已经进行了阐述，但随着近年来全球化的波动不得不面对更多的考问。自 2008 年金融危机爆发以来，全球化走入低潮。2009—2016 年国际贸易年均增速仅为 3%，远低于 1990—2008 年的年均 7%，而且 2012 年之后连续 5 年出现了国际贸易增速低于世界 GDP 增速的现象。2016 年以来，英国脱欧、美国特朗普当选、欧洲大陆国家民粹主义政党崛起等一系列事件表明逆全球化已经成为世界政治的一种浪潮。不过，学术界对于当前全球化是否已经逆转仍有极大的争论，逆全球化思潮也主要涌动于欧美发达国家。迄今为止，逆全球化对发展中国家国内政治的影响尚未充分展现出来。作为对发展中国家政体变迁的研究，本书仍可以专注于国际贸易扩张对国内政治的影响。至于全球化的收缩对发达国家的影响，属于另一个重要的研究主题，日后再行加以专门研究。

第六，由于作者语言工具的限制，本书的案例研究所采用的实证资料主要来自中英文文献和网站的信息，而缺少西班牙语、土耳其语、韩语、泰语、哈萨克语等研究对象国官方语言的文献和网站的信息。当然，由于这些国家在世界政治中属于比较重要的行为体，与这些国家相关的英文文献在总体上看并不算少。此外，世界银行、国际货币基金组织等国际组织的数据库以及这些国家的英文网站也会提供不少信息。但由于我们难以使用这些研究对象国的官方语言，我们的经验研究仍可能错失某些具有价值的第一手资料。

附 录

附表1：1960—2010年世界主要国家和地区人均资本形成总额
附表2：1960—2010年世界主要国家和地区人均国内生产总值
附表3：1960—2010年世界主要国家和地区人口密度
附表4：1960—2010年世界主要国家和地区人均可耕地面积
附表5：国际贸易与威权政体变迁数据库"国家—年份—政体类型"一览表

附表1　1960—2010年世界主要国家和地区人均资本形成总额（2005年定价美元）

国家/地区	1960	1965	1970	1975	1980	1985	1990	1995	2000	2005	2010
世界	—	—	1029	1011	1151	1164	1380	1355	1560	1709	1769
阿根廷	924	938	1192	1205	1448	753	552	998	1048	1086	1570
澳大利亚	2426	2915	3558	3624	4174	4910	5932	5958	7485	9329	10972
奥地利	—	—	4449	4811	6226	5892	7484	8238	9124	9134	8761
巴西	281	301	393	741	790	612	646	861	899	825	1212
布隆迪	—	—	—	—	—	—	—	—	29	32	38
加拿大	—	—	2984	3928	4383	4644	5184	5108	6594	8221	8370
智利	522	460	420	329	535	371	690	1282	1311	1801	2323
中国内地	—	—	—	—	68	129	158	324	407	729	1373
哥伦比亚	292	273	369	378	484	453	454	822	440	685	979
丹麦	—	—	4998	4453	4762	6200	6880	7928	10110	10821	9246
芬兰	—	—	5021	6163	6083	6090	7858	5817	8506	9605	8643
法国	—	—	4521	4493	5321	4752	6437	5979	7450	7805	7460
德国	—	—	4987	4389	5477	5127	6827	6902	7628	6499	7161
希腊	—	—	3896	4289	3945	3289	3327	3207	4552	4660	3910

续表

国家/地区	1960	1965	1970	1975	1980	1985	1990	1995	2000	2005	2010
印度	38	50	49	49	60	77	97	118	139	250	399
印度尼西亚	24	25	41	83	161	181	293	430	245	317	384
伊拉克	—	—	—	—	—	—	—	—	—	410	—
爱尔兰	—	—	3602	3538	4927	4472	6024	6373	11165	14866	8271
意大利	—	—	3478	3257	4273	4173	5324	5363	6283	6745	6142
日本	—	—	4747	4864	5644	6342	9419	8975	8494	8039	6890
哈萨克斯坦	—	—	—	—	—	—	3237	543	471	1168	1603
肯尼亚	105	58	155	95	127	90	78	69	89	94	164
韩国	78	136	335	531	928	1311	2647	3916	5058	6001	6729
卢森堡	—	—	6316	5752	6262	5939	11188	10949	16498	16306	16116
马来西亚	152	204	272	346	613	657	902	1846	1366	1246	1564
墨西哥	639	1123	1227	1550	1912	1273	1240	1091	1694	1758	1802
荷兰	—	—	5889	5128	5456	5359	6652	6864	9011	8567	8820
新西兰	—	—	3150	3521	2881	4083	3881	4721	5037	7055	6017
挪威	—	—	7397	9721	9314	10532	9415	10661	12985	15087	15871
巴基斯坦	50	122	99	89	103	130	135	144	128	136	139
菲律宾	128	174	168	267	304	135	250	240	198	258	299
波兰	—	—	—	—	—	—	825	864	1577	1566	2221
葡萄牙	—	—	1755	1125	2307	1489	3116	3468	4969	4444	4139
罗马尼亚	—	—	—	—	—	—	917	671	605	1083	1633
俄罗斯	—	—	—	—	—	—	3281	876	656	1069	1292
沙特阿拉伯	—	—	—	—	—	—	—	—	—	2678	—
新加坡	—	—	—	3118	4406	4831	5564	7062	8640	6382	9863
南非	582	768	985	1137	1195	751	629	737	704	997	1142
西班牙	—	—	3002	3759	3225	2945	5015	4761	6584	7957	6455
瑞典	—	—	6719	7059	6405	6798	8577	6842	8687	9480	10301
瑞士	—	—	10120	7861	10580	10191	13329	11877	12558	13167	13553
泰国	80	136	242	257	330	376	781	1222	563	842	843
土耳其	—	—	—	—	—	—	914	1040	1168	1423	1614
乌克兰	—	—	—	—	—	—	1505	298	284	413	318
英国	—	—	3109	2923	2941	3647	4655	5931	6817	7283	6855

续表

国家/地区	1960	1965	1970	1975	1980	1985	1990	1995	2000	2005	2010
美国	2829	3629	3745	3670	4721	5932	6216	6889	9516	10290	8329
乌拉圭	0	471	650	727	1475	440	617	1042	1019	924	1402
委内瑞拉	827	985	1360	1297	1133	732	388	679	1133	1250	1685
中国香港	—	—	—	1499	2888	2818	3968	5568	5408	5702	6439

资料来源：根据根据世界银行数据库整理制作。计算：人均资本形成总额=资本形成总额/人口总数。

附表2　1960—2010年世界主要国家和地区人均国内生产总值（2005年定价美元）

国家/地区	1960	1965	1970	1975	1980	1985	1990	1995	2000	2005	2010
世界	3049	3626	4241	4604	5103	5344	5856	6043	6673	7220	7603
阿根廷	3733	4164	4700	5035	5363	4363	3956	5082	5450	5694	7144
澳大利亚	13511	15218	18178	19142	20815	22313	25037	26572	30856	33996	36175
奥地利	10862	13044	16780	20050	23657	25396	29052	31323	36065	38242	40100
巴西	1713	1842	2347	3387	4151	3913	3982	4279	4407	4733	5581
布隆迪	147	144	182	176	192	214	218	173	148	141	147
加拿大	12931	15564	18798	21415	24249	26154	27871	28710	33372	36028	36466
智利	2464	2637	2968	2543	3349	3248	4144	5819	6674	7729	8678
中国内地	121	118	145	172	221	342	465	782	1128	1740	2891
哥伦比亚	1411	1524	1759	2064	2393	2391	2754	3086	3037	3386	3984
丹麦	17226	21424	25145	26718	30205	34599	36964	40759	46342	48817	47792
芬兰	10314	12698	15787	19138	22049	24737	28797	27493	34756	38969	39699
法国	11115	13764	17381	20156	23326	24602	28200	29541	33327	34880	35214
德国	—	—	17464	19560	23194	25014	28777	30940	33784	34651	37147
希腊	5360	7688	10884	13519	15557	15203	15815	16070	18773	22327	21894
印度	228	244	274	281	293	335	402	467	572	729	1010
印度尼西亚	289	279	330	423	548	645	827	1113	1073	1263	1564
伊拉克	—	—	703	889	1604	1254	1955	1113	2066	1849	2152
爱尔兰	—	—	12466	14691	17156	18768	23782	29043	43608	50569	46426
意大利	9010	11182	15156	17189	20991	22755	26477	28186	31064	31974	30789
日本	7079	10359	15162	17648	20963	24995	31175	32942	33964	35781	36296
哈萨克斯坦	—	—	—	—	—	—	3073	1951	2344	3771	4733
肯尼亚	322	323	360	477	537	503	555	515	504	530	593

续表

国家/地区	1960	1965	1970	1975	1980	1985	1990	1995	2000	2005	2010
韩国	1107	1285	1968	2851	3926	5650	8829	12271	15162	18658	22236
卢森堡	21356	23576	27398	29879	32947	36989	50939	57781	72867	79596	81567
马来西亚	986	1173	1383	1729	2318	2609	3147	4348	4862	5564	6354
墨西哥	3342	4072	4727	5474	6774	6686	6561	6599	7769	7894	8035
荷兰	13297	16227	21288	23925	26273	27125	30997	33578	39797	41200	43676
新西兰	—	—	—	—	18645	20807	21027	22299	24476	27834	27856
挪威	17332	20901	24348	29884	36626	42712	45477	53165	61656	66775	66117
巴基斯坦	222	281	345	351	406	477	542	596	621	714	762
菲律宾	696	763	826	948	1109	907	1003	990	1057	1197	1409
波兰	—	—	—	—	—	—	4761	5235	6874	7976	10066
葡萄牙	3718	4981	7487	8856	10574	10768	14245	15435	18365	18785	19241
罗马尼亚	—	—	—	—	3709	4265	3820	3509	3327	4652	5635
俄罗斯	—	—	—	—	—	—	5685	3530	3870	5323	6365
沙特阿拉伯	—	—	12214	20532	21321	12506	12089	12083	12089	13274	15135
新加坡	2530	2915	4857	7013	9934	12193	16554	21651	24921	29870	34758
南非	3544	4325	4991	5333	5569	5246	5068	4758	4854	5444	5911
西班牙	6159	8852	11541	14228	14883	15543	19152	20358	24329	26511	26192
瑞典	14910	18571	22806	25438	26796	29431	32328	32477	38516	43085	44878
瑞士	—	—	—	—	42657	44897	50002	48004	52667	54798	58139
泰国	—	437	583	672	881	1046	1572	2269	2193	2678	3150
土耳其	2346	2633	3137	3689	3701	4190	5013	5417	6113	7117	7815
乌克兰	—	—	—	—	—	—	2641	1277	1211	1829	1975
英国	13479	15160	18110	19772	22039	24507	28780	30842	35445	39935	39472
美国	15792	18783	21183	22937	26113	29360	33000	35149	40946	44308	43961
乌拉圭	3152	3106	3265	3493	4234	3381	3960	4632	5180	5221	6873
委内瑞拉	5527	6173	6361	6379	6268	5243	5252	5569	5240	5436	6020
中国香港	—	4721	5569	6789	10325	12655	17566	21072	22152	26650	31328

资料来源：根据世界银行数据库整理制作。

附表3 1960—2010年世界主要国家和地区人口密度（人口数量/平方公里）

国家/地区	1960	1965	1970	1975	1980	1985	1990	1995	2000	2005	2010
世界	—	25.6	28.4	31.3	34.2	37.3	40.7	44.0	47.1	50.2	53.4
阿根廷	—	8.1	8.8	9.5	10.3	11.1	12.0	12.8	13.5	14.3	15.1
澳大利亚	—	1.5	1.6	1.8	1.9	2.1	2.2	2.4	2.5	2.7	2.9
奥地利	—	88.0	90.4	91.8	91.4	91.6	93.0	96.2	97.0	99.6	101.3
巴西	—	10.1	11.5	13.0	14.6	16.4	18.0	19.5	21.0	22.6	23.8
布隆迪	—	119.9	134.6	143.2	160.7	185.9	218.6	243.0	263.5	309.0	368.4
加拿大	—	2.2	2.3	2.6	2.7	2.9	3.1	3.2	3.4	3.6	3.7
智利	—	11.6	12.9	14.0	15.1	16.3	17.7	19.1	20.4	21.6	22.9
中国内地	—	76.2	87.2	97.6	104.5	112.0	120.9	128.3	134.5	138.9	142.5
哥伦比亚	—	17.3	19.9	22.3	25.0	28.0	30.9	33.7	36.4	39.0	41.4
丹麦	—	112.3	116.3	119.4	120.9	120.7	121.3	123.3	125.8	127.7	130.7
芬兰	—	15.0	15.1	15.5	15.7	16.1	16.4	16.8	17.0	17.2	17.6
法国	—	91.4	95.0	99.1	101.1	103.7	106.9	108.7	111.2	115.4	118.8
德国	—	217.6	223.9	225.3	224.2	222.5	227.5	234.0	235.6	236.5	234.6
希腊	—	66.3	68.2	70.2	74.8	77.1	78.8	82.5	84.7	86.1	86.5
印度	—	167.5	186.3	209.1	234.5	263.0	292.8	323.2	354.3	384.9	414.0
印度尼西亚	—	55.4	63.4	72.2	81.4	91.1	100.2	108.7	116.8	124.9	133.4
伊拉克	—	19.2	22.7	26.7	31.2	35.6	40.0	46.2	53.9	61.8	71.1
爱尔兰	—	41.8	42.9	46.3	49.5	51.4	51.0	52.4	55.2	60.4	66.2
意大利	—	177.2	183.0	188.5	191.9	192.4	192.9	193.3	193.6	197.1	201.5
日本	—	269.7	284.6	305.4	318.8	331.2	338.8	344.0	348.0	350.5	351.3
哈萨克斯坦	—	4.3	4.7	5.1	5.4	5.7	6.1	5.9	5.5	5.6	6.0
肯尼亚	—	16.7	19.8	23.7	28.6	34.5	41.2	48.1	54.6	62.1	70.9
韩国	—	297.6	334.2	365.8	395.2	423.0	444.4	467.5	487.3	497.0	508.2
卢森堡	—	—	—	—	—	—	—	—	168.5	179.6	195.7
马来西亚	—	29.1	33.2	37.5	42.1	48.0	55.4	63.1	71.3	78.5	85.6
墨西哥	—	23.0	26.8	31.3	35.7	39.8	44.0	48.6	52.9	56.5	61.0
荷兰	—	364.2	386.2	404.8	419.1	429.3	442.9	457.9	471.7	483.4	492.6
新西兰	—	10.0	10.7	11.7	12.0	12.3	12.6	14.0	14.7	15.7	16.5
挪威	—	10.2	10.6	11.0	11.2	11.4	11.6	11.9	12.3	12.7	13.4
巴基斯坦	—	66.0	75.4	86.6	101.3	119.6	139.6	159.0	179.3	198.9	220.6

续表

国家/地区	1960	1965	1970	1975	1980	1985	1990	1995	2000	2005	2010
菲律宾	—	103.6	120.0	138.5	159.0	182.2	207.8	234.2	261.4	288.9	312.0
波兰	—	102.7	106.6	111.1	116.1	121.5	124.4	126.0	124.9	124.6	124.2
葡萄牙	—	98.3	94.9	99.4	106.7	109.5	109.1	109.6	112.5	114.8	115.4
罗马尼亚	—	82.6	87.9	92.4	96.6	98.8	101.2	98.8	97.7	92.7	88.0
俄罗斯	—	7.7	8.0	8.2	8.5	8.8	9.0	9.1	8.9	8.8	8.7
沙特阿拉伯	—	2.3	2.7	3.5	4.6	6.2	7.6	8.8	10.0	11.5	13.1
新加坡	—	2816.3	3096.3	3377.0	3602.8	4083.6	4547.9	5260.4	6011.8	6191.3	7231.8
南非	—	16.3	18.2	20.4	22.7	25.8	29.0	32.2	36.3	39.0	41.9
西班牙	—	63.9	67.7	71.1	75.0	76.9	77.8	78.9	80.7	87.5	93.2
瑞典	—	18.8	19.6	20.0	20.3	20.5	20.9	21.5	22.0	22.9	
瑞士	—	148.2	156.4	160.4	159.9	163.7	169.9	178.1	181.8	188.2	198.0
泰国	—	62.3	72.2	82.9	92.8	101.9	110.8	116.0	122.7	128.9	130.5
土耳其	—	40.3	45.2	50.9	57.0	63.9	70.2	76.0	82.2	88.2	94.0
乌克兰	—	78.1	81.3	84.2	86.2	87.9	89.6	88.9	84.9	81.3	79.2
英国	—	224.6	230.1	232.4	232.8	233.7	236.6	239.8	243.4	249.7	259.4
美国	—	21.2	22.4	23.6	24.8	26.0	27.3	29.0	30.8	32.3	33.8
乌拉圭	—	15.4	16.1	16.2	16.7	17.2	17.8	18.4	19.0	19.0	19.3
委内瑞拉	—	11.1	13.1	15.1	17.4	19.8	22.5	25.2	27.8	30.3	32.9
中国香港	—	3527	3881	4417	5063	5511	5762	5863	6348	6489	6690

资料来源：根据世界银行数据库整理制作。

附表4　1960—2010年世界主要国家和地区人均可耕地面积　（单位：公亩）

国家/地区	1960	1965	1970	1975	1980	1985	1990	1995	2000	2005	2010
世界	—	35.08	32.44	29.36	26.99	25.61	23.74	24.65	22.89	21.59	20.08
阿根廷	—	91.82	108.46	99.74	92.51	88.85	81.20	77.45	74.59	84.04	92.14
澳大利亚	—	324.60	332.73	303.94	299.69	299.21	280.69	221.87	246.98	242.23	193.21
奥地利	—	22.83	21.24	19.94	20.35	19.14	18.57	17.79	17.25	16.78	16.31
巴西	—	33.28	36.46	38.73	36.82	34.57	33.70	35.67	32.87	36.69	35.43
布隆迪	—	24.55	27.19	25.29	22.54	19.48	16.57	15.07	14.19	12.05	10.04
加拿大	—	215.29	200.61	186.22	181.85	174.26	163.74	155.13	148.88	140.09	127.62
智利	—	43.20	40.81	39.84	34.15	28.44	21.32	14.94	11.54	9.01	7.47

续表

国家/地区	1960	1965	1970	1975	1980	1985	1990	1995	2000	2005	2010
中国内地	—	14.21	12.13	10.58	9.80	11.43	10.91	9.92	9.36	8.61	8.02
哥伦比亚	—	18.60	16.19	14.68	13.38	12.22	9.64	6.41	6.97	4.68	3.84
丹麦	—	56.59	53.99	52.37	51.51	50.86	49.82	44.31	42.72	43.03	43.64
芬兰	—	59.61	55.86	52.04	49.57	46.40	45.50	41.97	42.27	42.63	42.04
法国	—	37.57	33.47	31.95	31.57	31.56	30.39	30.52	30.13	29.08	28.15
德国	—	16.00	15.29	15.31	15.37	15.39	15.07	14.49	14.36	14.43	14.49
希腊	—	34.98	34.23	32.14	30.11	29.09	28.54	26.53	25.11	23.79	23.02
印度	—	31.78	28.98	26.03	23.36	20.91	18.78	16.85	15.28	13.93	12.75
印度尼西亚	—	17.94	15.67	13.77	12.20	11.82	11.16	8.80	9.69	10.14	9.77
伊拉克	—	57.31	48.88	43.65	38.45	33.70	28.61	23.74	17.39	19.25	12.96
爱尔兰	—	51.85	46.56	38.69	32.47	29.08	29.62	28.54	28.30	28.46	22.17
意大利	—	24.03	22.27	16.83	16.80	15.99	15.89	14.57	14.89	13.42	11.88
日本	—	5.54	4.98	4.42	4.17	4.00	3.86	3.69	3.53	3.41	3.34
哈萨克斯坦	—	0	0	0	0	0	0	219.51	202.63	188.57	175.74
肯尼亚	—	36.82	31.10	28.18	23.36	23.26	21.28	19.87	15.74	14.89	13.64
韩国	—	7.54	6.68	5.84	5.40	4.92	4.56	3.95	3.65	3.41	3.05
卢森堡	—	—	—	—	—	—	—	—	14.21	12.90	12.22
马来西亚	—	9.10	9.38	8.82	7.97	6.58	5.60	4.76	4.06	3.71	3.31
墨西哥	—	42.80	34.00	29.10	25.47	24.10	25.36	23.89	22.28	21.23	19.82
荷兰	—	7.55	6.32	5.55	5.58	5.70	5.88	5.71	5.71	6.81	6.15
新西兰	—	113.38	105.49	91.43	84.04	77.67	79.43	42.98	38.88	10.28	11.47
挪威	—	22.78	20.95	19.71	19.95	20.57	20.28	22.64	19.57	18.64	16.89
巴基斯坦	—	63.09	52.85	46.11	41.13	34.41	27.65	24.85	22.45	19.67	17.28
菲律宾	—	15.59	13.04	11.74	11.03	9.85	8.85	7.57	6.46	5.81	5.70
波兰	—	49.09	46.19	43.45	41.10	39.01	37.75	36.82	36.57	31.81	28.47
葡萄牙	—	27.68	28.47	26.92	24.81	23.92	23.48	21.47	15.86	12.17	10.77
罗马尼亚	—	51.57	48.06	45.75	44.21	43.88	40.73	41.16	41.80	42.14	45.17
俄罗斯	—	—	—	—	—	—	—	85.93	84.84	84.85	83.30
沙特阿拉伯	—	25.19	23.30	21.81	19.07	19.08	20.72	19.39	16.79	14.14	11.32
新加坡	—	0.21	0.19	0.09	0.08	0.07	0.03	0.03	0.02	0.02	0.01
南非	—	61.52	56.01	50.83	45.11	39.46	36.36	34.51	31.39	27.83	24.68

续表

国家/地区	1960	1965	1970	1975	1980	1985	1990	1995	2000	2005	2010
西班牙	—	49.97	46.40	44.53	41.56	40.51	39.47	35.66	33.28	29.58	26.90
瑞典	—	40.87	37.91	36.64	35.80	34.94	33.19	31.31	30.47	29.84	27.99
瑞士	—	6.45	5.76	5.82	6.03	6.26	6.01	6.00	5.69	5.46	5.17
泰国	—	35.19	33.35	35.20	34.85	34.00	30.92	28.41	24.97	23.08	23.63
土耳其	—	76.91	71.30	63.56	57.75	50.01	45.65	42.13	37.68	35.12	29.57
乌克兰	—	0	0	0	0	0	0	64.62	66.22	68.89	70.80
英国	—	13.50	12.76	12.22	12.28	12.36	11.56	10.23	9.98	9.48	9.51
美国	—	91.09	92.04	86.34	83.07	78.92	74.38	68.29	62.15	55.87	50.40
乌拉圭	—	82.50	64.20	56.68	48.12	43.89	39.90	40.50	41.34	41.86	60.25
委内瑞拉	—	29.63	25.29	21.76	19.27	16.66	14.26	11.63	10.60	9.92	9.31
中国香港	—	0.33	0.30	0.20	0.14	0.13	0.11	0.10	0.08	0.07	0.05

资料来源：根据世界银行数据库整理制作。

附表5　国际贸易与威权政体变迁数据库"国家—年份—政体类型"一览表

国家/地区	年份	政体	政体变迁	民主崩溃	威权崩溃	民主转型	威权接续	区域
阿富汗	1974	个人独裁	1	0	1	0	1	南亚
阿富汗	1979	一党制	1	0	1	0	1	南亚
阿富汗	1993	军人政体	1	0	1	0	1	南亚
阿富汗	1997	一党制	1	0	1	0	1	南亚
阿富汗	2002	外国占领	1	0	1	0	0	南亚
阿富汗	2010	个人独裁	1	0	0	0	1	南亚
阿尔巴尼亚	1992	民主制	1	0	1	1	0	欧洲与中亚
阿尔及利亚	1993	军人政体	1	0	1	0	1	中东与北非
阿根廷	1947	民主制	1	0	1	1	0	拉丁美洲及加勒比海
阿根廷	1952	个人独裁	1	1	0	0	0	拉丁美洲及加勒比海
阿根廷	1956	军人政体	1	0	1	0	1	拉丁美洲及加勒比海

续表

国家/地区	年份	政体	政体变迁	民主崩溃	威权崩溃	民主转型	威权接续	区域
阿根廷	1974	民主制	1	0	1	1	0	拉丁美洲及加勒比海
阿根廷	1977	军人政体	1	1	0	0	0	拉丁美洲及加勒比海
阿根廷	1984	民主制	1	0	1	1	0	拉丁美洲及加勒比海
亚美尼亚	1995	个人独裁	1	1	0	0	0	欧洲与中亚
阿塞拜疆	1993	民主制	1	0	1	1	0	欧洲与中亚
阿塞拜疆	1994	个人独裁	1	1	0	0	0	欧洲与中亚
孟加拉国	1976	个人独裁	1	0	1	0	1	南亚
孟加拉国	1991	民主制	1	0	1	1	0	南亚
孟加拉国	2008	军人政体	1	1	0	0	0	南亚
孟加拉国	2009	民主制	1	0	1	1	0	南亚
白俄罗斯	1995	个人独裁	1	0	1	0	1	欧洲与中亚
贝宁	1966	军人政体	1	0	1	0	1	撒哈拉以南非洲
贝宁	1971	临时政府	1	0	1	0	0	撒哈拉以南非洲
贝宁	1973	个人独裁	1	0	0	0	1	撒哈拉以南非洲
贝宁	1991	临时政府	1	0	1	0	0	撒哈拉以南非洲
贝宁	1992	民主制	1	0	0	1	0	撒哈拉以南非洲
玻利维亚	1947	一党制	1	0	1	0	1	拉丁美洲及加勒比海
玻利维亚	1952	军人政体	1	0	1	0	1	拉丁美洲及加勒比海
玻利维亚	1953	一党制	1	0	1	0	1	拉丁美洲及加勒比海
玻利维亚	1965	个人独裁	1	0	1	0	1	拉丁美洲及加勒比海
玻利维亚	1970	军人政体	1	0	1	0	1	拉丁美洲及加勒比海

续表

国家/地区	年份	政体	政体变迁	民主崩溃	威权崩溃	民主转型	威权接续	区域
玻利维亚	1972	军人政体	1	0	1	0	1	拉丁美洲及加勒比海
玻利维亚	1980	临时政府	1	0	1	0	0	拉丁美洲及加勒比海
玻利维亚	1981	军人政体	1	0	0	0	1	拉丁美洲及加勒比海
玻利维亚	1983	民主制	1	0	1	1	0	拉丁美洲及加勒比海
波斯尼亚和黑塞哥维那	1996	外国占领	1	0	1	0	0	欧洲与中亚
巴西	1965	军人政体	1	1	0	0	0	拉丁美洲及加勒比海
巴西	1986	民主制	1	0	1	1	0	拉丁美洲及加勒比海
保加利亚	1991	民主制	1	0	1	1	0	欧洲与中亚
布基纳法索	1981	军人政体	1	0	1	0	1	撒哈拉以南非洲
布基纳法索	1983	个人独裁	1	0	1	0	1	撒哈拉以南非洲
布隆迪	1967	一党制	1	0	1	0	1	撒哈拉以南非洲
布隆迪	1988	军人政体	1	0	1	0	1	撒哈拉以南非洲
布隆迪	1994	民主制	1	0	1	1	0	撒哈拉以南非洲
布隆迪	1997	军人政体	1	1	0	0	0	撒哈拉以南非洲
布隆迪	2004	临时政府	1	0	1	0	0	撒哈拉以南非洲
布隆迪	2006	民主制	1	0	0	1	0	撒哈拉以南非洲
柬埔寨	1971	个人独裁	1	0	1	0	1	东亚与太平洋
柬埔寨	1976	一党制	1	0	1	0	1	东亚与太平洋
喀麦隆	1984	个人独裁	1	0	1	0	1	撒哈拉以南非洲
中非共和国	1982	军人政体	1	0	1	0	1	撒哈拉以南非洲
中非共和国	1994	民主制	1	0	1	1	0	撒哈拉以南非洲
中非共和国	2004	个人独裁	1	1	0	0	0	撒哈拉以南非洲
乍得	1976	军人政体	1	0	1	0	1	撒哈拉以南非洲

续表

国家/地区	年份	政体	政体变迁	民主崩溃	威权崩溃	民主转型	威权接续	区域
乍得	1980	军人政体	1	0	1	0	1	撒哈拉以南非洲
乍得	1983	个人独裁	1	0	1	0	1	撒哈拉以南非洲
智利	1974	军人政体	1	1	0	0	0	拉丁美洲及加勒比海
智利	1990	民主制	1	0	1	1	0	拉丁美洲及加勒比海
哥伦比亚	1950	一党制	1	1	0	0	0	拉丁美洲及加勒比海
哥伦比亚	1954	军人政体	1	0	1	0	1	拉丁美洲及加勒比海
哥伦比亚	1959	民主制	1	0	1	1	0	拉丁美洲及加勒比海
刚果共和国（布）	1964	一党制	1	0	1	0	1	撒哈拉以南非洲
刚果共和国（布）	1969	一党制	1	0	1	0	1	撒哈拉以南非洲
刚果共和国（布）	1992	临时政府	1	0	1	0	0	撒哈拉以南非洲
刚果共和国（布）	1993	民主制	1	0	0	1	0	撒哈拉以南非洲
刚果共和国（布）	1998	个人独裁	1	1	0	0	0	撒哈拉以南非洲
哥斯达黎加	1949	个人独裁	1	1	0	0	0	北美洲与中美洲
哥斯达黎加	1950	民主制	1	0	1	1	0	北美洲与中美洲
科特迪瓦	2000	个人独裁	1	0	0	0	0	撒哈拉以南非洲
古巴	1953	个人独裁	1	1	0	0	0	北美洲与中美洲
古巴	1960	一党制	1	0	1	0	1	北美洲与中美洲
捷克斯洛伐克	1949	一党制	1	1	0	0	0	欧洲与中亚
捷克斯洛伐克	1990	民主制	1	0	1	1	0	欧洲与中亚

续表

国家/地区	年份	政体	政体变迁	民主崩溃	威权崩溃	民主转型	威权接续	区域
多米尼加共和国	1963	民主制	1	0	1	1	0	北美洲与中美洲
多米尼加共和国	1964	军人政体	1	1	0	0	0	北美洲与中美洲
多米尼加共和国	1967	个人独裁	1	0	0	0	1	北美洲与中美洲
多米尼加共和国	1979	民主制	1	0	1	1	0	北美洲与中美洲
厄瓜多尔	1949	民主制	1	0	1	1	0	拉丁美洲及加勒比海
厄瓜多尔	1964	军人政体	1	1	0	0	0	拉丁美洲及加勒比海
厄瓜多尔	1969	民主制	1	0	0	1	0	拉丁美洲及加勒比海
厄瓜多尔	1971	个人独裁	1	1	0	0	0	拉丁美洲及加勒比海
厄瓜多尔	1973	军人政体	1	0	1	0	1	拉丁美洲及加勒比海
厄瓜多尔	1980	民主制	1	0	1	1	0	拉丁美洲及加勒比海
埃及	1953	一党制	1	0	1	0	1	中东与北非
萨尔瓦多	1949	一党制	1	0	1	0	1	北美洲与中美洲
萨尔瓦多	1983	军人政体	1	0	1	0	1	北美洲与中美洲
萨尔瓦多	1995	民主制	1	0	1	1	0	北美洲与中美洲
埃塞俄比亚	1975	军人政体	1	0	1	0	1	撒哈拉以南非洲
埃塞俄比亚	1992	一党制	1	0	1	0	1	撒哈拉以南非洲
冈比亚	1995	个人独裁	1	0	1	0	1	撒哈拉以南非洲
格鲁吉亚	2005	民主制	1	0	0	1	0	欧洲与中亚
加纳	1961	一党制	1	1	0	0	0	撒哈拉以南非洲
加纳	1967	军人政体	1	0	1	0	1	撒哈拉以南非洲

续表

国家/地区	年份	政体	政体变迁	民主崩溃	威权崩溃	民主转型	威权接续	区域
加纳	1970	民主制	1	0	1	1	0	撒哈拉以南非洲
加纳	1973	军人政体	1	1	0	0	0	撒哈拉以南非洲
加纳	1980	民主制	1	0	1	1	0	撒哈拉以南非洲
加纳	1982	个人独裁	1	1	0	0	0	撒哈拉以南非洲
加纳	2001	民主制	1	0	1	1	0	撒哈拉以南非洲
希腊	1947	民主制	1	0	0	1	0	西欧
希腊	1968	军人政体	1	1	0	0	0	西欧
希腊	1975	民主制	1	0	1	1	0	西欧
危地马拉	1955	个人独裁	1	1	0	0	0	北美洲与中美洲
危地马拉	1964	军人政体	1	0	1	0	1	北美洲与中美洲
危地马拉	1967	军人政体	1	0	1	0	1	北美洲与中美洲
危地马拉	1971	军人政体	1	0	1	0	1	北美洲与中美洲
危地马拉	1986	军人政体	1	0	1	0	1	北美洲与中美洲
危地马拉	1996	民主制	1	0	1	1	0	北美洲与中美洲
几内亚	1985	个人独裁	1	0	1	0	1	撒哈拉以南非洲
几内亚比绍	1981	个人独裁	1	0	1	0	1	撒哈拉以南非洲
几内亚比绍	2001	民主制	1	0	0	1	0	撒哈拉以南非洲
几内亚比绍	2003	个人独裁	1	1	0	0	0	撒哈拉以南非洲
几内亚比绍	2006	民主制	1	0	0	1	0	撒哈拉以南非洲
海地	1947	民主制	1	0	1	1	0	北美洲与中美洲
海地	1951	个人独裁	1	1	0	0	0	北美洲与中美洲
海地	1958	个人独裁	1	0	0	0	1	北美洲与中美洲
海地	1987	军人政体	1	0	1	0	1	北美洲与中美洲
海地	1989	军人政体	1	0	1	0	1	北美洲与中美洲
海地	1991	民主制	1	0	1	1	0	北美洲与中美洲
海地	1992	军人政体	1	1	0	0	0	北美洲与中美洲
海地	1995	民主制	1	0	1	1	0	北美洲与中美洲
海地	2000	个人独裁	1	1	0	0	0	北美洲与中美洲
海地	2007	民主制	1	0	0	1	0	北美洲与中美洲
洪都拉斯	1958	民主制	1	0	0	1	0	北美洲与中美洲

续表

国家/地区	年份	政体	政体变迁	民主崩溃	威权崩溃	民主转型	威权接续	区域
洪都拉斯	1964	一党制	1	1	0	0	0	北美洲与中美洲
洪都拉斯	1972	民主制	1	0	1	1	0	北美洲与中美洲
洪都拉斯	1973	军人政体	1	1	0	0	0	北美洲与中美洲
洪都拉斯	1982	民主制	1	0	1	1	0	北美洲与中美洲
匈牙利	1948	一党制	1	1	0	0	0	欧洲与中亚
匈牙利	1991	民主制	1	0	1	1	0	欧洲与中亚
印度尼西亚	1967	一党制	1	0	1	0	1	东亚与太平洋
印度尼西亚	2000	民主制	1	0	1	1	0	东亚与太平洋
伊拉克	1959	个人独裁	1	0	1	0	1	中东与北非
伊拉克	1969	一党制	1	0	1	0	1	中东与北非
伊拉克	1980	个人独裁	1	0	1	0	1	中东与北非
肯尼亚	2003	民主制	1	0	1	1	0	撒哈拉以南非洲
老挝	1960	个人独裁	1	1	0	0	0	东亚与太平洋
老挝	1963	军人政体	1	0	1	0	1	东亚与太平洋
老挝	1976	一党制	1	0	0	0	1	东亚与太平洋
黎巴嫩	1977	军人政体	1	1	0	0	0	中东与北非
黎巴嫩	2006	民主制	1	0	1	1	0	中东与北非
莱索托	1971	一党制	1	1	0	0	0	撒哈拉以南非洲
莱索托	1987	军人政体	1	0	1	0	1	撒哈拉以南非洲
莱索托	1994	民主制	1	0	1	1	0	撒哈拉以南非洲
利比里亚	1981	个人独裁	1	0	1	0	1	撒哈拉以南非洲
利比里亚	1991	军人政体	1	0	1	0	1	撒哈拉以南非洲
利比里亚	1998	个人独裁	1	0	1	0	1	撒哈拉以南非洲
利比里亚	2006	民主制	1	0	0	1	0	撒哈拉以南非洲
利比亚	1970	个人独裁	1	0	1	0	1	中东与北非
马达加斯加	1973	军人政体	1	0	1	0	1	撒哈拉以南非洲
马达加斯加	1976	个人独裁	1	0	1	0	1	撒哈拉以南非洲
马达加斯加	1994	民主制	1	0	1	1	0	撒哈拉以南非洲
马达加斯加	2010	个人独裁	1	1	0	0	0	撒哈拉以南非洲
马拉维	1995	民主制	1	0	1	1	0	撒哈拉以南非洲

续表

国家/地区	年份	政体	政体变迁	民主崩溃	威权崩溃	民主转型	威权接续	区域
马里	1969	个人独裁	1	0	1	0	1	撒哈拉以南非洲
马里	1993	民主制	1	0	0	1	0	撒哈拉以南非洲
毛里塔尼亚	2006	军人政体	1	0	1	0	1	撒哈拉以南非洲
毛里塔尼亚	2008	民主制	1	0	1	1	0	撒哈拉以南非洲
毛里塔尼亚	2009	个人独裁	1	1	0	0	0	撒哈拉以南非洲
墨西哥	2001	民主制	1	0	1	1	0	北美洲与中美洲
蒙古	1994	民主制	1	0	1	1	0	东亚与太平洋
缅甸	1959	军人政体	1	1	0	0	0	东亚与太平洋
缅甸	1961	民主制	1	0	1	1	0	东亚与太平洋
缅甸	1963	军人政体	1	1	0	0	0	东亚与太平洋
缅甸	1989	军人政体	1	0	1	0	1	东亚与太平洋
尼泊尔	1992	民主制	1	0	1	1	0	南亚
尼泊尔	2003	君主制	1	1	0	0	0	南亚
尼泊尔	2007	民主制	1	0	1	1	0	南亚
尼加拉瓜	1980	一党制	1	0	1	0	1	北美洲与中美洲
尼加拉瓜	1991	民主制	1	0	1	1	0	北美洲与中美洲
尼日尔	1975	军人政体	1	0	1	0	1	撒哈拉以南非洲
尼日尔	1994	民主制	1	0	0	1	0	撒哈拉以南非洲
尼日尔	1997	个人独裁	1	1	0	0	0	撒哈拉以南非洲
尼日尔	2000	民主制	1	0	1	1	0	撒哈拉以南非洲
尼日利亚	1967	军人政体	1	1	0	0	0	撒哈拉以南非洲
尼日利亚	1980	民主制	1	0	1	1	0	撒哈拉以南非洲
尼日利亚	1984	军人政体	1	1	0	0	0	撒哈拉以南非洲
尼日利亚	1994	军人政体	1	0	1	0	1	撒哈拉以南非洲
尼日利亚	2000	民主制	1	0	1	1	0	撒哈拉以南非洲
巴基斯坦	1959	军人政体	1	0	1	0	1	南亚
巴基斯坦	1972	民主制	1	0	1	1	0	南亚
巴基斯坦	1976	个人独裁	1	1	0	0	0	南亚
巴基斯坦	1978	军人政体	1	0	1	0	1	南亚
巴基斯坦	1989	民主制	1	0	1	1	0	南亚

续表

国家/地区	年份	政体	政体变迁	民主崩溃	威权崩溃	民主转型	威权接续	区域
巴基斯坦	2000	军人政体	1	1	0	0	0	南亚
巴基斯坦	2009	民主制	1	0	1	1	0	南亚
巴拿马	1950	个人独裁	1	1	0	0	0	北美洲与中美洲
巴拿马	1953	民主制	1	0	0	1	0	北美洲与中美洲
巴拿马	1954	个人独裁	1	1	0	0	0	北美洲与中美洲
巴拿马	1956	民主制	1	0	1	1	0	北美洲与中美洲
巴拿马	1969	军人政体	1	1	0	0	0	北美洲与中美洲
巴拿马	1990	民主制	1	0	1	1	0	北美洲与中美洲
巴拉圭	1949	一党制	1	0	1	0	1	拉丁美洲及加勒比海
巴拉圭	1955	一党制	1	0	1	0	1	拉丁美洲及加勒比海
巴拉圭	1994	民主制	1	0	1	1	0	拉丁美洲及加勒比海
秘鲁	1949	军人政体	1	1	0	0	0	拉丁美洲及加勒比海
秘鲁	1957	民主制	1	0	1	1	0	拉丁美洲及加勒比海
秘鲁	1963	军人政体	1	1	0	0	0	拉丁美洲及加勒比海
秘鲁	1964	民主制	1	0	1	1	0	拉丁美洲及加勒比海
秘鲁	1969	军人政体	1	1	0	0	0	拉丁美洲及加勒比海
秘鲁	1981	民主制	1	0	1	1	0	拉丁美洲及加勒比海
秘鲁	1993	个人独裁	1	1	0	0	0	拉丁美洲及加勒比海
秘鲁	2002	民主制	1	0	0	1	0	拉丁美洲及加勒比海

续表

国家/地区	年份	政体	政体变迁	民主崩溃	威权崩溃	民主转型	威权接续	区域
菲律宾	1973	个人独裁	1	1	0	0	0	东亚与太平洋
菲律宾	1987	民主制	1	0	1	1	0	东亚与太平洋
波兰	1990	民主制	1	0	1	1	0	欧洲与中亚
葡萄牙	1977	民主制	1	0	0	1	0	西欧
罗马尼亚	1991	民主制	1	0	0	1	0	欧洲与中亚
俄罗斯	1994	个人独裁	1	1	0	0	0	欧洲与中亚
卢旺达	1974	军人政体	1	0	1	0	1	撒哈拉以南非洲
卢旺达	1995	一党制	1	0	1	0	1	撒哈拉以南非洲
塞内加尔	2001	民主制	1	0	1	1	0	撒哈拉以南非洲
塞尔维亚（南斯拉夫）	2001	民主制	1	0	1	1	0	欧洲与中亚
塞拉利昂	1968	军人政体	1	1	0	0	0	撒哈拉以南非洲
塞拉利昂	1969	一党制	1	0	1	0	1	撒哈拉以南非洲
塞拉利昂	1993	军人政体	1	0	1	0	1	撒哈拉以南非洲
塞拉利昂	1997	民主制	1	0	1	1	0	撒哈拉以南非洲
塞拉利昂	1998	个人独裁	1	1	0	0	0	撒哈拉以南非洲
塞拉利昂	1999	民主制	1	0	1	0	0	撒哈拉以南非洲
索马里	1970	个人独裁	1	1	0	0	0	撒哈拉以南非洲
索马里	1992	军人政体	1	0	1	0	1	撒哈拉以南非洲
南非	1995	民主制	1	0	1	1	0	撒哈拉以南非洲
韩国	1961	民主制	1	0	1	1	0	东亚与太平洋
韩国	1962	军人政体	1	1	0	0	0	东亚与太平洋
韩国	1988	民主制	1	0	1	1	0	东亚与太平洋
西班牙	1978	民主制	1	0	0	1	0	西欧
斯里兰卡	1979	一党制	1	1	0	0	0	南亚
斯里兰卡	1995	民主制	1	0	1	1	0	南亚
苏丹	1959	军人政体	1	1	0	0	0	撒哈拉以南非洲
苏丹	1966	民主制	1	0	1	0	0	撒哈拉以南非洲
苏丹	1970	个人独裁	1	1	0	0	0	撒哈拉以南非洲
苏丹	1986	军人政体	1	0	1	0	1	撒哈拉以南非洲
苏丹	1987	民主制	1	0	1	1	0	撒哈拉以南非洲

续表

国家/地区	年份	政体	政体变迁	民主崩溃	威权崩溃	民主转型	威权接续	区域
苏丹	1990	个人独裁	1	1	0	0	0	撒哈拉以南非洲
叙利亚	1948	民主制	1	0	1	1	0	中东与北非
叙利亚	1950	军人政体	1	1	0	0	0	中东与北非
叙利亚	1952	军人政体	1	0	1	0	1	中东与北非
叙利亚	1955	民主制	1	0	1	1	0	中东与北非
叙利亚	1958	个人独裁	1	1	0	0	0	中东与北非
叙利亚	1962	民主制	1	0	0	1	0	中东与北非
叙利亚	1963	军人政体	1	1	0	0	0	中东与北非
叙利亚	1964	一党制	1	0	1	0	1	中东与北非
中国台湾	2001	民主制	1	0	1	1	0	东亚与太平洋
坦桑尼亚	1965	一党制	1	1	0	0	0	撒哈拉以南非洲
泰国	1948	军人政体	1	0	1	0	1	东亚与太平洋
泰国	1976	民主制	1	0	0	1	0	东亚与太平洋
泰国	1977	军人政体	1	1	0	0	0	东亚与太平洋
泰国	1989	民主制	1	0	1	1	0	东亚与太平洋
泰国	1992	军人政体	1	1	0	0	0	东亚与太平洋
泰国	1993	民主制	1	0	1	1	0	东亚与太平洋
泰国	2007	军人政体	1	1	0	0	0	东亚与太平洋
泰国	2008	民主制	1	0	1	1	0	东亚与太平洋
土耳其	1951	民主制	1	0	1	1	0	欧洲与中亚
土耳其	1958	一党制	1	1	0	0	0	欧洲与中亚
土耳其	1961	军人政体	1	0	1	0	1	欧洲与中亚
土耳其	1962	民主制	1	0	1	1	0	欧洲与中亚
土耳其	1981	军人政体	1	1	0	0	0	欧洲与中亚
土耳其	1984	民主制	1	0	1	1	0	欧洲与中亚
乌干达	1967	个人独裁	1	1	0	0	0	撒哈拉以南非洲
乌干达	1986	军人政体	1	0	0	0	1	撒哈拉以南非洲
乌干达	1987	个人独裁	1	0	1	0	1	撒哈拉以南非洲
乌拉圭	1974	军人政体	1	1	0	0	0	拉丁美洲及加勒比海

续表

国家/地区	年份	政体	政体变迁	民主崩溃	威权崩溃	民主转型	威权接续	区域
乌拉圭	1985	民主制	1	0	1	1	0	拉丁美洲及加勒比海
委内瑞拉	1948	民主制	1	0	0	1	0	拉丁美洲及加勒比海
委内瑞拉	1949	军人政体	1	1	0	0	0	拉丁美洲及加勒比海
委内瑞拉	1959	民主制	1	0	1	1	0	拉丁美洲及加勒比海
委内瑞拉	2006	个人独裁	1	1	0	0	0	拉丁美洲及加勒比海
也门共和国	1963	军人政体	1	0	1	0	1	中东与北非
也门共和国	1968	个人独裁	1	0	1	0	1	中东与北非
也门共和国	1975	军人政体	1	0	1	0	1	中东与北非
也门共和国	1979	个人独裁	1	0	1	0	1	中东与北非
赞比亚	1968	一党制	1	1	0	0	0	撒哈拉以南非洲
赞比亚	1992	民主制	1	0	1	1	0	撒哈拉以南非洲
赞比亚	1997	一党制	1	1	0	0	0	撒哈拉以南非洲

注：根据GWF数据库整理而得。其中"1"代表该事件发生，"0"则代表该事件未发生。

参考文献

中文部分

《马克思恩格斯全集》，人民出版社1979年版。

《马克思恩格斯选集》，人民出版社1995年版。

［土耳其］E. 阿特·科伊曼：《土耳其的现代化、全球化和民主化——正义与发展党的经验及其局限》，杨皓编，载《国外理论动态》2011年第5期。

［美］E. 布拉德福德·伯恩斯、朱莉·阿·查利普：《简明拉丁美洲史——拉丁美洲现代化进程的诠释》，王宁坤译，世界图书出版公司2009年版。

［美］I. M. 戴斯勒：《美国贸易政治》，王恩冕、于少蔚译，中国市场出版社2005年版。

［美］W. 查尔斯·索耶、理查德·L. 斯普林克：《国际经济学》，刘春生等译，中国人民大学出版社2010年版。

阿兰·迪尔多夫：《贸易理论的检验与贸易流的预测》，载［美］罗纳德·琼斯、彼得·凯南主编：《国际经济学手册》（第一卷），姜洪等译，经济科学出版社2008年版。

［美］安东尼·唐斯：《民主的经济理论》，姚洋等译，上海人民出版社2005年版。

［英］安格斯·麦迪森：《世界经济千年史》，伍晓鹰、许宪春、叶燕斐、施发启译，北京大学出版社2003年版。

［美］巴林顿·摩尔：《专制与民主的社会起源——现代世界形成过程中的地主和农民》，王茁、顾洁译，上海译文出版社2013年版。

［美］芭芭拉·格迪斯：《范式与沙堡：比较政治学中的理论建构与研究设计》，陈子恪、刘骥译，重庆大学出版社2012年版。

包刚升：《民主崩溃的政治学》，商务印书馆2015年版。

包毅：《简析中亚国家政治转型中的部族政治文化因素》，《俄罗斯中亚东欧研究》2009年第5期。

［美］保罗·克鲁格曼、矛瑞斯·奥伯斯法尔德：《国际经济学：理论与政策》（第5版），海闻等译，中国人民大学出版社2002年版。

［美］本杰明·吉恩、凯斯·海恩斯：《拉丁美洲史（1900年以前）》，孙洪波、王晓红、郑新广译，东方出版中心2013年版。

［美］彼得·H. 史密斯：《论拉美的民主》，谭道明译，译林出版社2013年版。

［巴西］博勒斯·福斯托：《巴西简明史》，刘焕卿译，社会科学文献出版社2006年版。

［美］布拉德福德·伯恩斯：《巴西史》，王龙晓译，商务印书馆2013年版。

曹中屏、张琏瑰等编：《当代韩国史（1945—2000）》，南开大学出版社2005年版。

［美］查尔斯·蒂利：《强制、资本与欧洲国家（公元990—1992年）》，魏洪钟译，上海人民出版社2007年版。

［美］查尔斯·蒂利：《民主》，魏洪钟译，上海人民出版社2009年版。

［美］查尔斯·蒂利：《社会运动，1768—2004》，胡位钧译，上海人民出版社2009年版。

陈利：《从泰国前总理他信治国政策解读泰国政治风波》，载《东南亚纵横》2009年第7期。

陈新民：《反腐镜鉴的新加坡法治主义》，法律出版社2009年版。

陈尧：《新权威主义政权的民主转型》，上海人民出版社2006年版。

陈尧：《新兴民主国家的民主巩固》，上海人民出版社2011年版。

陈岳、田野主编：《国际政治学学科地图》，北京大学出版社2016年版。

陈祖洲：《新加坡："权威型"政治下的现代化》，四川人民出版社2001年版。

陈作彬：《80年代巴西政治经济变革及其前景》，载《拉丁美洲研究》1988年第4期。

［美］达龙·阿塞莫格鲁、詹姆士·A. 罗宾逊：《政治发展的经济分

析——专制和民主的经济起源》，马春文等译，上海财经大学出版社 2008 年版。

［美］戴维·S. 兰德斯：《国富国穷》，门洪华、安增才、董素华、孙春霞译，新华出版社 2010 年版。

［英］戴维·赫尔德、安东尼·麦克格鲁、戴维·戈尔德布莱特、乔纳森·佩拉顿：《全球大变革：全球化时代的政治、经济与文化》，杨雪冬、周红云、陈家刚、褚松燕等译，社会科学文献出版社 2001 年版。

［美］迪特里希·瑞彻迈耶、艾芙琳·胡贝尔·史蒂芬斯和约翰·D. 史蒂芬斯：《资本主义发展与民主》，方卿译，复旦大学出版社 2016 年版。

丁建军：《贸易与收入不平等关系研究新进展》，《经济学动态》2012 年第 3 期。

丁隆：《阿拉伯君主制政权相对稳定的原因探析》，《现代国际关系》2013 年第 5 期。

董经胜：《有关巴西政治转型进程的几个问题》，《拉丁美洲研究》2003 年第 3 期。

董经胜：《巴西现代化道路研究——1964—1985 年军人政权时期的发展》，世界图书出版公司北京公司 2009 年版。

董向荣：《韩国由威权向民主转变的影响因素》，载《当代亚太》2007 年第 7 期。

段立生：《他信政府与泰国经济复苏》，《东南亚纵横》2003 年第 3 期。

多米尼克·萨尔瓦多：《国际经济学》（第 8 版），朱宝宪等译，清华大学出版社 2004 年版。

方旭飞：《试析查韦斯执政 14 年的主要成就与失误》，《拉丁美洲研究》2012 年第 6 期。

房宁：《自由、威权、多元——东亚政治发展研究报告》，社会科学文献出版社 2011 年版。

冯清莲：《新加坡人民行动党——它的历史、组织和行动》，上海人民出版社 1975 年版。

［美］弗朗西斯·福山：《历史的终结及最后之人》，黄胜强，许铭原译，中国社会科学出版社 2003 年版。

［美］弗朗西斯·福山：《国家构建：21世纪的国家治理与世界秩序》，黄胜强、许铭原译，中国社会科学出版社2007年版。

［美］甘尔道夫：《国际经济学Ⅰ：国际贸易理论》（第2版），周端明等译，中国人民大学出版社2015年版。

［瑞典］克里斯蒂安·格贝尔：《威权的巩固》，《国外理论动态》2013年第12期。

龚浩群：《泰国的非政府组织与公民社会的演进》，张蕴岭、孙士海主编《亚太地区发展报告No.8》，社会科学出版社2008年版。

郭定平：《韩国政治转型研究》，中国社会科学出版社2000年版。

哈全安、周术情：《土耳其共和国政治民主化进程研究》，上海三联书店2010年版。

哈全安：《中东国家的现代化历程》，人民出版社2006年版。

韩国社会学会编：《韩国社会走向何处》，周四川译，东方出版社1993年版。

韩隽：《哈萨克斯坦政党体制变迁的影响因素分析》，《新疆社会科学》2010年第2期。

郝宏桂：《朴正熙威权政治与韩国民主化进程的关系》，《历史教学》2008年第141期。

何永江：《美国贸易政策》，南开大学出版社2008年版。

赫夫：《新加坡的经济增长》，牛磊、李洁译，中国经济出版社2001年版。

［美］胡安·J.林茨、阿尔弗莱德·斯泰潘：《民主转型与巩固的问题：南欧、南美和后共产主义欧洲》，孙龙等译，浙江人民出版社2008年版。

胡雨：《"阿拉伯之春"与中东君主制国家政治稳定》，《国际论坛》2014年第2期。

黄维民：《中东国家通史——土耳其卷》，商务印书馆2007年版。

黄兆群：《韩国六大总统》，人民出版社2004年版。

［美］吉列尔莫·奥唐奈：《现代化和官僚威权主义：南美政治研究》，王欢、申明民译，北京大学出版社2008年版。

［美］吉列尔莫·奥唐奈、［意］菲利普·施密特：《威权统治的转型：关于不确定民主的试探性结论》，景威、柴绍锦译，新星出版社

2012年版。

［美］加里·格尔茨、詹姆斯·马奥尼：《两种传承：社会科学中的定性与定量研究》，刘军译，格致出版社、上海人民出版社2016年版。

［美］加里·杰里菲、唐纳德·怀曼编：《制造奇迹——拉美与东亚工业化的道路》，俞新天等译，上海远东出版社1996年版。

［美］加里·金、罗伯特·基欧汉和西德尼·维巴：《社会科学中的研究设计》，陈硕译，格致出版社、上海人民出版社2014年版。

姜万吉：《韩国现代史》，陈文涛等译，社会科学文献出版社1997年版。

［美］杰克·戈德斯通主编：《国家、政党与社会运动》，章延杰译，上海人民出版社2009年版。

金克宜：《韩国劳工运动之透视》，台北：财团法人中华经济研究院1990年版。

［韩］具海根：《韩国工人——阶级形成的文化与政治》，梁光严、张静译，社会科学文献出版社2003年版。

［美］卡莱斯·鲍什：《民主与再分配》，熊洁译，上海人民出版社2011年版。

匡导球：《星岛崛起：新加坡的立国智慧》，人民出版社2013年版。

邝梅：《布什政府贸易政策调整分析》，《国际问题研究》2004年第2期。

雷琳、罗锡政：《"扎瑙津事件"：哈萨克斯坦政治现代化进程的拐点》，载《新疆社会科学》2012年第6期。

［新加坡］李光耀：《李光耀40年政论选》，现代出版社1994年版。

［新加坡］李光耀：《经济腾飞路：李光耀回忆录（1965—2000）》，外文出版社2001年版。

李路曲：《新加坡人民行动党是如何处理党群关系的》，《马克思主义与现实》2005年第2期。

李路曲：《新加坡现代化之路：进程、模式与文化选择》，新华出版社1996年版。

李路曲：《新加坡人民行动党政府的社会控制方式》，《东南亚研究》2006年第4期。

李沛良：《社会研究的统计应用》，社会科学文献出版社2001年版。

李韶鉴：《可持续发展与多元社会和谐：新加坡经验》，四川大学出版社2007年版。
李永全：《丝绸之路列国志》，社会科学文献出版社2015年版。
［美］里昂惕夫：《投入产出经济学》，崔书香译，商务印书馆1980年版。
［新加坡］林金圣：《新加坡特色的选举制度：人民行动党每选必胜的奥秘》，民主与建设出版社2015年版。
林震：《东亚政治发展比较研究——以台湾地区和韩国为例》，九州出版社2011年版。
刘新民：《浅论墨西哥政治改革的动力》，《拉丁美洲研究》1996年第1期。
刘燕平：《哈萨克斯坦国土资源与产业管理》，地质出版社2009年版。
刘云：《当代土耳其伊斯兰政治的变迁——从救国党到繁荣党》，载《西北师大学报》（社会科学版）2000年第2期。
刘云：《土耳其政治现代化的历史轨迹》，《西北师大学报》（社会科学版）2008年第1期。
刘志杰：《泰国总理塔信传奇》，世界知识出版社2005年版。
卢正涛：《新加坡威权政治的研究》，南京大学出版社2007年版。
［美］罗伯特·A.达尔：《论民主》，李风华译，中国人民大学出版社2012年版。
［美］罗伯特·贝茨等：《分析性叙述》，熊美娟、李颖译，中国人民大学出版社2008年版。
［美］罗伯特·基欧汉、海伦·米尔纳编：《国际化与国内政治》，姜鹏、董素华译，北京大学出版社2003年版。
［英］罗德·黑格、马丁·哈罗普：《比较政府与政治导论》，张小劲等译，中国人民大学出版社2007年版。
［美］罗纳德·罗戈夫斯基：《商业与联盟：贸易如何影响国内政治联盟》，杨毅译，上海人民出版社2012年版。
［美］罗伟林：《赤道之南：巴西的新兴与光芒》，郭存海译，中信出版社2011年版。
［俄］罗伊·麦德维杰夫：《无可替代的总统纳扎尔巴耶夫》，王敏俭等译，社会科学文献出版社2009年版。

吕银春：《经济发展与社会公正——巴西实例研究报告》，世界知识出版社 2003 年版。

吕银春、周俊南：《巴西（列国志）》，社会科学文献出版社 2004 年版。

吕元礼：《亚洲价值观：新加坡政治的诠释》，江西人民出版社 2002 年版。

吕元礼：《新加坡为什么能》，江西人民出版社 2007 年版。

吕元礼、黄锐波、邱全东、黄薇：《鱼尾狮的政治学》，江西人民出版社 2007 年版。

马志刚：《新兴工业与儒家文化——新加坡道路及发展模式》，时事出版社 1996 年版。

［美］玛莎·布瑞尔·奥卡特、李维建：《中亚的第二次机会》，李维建译，时事出版社 2007 年版。

［美］迈克尔·塔弗、朱丽亚·弗雷德里克：《委内瑞拉史》，黄公夏译，东方出版中心 2010 年版。

［美］迈克尔·希斯考克斯：《国际贸易与政治冲突——贸易、联盟与要素流动程度》，于扬杰译，中国人民大学出版社 2005 年版。

［美］默里·肯普和劳高·范·龙：《贸易模型中自然资源的作用》，载罗纳德·琼斯、彼得·凯南主编《国际经济学手册》（第一卷），姜洪等译，经济科学出版社 2008 年版。

欧树军：《新加坡政治中的逆向参与机制——东亚五国一区政治发展调研报告之七》，《文化纵横》2010 年第 5 期。

庞琴、梁意颖、潘俊豪：《中国的经济影响与东亚国家民众对华评价——经济受惠度与发展主义的调节效应分析》，《世界经济与政治》2017 年第 2 期。

朴钟锦：《韩国政治经济与外交》，知识产权出版社 2013 年版。

［美］乔·萨托利：《民主新论》，冯克利、阎克文译，东方出版社 1998 年版。

［美］乔尔·米格代尔：《强社会和弱国家：第三世界的国家社会关系及国家能力》，张长东等译，江苏人民出版社 2009 年版。

任晓：《韩国经济发展的政治分析》，上海人民出版社 1995 年版。

［巴西］若泽·马里亚·贝洛：《巴西近代史》，辽宁大学外语系翻译组译，辽宁人民出版社 1975 年版。

［巴西］萨缪尔·皮涅伊罗·吉马良斯：《巨人时代的巴西挑战》，陈笃庆等译，当代世界出版社2011年版。

［巴西］塞尔索·富尔塔多：《巴西经济的形成》，徐亦行、张维琪译，社会科学文献出版社2002年版。

［美］塞缪尔·亨廷顿、琼·纳尔逊：《难以抉择——发展中国家的政治参与》，汪晓寿等译，华夏出版社1989年版。

［美］塞缪尔·亨廷顿：《变化社会中的政治秩序》，王冠华等译，上海人民出版社2008年版。

［美］塞缪尔·亨廷顿：《第三波：20世纪后期的民主化浪潮》，欧阳景根译，中国人民大学出版社2012年版。

［美］塞缪尔·亨廷顿：《军人与国家：军政关系的理论与政治》，李晟译，中国政法大学出版社2017年版。

［美］斯迪芬·海哥德、罗伯特·R. 考夫曼：《民主化转型的政治经济分析》，张大军译，社会科学文献出版社2008年版。

［美］斯蒂芬·罗博克：《巴西经济发展研究》，唐振彬、金懋昆、沈师光译，上海译文出版社1980年版。

［美］斯蒂芬·范埃弗拉：《政治学研究方法指南》，陈琪译，北京大学出版社2006年版。

宋新宁、田野：《国际政治经济学概论》（第二版），中国人民大学出版社2015年版。

宋则行、樊亢主编：《世界经济史》，经济科学出版社1995年版。

苏联科学院历史研究所编著：《巴西史纲》，辽宁大学外语系翻译组译，辽宁人民出版社1975年版。

苏振兴、陈作彬、张宝宇、朱忠、吕银春：《巴西经济》，人民出版社1983年版。

孙景峰：《新加坡人民行动党执政形态研究》，人民出版社2005年版。

孙若彦：《经济全球化与墨西哥对外战略的转变》，中国社会科学出版社2004年版。

覃敏健：《新加坡威权政治——特征、基础及其走向》，《东南亚纵横》2008年第5期。

唐睿：《政治吸纳与执政地位——基于1946—2010年的跨国分析》，载《世界经济与政治》2017年第7期。

唐世平:《超越定性与定量之争》,《公共行政评论》2015 年第 4 期。

陶磊:《基于能源要素的经济增长研究》,西南交通大学出版社 2010 年版。

田禾、周方冶编:《列国志:泰国》,社会科学文献出版社 2005 年版。

佟家栋:《对外贸易依存度与中国对外贸易的利益分析》,《南开学报》2005 年第 6 期。

万悦容:《泰国非政府组织》,知识产权出版社 2013 年版。

万悦容:《泰国非政府组织网络与政府互动关系——以穷人议会的政策参与为例》,载《云南社会主义学院学报》2012 年第 6 期。

王邦佐等编:《政治学辞典》,上海辞书出版社 2009 年版。

王菲易:《经济全球化与韩国民主化:以发展战略转型为视角》,载《当代韩国》2010 年第 3 期。

王林聪:《"土耳其模式"的新变化及其影响》,《西亚非洲》2012 年第 2 期。

王鹏:《委内瑞拉公民社会新发展:从社区自治会到公社》,《拉丁美洲研究》2012 年第 3 期。

王勤:《新加坡经济研究》,厦门大学出版社 1995 年版。

王正毅:《国际政治经济学通论》,北京大学出版社 2010 年版。

温忠麟、刘红云、侯杰泰:《调解效应和中介效应分析》,教育科学出版社 2012 年版。

吴宏伟:《哈萨克斯坦的多党政治体制》,《东欧中亚研究》2000 年第 4 期。

吴辉:《政党制度与政治稳定——东南亚经验的研究》,世界知识出版社 2005 年版。

吴元华:《新加坡良治之道》,中国社会科学出版社 2014 年版。

[新加坡] 吴作栋:《新加坡政治是"托管式民主"》,《联合早报》1995 年第 9 期。

[新加坡] 吴作栋:《若解决了经济问题,两三年内将卸任》,《联合早报》2001 年第 11 期。

[美] 西达·斯考切波:《国家与社会革命:对法国、俄国和中国的比较分析》,何俊志、王学东译,上海人民出版社 2007 年版。

[美] 西德尼·塔罗:《运动中的力量:社会运动与政治斗争》,吴庆

宏译，译林出版社 2005 年版。

肖黎朔：《美国民主、自由、人权战略的来龙去脉》，《红旗文稿》2009 年第 3 期。

谢晓光：《公民社会的形成对韩国民主化进程影响》，《理论探讨》2010 年第 5 期。

谢岳：《社会抗争与民主转型：20 世纪 70 年代以来的威权主义政治》，上海人民出版社 2008 年版。

徐康宁、王剑：《要素禀赋、地理因素与新国际分工》，《中国社会科学》2006 年第 6 期。

徐世澄：《中国学者对拉美左翼政府的政策分析》，《拉丁美洲研究》2009 年第 2 期。

徐世澄：《查韦斯缘何能在修宪公决中获胜》，《当代世界》2009 年第 3 期。

[美] 亚当·普沃斯基：《民主与市场——东欧与拉丁美洲的政治经济改革》，包雅钧、刘忠瑞、胡元梓译，北京大学出版社 2005 年版。

亚当·普沃斯基：《资本主义与社会民主》，丁韶彬译，中国人民大学出版社 2012 年版。

[古希腊] 亚里士多德：《政治学》，颜一、秦典华译，中国人民大学出版社 2003 年版。

杨光斌：《民主的社会主义之维——兼评资产阶级与民主政治的神话》，《中国社会科学》2009 年第 3 期。

杨光斌：《观念的民主与实践的民主》，中国社会科学出版社 2015 年版。

杨光斌：《让民主归位》，中国人民大学出版社 2015 年版。

杨建民：《拉美国家的一体化与民主化——从巴拉圭政局突变和委内瑞拉加入南共市谈起》，载《拉丁美洲研究》2012 年第 6 期。

杨景明：《韩国政治转型的背景与 21 世纪东亚民主化变动的趋势》，《东北亚研究》2002 年第 2 期。

杨景明：《引领转型：变革社会中的韩国与俄罗斯政治精英》，上海交通大学出版社 2011 年版。

杨鲁慧、宋国华：《民主转型中的韩国政党政治》，《东北亚论坛》2010 年第 5 期。

尹保云:《韩国为什么成功:朴正熙政权与韩国现代化》,文津出版社 1993年版。

尹保云:《公民社会运动与韩国的民主发展》,《当代韩国》2009年第3期。

尹保云:《民主与本土文化——韩国威权主义时期的政治发展》,人民出版社2010年版。

由民:《新加坡大选:人民行动党为什么总能赢》,经济管理出版社 2013年版。

袁东振、徐世澄:《拉丁美洲国家政治制度研究》,世界知识出版社 2003年版。

袁东振:《政治稳定因素有所增长新的挑战不断出现》,《拉丁美洲研究》2009年第1期。

袁东振:《委内瑞拉政党的特点与发展动向》,《当代世界》2013年第1期。

[美]约瑟夫·熊彼特:《资本主义、社会主义与民主》,吴良健译,商务印书馆2007年版。

[美]詹姆斯·F.霍利菲尔德、加尔文·吉尔森主编:《通往民主之路:民主转型的政治经济学》,何志平、马卫红译,社会科学文献出版社2012年版。

[美]詹妮弗·甘迪、艾伦·拉斯特—奥卡:《威权体制下的选举》,《国外理论动态》2014年第1期。

张光军等编:《韩国执政党研究》,广东世界图书出版公司2010年版。

张宁:《哈萨克斯坦独立后的政治经济发展(1991—2011)》,上海大学出版社2012年版。

张锡镇、宋清润:《泰国民主政治论》,中国书籍出版社2013年版。

赵鼎新:《民主的限制》,中信出版社2012年版。

赵重阳:《查韦斯执政以来的委内瑞拉国家石油公司》,《拉丁美洲研究》2010年第5期。

郑桥、张喜亮:《新加坡的劳资关系与工会运动》,《工会理论与实践》2003年第3期。

郑维川:《新加坡治国之道》,中国社会科学出版社1996年版。

郑振清:《工会体系与国家发展——新加坡工业化的政治社会学》,社会科学文献出版社 2009 年版。

周方冶：《泰国非暴力群众运动与政治转型》，《当代亚太》2007 年第 7 期。

周方冶：《泰国政治格局转型中的利益冲突与城乡分化》，《亚非纵横》2008 年第 6 期。

周方冶：《泰国政局持续动荡的社会根源》，《学习月刊》2008 年第 19 期。

周方冶：《泰国政治持续动荡的结构性原因与发展前景》，《亚非纵横》2014 年第 1 期。

周世秀主编：《巴西历史与现代化研究》，河北人民出版社 2001 年版。

周志伟：《巴西崛起与世界格局》，社会科学文献出版社 2012 年版。

庄礼伟：《"好政府"模式及其社会效应》，《当代亚太》2010 年第 10 期。

英文部分

Ahlquist, John S., and Erik Wibbels, "Riding the Wave: World Trade and Factor-Based Models of Democratization", *American Journal of Political Science*, Vol. 56, No. 2, 2012, pp. 447 – 464.

Ahmadov, Anar K., "Oil, Democracy, and Context: A Meta-Analysis", *Comparative Political Studies*, Vol. 47, No. 9, 2014, pp. 1238 – 1267.

Aiken, Leona S., and Stephen G. West, *Multiple Regression: Testing and Interpreting Interactions*, Newbury Park: Sage, 1991.

Alt, James, and Michael Gilligan, "The Political Economy of Trading States: Factor Specificity, Collective Action Problems and Domestic Political Institutions", *Journal of Political Philosophy*, Vol. 2, No. 2, 1994, pp. 165 – 192.

Alvarez, Sonia E., "Politicizing Gender and Engendering Democracy", In *Democratizing Brazil: Problems of Transition and Consolidation*, edited by Alfred Stepan, New York: Oxford University Press, 1989, pp. 205 – 251.

Alves, Maria Helena Moreira, "Dilemmas of the Consolidation of Democracy from the Top in Brazil: A Political Analysis", *Latin American Perspectives, Vol. 15, No. 3, 1988, pp. 47 – 63.

Ambrosio, Thomas, "Beyond the Transition Paradigm: A Research Agenda for Authoritarian Consolidation", *Demokratizatsiya: The Journal of Post-Soviet Democratization*, Vol. 22, No. 3, 2014, pp. 471 – 495.

Andersen, Jørgen Juel and Michael L. Ross, "The Big Oil Change: A Closer Look at the Haber-Menaldo Analysis", *Comparative Political Studies*, Vol. 47, No. 7, 2014, pp. 993 – 1021.

Anyanwu, John, and Andrew E. O. Erhijakpor, "Does Oil Wealth Affect Democracy in Africa?", *African Development Review*, Vol. 26, No. 1, 2014, pp. 15 – 37.

Atacan, Fulya, "Explaining Religious Politics at the Crossroad: AKP-SP", *Turkish Studies*, Vol. 6, No. 2, 2005, pp. 187 – 199.

Aydin, Ertan and Ibrahim Dalmis, *The Social Bases of the Justice and Development Party*, New York: Routledge, 2008.

Balaev, Mikhail, "The Effects of International Trade on Democracy: A Panel Study of the Post-Soviet World-System", *Sociological Perspectives*, Vol. 52, No. 3, 2009, pp. 337 – 362.

Balkan, Neşecan and Sungur Savran, eds., *The Politics of Permanent Crisis*, New York: Nova Science Publishers, 2002.

Baran, Zeyno, "Turkey Divided", *Journal of Democracy*, Vol. 19, No. 1, 2008, pp. 55 – 69.

Barro, Robert J., "Determinants of Democracy", *Journal of Political Economy*, Vol. 107, No. S6, 1999, pp. S158 – S183.

Başlevent, Cem, Hasan Kirmanoğlu and Burhan Şenatalar, "Party Preferences and Economic Voting in Turkey (Now that the Crisis is Over)", *Party Politics*, Vol. 15, No. 3, 2009, pp. 377 – 391.

Beblawi, Hazem, "The Rentier State in the Arab World", *Arab Studies Quarterly*, Vol. 9, No. 4, 1987, pp. 383 – 398.

Bermeo, Sarah Blodgett, "Aid Is Not Oil: Donor Utility, Heterogeneous Aid, and the Aid-Democratization Relationship", *International Organization*, Vol. 70, No. 1, 2016, pp. 1 – 32.

Billet, Bret L., "South Korea at the Crossroads: An Evolving Democracy or

Authoritarianism Revisited?", *Asian Survey*, Vol. 30, No. 3, 1990, pp. 300 – 311.

Blonigen, Bruce, "Revisiting the Evidence on Trade Policy Preferences", *Journal of International Economics*, Vo. 85, No. 1, 2011, pp. 129 – 135.

Blum, Albert A., and Somsong Pataranapich, "Productivity and the Path to House Unionism: Structural Change in the Singapore Labour Movement", *British Journal of Industrial Relations*, Vol. 25, No. 3, 1987, pp. 389 – 400.

Bohn, Henning, and Robert T. Deacon, "Ownership Risk, Investment, and the Use of Natural Resources", *American Economic Review*, Vol. 90, No. 3, 2000, pp. 526 – 549.

Boix, Carles, Michael Miller and Sebastian Rosato, "A Complete Data Set of Political Regimes, 1800 – 2007", *Comparative Political Studies*, Vol. 46, No. 12, 2013, pp. 1523 – 1554. Available at https://dataverse.harvard.edu/dataset.xhtml?persistentId=doi:10.7910/DVN/FJLMKT.

Briceño-León, Roberto, "Petroleum and democracy in Venezuela", *Social Forces*, Vol. 84, No. 1, 2005, pp. 1 – 23.

Broadbent, Jeffrey and Vicky Brockman, *East Asian Social Movement: Power, Protest, and Change in a Dynamic Region*, New York: Springer, 2011.

Bruneau, Thomas C., "Consolidating Civilian Brazil", *Third World Quarterly*, Vol. 7, No. 4, 1985, pp. 973 – 987.

Cardozo, Fernando H., "Entrepreneurs and the Transition Process: The Brazilian Case", In *Transitions from Authoritarian Rule: Comparative Perspectives*, eds. Guillermo O'Donnell, Philippe C. Schmitter and Laurence Whitehead, Baltimore: The Johns Hopkins University Press, 1986, pp. 137 – 153.

Çarkoğlu, Ali, "Economic Evaluations vs. Ideology: Diagnosing the Sources of Electoral Change in Turkey, 2002 – 2011", *Electoral Studies*, Vol. 31, 2012, pp. 513 – 521.

Chan, Heng Chee and Obaid ul Hap eds., *The Prophetic and the Political: Selected Speeches and Writings of S. Rajaratnam*, Singapore: Graham Brash, 1987.

Chan, Heng Chee, *The Dynamics of One Party Dominance: the PAP at the Grass-Roots*, Singapore: Singapore University Press, 1976.

Chander, Anupam, Jacqueline Lipton, Miriam Sapiro, Wendy Seltzer and Michael Traynor, "International Trade and Internet Freedom", *Proceedings of the Annual Meeting (American Society of International Law)*, Vol. 102, 2008, pp. 37 – 49.

Cheibub, José Antonio, Jennifer Gandhi and James Raymond Vreeland, "Democracy and Dictatorship Revisited", *Public Choice*, Vol. 143, No. 1 – 2, 2010, pp. 67 – 101.

Chen, Jia, "Liberalize or Not? Societal Conflict, Plural Political Competition, and the Political Economy of FDI Liberalization", *Fudan Journal of the Humanities and Social Sciences*, Vol. 9, No. 1, 2016, pp. 147 – 175.

Chu, Yin-Wah, "Labor and Democratization in South Korea and Taiwan", *Journal of Contemporary Asia*, Vol. 28, No. 2, 1998, pp. 185 – 202.

Chung, Chien-peng, "Democratization in South Korea and Inter-Korean Relations", *Pacific Affairs*, Vol. 76, No. 1 2003, pp. 9 – 35.

Collier, David, and Steven Levitsky, "Democracy with Adjectives: Conceptual Innovation in Comparative Research", *World Politics*, Vol. 49, No. 3, 1997, pp. 430 – 451.

Corrales, Javier and Michael Penfold-Becerra, "Venezuela: Crowding out the Opposition", *Journal of Democracy*, Vol. 18, No. 2, 2007, pp. 99 – 113.

Corrales, Javier, "Why Polarize? Advantages and Disadvantages of a Rational-Choice Analysis of Government-Opposition Relations under Hugo Chávez", In *The Revolution in Venezuela: Social and Political Change under Chávez*, Eds. Thomas Ponniah and Jonathan Eastwood, Cambridge: Harvard University Press, 2011, pp. 67 – 97.

Croissant, Aurel, "Riding the Tiger: Civilian Control and the Military in Democratizing Korea", *Armed Forces & Society*, Vol. 30, No. 3, 2004, pp. 357 – 381.

Croissant, Aurel, *Von der Transition zur defekten Demokratie: Demokratische Entwicklung in den Philippinen, Suedkorea und Thailand*, Berlin: Springer-Verlag, 2013.

Crystal, Jill, *Oil and Politics in the Gulf: Rulers and Merchants in Kuwait and Qatar*, Cambridge: Cambridge University Press, 1995.

Cuaresma, Jesus Crespo, Harald Oberhofer and Paul A. Raschky, "Oil and the Duration of Dictatorships", *Public Choice*, Vol. 148, No. 3/4, 2011, pp. 505 – 530.

Cumings, Bruce, "The Abortive Abertura: South Korea in the Light of Latin American Experience", *New Left Review*, Vol. 173, 1989, pp. 5 – 32.

Dagi, Ihsan, "Turkey's AKP in Power", *Journal of Democracy*, Vol. 19, No. 3, 2008, pp. 25 – 30.

Dalpino, Catharin E., "Does Globalization Promote Democracy? An Early Assessment", *Brookings Review*, Vol. 19, No. 4, 2001, pp. 45 – 48.

Dave, Bhavna, *Kazakhstan: Ethnicity, Language and Power*, Central Asian Studies Series, London-New York: Routledge, 2007.

De Castro, Marcus Faro and Maria Izabel Valladão De Carvalho, "Globalization and Recent Political Transitions in Brazil", *International Political Science Review*, Vol. 24, No. 4, 2003, pp. 465 – 490.

De Mesquita, Bueno, Bruce, Alastair Smith, Randolph M. Siverson, and James D. Morrow, *The Logic of Political Survival*, Cambridge: The MIT Press, 2003.

Demiralp, Seda, "The Rise of Islamic Capital and the Decline of Islamic Radicalism in Turkey", *Comparative Politics*, Vol. 41, No. 3, 2009, pp. 315 – 335.

Diamond, Larry, *The Spirit of Democracy: The Struggle to Build Free Societies Throughout the World*, New York: Macmillan, 2008.

Doces, John A., and Christopher S. P. Magee, "Trade and Democracy: A Factor-Based Approach", *International Interactions*, Vol. 41, No. 2, 2015, pp. 407 – 425.

Dos Santos, Theotonio, "Economic Crisis and Democratic Transition in Brazil", *Contemporary Marxism*, No. 1, Strategies for the Class Struggle in Latin America, 1980, pp. 31 – 42.

Driesen, David M., "Environmental Protection, Free Trade, and Democracy", *Annals of the American Academy of Political and Social Science*,

Vol. 603, No. 1, 2006, pp. 252 – 261.

Eder, Mine, "Shop Floor Politics and Labor Movements: Democratization in Brazil and South Korea", *Critical Sociology*, Vol. 23, No. 2, 1997, pp. 3 – 31.

Eichengreen, Barry and David Leblang, "Democracy and Globalization", *Economics and Politics*, Vol. 20, No. 3, 2008, pp. 289 – 334.

Englehart, Neil A., "Democracy and the Thai Middle Class", *Asian Survey*, Vol. 43, No. 2, 2003, pp. 253 – 279.

Ergil, Dogu, "Secularization as Class Conflict", *Asian Affairs*, Vol. 6, No. 1, 1975, pp. 69 – 80.

Fall, Yassine, et al., *Gender, Globalization & Democratization*, Washington: Rowman & Littlefield Publishers, 2001.

Fearon, James D., and David D. Laitin, "Ethnicity, Insurgency, and Civil War", *American Political Science Review*, Vol. 97, No. 1, 2003, pp. 75 – 90.

Feenstra, Robert C., Robert Inklaar and Marcel P. Timmer, "The Next Generation of the Penn World Table", *American Economic Review*, Vol. 105, No. 10, 2015, pp. 3150 – 3182.

Fjelde, Hanne, "Generals, Dictators, and Kings Authoritarian Regimes and Civil Conflict, 1973 – 2004", *Conflict Management and Peace Science*, Vol. 27, No. 3, 2010, pp. 195 – 218.

Franke, Anja, Andrea Gawrich, and Gurban Alakbarov, "Kazakhstan and Azerbaijan as Post-Soviet Rentier States: Resource Incomes and Autocracy as a Double 'Curse' in Post-Soviet Regimes", *Europe-Asia Studies*, Vol. 61, No. 1, 2009, pp. 109 – 140.

Furusawa, Taiji, and Hideo Konishi, "International Trade and Income Inequality", *Boston College Working Papers in Economics*, No. 849, 2016.

Gandhi, Jennifer and Adam Przeworski, "Authoritarian Institutions and the Survival of Autocrats", *Comparative Political Studies*, Vol. 40, No. 11, 2007, p. 1279 – 1301.

Gandhi, Jennifer, *Political Institutions under Dictatorship*, Cambridge: Cambridge University Press, 2010.

Ganesan, Narayanan, "Democracy in Singapore", *Asian Journal of Political Science*, Vol. 4, No. 2, 1996, pp. 63 – 79.

García-Guadilla, María Pilar, "Civil Society: Institutionalization, Fragmentation, Autonomy", In *Venezuelan Politics in the Chávez Era*, Eds. Steve Ellner and Daniel Hellinger, Boulder and London: Lynne Rienner Publishers, 2003, pp. 179 – 196.

Gasiorowski, Mark J., "Economic Crisis and Political Regime Change: An Event History Analysis", *The American Political Science Review*, Vol. 89, No. 4, 1995, pp. 882 – 897.

Gassebner, Martin, Michael J. Lamla and James Raymond Vreeland, "Extreme Bounds of Democracy", *Journal of Conflict Resolution*, Vol. 57, No. 2, 2013, pp. 171 – 197.

Geddes, Barbara, "What Do We Know About Democratization After Twenty Years?", *Annual Review of Political Science*, Vol. 2, No. 1, 1999, pp. 115 – 144.

Geddes, Barbara, "Authoritarian Breakdown", *Manuscript, Department of Political Science, UCLA*, 2004, pp. 1 – 35.

Geddes, Barbara, Joseph Wright and Erica Frantz, "Autocratic Breakdown and Regime Transition: A New Data Set", *Perspective on Politics*, Vol. 12, No. 2, 2014, pp. 313 – 331.

George, Cherian, "Consolidating Authoritarian Rule: Calibrated Coercion in Singapore", *The Pacific Review*, Vol. 20, No. 2, 2007, pp. 127 – 145;

Gleditsch, Kristan Skrede, and Michael D. Ward, "Diffusion and the International Context of Democratization", *International Organization*, Vol. 60, No. 4, 2006, pp. 911 – 933.

Globerman, Steven and Michael Walker, eds., *Assessing NAFTA: A Trinational Analysis*, Toronto: The Fraser Institute Press, 1993.

Goldberg, Ellis, Erik Wibbels, and Eric Mvukiyehe, "Lessons From Strange Cases Democracy, Development, and The Resource Curse in the US States", *Comparative Political Studies*, Vol. 41, No. 4 – 5, 2008, pp. 477 – 514.

Göle, Nilüfer, "Secularism and Islamism in Turkey: The Making of Elites and Counter-Elites", *The Middle East Journal*, Vol. 51, No. 1, 1997, pp. 46 – 58.

Greene, Kenneth F., "The Political Economy of Authoritarian Single-Party Dominance", *Comparative Political Studies*, Vol. 43, No. 7, 2010, pp. 808 – 822.

Guisinger, Alexandra, "Determining Trade Policy: Do Voters Hold Politicians Accountable?", *International Organization*, Vol. 63, No. 2, 2009, pp. 533 – 557.

Gumuscu, Sebnem, and Deniz Sert, "The Power of the Devout Bourgeoisie: The Case of the Justice and Development Party in Turkey", *Middle Eastern Studies*, Vol. 45, No. 6, 2009, pp. 953 – 968.

Gurses, Mehmet, "Elites, Oil, and Democratization: A Survival Analysis", *Social Science Quarterly*, Vol. 92, No. 1, 2011, pp. 164 – 184.

Haber, Stephen, and Victor Menaldo, "Do Natural Resources Fuel Authoritarianism? A Reappraisal of the Resource Curse", *American Political Science Review*, Vol. 105, No. 1, 2011, pp. 1 – 26.

Hadenius, Axel, and Jan Teorell, "Pathways from Authoritarianism", *Journal of Democracy*, Vol. 18, No. 1, 2007, pp. 143 – 157.

Hainmueller, Jens, and Michael J. Hiscox, "Learning to Love Globalization: Education and Individual Attitudes toward International Trade", *International Organization*, Vol. 60, No. 2, 2006, pp. 469 – 498.

Hall, Peter, *Governing the Economy: The Politics of State Intervention in Britain and France*, Oxford: Oxford University Press, 1986.

Hammond, John L., "The Resource Curse and Oil Revenues in Angola and Venezuela", *Science and Society*, Vol. 75, No. 3, 2011, pp. 348 – 378.

Han, San-Jin, "Modernization and the Rise of Civil Society: The Role of the 'Middling Grassroots' for Democratization in Korea", *Human Studies*, Vol. 24, No. 1 – 2, 2001, pp. 113 – 132.

Hastings, Donald, "Japanese Emigration and Assimilation in Brazil", *International Migration Review*, Vol. 3, No. 2, 1969, pp. 32 – 53.

Hawkins, Kirk Andrew and David R. Hansen, "Dependent Civil Society: The Círculos Bolivarianos in Venezuela", *Latin American Research Re-*

view, Vol. 41, No. 1, 2006, pp. 102 – 132.

Heper, Metin and Sabri Sayari, *The Routledge Handbook of Modern Turkey*, London: Routledge, 2012.

Heper, Metin, "Conclusion-The Consolidation of Democracy versus Democratization in Turkey", *Turkish Studies*, Vol. 3, No. 1, 2002, pp. 138 – 146.

Hewison, Kevin and Kengkij Kitirianglarp, "Thai-Style Democracy: The Royalist Struggle for Thailand's Politics", In *Saying the Unsayable: Monarchy and Democracy in Thailand*, Eds. Soren Ivasson and Lotte Isager, Copenhagen: Nordic Institute of Asian Studies Press, 2010, pp. 179 – 202.

Hillman, Arye L., and Clark Bullard, "Energy, The Heckscher-Ohlin Theorem, and US International Trade", *American Economic Review*, Vol. 68, No. 1, 1978, pp. 96 – 106.

Horng, Der-Chin, "The Human Rights Clause in the European Union's External Trade and Development Agreements", *European Law Journal*, Vol. 9, No. 5, 2003, pp. 677 – 701.

Hosgör, Evren, "Islamic Capital/Anatolian Tigers: Past and Present", *Middle Eastern Studies*, Vol. 47, No. 2, 2011, pp. 343 – 360.

Huat, Chua Beng, "The Cultural Logic of a Capitalist Single-Party State, Singapore", *Postcolonial Studies*, Vol. 13, No. 4, 2010, pp. 335 – 350.

Huerta-Goldman, Jorge Alberto, *Mexico in the WTO and NAFTA: Litigating International Trade Disputes*, The Netherlands: Kluwer Law International Press, 2010.

Humadi, Zuhair, "Civil Society Under the Ba'th in Iraq", In *Toward Civil Society in the Middle East? A Primer*, edited by Jillian Schwedler, Boulder: Lynne Rienner Publishers, 1995, pp. 50 – 52.

Hunter, Wendy, *Eroding Military Influence in Brazil*, Chapel Hill: The University of North Carolina Press, 1997.

Islam, Iyanatul and Colin Kirkpatrick, "Export-Led Development, Labour-Market Conditions and the Distribution of Income: The Case of Singapore", *Cambridge Journal of Economics*, Vol. 10, No. 2, 1986, pp. 113 – 127.

Jensen, J. Bradford, Dennis P. Quinn and Stephen Weymouth, "Winners and Losers in International Trade: The Effects on US Presidential Voting", *International Organization*, Vol. 71, No. 3, 2017, pp. 423 – 457.

Jensen, Nathan, and Leonard Wantchekon, "Resource Wealth and Political Regimes in Africa", *Comparative Political Studies*, Vol. 37, No. 7, 2004, pp. 816 – 841.

Jeong, Ho-won, "Economic Reform and Democratic Transition in Ghana", *World Affairs*, Vol. 160, No. 4, 1998, pp. 218 – 230.

Jha, U. K., "Democratic Deficits in A Globalizing World: The Way Out", *The Indian Journal of Political Science*, Vol. 65, No. 4, 2004, pp. 531 – 540.

Jumadilova, Shynara, "The Role of Oil and Gas Sector for the Economy of Kazakhstan", *International Journal of Economic Perspectives*, Vol. 6, No. 3, 2012, pp. 295 – 303.

Junisbai, Barbara, "A Tale of Two Kazakhstans: Sources of Political Cleavages and Conflicts in the Post-Soviet Period", *Europe-Asia Studies*, Vol. 62, No. 2, 2010, pp. 235 – 269.

Kaiser, Mark J., and Allan G. Pulsipher, "A Review of the Oil and Gas Sector in Kazakhstan", *Energy Policy*, Vol. 35, No. 2, 2007, pp. 1300 – 1314.

Kamalak, Ihsan, "Comparative Analysis of Voting Participation: The Case of Turkey's 2009 Local and 2011 National Elections", *Procedia-Social and Behavioral Sciences*, Vol. 81, 2013, pp. 314 – 323.

Kasaba, Reşat, *The Cambridge History of Turkey*, Vol. 4, Cambridge: Cambridge University Press, 2008.

Kazemi, Farhad, "Civil Society and Iranian Politics", In *Civil Society in the Middle East*, *Vol. 2*, edited by Augustus Richard Norton, Leiden: Brill, 2001, pp. 119 – 152.

Keck, Margaret E., "The New Union in the Brazil Transition", In *Democratizing Brazil: Problems of Transition and Consolidation*, edited by Alfred Stepan, New York: Oxford University Press, 1989, pp. 252 – 296.

Kendall-Taylor, Andrea, "Purchasing Power: Oil, Elections and Regime Durability in Azerbaijan and Kazakhstan", *Europe-Asia Studies*, Vol. 64,

No. 4, 2012, pp. 737 – 760.

Kennedy, Ryan, "A Colorless Election: the 2005 Presidential Election in Kazakhstan, and What It Means for the Future of the Opposition", *Problems of Post-Communism*, Vol. 53, No. 6, 2006, pp. 46 – 58.

Keohane, Robert O., Stephen Macedo, and Andrew Moravcsik, "Democracy-Enhancing Multilateralism", *International Organization*, Vol. 63, No. 1, 2009, pp. 1 – 31.

Keyman, E. Fuat, "Modernity, Secularism and Islam The Case of Turkey", *Theory, Culture & Society*, Vol. 24, No. 2, 2007, pp. 215 – 234.

Kihl, Young Whan, *Transforming Korean Politics: Democracy, Reform, and Culture*, London: Routledge, 2015.

Kim, Samuel S., *Korea's Democratization*, Cambridge: Cambridge University Press, 2003.

Kim, Sang Joon, "Characteristic Features of Korean Democratization", *Asian Perspective*, Vol. 18, No. 2, 1994, pp. 181 – 196.

Kim, Sunhyuk, *The Politics of Democratization in Korea: The Role of Civil Society*, Pittsburgh: University of Pittsburgh Press, 2000.

Kim, Yong Cheol, R. William Liddle and Salim Said, "Political Leadership and Civilian Supremacy in Third Wave Democracies: Comparing South Korea and Indonesia", *Pacific Affairs*, Vol. 79, No. 2, 2006, pp. 247 – 268.

Kongar, Emre, *Social Structure of Turkey in the New Millennium*, Istanbul: Remzi Kitabevi, 2002.

Koo, Hagen, "Middle Classes, Democratization, and Class Formation", *Theory and Society*, Vol. 20, No. 4, 1991, pp. 485 – 509.

Koo, Hagen, "Civil Society and Democracy in South Korea", *The Good Society*, Vol. 11, No. 2, 2002, pp. 40 – 45.

Kuo, Jason, "Favoring International Trade for Profits: Survey Evidence from Four Asia-Pacific Countries", Manuscript, 2011.

Lakatos, Imre, ed., *The Methodology of Scientific Research Programmes*, Philosophical Papers, Vol. 1, Cambridge: Cambridge University Press.

Leamer, Edward E., *Sources of International Comparative Advantage: Theory and Evidence*, Cambridge: MIT Press, 1984.

Leary, John Patrick, "TV Urgente Urban Exclusion, Civil Society, and the Politics of Television in Venezuela", *Social Text*, Vol. 27, No. 2 99, 2009, pp. 25 – 53.

Lee, Junhan, "Political Protest and Democratization in South Korea", *Democratization*, Vol. 7, No. 3, 2000, pp. 181 – 202.

Lee, Junhan, "Primay Causes of Asian Democratization: Dispelling Conventional Myths", *Asian Survey*, Vol. 42, No. 6, 2002, pp. 821 – 837.

Levitsky, Steven, and Lucan Way, "The Rise of Competitive Authoritarianism", *Journal of Democracy*, Vol. 13, No. 2, 2002, pp. 51 – 65.

Li, Quan and Rafael Reuveny, "Economic Globalization and Democracy: An Empirical Analysis", *British Journal of Political Science*, Vol. 33, No. 1, 2003, pp. 29 – 54.

López-Córdova, J. Ernesto and Christopher M. Meissner, "The Impact of International Trade on Democracy: A Long-Run Perspective", *World Politics*, Vol. 60, No. 4, 2008, pp. 539 – 575.

Low, Linda, *The Political Economy of a City-State: Government-Made Singapore*, Oxford: Oxford University Press, 1998.

Lu, Chunlong, and Ye Tian, "Popular Support for Economic Internationalism in Mainland China: A Six-Cities Public Opinion Survey", *International Political Science Review*, Vol. 29, No. 4, 2008, pp. 391 – 409.

Luciani, Giacomo, "Allocation vs. Production States: A Theoretical Framework", In *The Arab State*, Edited by Giacomo Luciani, Oakland: University of California Press, 1990, pp. 65 – 84.

Luong, Pauline Jones, and Erika Weinthal, "The NGO Paradox: Democratic Goals and Non-Democratic Outcomes in Kazakhstan", *Europe-Asia Studies*, Vol. 51, No. 7, 1999, pp. 1267 – 1284.

Luong, Pauline Jones, and Erika Weinthal, *Oil is Not a Curse: Ownership Structure and Institutions in Soviet Successor States*, Cambridge: Cambridge University Press, 2010.

Luther, Hans U., "Strikes and the Institutionalization of Labour Protest: The Case of Singapore", *Journal of Contemporary Asia*, Vol. 8, No. 2, 1978, pp. 219 – 230.

Mabon, Simon, "Kingdom in Crisis? The Arab Spring and Instability in Saudi Arabia", *Contemporary Security Policy*, Vol. 33, No. 3, 2012, pp. 530 – 553.

Maddison, Angus, *Monitoring the World Economy* 1820 – 1992, Paris: OECD Development Centre, 1995.

Magaloni, Beatriz and Ruth Kricheli, "Political Order and One-Party Rule", *The Annual Review of Political Science*, Vol. 13, No. 7, 2010, pp. 124 – 143.

Mahdavy, Hossein, "The Patterns and Problems of Economic Development in Rentier States: the Case of Iran", In *Studies in the "Economic History of Middle East"*, edited by M. A. Cook, London: Oxford University Press, 1970, pp. 428 – 467.

Mainwaring, Scott, "The Transition to Democracy in Brazil", *Journal of Interamerican Studies and World Affairs*, Vol. 28, No. 1, 1986, pp. 149 – 179.

Mansfield, Edward D., and Diana C. Mutz, "Support for Free Trade: Self-interest, Sociotropic Politics, and Out-group Anxiety", *International Organization*, Vol. 63, No. 3, 2009, pp. 425 – 457.

Mansfield, Edward D., and Helen V. Milner, *Votes, Vetoes, and the Political Economy of International Trade Agreements*, Princeton: Princeton University Press, 2012, pp. 106 – 107.

Manzano, Osmel, and Monaldi Francisco (book chapter), *The Natural Resources Trap: Private Investment without Public Commitment*, edited by William Hogan and Sturzenegger Federico, Massachusetts: MIT Press, 2010.

Maravel, Alexandra, "Democracy and Free Trade in the Americas", *Australasian Journal of American Studies*, Vol. 15, No. 1, 1996, pp. 85 – 94.

Mauzy, Diane K., and Robert Stephen Milne, *Singapore Politics under the People's Action Party*, East Sussex: Psychology Press, 2002.

Mayda, Anna Maria, and Dani Rodrik, "Why are Some People (and Countries) More Protectionist than Others?", *European Economic Review*, Vol. 49, 2005, pp. 1393 – 1430.

McCargo, Duncan and Ayse Zarakol, "Turkey and Thailand: Unlikely Twins", *Journal of Democracy*, Vol. 23, No. 3, 2012, pp. 71 – 79.

McCorquodale, Robert and Richard Fairbrother, "Globalization and Human Rights", *Human Rights Quarterly*, Vol. 21, No. 3, 1999, pp. 735 – 766.

McGlinchey, Eric Max, *Paying for Patronage: Regime Change in Post-Soviet Central Asia*, Princeton: Princeton University, 2003.

Mecham, R. Quinn, "From the Ashes of Virtue, a Promise of Light: The Transformation of Political Islam in Turkey", *Third World Quarterly*, Vol. 25, No. 2, 2004, pp. 339 – 358.

Merkel, Wolfgang, "Plausible Theory, Unexpected Results: The Rapid Democratic Consolidation in Central and Eastern Europe", *International Politics and Society*, Vol. 2, No. 1, 2008, pp. 11 – 29.

Midford, Paul, "International Trade and Domestic Politics: Improving on Rogowski's Model of Political Alignments", *International Organization*, Vol. 47, No. 4, 1993, pp. 535 – 564.

Morrison, Kevin M., "Natural Resources, Aid, and Democratization: A Best-Case Scenario", *Public Choice*, Vol. 131, No. 3/4, 2007, pp. 365 – 386.

Morrison, Kevin M., "Oil, Nontax Revenue, and the Redistributional Foundations of Regime Stability", *International Organization*, Vol. 63, No. 1, 2009, pp. 107 – 138.

Mulhall, Michael G., *The Dictionary of Statistics*, Bristol: Thoemmes Press and Tokyo: Kyokuto Shoten Ltd., 2000.

Munck, Ronaldo, "Globalization and Democracy: A New 'Great Transformation'?", *Annals of the American Academy of Political and Social Science*, Vol. 581, No. 1, 2002, pp. 10 – 21.

Murphy, Ann Marie, "Indonesia and Globalization", *Asian Perspective*, Vol. 23, No. 4, 1999, pp. 229 – 259.

Na Thalang, Chanintira, "Parliamentary Elections in Thailand, July 2011", *Electoral Studies*, Vol. 31, No. 3, 2012, pp. 633 – 636.

Nam, Jeong-Lim, "Women's Labor Movement, State Suppression, and Democratization in South Korea", *Asian Journal of Women's Studies*, Vol. 8,

No. 1, 2002, p. 71 - 95.

Nam, Tae Yul, "Singapore's One-Party System: Its Relationship to Democracy and Political Stability", *Pacific affairs*, Vol. 42, No. 4, 1969, pp. 465 - 480.

Naoi, Megumi, and Ikuo Kume, "Explaining Mass Support for Agricultural Protectionism: Evidence from a Survey Experiment During the Great Recession", *International Organization*, Vol. 65, No. 4, 2011, pp. 771 - 795.

Nef, Jorge, "Globalization and the Crisis of Sovereignty, Legitimacy, and Democracy", *Latin American Perspectives*, Vol. 29, No. 6, 2002, pp. 59 - 69.

Normano, João Frederico, "Japanese emigration to Latin America", *Genus*, Vol. 3, No. 1/2, 1938, pp. 47 - 90.

Oberdorfer, Don, "US Policy Toward Korea in the 1987 Crisis Compared with Other Allies", In *Korea-US Relations: The Politics of Trade and Security*, Eds. Robert A. Scalapino and Hongkoo Lee, 1998, pp. 179 - 181.

O'Donnell, Guillermo, "Challenges to Democratization in Brazil", *World Policy Journal*, Vol. 5, No. 2, 1988, pp. 281 - 300.

Oh, John Kie-chiang, *Korean Politics: The Quest for Democratization and Economic Development*, New York: Cornell University Press, 1999.

Omgba, Luc Désiré, "On the Duration of Political Power in Africa: The Role of Oil Rents", *Comparative Political Studies*, Vol. 42, No. 3, 2009, pp. 416 - 436.

Öniş, Ziya and Umut Türem, "Entrepreneurs, Democracy, and Citizenship in Turkey", *Comparative Politics*, Vol. 34, No. 4, 2002, pp. 439 - 456.

Öniş, Ziya, "Conservative Globalism at the Crossroads: The Justice and Development Party and the Thorny Path to Democratic Consolidation in Turkey", *Mediterranean Politics*, Vol. 14, No. 1, 2009, pp. 21 - 40.

Öniş, Ziya, "Globalization and Party Transformation: Turkey's Justice and Development Party in Perspective", In *Globalizing Democracy: Party Politics in Emerging Democracies*, edited by Peter Burnell, London: Routledge, 2006.

Öniş, Ziya, "The Political Economy of Turkey's Justice and Development Party", In *The Emergence of a New Turkey: Islam, Democracy and the AK Party*, edited by M. Hakan Yavuz, Salt Lake City: University of Utah Press, 2006, pp. 207 – 234.

Ortmann, Stephan, "The 'Beijing Consensus' and the 'Singapore Model': Unmasking the Myth of an Alternative Authoritarian State-Capitalist Model", *Journal of Chinese Economic and Business Studies*, Vol. 10, No. 4, 2012, pp. 337 – 359.

Oskarsson, Sven, and Eric Ottosen, "Does Oil Still Hinder Democracy?", *Journal of Development Studies*, Vol. 46, No. 6, 2010, pp. 1067 – 1083.

Osman, Sabihah, "Globalization and Democratization: The Response of the Indigenous People of Sarawak", *Third World Quarterly*, Vol. 21, No. 6, 2000, pp. 977 – 988.

Ostrowski, Wojciech, *Politics and Oil in Kazakhstan*, New York: Routledge, 2010.

Özbudun, Ergun, "From Political Islam to Conservative Democracy: The Case of the Justice and Development Party in Turkey", *South European Society and Politics*, Vol. 11, No. 3 – 4, 2006, pp. 543 – 557.

Pathmanand, Ukrist, "Globalization and Democratic Development in Thailand: The New Path of the Military, Private Sector, and Civil Society", *Contemporary Southeast Asia*, Vol. 23, No. 1, 2001, pp. 24 – 42.

Pereira, Anthony W. , "Working for Democracy: Brazil's Organized Working Class in Comparative Perspective", *International Labor and Working-Class History*, No. 49, 1996, pp. 93 – 115.

Perry, Martin, Lily Kong and Breda Yeoh, *Singapore: A Developmental City State*, New Jersey: John Wiley and Sons Ltd. , 1997.

Pevehouse, Jon C. , "Democracy from the Outside-In? International Organizations and Democratization", *International Organization*, Vol. 56, No. 3, 2002, pp. 515 – 549.

Peyrouse, Sebastien, "The Kazakh Neopatrimonial Regime: Balancing Uncertainties among the 'Family', Oligarchs and Technocrats", *Demokratizatsiya*, Vol. 20, No. 4, 2012, pp. 345 – 370.

Phongpaichit, Pasuk and Chris Baker, "Thaksin's Populism", *Journal of Contemporary Asia*, Vol. 38, No. 1, 2008, pp. 62 – 83.

Przeworski, Adam, and Fernando Limongi, "Modernization: Theories and Facts", *World Politics*, Vol. 49, No. 2, 1997, pp. 155 – 183.

Przeworski, Adam, and Henry Teune, *The Logic of Comparative Social Inquiry*, New York: Wiley-Interscience, 1970.

Quah, Jon ST, and Heng Chee Chan, *Government and Politics of Singapore*, New York: Oxford University Press, 1987.

Quah, Jon ST, *Public Administration Singapore-Style Vol. 19*, Bingley: Emerald Group Publishing, 2010.

Ratner, Ely, "Reaping What You Sow: Democratic Transitions and Foreign Policy Realignment", *The Journal of Conflict Resolution*, Vol. 53, No. 3, 2009, pp. 390 – 418.

Roberts, Karen, and Mark I. Wilson, eds., *Policy Choices: Free Trade among NAFTA Nations*, East Lansing: Michigan State University Press, 1996.

Roberts, Sean R., "Doing the Democracy Dance in Kazakhstan: Democracy Development as Cultural Encounter", *Slavic Review*, Vol. 71, No. 2, 2012, pp. 308 – 330.

Rodan, Garry, "Singapore 'Exceptionalism'? Authoritarian Rule and State Transformation", *Working Paper, Asia Research Centre*, No. 131, 2006, pp. 1 – 31.

Rodríguez, Havidán, "A 'Long Walk to Freedom' and Democracy: Human Rights, Globalization, and Social Injustice", *Social Forces*, Vol. 83, No. 1, 2004, pp. 391 – 412.

Rodrik, Dani, "Why Do More Open Economies Have Bigger Governments?", *Journal of Political Economy*, Vol. 106, No. 5, 1998, pp. 997 – 1032.

Rogers, Ronald A., "An Exclusionary Labor Regime under Pressure: The Changes in Labor Relations in the Republic of Korea since Mid – 1987", *UCLA Pac. Basin LJ*, Vol. 8, No. 1, 1990, pp. 99 – 162.

Rogowski, Ronald, "Political Cleavages and Changing Exposure to Trade",

American Political Science Review, Vol. 81, No. 4, 1987, pp. 1121 –1137.

Roh, Sungmin, and Michael Tomz, "Industry, Self-Interest, and Individual Preferences over Trade Policy", Manuscript, 2015.

Ross, Michael L., "Does Oil Hinder Democracy?", *World Politics*, Vol. 53, No. 3, 2001, pp. 325 –361.

Ross, Michael L., "What Have We Learned About the Resource Curse?", *Annual Review of Political Science*, Vol. 18, 2015, pp. 239 –259.

Roy, Denny, "Singapore, China, and the "Soft Authoritarian" Challenge", *Asian Survey*, Vol. 34, No. 3, 1994, pp. 231 –242.

Rudra, Nita, "Globalization and the Strengthening of Democracy in the Developing World", *American Journal of Political Science*, Vol. 49, No. 4, 2005, pp. 704 –730.

Rudra, Nita, and Stephan Haggard, "Globalization, Democracy, and Effective Welfare Spending in the Developing World", *Comparative Studies Quarterly*, Vol. 38, No. 9, 2005, pp. 1015 –1049.

Sanahuja, Jose Antonio, "Trade, Politics, and Democratization: The 1997 Global Agreement between the European Union and Mexico", *Journal of Interamerican Studies and World Affairs*, Vol. 42, No. 2, 2000, pp. 35 –62.

Sandbakken, Camilla, "The Limits to Democracy Posed by Oil Rentier States: The Cases of Algeria, Nigeria and Libya", *Democratisation*, Vol. 13, No. 1, 2006, pp. 135 –152.

Satpaev, Dosym, "An Analysis of the Internal Structure of Kazakhstan's Political Elite and an Assessment of Political Risk Levels", In *Empire, Islam, and Politics in Central Eurasia*, edited by Tomohiko Uyama, Hokkaido: Slavic Research Center, 2007.

Schedler, Andreas, "Taking Uncertainty Seriously: The Blurred Boundaries of Democratic Transition and Consolidation", *Democratization*, Vol. 8, No. 4, 2001, pp. 1 –22.

Schedler, Andreas, *Electoral Authoritarianism: The Dynamics of Unfree Competition*, Boulder: Lynne Rienner, 2006.

Schedler, Andreas, *The Politics of Uncertainty: Sustaining and Subverting Electoral Authoritarianism*, Oxford: Oxford University Press, 2013.

Scheve, Kenneth, and Matthew J. Slaughter, "What Determines Individual Trade-Policy Preferences?", *Journal of International Economics*, Vol. 54, No. 2, 2001, pp. 267 – 292.

Schlumberger, Oliver, "Rents, Reform, and Authoritarianism in the Middle East", *Internationale Politik und Gesellschaft*, Vol. 2, No. 2006, 2006, pp. 43 – 57.

Schneider, Ben Ross, "Organized Business Politics in Democratic Brazil", *Journal of Interamerican Studies and World Affairs*, Vol. 39, No. 4, 1997 – 1998, pp. 95 – 127.

Shankland, David, *Islam and Society in Turkey*, Huntington: The Eothen Press, 1999.

Shin, Don Chull, "On the Third Wave of Democratization", *World Politics*, Vol. 47, No. 1, 1994, pp. 135 – 170.

Shin, Don Chull, Myeong-han Zoh, Myung Chey, *Korea in the Global Wave of Democratization*, Seoul: Seoul National University Press, 1994.

Simensen, Jarle, "Democracy and Globalization: Nineteen Eighty-Nine and the 'Third Wave'", *Journal of World History*, Vol. 10, No. 2, 1999, pp. 391 – 411.

Sinpeng, Aim and Erik Martinez Kuhonta, "From the Street to the Ballot Box: The July 2011 Elections and the Rise of Social Movements in Thailand", *Contemporary Southeast Asia*, Vol. 34, No. 3, 2012, pp. 389 – 435.

Smith, Benjamin, "Oil Wealth and Regime Survival in the Developing World, 1960 – 1999", *American Journal of Political Science*, Vol. 48, No. 2, 2004, pp. 232 – 246.

Solinger, Dorothy J., "Ending One-Party Dominance: Korea, Taiwan, Mexico", *Journal of Democracy*, Vol. 12, No. 1, 2001, pp. 30 – 42.

Song, Ho-gŭn, *Labour Unions in the Republic of Korea: Challenge and Choice*, Geneva: International Institute for Labour Studies, 1999.

Starr, S. Frederick, "Civil Society in Central Asia", In *Civil Society in Central Asia*, Eds. M. Holt Ruffin and Daniel Clarke Waugh, Seattle and London: University of Washington Press, 1999, pp. 27 – 33.

Stepan, Alfred C., ed., *Democratizing Brazil: Problems of Transition and*

Consolidation, New York: Oxford University Press, 1989.

Stepan, Alfred C. , *The Military in Politics: Changing Patterns in Brazil*, Princeton: Princeton University Press, 1971.

Strakes, Jason E. , "Tools of Political Management in the New Central Asian Republics 1", *Journal of Muslim Minority Affairs*, Vol. 26, No. 1, 2006, pp. 87–99.

Tan, Eugene Kheng-Boon, "Law and Values in Governance: The Singapore Way", *Hong Kong LJ*, Vol. 30, No. 1, 2000, pp. 91–119.

Tang, Min, Narisong Huhe and Qiang Zhou, "Contingent Democratization: When Do Economic Crises Matter?", *British Journal of Political Science*, Vol. 47, No. 1, 2017, p. 81.

Tatari, Eran, "Islamic Social and Political Movements in Turkey", *American Journal of Islamic Social Sciences*, Vol. 24, No. 2, 2007, pp. 94–106.

Taylor, Jim, "Remembrance and Tragedy: Understanding Thailand's 'Red Shirt' Social Movement", *Journal of Social Issues in Southeast Asia*, Vol. 27, No. 1, 2012, pp. 120–152.

Thabchumpon, Naruemon and Mccargo DuncanSource, "Urbanized Villagers in the 2010 Thai Redshirt Protests", *Asian Survey*, Vol. 51, No. 6, 2011, pp. 993–1018.

Tigner, James L. , "Japanese Immigration into Latin America: A Survey", *Journal of Inter-American Studies and World Affairs*, Vol. 23, No. 4, 1981, pp. 457–482.

Tilly, Charles, *From Mobilization to Revolution*, Reading, Mass. : Addison-Wesley, 1978.

Tsalik, Svetlana, and Robert E. Ebel, *Caspian Oil Windfalls: Who Will Benefit?* New York: Open Society Institute, Central Eurasia Project, 2003.

Türkmen, Füsun, "The European Union and Democratization in Turkey: The Role of the Elites", *Human Rights Quarterly*, Vol. 30, No. 1, 2008, pp. 146–163.

Vanek, Jaroslav, *The Natural Resource Content of U. S. Foreign Trade*, 1870–1955, Massachusetts: MIT Press, 1963.

Verweij, Marco, and Riccardo Pelizzo, "Singapore: Does Authoritarianism

Pay?", *Journal of Democracy*, Vol. 20, No. 2, 2009, pp. 18 – 32.

Wacziarg, Romain, "The First Law of Petropolitics", *Economica*, Vol. 79, No. 316, 2012, pp. 641 – 657.

Walker, Andrew, *Thailand's Political Peasants: Power in the Modern Rural Economy*, Madison: University of Wisconsin Press, 2012.

Wampler, Brian, and Leonardo Avritzer, "Participatory Publics: Civil Society and New Institutions in Democratic Brazil", *Comparative Politics*, Vol. 36, No. 3, 2004, pp. 291 – 312.

Wantchekon, Leonard, "Why Do Resource Dependent Countries Have Authoritarian Governments?", *Journal of African Finance and Economic Development*, Vol. 5, No. 2, 2002, pp. 57 – 77.

Weiker, Walter F., *The Turkish Revolution 1960 – 1961: Aspects of Military Politics*, Washington: Brookings Institution, 1963.

White, Jenny B., *Islamist Mobilization in Turkey: A Study in Vernacular Politics*, Washington: University of Washington Press, 2011.

Wiens, David, Paul Poast and William Roberts Clark, "The Political Resource Curse: An Empirical Re-evaluation", *Political Research Quarterly*, Vol. 67, No. 4, 2014, pp. 783 – 794.

Wilpert, Gregory, *Changing Venezuela by Taking Power: The History and Policies of the Chávez Government*, New York: Verso Books, 2007.

Wong, Evelyn S., "Industrial Relations in Singapore: Challenge for the 1980s", *Southeast Asian Affairs*, No. 1, 1983, pp. 263 – 274.

Worthington, Ross, *Governance in Singapore*, London: Routledge Curzon, 2003.

Wright, Joseph, Erica Frantz and Barbara Geddes, "Oil and Autocratic Regime Survival", *British Journal of Political Science*, Vol. 45, No. 2, 2015, pp. 287 – 306.

Yates, Douglas Andrew, *The Rentier State in Africa: Oil Rent Dependency and Neocolonialism in the Republic of Gabon*, Lawrenceville: Africa World Press, 1996.

Yavuz, Devrim, "Testing Large Business's Commitment to Democracy: Business Organizations and the Secular-Muslim Conflict in Turkey", *Government and Opposition, Vol. 45, No. 1, 2010, pp. 73 – 92.

Youngs, Richard, "The European Union and Democracy in Latin America", Latin American Politics and Society, Vol. 44, No. 3, 2002, pp. 111 – 139.

Yun, Seongyi, "Contributions and Limits of Student Movement in South Korea Democratization, 1980 – 1987", Korea Observer, Vol. 30, No. 3, 1999, pp. 487 – 506.

Yun, Seongyi, "Democratization in South Korea: Social Movements and Their Political Opportunity Structures", Asian Perspective, Vol. 21, No. 3, 1997, pp. 145 – 171.

后　　记

随着全球经济的形成，国际贸易强有力地影响了世界各国的政治、经济与文化。借用彭慕兰和史蒂夫·托皮克合著的一本畅销书的书名，我们身处在一个"贸易打造的世界"（the world that trade created）。政治学家、经济学家、社会学家以及历史学家从不同学科的角度对国际贸易所造成的国内影响进行了研究。作为政治学中专门探讨国际经济与政治互动的次级学科，国际政治经济学自然不会在这个研究领域中缺位。国际政治经济学中比较成熟的社会联盟理论深入辨析了国际贸易对国内社会分化的影响，但是没有将逻辑链条延伸到政体变迁的问题上。相对于社会分化而言，政体变迁属于政治学中更为重要的问题，国际贸易是否带来政体变迁需要政治学家投入更多的精力加以探究。本书试图对这个问题展开系统性探索。本书认为国际贸易在不同条件下会对政体变迁产生不同的影响，据此构建了国际贸易影响政体变迁的理论框架并且进行了多对案例的比较研究以及计量分析。本书发现，在不同的要素禀赋下或在不同的初始政权类型下，国际贸易对政体变迁产生了迥然不同的结果。

本书各章的具体分工如下：第一章，田野；第二章，田野；第三章，曹倩；第四章，熊谦；第五章，李东云；第六章，王晓玥；第七章，陈兆源；第八章，田野。此外，王晓玥和陈兆源编制了附表，李存娜和云谱萱分别协助订正了初稿中的文字错漏和整理了全书的参考文献。最后由我对全书进行了统稿、定稿。

本书在写作过程中得到了多位学界同仁的帮助。孙龙副教授从研究启动阶段起就全程参与了我们的讨论，他对民主研究中经典的把握和前沿的跟踪让我们获益良多。宋新宁教授、杨光斌教授和王正毅教授阅读了书稿的部分内容。宋新宁教授提示我们不要因为集中关注国际经济因素而忽略国际政治环境对民主转型的影响。杨光斌教授提醒我们注意民主与威权的二分法所面对的困难，本书的正标题"国际贸易与政体变迁"正是出自他的建议。王正毅教授就阿塞莫格鲁和鲍什的著作与本书的异同提出了他的观察和思考。本书的核心内容先后在第七届国际政治经济学论坛、复旦大学"国际政治经济学课程建设与学科发展"研讨会、2016年度人大政治学论坛、第八届国际政治经济学论坛上宣读，张宇燕、李滨、袁正清、刘洪钟、程永林、李巍、黄琪轩、聂智琪、杨山鸽等与会学者提出了宝贵的建议。本书的部分内容曾以论文形式发表于《世界经济与政治》、《外交评论》和《国际政治科学》，编辑部和匿名审稿人对这些论文的审稿意见也有助于相关部分的修改。在陈岳教授的建议下，本书申报了国家社会科学基金后期资助项目。国家社会科学规划办公室在项目评审中约请了5位匿名专家对全书提出了详尽的修改意见，对书稿的完善有莫大的启发。对于各位同仁的帮助，在此一并表示衷心的感谢。

本书是2017年国家社会科学基金后期资助项目（批准号：17FGJ002）的成果。感谢学院科研秘书朱凤余女士为作者和出版社的联系牵线搭桥。中国社会科学出版社从项目推荐申报到编辑出版都给予了大力支持。责任编辑赵丽女士对学术事业的热情和对编辑工作的一丝不苟令我感动，正是她的认真和严谨使本书得以避免了不少疏漏。

田野

2019年3月16日

于北京世纪城时雨园